中国人民大学名家文丛

吴大琨自选集

中国人民大学出版社

"中国人民大学名家文丛"编委会

"中国人民大学名家文丛"总序

纪宝成

"善之本在教，教之本在师。"对于一所大学而言，教师是立校之本，发展之基，是学校最可宝贵的财富。

中国人民大学在七十年的发展历程中，汇聚了一大批声誉卓著的学者、名家。作为中国人民大学乃至新中国高等教育事业的开拓者，他们不畏艰难困苦，不论风雨沧桑，始终以一腔赤子激情执着真理，追求光明；他们数十年如一日，甘为人梯，倾毕生心力于教学，培养了一大批共和国优秀的建设人才和领导人才；他们笔耕不辍、严谨治学，成就了一大批堪为精品、上品的传世之作；他们潜心书斋，淡泊名利，不仅成为授业解惑的"经师"，更成为明德传道的"人师"。正是他们的这种精神，凝聚成了具有人大风骨、人大气派、人大风格，并为人民大学教师世代传承的教风、师德，成为学校历久弥新、不断发展的源动力。没有他们鞠躬尽瘁、默默奉献，就没有人民大学今天各项事业的蓬勃发展，就没有我国人文社会科学领域百家争鸣的繁荣景象。

为了彰显这批名家、学者们的学术贡献，传承他们的精品力作，进一步发展繁荣人文社会科学，我们特选择在中国人民大学七十周年校庆之际，隆重推出首批著名教授具有代表性的学术成果自选集。

　　需要说明的是，这套文丛所辑录的成果都是这些学者名家从自己数十年来已发表的文章或著作中精选而来的，凝聚了他们毕生的心血，很多见解至今仍闪耀着真理的光辉。虽然其中一些内容带有鲜明的时代印记，不可避免地含有争议未决的理论观点，但它们真实地记录了这些学者名家们数十年执着探索的运思轨迹，展示了学术研究、理论发展的历史风貌。从中我们可以真实地体悟到一种以细针密缕之功、做平正笃实之学的研究精神，可以深切地感受到一份胸怀祖国、情系人民、关注时代的仁者情怀。应当说，"中国人民大学名家文丛"既是学校数十年学术发展历程的总结，又是学校赓续血脉，进一步探索创新的起点。

　　在前人研究的基础上，在实践探索的过程中不断推进理论创新，既是社会发展和变革的先导，也是人文社会科学保持生机活力，得到蓬勃发展的重要保证。我们推出这套文丛的最终目的，也正是期望这份厚实的文化积淀能够在传播知识、传承精神的同时，成为帮助和鼓励后学不断探索、不断创新的理论资源和精神动力。本着这个目的，在首批推出28本名家文丛之后，我们还将陆续出版一系列学界中坚的个人文集，以期通过这种平实但富有建设性的行动，催生新的理论、新的观念，使中国的人文社会科学之树长青！

　　"学术常青校运昌"。我们相信，"中国人民大学名家文丛"的出版，必将推动中国人民大学在建设"人民满意，世界一流"大学的历史征程中迈出更加坚实有力的步伐！

前　言

　　自 1942 年起，我先后在暨南大学、东吴大学、美国华盛顿大学、山东大学以及中国人民大学任教。这本《自选集》就是我六十多年来从事教学和研究工作的部分成果。为了便于阅读，我把这些文章分编为三大部分，即有关中国经济史的研究、关于亚细亚生产方式的研究及关于世界经济的研究。文章的顺序，基本上是按照出版时间排列的。

　　这里，我想对这三大部分的研究作一些简要的说明。

　　第一部分是有关中国经济史的研究。

　　我自幼喜爱阅读历史书籍。20 世纪 30 年代，当我正在东吴大学读书期间，经济学界前辈陈翰笙、薛暮桥在上海创办了一个进步经济学术团体——"中国农村经济研究会"，并出版了《中国农村》月刊。这是当时江南国民党统治区中唯一合法的马克思主义的团体。当时，我的家乡苏州的农民正在闹风潮，我通过调查搜集了一些材料，写了一篇农村调查报告式的通讯寄去，从此就开始与陈翰笙、薛暮桥通信，他们给予了我许多马克思主义政治经济学方面的教育。后来我去日本留学，攻读政治经济学并苦读《资本论》。翻译了列昂节夫的著作，即《大众政治经济学》，这些都为我奠定了研究经济史的基础。

1946年美国华盛顿大学聘请我到该校的远东研究所任研究员，为研究生讲述中国经济史的一些问题。在该研究所工作五年期间，我承担的主要任务是研究我国清朝太平天国有关财政经济的历史。华盛顿大学的藏书和各种资料都很丰富，每天我都一头扎进故纸堆里，认认真真地读书，还对清朝太平天国的财政史写了英文的专题论著。回国以后在山东大学工作，一面主讲政治经济学，一面仍继续研究中国经济史，参加了60年代的古代史分期和资本主义萌芽等问题的学术讨论，还专门著述了一些关于中国奴隶制经济与封建制经济的专论。现在，考古研究虽已有许多新的发展，然而，重温我的这些旧时的研究和论述，仍具有可供参考的价值，特选编于此。

第二部分是关于亚细亚生产方式的研究。

我的主要研究领域是经济学，特别是资本主义经济问题。由于工作的需要，一度曾从事经济史的教学和研究。

在我研究的众多问题中，特别引起我关注的是马克思提出的历史上的亚细亚生产方式问题。马克思在他的重要著作《政治经济学批判》一书和《资本论》的有关章节中，详细地研究和阐述了资本主义生产关系产生的历史过程，其中包括亚细亚所有制形式、古代的所有制形式和日耳曼的所有制形式。马克思指出，并不是所有的人类社会都能够自发地发展成为资本主义社会的，在他研究过的三种前资本主义生产方式中，亚细亚的生产方式就因为缺少发展成为资本主义生产关系的条件，而未能自发地发展成为资本主义社会。马克思在这里使用的"亚细亚"并非地理上的名词，而是指一种特殊的生产方式。这种生产方式可以存在于亚洲以外的地区，马克思在论述中就提到过不属于亚洲的墨西哥和秘鲁；而日本虽在地理上属于亚洲，但他认为日本并不属于亚细亚生产方式。凡是存在过这种亚细亚生产方式的国家，后来都没有自发地发展成资本主义社会，这是一个很重要的理论问题，不重视和研究这一理论的话，就会使我们对整个人类社会经济形态发展的认识很不全面，很不正确。但是，马克思研究前资本主义社会生产方式的这本重要著作，在马克思、恩格斯生前未能得到出版。它的德文原著是在 1939—1941 年才在莫斯科发行的。所以，这本重要著作列宁未能看到，斯大林在写作《联共（布）党史简明教程》中的有关章节时也还未读到。西方社会到 1953 年才有德文本在柏林发行，1956 年才出版了意大利文本，而英文本的出版则是在 60 年代以后了。

任何革命理论总是为革命实践服务的。60 年代以后，广大的第三世界国家相继独立，它们在研究自己的经济发展道路时，都不能不了解自己历史上经济发展的一些特点，而有些特点正好与马克思说过的亚细亚生产方式中的特点有关。这就推进了研究和讨论亚细亚生产方式的高潮。

马克思所说的建立在亚细亚生产方式上的"东方社会"或"亚细亚"社会、"古代东方国家"或亚细亚国家，究竟在人类历史上是否存在过？存在的话，它们是怎样发展变化的？有无特殊的规律？这对我们研究世界历史和中国历史也都是十分重要的。

特别值得我们重视的是，我国正在建设中国特色的社会主义，由于中国在历史上长期受亚细亚生产方式的束缚，生产力水平不高，商品经济不发达，所以就有必要大力提高生产力水平，在发展社会主义商品经济的同时，发展多种商品经济，包括资本主义商品经济。为此，更有必要加强研究马克思关于亚细亚生产方式的理论，以便了解为什么旧中国没能自发地发展为资本主义社会，以及为什么我们必须建设有中国特色的社会主义。

1946年以前，我在阅读马克思的《资本论》和其他著作时，曾初步了解到马克思关于前资本主义社会中所有制形式的论述，1946年我到美国华盛顿大学从事研究工作时以及回国以后，在研究中国古代史时，曾对马克思的亚细亚生产方式理论作了进一步的研究。但是，较深入的研究还是在1979年重读收入《马克思恩格斯全集》中文版第46卷上册中的《政治经济学批判》以后。马克思清楚地阐明了历史上的生产方式应包括亚细亚生产方式在内，是六种而不是五种，古代中国与古代的埃及和巴比伦一样同属亚细亚生产方式的范畴。经过研究，我先后写过两篇论文——《关于亚细亚生产方式研究的几个问题》与《从广义政治经济学看历史上的亚细亚生产方式》。前者发表在《学术研究》1980年第1期上，后被加拿大多伦多大学历史系副教授布劳克译成英文在美国发表；后者刊载于《中国史研究》1981年第3期，后亦被译成英文，收入1983年英国出版的论文集《马克思主义在中国》中。两篇论文在国外都引起了一定的反响，有些学者来华访问时，都曾找我交流过这个问题。

我始终认为，马克思的亚细亚生产方式的理论是十分重要的，它不仅仅是一个关系到建设中国特色的社会主义的问题，也是一个关系到世界历史和整个第三世界历史的课题。我很有兴趣继续研究并撰写有关亚细亚生产方式的专著，无奈如今年事已高，已力不从心了。我很希望将来有更多的同志来从事此项研究工作。

第三部分是关于世界经济的研究。

1957年到中国人民大学以后，我的教学和科研的重点就主要转到世界经济和美国经济问题上了。1958年，即我调入人民大学后的第二年，学校批准建立了世界经济教研室，任命我为教研室主任，并主讲美国经济、资本主义经济危机及经济周期等课程。后来，学校又建立了国际经济系，教师的队伍逐步扩大，并招收硕士研究生和博士研究生。在近半个世纪的教学和研究过程中，我一直指导学生把对美国经济的研究放在整个世界经济的大背景下来进行，通过对美国经济的剖析，得出带有对当代资本主义制度具有普遍认识价值的结论。

综观数十年来关于资本主义经济危机的研究，我认为，由于国家垄断资本主义的发展等原因，战后资本主义经济危机和经济周期已发生变形，出现了许多和战前不同的特点。这些特点是：第一，战后各主要资本主义国家的经济危机爆发的时间和进程参差不齐，世界经济危机的周期性一度消失；第二，经济周期缩短，经济周期的四个阶段已很难区别；第三，战后世界经济危机的深度不如战前危机严重；第四，在战后发生生产过剩经济危机时，没有伴随发生以通货膨胀为主要内容的财政金融危机。这些观点在 80 年代提出时，曾具有一定的特色和影响。

在对经济危机问题的研究中，我体会到对资本主义应作整体的研究。特别是对当代资本主义经济中的诸多难点问题，如西方国家的所有制问题、剩余价值的生产和分配在战后的变化趋势问题、当代资本主义阶级结构问题、国家与市场关系问题等，都与师生共同进行了大胆的探索和分析。此外，我始终认为，马克思的《资本论》奠定了资本主义生产方式研究的基础，列宁的《帝国主义是资本主义的最高阶段》对垄断资本主义作了精辟的论述。但是，资本主义发展到今天，情况有了很大变化，特别是跨国公司和跨国银行迅速发展并紧密结合为一体，垄断资本主义发展到国家垄断以及国家垄断在国际范围的延伸等等，这些都是值得我们进行研究和认识的问题。经过半个世纪对世界经济和美国经济的教学和研究，留下的成果较多，大部分都收编在本《自选集》中，为了让读者了解我的观点以及我对世界经济和美国经济诸多问题的认识，在选编过程中，除个别作了些修改和删节外，基本上都保留了文章的原貌。可能某些文章之间存在重复之处，未及改动，希望读者见谅。

在选编过程中曾得到杜厚文同志大力帮助，程大为同志也为此做了很多工作，谨向他们致以诚挚的谢意。

书中的缺点和错误还望读者批评指正。

目　录

第一部分　有关中国经济史的研究

第二部分　关于亚细亚生产方式问题的研究

第三部分　关于世界经济的研究

第一部分
有关中国经济史的研究

中国奴隶制经济与封建制经济论纲

一、怎样从政治经济学的角度上来考察古史分期问题

多年来，中国的古史分期一直是我国的历史学界热烈讨论的问题。但这个问题所以迟迟不能解决的主要原因之一，我认为是与我们还不能完全掌握中国的奴隶社会与封建社会的经济特点有关。

中国的奴隶社会与封建社会有着中国的奴隶社会与封建社会的经济特点，它与古希腊、古罗马社会的经济情况以及西欧封建社会的经济情况都不相同。因此，如果我们要认真解决中国的古史分期问题，显然，我们非首先弄清楚中国的奴隶社会与封建社会的经济特点不可。

要认真弄清中国奴隶社会与封建社会的经济特点，这就不仅仅是中国历史学家的责任，而且也是中国经济学家的责任，或者甚至我们应该说，主要是中国经济学家的责任。

中国的经济学家不应当不研究中国经济的特点，这原是毛

主席早在 1941 年就给予我们大家的一个指示。[1]中国的政治经济学家在学习了马克思列宁主义的经济理论后，应当"进一步地从中国的历史实际和革命实际的认真研究中，在各方面作出合乎中国需要的理论性的创造，才叫做理论和实际相联系。"[2]这也是我们所早就熟知了的道理。但就我们过去的马克思列宁主义的政治经济学界说来，"认真地研究现状的空气是不浓厚的，认真地研究历史的空气也是不浓厚的。"[3]

在这种情况下，就使得我们的政治经济学家在过去讲述历史上已知的几个基本生产关系类型的时候，即讲述原始公社制度、奴隶占有制度、封建主义、资本主义、社会主义的时候，绝大多数都还是只能依据了外国的历史上的情况讲，而不能依据了中国的历史上的情况讲。同时在讲述这些基本生产关系类型的时候，绝大多数同志在过去也都过分地偏重了讲述资本主义社会的生产关系，而忽略了前资本主义社会的生产关系。其实，以新中国成立前的中国实际情况来说，前资本主义的生产关系与我们所发生的关系就并不比资本主义的生产关系与我们所发生的关系来得少。不讲清楚前资本主义的生产关系，特别是不讲清楚中国历史上的奴隶占有制与封建主义的生产关系，这对于学习了政治经济学要想理解中国历史上的社会经济制度的人来说，帮助是不大的。

这些缺点，可以说，就是我们中国过去的政治经济学家"理论脱离实际"的结果，也可以说是我们的政治经济学界的教条主义的表现。为了克服这些缺点，所以我认为，中国的政治经济学家，除了应当认真地研究当前的国内、国外经济情况外，也还是应当认真地研究中国、外国的历史，特别是中国的历史。

当然，作为一个中国的政治经济学家来说，他研究历史，与作为一个中国的历史学家来研究历史，二者并不是完全相同的。因为大家都知道，政治经济学的任务不是研究社会发展的具体的历史过程，而是对每种社会经济制度的根本特点提供基本的概念。

从政治经济学的角度来研究中国的历史，特别是研究中国的古史分期问题，那么，我认为，我们所应当首先阐明的问题就是中国历史上的奴隶占有制生产关系和封建制生产关系所赖以发展的生产力的情况。由于生产力是生产中最活动、最革命的要素，所以生产的发展总是从生产力的改变开始的，生产力改变了，于是生产关系也就会必然发生相应的变化。这也就是所谓"生产关系发展对于社会生产力发展，首先是对于生产工具发展的依赖性"[4]。正因为生产关系的发展对于生产力有这种依赖性，所以旧的生产关系迟早要为适合新社会生产力的发展水平和性质的新生产关系所代替，就成为了一条社会发展的经济规律——生产关系一定要适合生产力性质的规律。

在运用了这条规律来研究中国的奴隶社会与封建社会时，我们应当注意研究中国的奴隶社会与封建社会中的生产力的变化情况，特别是生产工具的变化情况，那当然是无疑问的。

就生产力的含义来说，生产力中是既包括以生产工具为主的被用于生产的劳动资料，也包括从事物质资料生产的劳动者在内的。从事生产的劳动者，绝不能与他所使用的生产工具分开，这一点是很显明的，但也正因为这样，所以，我认为，在研究古代社会生产力的情况时，由于人的因素已经不能看到，人所遗留下来的生产工具就更有了特殊的功用——使我们可以借此判断当时社会生产关系性质的功用。

马克思在《资本论》中曾经指出："要认识已经灭亡的动物的身体组织，必须研究遗骨的构造；要判别已经灭亡的社会经济形态，研究劳动手段的遗物，有相同的重要性。划分经济时期的事情，不是作了什么，而是怎样作，用什么劳动手段去作。劳动手段不仅是人类劳动力发展程度的测量器，而且是劳动所在的社会关系的指示物。"[5]

我认为，这是一个十分重要的指示。

当然，我们之所以要重视古代社会生产力的研究，目的还是为了要搞清楚古代社会的生产关系。由于生产关系的特征决定于生产资料的所有制形式，所以我们要从政治经济学的角度来研究中国的古史分期时，又不能不同时注意研究中国历史上的生产资料所有制形式所发生的变化情况。在奴隶社会与封建社会中，最主要的生产资料乃是土地，因此要研究中国历史上的生产关系中的特点，也就必然会变成要研究中国历史上的土地所有制的特点，以及以土地所有制为中心的统治者与生产者之间的关系上的特点，剩余产品分配方式上的特点，等等。

近十多年来，我自己对于中国古史的研究，就大体上是依照了上述的这两个方面来进行的。研究的结果，使我感到了建立在青铜器时代的奴隶占有制国家与建立在铁器时代的古希腊、古罗马奴隶占有制国家确实是很不相同的。这是两种不同的奴隶占有制。中国的奴隶占有制既与古希腊、古罗马的奴隶占有制不一样，所以中国的封建制也就和欧洲的封建制很不一样。过去，曾经有些人认为中国的历史发展，完全有着它自己的"独特的"社会发展规律。这些人，甚至认为中国在历史上并不存在什么奴隶社会与封建社会的阶段。这种把中国社会的发展完全"特殊化"起来的看法，当然是错误的，但如果我们认为，中国的奴隶社会与封建社会在它的形成与发展过程中并无什么特点的话，那当然也是不对的。我想，我们中国的政治经济学家的任务，就是要像毛主席所教导我们的那样，依据马克思列宁主义的一般的社会经济发展理论来结合中国社会发展的具体情况，研究出中国经济发展的特点来。

本文是我试从政治经济学的角度来分析、研究中国历史上的奴隶社会与封建社会中的经济特点所得到的一个初步解答，因此，在问题的分析与研究上，还不很深入、全面是必然的。我也并不认为，我所得到的一些研究结论就已经将中国历史上的奴隶社会与封建社会中所存在的一切经济特点问题，都加以圆满地解决了，这是不可能的。我只是试图通过本书，能够抛砖引玉地使中国的政治经济学界从此较前能更多地来注意研究中国的历史，使我们能在帮助历史学界解决中国的古史分期问题时作出我们应有的贡献来。

二、建立在青铜器时代的奴隶占有制
国家的经济特点及其形成原因

奴隶制是历史上最初出现的剥削形态，也是最粗暴的阶级压迫形式。世界上的各族人民几乎都曾经历过奴隶制，但各族人民的奴隶制都各有它的特点而不完全相同。

近六十年来，世界考古学进展的最大成果之一，就是证明了在人类社会中所产生出来的第一批奴隶占有制国家乃是建立在青铜器时代的古代东方的奴隶占有制国家，而不是建立在铁器时代的古希腊与古罗马的奴隶占有制国家，这两种奴隶占有制国家，就其经济特点来说是有着很大的不同的。

在此我们要感谢苏联的东方史学家，由于他们近三十年来的努力，我们现在已经差不多可以对这些建立在青铜器时代的古代东方的奴隶占有制国家的情况，特别是苏美尔、古巴比伦

吴大琨自选集

7

与古埃及的情况，有了比较清楚的认识。[6]根据这些苏联学者的研究，我们现在已经可以指出，一般说来，这些古代东方国家的经济特征都是完全符合于马克思在《资本主义生产以前各形态》这本经典著作中所叙述的"东方的"或"亚细亚"的生产形态的，即这些国家都具有下列的特征：

1. 存在着土地的公社所有制形式和国家所有制形式，这些所有制形式的存在是同以人工灌溉为基础的耕作制相联系的。拥有无限权力的帝王是这些国家土地的"最高的所有者或唯一的所有者"。

2. 作为这些国家的主要生产者的乃是公社中的成员，也就是农民。由于这些公社成员既不是公社土地的所有者，他的本身反而变成公社的财产，也就是"公社的统一体所体现的那个人的奴隶"，即专制帝王的变相奴隶。

3. 建立在这些小公社之上的专制政府，它们是依赖于作为公社农民的剩余劳动或剩余生产物——贡赋而生存的。这些政府既控制着土地、水源，也控制着手工业和商业，就政治上说是绝对专制主义的。

4. 为这种专制主义基础的公社，它的本身是一种手工业和农业相结合的经济组织，可以自给自足，这样的公社，因此"变成完全能够独立存在，且本身包含着一切再生产和扩大再生产的条件"[7]。

根据这些特征，再把古代东方的奴隶占有制国家去和古希腊、古罗马的奴隶占有制国家作一比较，显然，我们就可以看出，有这样一些显著的不同：

1. 古代东方的奴隶占有制国家没有土地私有制。

2. 古代东方的奴隶占有制国家存在着顽强的公社制度。

3. 在古代东方的奴隶占有制国家，在农业中，大量公社农民群众和奴隶同受奴隶主的剥削。

4. 在古代东方的奴隶占有制国家内，自然经济比古希腊和古罗马占有更大的优势。

5. 古代东方奴隶占有制国家的政府性质是专制主义的，而不是奴隶主的"民主政体"。

现在我们要研究的问题就是为什么古代东方的奴隶占有制国家会具有这些经济特征，并且它又和古希腊、古罗马的奴隶占有制国家不同？

根据我个人近年来的研究，这两种不同的奴隶占有制国家的奴隶制，实际上也就是马克思、恩格斯在经典著作中所提到的"东方的家庭奴隶制"和"古代的劳动奴隶制"[8]。这两种奴隶制所以会不同，是与我们人类社会进入阶级社会原有着两种不同的道路有关的。人类社会进入阶级社会有着两种不同的道路，这一理论，早在恩格斯的《反杜林论》里，即在恩格斯批判杜林的《暴力论》的时候就已经提出。但由于过去我们对这一理论注意得不够，所以现在，我还必须首先根据恩格斯的原文比较详细地向大家介绍一下。

恩格斯在《反杜林论》里是这样地提出这一问题来的。

> 现在的问题是：我们怎样解释阶级及统治关系的产生，如果杜林先生在这问题上，总是只用"暴力"一字，那末这样的解释，是不能使我们前进一步的。……统治及奴役的关系，还是需要别种解释的。
>
> 这些关系是经过两种道路来产生的。
>
> 人在最初脱出动物界（狭义的说）而进入历史以后，还是半畜生性的、粗暴的、无力对抗自然界力量的，并没有觉到自己力量的，所以他们像动物一样的穷，他们也难得比动物更带生产性。在他们中间，存在着生活水平的一

定的平等，对于家长，也有某种的社会地位的平等，至少那时没有社会阶级，这样平等继续存在于较后开化人民的自然兴发的农业公社中。在每个这样的公社中，最初就存在着一定的共同利益，保护这种利益的工作，虽是在共同监督之下，但却不能不落到个别成员的身上……他们被赋与某种全权，这是国家政权的萌芽。……最初社会的公仆，怎样在顺利的条件之下，逐渐转成主人；这种主人怎样根据各种情形，而转为东方的暴君……最后，各个统治者，怎样结合成为统治的阶级——这些问题，我们在这里不必加以探究。在此地对于我们重要的是要确定：政治统治的基础，到处都是社会职能的遂行，而且政治的统治，只有在它执行这种社会职能的场合上，方能长久地保持下来。在波斯印度等国，昌盛一时而后趋于衰落的许多前后相继的东方专制皇朝，每个都很好地知道自己首先是江河流域上灌溉事业的总的经营者，在东方如没有灌溉，那末农业是不能进行的。……

在这样的阶级的形成以外，还有别种样式的阶级的形成。农业家族内的天然的分工，到了一定的物质状况的程度，就使它有吸收一个或几个外间劳动力的可能。在旧的公社的土地领有，已经崩溃，或是至少，以前的土地的共同耕种，已经让位给各家在小块土地上的各别耕种，——在这样的国度里，上述情形，尤其众多。生产已经发展到这个程度，使人的劳动力能够生产比较劳动力简单生存所需要的数量更多的东西；维持多数劳动者生活的资料，已经具备了，运用这些劳动力的资料，也已具备了。这样，劳动力就得到了价值。但是这种劳动力所归属的那个公社及集团，还不能从自己内部，分出自由的多余的劳动力。战争使他们得到了这些劳动力，战争的现象，和几个社会集团同时毗连存在的现象，是同样的古旧。以前都不知道怎样处置军事的俘虏，因之就把他们杀了，再以前简直就把他们吃了。但在这时所已达到的"经济情况"的程度上，他们得到了一定的价值；所以俘虏开始被活的保留下来，而其劳动则被利用……奴隶制于是被发现了。[9]

恩格斯在这段文章中指出了人类阶级产生的"两种道路"：东方的道路和西方的道路。东方的道路，实际上即是"东方的家庭奴隶制"产生的道路，西方的道路，实际上即是"古典的劳动奴隶制"产生的道路。这两种道路所以会不同，关键在于有两种不同的"公社"。这一点苏联的历史学家们，在编写《世界通史》第1卷的序言时曾经作过下列的解释：

奴隶占有制是在旧的原始公社制的内部发生出来的，同时它又利用了后者的习俗，制度和机构，补充了新的阶级内容，并使之迎合剥削者奴隶主的利益。奴隶制关系有时是以这样的"传统的"隐蔽形式出现的；例如使用同族人的劳动，"帮助"贫穷的同社社员等，实际上这些人只是为了糊口才替生产资料所有者去作繁重不堪的劳动。在这里，奴隶制的发展所经历的形式是多种多样的，并且多半和日后在希腊和罗马（古典世界）形成的古典奴隶制有所不同。……根据对具体的历史材料的研究，可以把奴隶占有制社会中的农村公社分为两种最典型的形式。第一种还接近于原始公社。在这种公社里，土地和水这些主要生产资料的所有权只属于整个公社，这种公社完全是，或者部分是一种自治的团体，它拥有公职人员，它可以按照整个公社的工作需要（例如灌溉、排水、营造、伐木、保护田地等工作）使自己的成员负担一定的义务。这样的公社通称之为"东方的"或"印度的"公社，但是这个名称是不妥当的，因为它不仅是在东方各国存在过，尤其不仅是在印度存在过。

以集体劳动来保护各种（特别是灌溉的）设备的必要性，使得公社更为稳固，更为保守，同时也为使公社劳役转变为奴隶主上层和奴隶占有制国家剥削劳动群众的形式提供了广泛的可能。在这些条件下，公社——按马克思的名言来说——就成了东方专制制度的基础。

在集体劳动早已在生产中不起何等重大作用——这是由于经济生活的特点、生产资料私有制更急剧的发展和奴隶制的无比的巨大发展而造成的——的地方，我们遇到另一种公社形式，即"古典的"公社形式。公社的成员已经成为私有者，不过通常因为他们是属于公社的人，所以他们才有占有土地的权利。在这里，公社占有的备用地，牧场等和私人的耕地是界限分明的。这里的公社成员对公社所负的义务是更有限的，而公社的公职人员很早就丧失了他们以前的职能。随着手工业和商业的发展，个别公社在许多场合下聚居到一起，从而形成了城市公社或"市民公社"。[10]

这种所以会把古代东方国家的奴隶占有制与古希腊、古罗马的"古典"的奴隶占有制不同的理由归因于农村公社的两种不同形式的解释，我认为是正确的，但却还不够全面。因为在古代世界，农村公社为什么会具有这两种不同形式的理由，显然是还需要作进一步的解释的。

我个人认为，人类社会进入阶级社会为什么会有"两种道路"发生，以及古代东方奴隶占有制国家所以会具有前边所说的那些特点，而与古希腊、古罗马的奴隶占有制国家不同，主要应当从古代东方的奴隶占有制国家是建立在青铜器时代的奴隶占有制国家，而古希腊与古罗马的奴隶占有制国家则是建立在铁器时代的奴隶占有制国家这一特点上去作解释。理由如下：

我们大家知道，生产的变更和发展始终是从生产力的变更和发展上，首先是从生产工具的变更和发展上开始的。

在原始社会中，最初用石头作为制造工具的主要材料，后来才学会用金属制造工具。人类用以制造工具的金属，首先是铜，但铜质是较软的，所以没有被广泛地用来制造工具，后来用青铜（铜和锡的合金），最后才用铁器。这在考古学上说来，就是人类社会的所谓石器时代、青铜器时代和铁器时代。

人类过去生活在石器时代的历史是最长的，有几千万年之久，但自新石器时代计算到现在，则也不过七千多年之久。近数十年来的考古学上证明：人类社会自进入新石器时代以后的文化上的发展是极大的，特别是在公元前三千年以前的那两千年这一期间，人类的重要发明与发现之多，几乎可以说是超过了所有历史上的时期的。这些重要的发明与发现，列举起来，有下面这一系列的事物：使用运河和沟渠的人工灌溉、犁耕、牲畜动力的驱策、帆船、轮车、果园种植、发酵作用、铜的生产和使用、砖、拱门、釉、印章，以及文字、记数法和青铜等。[11]这其中，以青铜的生产与使用对人类社会起的作用与影响为最大。因为使人类社会进入阶级社会的最初动力，在东方我认为就正是青铜的使用。但在要正式说明这个问题以前，我们也还得先说一下人类在原始社会时代的生产关系。

目前，我们大多数马克思主义者都把原始公社制度史划分为两个时代：原始人群时代（相当于考古学上的旧石器时代的初期）和原始氏族公社时代（相当于考古学上的旧石器时代的末期和新石器时代）。原始氏族公社时代又分为两个时期：母系氏族制度时期和父系氏族制度时期。

我们之所以能够按照家庭氏族关系发展的基本阶段来对原始社会进行分期，是因为氏族关系是与原始公社制度的生产关系的发展相适应的。在人类社会发展的这个阶段上，家庭氏族关系表现为生产关系的形式。

根据研究，现在我们已经可以知道：母系氏族时期乃是全人类从脱离原始群状态时起的一个普遍的历史阶段。它经历过很长的时代，在母系氏族时期内，我们也还可以将它进一步分为两个时期，即初期的母系氏族时期与发达的母系氏族时期。初期的母系氏族在经济方面的特征是采集、狩猎和原始的捕鱼。当时，男女之间已有了劳动分工，即采集工作主要属于妇女，狩猎主要属于男子，捕鱼用各种不同的形式由男女两性共同分担。发达的母系氏族时期，在经济方面的特征是：在某些社会中为锄掘农业，在另一些社会中是高度发展的捕鱼和海上狩猎，但不论在哪种社会里当时都已有家畜驯养。原始公社制度在发达的母系氏族时期达到了全盛期（在考古学上相当于新石器时代），当时还没有阶级与人剥削人的现象，但当生产力继续发展，特别是由锄掘农业过渡到犁耕农业，由驯养家畜过渡到畜牧业，男子开始在原始公社的生产中起决定作用时，母系氏族就为父系氏族所代替。父系氏族时期（相当于考古学上的新石器时代末期和金石并用时代）在经济方面的特征是犁耕农业，播种谷物和畜牧，还有最早的劳动分工及商品交换的发展。[12]父系氏族时期也就是原始公社制度的末期，因为那时金属已经被发现，在生产力继续发展的基础上，父系氏族的进一步发展就会导向父权制的阶级社会的产生，而这一发展，我认为在东方是与青铜器生产上的发展有密切关联的。

现在我们就专门来谈一下青铜器的生产对当时的生产关系所产生的影响。

首先，我们要指出，根据近代考古学上的研究，青铜器的出现对于促进整个原始社会阶级分化以及专制政权的形成这一方面的作用是极大的。这因为青铜器的制造，在当时的社会条件下需要一定的人的强制组织力量。第一，它需要有人来组织公社中的青铜工匠们来从事专业的生产。近代的考古学上已经证明，人类历史上的第一批专业手工业劳动者就是这些青铜工匠们。[13] 当然，在此以前，原始氏族社会中也已经早就存在了其他的手工业，例如创制陶器，制造打火石等就都是很重要的手工业。但这些手工业，由于所需要的技术比较简单，就完全有可能为其他的劳动者所兼营。只有冶金业，由于它所需要的技术比较复杂，所以就只能成为专业劳动者的工作，而且在铸造青铜器的时候，由于需要的熔点较高（约在 1 200℃左右），炉火需要有人鼓风（人类最初的鼓风是利用人的肺力来鼓风的，后来才利用皮制的鼓风囊来代替）[14]，所以这些青铜匠们在工作的时候一定还需要较多的助手。对于这些专业的青铜匠及其助手们，当然就必须有人来专门监督他们工作，并且供给他们衣食。第二，尤其重要的，就是还必须有人经常供给他们以原料——铜与锡。因为铜矿与锡矿并不是在任何地区都可以找到的，它们只存在于山区中，而古代东方的氏族社会却又都位于大河流域，完全缺少这些矿藏，因此，我们完全可以相信，当古代东方社会中的青铜器产生的时候，在埃及与西奈之间、苏美尔与高加索之间，必定都已建立了正常的交通，有一批人经常在各地有组织地从事矿石以及其他物品的运输了。[15]

吴大琨自选集

15

在当时的原始东方社会中，有这种力量来最初从事组织有关青铜器的制造的，当然只有氏族或部落的首长或其他首领们。这些首长与部落首领们，最初一定是为了公共职务上的关系，例如准备对外战争，才取得组织青铜器生产的权力的。在此，我们要附加说明的，就是在新石器时代的人类，为了彼此争夺当时愈来愈渐稀少的易于开垦的土地起见，氏族间的战争已经成为了经常的现象。[16]所以，青铜器一旦被发明，首先就被氏族的首长们用来做武器，那是完全可以理解的。但当这些首长或其他部落领袖们一旦掌握了这些青铜器的生产时，他们也就等于掌握到了一种权力的源泉，他们不但可以凭借这些青铜武器，成立所谓"亲兵队"，对外从事战争，对内也可以维护他们的权力，霸占一切的其他生产资料，而且可以以之镇压那些广大的氏族或者部落的成员了。

古代东方奴隶占有制国家的统治阶级，我认为，一般说来，就是这样地在父系氏族社会末期的青铜时代逐步地形成起来的。但由于青铜，在原始社会乃是一种昂贵的金属，很少用做一般的生产工具，所以青铜器的出现，对于人类社会劳动生产力的提高是有着它的一定的限度的，它并不能像铁器的出现那样提高生产与促进交换到足以瓦解公社的地步。因此，公社制度就被保留在古代东方国家的社会内并转化成为了这种社会的统治基础。而这一点也就恰好正是古代东方的奴隶占有制国家和古希腊、古罗马的奴隶占有制国家完全不相同的地方。建立在铁器时代的古希腊、古罗马的奴隶占有制国家是在土地私有制已经建立，氏族社会的集体生产已经转化为个体家族生产的状况下产生的；而古代东方的奴隶占有制国家则恰好相反，是在土地的公社所有制以及氏族的集体生产还继续保持的情况下产生的。

过去有些历史理论家，往往把古代东方国家中的公社制度，说成是"原始公社制度"的残余，那是因为不理解古代东方国家的特点的缘故。事实上，古代东方国家中的公社并非是氏族社会的残余，而是古代东方奴隶制社会的重要组成部分，也就是东方专制制度的基础。它与过去的原始氏族公社显然有着完全不同的内容——在古代东方奴隶占有制的国家形成后，它是为新的古代东方社会的统治阶极的利益而服务的东西了。

从固有的氏族社会中成长出来的新的古代东方社会中的统治阶级，由于他们掌握了青铜器的生产，掌握了土地和水源（当然，他们也运用了宗教的力量等），从而使他们具有了牢固的专横的统治权力，使他们能把那些原来耕种公社土地的农民或其他的手工劳动者都变成了他们的事实上的奴隶，为他们提供大量的劳力和生产物。青铜器时代的社会生产力水平虽然并不高，而且我们也可以说，正因为其不高，所以这些古代东方国家的统治者，才需要用专制的手段来强迫他所有的人民来从事奴隶般的劳动，但这些为专制国家所控制着的人民的劳动成果却仍是极为伟大的。

马克思在《资本论》中曾指出说："简单的协作，也可以生出伟大的结果来。这可以由古代亚细亚人，埃及人，伊特拉斯康人等等的巨大建筑物来说明。'……亚洲各帝国的非农民劳动者，除个人的肉体力，只有很少的东西可以用在工作上，但他们的人数，就是他们的力量。那种种令人惊异不置的遗迹所以能够发生，就因为该帝国的君主和教主，对于这大群人有指挥的权力。这种种事业有成功的可能，就因为劳动者依以生活的资料，集中在一个人或少数人手中'。"[17]

古代东方的专制帝王，既然能运用这么多的变相的奴隶劳动，他们当然已绝无必要再将正式的奴隶完全用于生产的事业，特别是农业上的生产事业，而大可把这些奴隶用于各色各样的其他苦役或侍役工作了。

至于当古代东方的奴隶制国家已经建立起来后，又经过了若干年代，在人类已经进入了铁器时代然后才建立起国家来的古希腊与古罗马，情况当然就与这完全不同。这首先因为铁乃是一种比青铜便宜得多的金属，而且铁矿也是比较易于找到的。人类只要一发现了铁，如果没有人为力量的阻碍，生产者是易于取得铁制的工具或武器的。正如恩格斯所说："铁使广大面积的田野耕作，开垦广大的森林地域，成为可能；它给了手工业者以坚牢而锐利的器具，不论任何石头或当时所知道的任何金属，没有一种能与之相抗。"[18] 因此，在铁器时代，社会的生产力就会普遍地得到提高，促进生产也促进交换的发展，从而使得公社制度完全趋于瓦解，土地也能成为私有甚至可以买卖的对象。在这种情况下的原有氏族社会的领袖们是无法起来垄断铁的生产从而使他们取得像古代东方国家内的帝王那样的专制权力的。因此，铁，也会被某些进步的历史学家称之为"民主的金属"[19]。在古希腊与古罗马的统治者们，既然无法使原来的氏族成员全部成为变相的奴隶，使他们来从事奴隶的工作，他们当然就只能驱使真正的奴隶们到田野中和工场中去工作。这样，也就正像恩格斯在《家庭、私有制和国家的起源》一书中所详细描述的那样，产生了真正典型的奴隶占有制国家。

所以我认为，我们在上面所指出的一切古代东方奴隶占有制国家的经济特征，以及它们为什么会与古希腊、古罗马奴隶占有制国家不同，我们是都可以以青铜与铁器时代的生产情况不同作为主要原因来加以解释的。

这些也就是我所理解的建立在青铜器时代的奴隶占有制国家的经济特点及其形成的原因。

三、夏、商和西周都是建立在青铜器时代的奴隶占有制国家

前面我们已经对建立在青铜器时代的奴隶占有制国家的经济特点及其形成原因加以说明，如果我们根据这些特点来看中国历史，则根据我们当前所能得到的一切考古学上的材料以及其他历史记载上的材料看，显然中国古代历史上的夏、商和西周就都是和古埃及、古巴比伦等国家属于同类的建立在青铜器时代的奴隶占有制国家。

（一）

我们先来说夏。中国的青铜器时代究竟从何时开始，现在的考古学上尚无定论。但根据记载，清代吴兴陈经抱之氏就收藏有夏代的青铜匕首一把。[20]陈氏曾将这把匕首在《求古精舍金石图》中加以图示，并自注说："右匕首，长一尺二寸二分又五分之四……背面铭文一字不可认；与夏拘带文字相仿，故定为夏器。"新中国成立后，考古工作者在郑州洛达庙等地发现的可以认为与夏代文化有关的所谓"洛达庙类型的文化遗存"中，也发现有少量的青铜小刀。[21]这就说明夏代的青铜器在考古学上，已经不能说绝无根据。中国的青铜器必在殷以前很久就早已开始，这是我们可以拿现有的殷代青铜器的本身来作说明的。我们就现有的殷代青铜器的本身来看，它的花纹的精细，形式的美观和冶铸的完好，都足以证明这样精良纯熟

的冶铸的技术绝非在殷代之后的短期内所能发展成熟的。而且，在这里，我认为中国是一个"已有了将近四千年的有文字可考的历史"[22]的国家，我们要研究中国古代的历史，如果完全只想依据地下挖掘出来的东西作证明，而不去相信那些符合于社会历史发展规律的比较可靠的古代文字记载，那也是不科学的。

如果我们就中国古代的文字记载中的材料来看，那么传说中的中国开始有铜的时代实在还早于夏代。

如《史记·封禅书》中说："黄帝作宝鼎三，象天、地、人"。

《洞冥记》中说："黄帝采首山之金，始铸为刀"。

古书记载中所说的"金"实际上是铜。由此可见，中国开始用铜乃是在传说中的黄帝时代（公元前2697年（？）—2598年（？）），比传说中的夏禹的时候，还要早四百多年。

至于在古书中，有关说到夏代有铜的记载，那就更不少。但其中最重要的，我认为是《左传》宣公三年中的那一段记载，原文是：

> 定王使王孙满劳楚子。楚子问鼎之大小轻重焉。对曰：在德不在鼎。昔夏之方有德也，远方图物，贡金九牧，铸鼎象物，百物而为之备，使民知神奸，故民入川泽山林，不逢不若，螭魅罔两，莫能逢之，用能协于上下，以承天休。桀有昏德，鼎迁于商，载祀六百，商纣暴虐，鼎迁于周。德之休明，虽小，重也。其奸回昏乱，虽大，轻也。天祚明德，有所底止。成王定鼎于郏鄏，卜世三十，卜年七百，天所命也。周德虽衰，天命未改，鼎之轻重，未可问也。

这一段记载之所以特别重要，就在于它不但证明了在夏代已有鼎的铸造，而且这个鼎的规模还是不小的，鼎上的雕刻也是很多很好的，它竟成了所谓"传国之宝"。夏代的这个"九鼎"后来虽然据说"没于泗水"[23]之中不见了，但它在周代还确实存在，应该是没有疑问的。

夏代既然已可铸造这种能成为"传国之宝"的"九鼎"，所以我推想中国的青铜时代应当是在夏代以前就已开始，然后在夏代则开始建成了古代东方型的奴隶占有制国家的。

至于在古代的历史记载中，可以证明夏代已经是一个"国家"的材料，那就更多了。因为"国家"不是别的，按照列宁的定义，"国家是维护一个阶级对另一个阶级的统治的机器。"[24]所以只要出现了阶级，出现了暴力机关"就是武装队伍、监狱及其他强迫他人意志服从暴力的手段，即构成国家实质的东西"[25]。当然也就产生了"国家"。从《史记》中所记载的夏世系十七君十四世的历史看，夏代已经有了根本不同于原始氏族社会的、世袭的保有"王位"的统治者的阶级是毫无疑问的。《左传·昭公六年》载叔向使诒子产书说："……旧先王诒事以制，不为刑辟，惧民之有争心也……夏有乱政，而作《禹刑》；商有乱政，而作《汤刑》；周有乱政，而作《九刑》……民知争端矣。"这也可以证明，在夏以前还没有过什么刑法。从夏开始有刑法，而刑法的出现就正是"国家"已经成立的标志。

（二）

夏代的情况，我们因限于资料，暂时就不去多说它，那么，在夏代之后所建立起来的商殷王朝，根据现有的材料看，我认为就更加可以肯定为完全符合我们在前面所说的那些建立在青铜器时代的奴隶占有制国家的特点了。但过去以及目前也还有些同志怀疑商殷王朝不是国家，而是原始氏族社会。他们的理由不外两点：一是商殷王朝的生产工具还在用石器、木棒，生产力水平还很低；二是在商殷王朝，氏族公社的组织还很顽强地存在着，所以只能是原始氏族社会。他们不明白这两点，就恰好正是建立在青铜器时代的奴隶占有制国家的经济特点，现在我们就来解释一下这两方面的情况。

先说商殷王朝的生产力。从现有的考古学上所得到的材料看，商殷王朝的农业生产工具，主要还在用石器、蚌器、木棒，是没有疑问的，但我们也不能说当时就绝对没有金属制成的生产工具。1953 年，我国的考古工作者就曾在安阳的大司空村的商殷晚期遗址中发现了一件青铜铲[26]，这是考古学上很了不起的一项大发现。当然，我们知道青铜器在古代是黄金属，所以它不可能普遍地用做生产工具是必然的。但由于当时社会已经有了青铜器，统治者就已经有了足够的力量来强迫大量的公社成员和奴隶来为他们从事集体生产，并维持他们的统治了。这是可以以收割工具的大量集中储积一处来作为说明的。所以尽管商殷王朝在农业生产上还在大量使用石制的劳动工具，但农业生产与过去比还是有很大发展的。

农产品见于甲骨文的有稻、粱、黍、稷、麦等五种。此外，甲骨文中还有丝字、蚕字，这当然足以证明当时已有了蚕丝业。但最足以证明商殷王朝当时农业高度发展的，则为酿酒业的发达。因为如果商殷王朝的农业不发展，就绝不可能有大量的余粮来酿酒的。目前已经出土的殷代铜器，十之七八都是酒器，可以证明当时的酿酒业的发达。所以，当代的考古学者也都承认："商殷时代的农业生产水平较之以前的任何时期有着显著的提高，这种情况从考古发现中得到很多的反映。"[27]

除农业外，殷代的手工业也已有了高度的发展，在这一方面表现得最突出的当然是青铜器。殷代的青铜器种类很多，有钟、铙、銮、铃、鼎、镬、鬲、甗、盨、簋、爵、角、觚、觯、斝、盉、卣、勺、尊、彝、盘、匜、缶、盂、壶、罍、斧、斤、弓、矢、盔、钺、戈、矛、刀、削、镜、玺、铲、箸，以及车饰、马饰与其他饰品等。

所有这些大量供贵族使用的铜器，再加上当时制造的大量铜戈、铜镞等武器，使我们完全可以设想，当时商殷王朝的铸铜场坊一定是规模很大的。例如，即以现在南京博物院所藏的"司母戊"大方鼎而论，其重有700公斤。上面并有精致的雷纹、龙纹和饕餮纹，当时若不是有三五百人的较大的手工场，恐怕是绝不能铸造出这么一件富丽伟大的铜器来的！

从现在我们在安阳小屯的殷墟和郑州二里岗的殷代遗址上所发现的当时殷代铸造青铜器的炼锅、模、范、金属原料、燃料和火炉的烧土等等看，可以证明当时两地的铸铜场坊的规模也是确实不小的。据专家推测，在当时殷代的铸铜工场内，已经至少要经过选砂、配合、掺锡、铸范和修饰等五个程序，可见这种工场内部的分工一定也是很细致的。[28]

除铸铜工场外，在商殷遗址中发现的手工业遗迹还有制骨和制陶的作坊，规模也都不小。例如在安阳北辛庄发现的一处制骨作坊就包括一座长方形半地穴的房屋和一个堆置骨料的窖穴。在这里发现很多骨料，单在窖穴内就有五千多件，骨料多采用家畜的肢骨，而以牛和猪为最多。工具除磨石外，还有青铜的小锯和刀、钻等。生产的骨器主要是笄、笄帽和锥。制骨遗址中显示的特点表明工场的内部已经有着更加细致的分工，这种现象应该是在手工业脱离农业以后经历了一个相当长的时间才出现的。在制陶遗址中也有类似的现象。[29] 所有这些手工业工场,显然都是为当时的商殷王朝的统治者所控制、为统治者服务的工场,它们都是"国营"的手工场。这些工场中所需用的大量原料,铜、锡、骨器等,我们也可以设想一定是由当时的统治者有组织地去从各地运输来的。这些工场与古埃及、古巴比伦等东方奴隶占有制国家中的冶金工场和其他工场,都并无什么本质上的差异。[30]

商殷王朝的统治者们控制了这些工场,他们也就控制了当时的武器、祭器和主要日用品的生产,可以用来统治人民,完全不必再来关心改善生产工具了。所以我们在商殷王朝,一方面发现有极精致的青铜器出现,一方面却又发现当时的农业生产工具,主要还在用石器、木棒,这也不矛盾,因为这正说明了当时国家的社会性质。

其次,我们再来解释当时的氏族公社组织。在商殷王朝时有很多氏族公社组织这是应当肯定的。丁山先生在他的遗著《甲骨文所见氏族及其制度》一书中曾经指出,在甲骨文中发现了有两百个以上的氏族,他又认为:"殷商王朝,每个氏族都有食邑,所有的氏族就是城主,也就是诸侯。"[31] 这个论断,我认为也是正确的,因为它符合马克思在《资本主义生产以前各形态》中所说的在亚细亚的形态下所发生的情况。

当时的氏族公社(其所在地即是"邑")不但是国家的统治单位,也是军事组织的单位与生产的单位(因为"邑"必有田)。

当时的氏族组织,据丁山先生的考证,因为是与宗法相结合的,一个氏族,必有共同的祖宗,所以氏族也可称为宗氏,或省称"宗"。宗以下有分族,分族盖即"小宗"。小宗之下,又有"类丑"(根据古籍的解释,类似乎是同族,丑则是由战争俘虏来当奴隶使用的敌国外族)。[32]

宗氏、分族都有"仆㣊土田"[33]。每年每个分族都要贡赋于宗氏，宗氏都要贡赋于王朝。[34]

由此可见，当时的全国土地是被认为"王"拥有的（所以大家都得对王纳贡），但在实际上"王"除直接掌握他的"仆㣊土田"外，其余的土地则都是由各诸侯也就是各个"氏族公社"的统治者所直接掌握的。由于"王"除了他自己所有的土地外，还可以向全国的公社（邑）征收租税、徭役，因此，他也就可以用这些收入来维持较多的官吏与武装。丁山先生认为商末的《小臣舍鼎》中所载的"王赐小臣舍湡责五年"的文字，就是"殷商时代有租税制度与廪禄制度的重大暗示"[35]。我认为也是很正确的意见。

在这样的一些情况下，我们能不能说当时的商殷王朝还是原始的氏族公社社会呢？当然是不能的。因为，当时的氏族公社已经与原始时代的氏族公社有了本质上的不同。第一，就它的内部来说，它已产生了阶级，有统治者与被统治者，贵族与平民，有奴隶，所以尽管还是同一血缘的人们聚居在一起，它的实质就已与过去的原始氏族公社有了不同。

第二，我们知道这些氏族公社组织，就它们的对外关系来说，也已经与过去的原始氏族公社不同了。在真正的原始氏族公社时代，公社与公社之间的关系是彼此独立的，而这时候的氏族公社与氏族公社之间的关系却是存在着各种"等级"的统治与被统治的关系的。这就说明了当时的氏族公社已经成为了当时国家的一个统治单位与生产单位，而不再是完全独立的了。当然，这一些氏族公社间的统治与被统治的关系是可以有时加强，有时削弱，或者甚至可以彼此经过战争以后改变原来的关系的。

根据这些情况，我们就显然可以明白，这些氏族公社的存在，实际上只是证明了公社乃是东方专制制度的基础的道理，这也就是建立在青铜器时代的奴隶占有制国家的另一个特点。我们是绝不能由于这些氏族公社形式的普遍存在而将当时的社会误解为依旧是原始氏族社会的。

但商殷王朝，虽然已经不是原始的氏族社会，但也同时不是像古希腊、古罗马那样建立在铁器时代的奴隶占有制国家。理由有二：第一，商殷王朝，当时由于还没有进入铁器时代，生产与交换的水平与古希腊、古罗马社会比就差得很远。当时虽已有商业行为，并且已有了用做货币的"贝"，但商业行为还是不十分发展的，所以若说在商殷王朝，土地就已可买卖等那是缺乏根据的。[36]

第二，也是最主要的一点，那就是当时社会的主要生产者，并非是奴隶。《辞》中所说的耕种"王田"的"众"或"众人"，依据丁山先生的解释，"众人在日下，应作'受日神保护的民众'解释，其地位应与罗马帝国时代的'公民'相等，至少也该是自由民，可能是公卿大夫的子弟"[37]。

我认为这一解释也是符合当时的历史情况的，因为在古代东方的奴隶占有制国家里，主要的生产者，应当是各地氏族公社中的农民而不应当是正式的奴隶。而且当时商殷王朝的奴隶来源主要有两种，一种是战俘，另一种即是罪犯。这两者的数字都不太大，主要是用来杀了供祭祀（人牲）用的，也用于殉葬的。[38]这就和古希腊、古罗马社会中的奴隶用途很不相同了。

根据上述情况，所以我认为商殷王朝，既不是原始氏族社会，也不是像古希腊、古罗马一样的奴隶制国家，而只可能是和古埃及、古巴比伦一样的建立在青铜器时代的奴隶制国家。

商殷王朝发展到后期，由于统治者的日益趋于腐化享乐，加紧了对各氏族公社成员以及奴隶的剥削，因此，就引起了各氏族公社成员以及奴隶的反抗，发生了统治上的危机，从而终于为周氏族所征服，但周氏族虽然征服了商殷王朝，却并没有改变当时社会的生产情况，从而改变当时社会的性质，这一点却是我们要来加以详细说明的。

（三）

从现有的材料看，西周也应当是与殷代一样的建立在青铜器时代的奴隶占有制国家。

由于周王国在征服殷王国以前，并未具备什么新的进步生产力，殷代社会的内部，在它的末期也并未产生什么新的进步的生产力，所以，在周王国征服了殷王国以后，也就并没有能够建立什么新的生产关系，改变当时的固有的社会性质。

范文澜同志在他的《中国通史简编》一书中曾经极力强调周王国在征服殷王国以前就已经出现了"新的生产关系，即封建的生产关系"，可是，范文澜同志对于这样的"新的生产关系，即封建的生产关系"究竟是建立在什么样的物质生产经济基础之上的问题，竟完全没有能够交代，因此，也就很难使人相信范文澜同志所指出的"新的生产关系"是一种真正的"封建的生产关系"。

新中国成立以后考古学上的材料证明："整个西周时代的生产工具状况都和殷代的大体相同，仍然是石制、骨制或蚌制的。破土整地工具的铲，以骨制的比较普遍，用兽类的肩胛骨或下颚骨制成，形式很固定，通常上端窄小，两侧有缺口或捆绑痕迹。这种骨铲原来应该装有木柄。石铲和蚌铲都发现不多。用于收割的工具以刀为主，与郑州、安阳商殷遗址普遍用镰稍有不同。这里发现的刀和镰多为蚌制，石制的较少。这是西周生产工具的一个特点。……从西周的生产工具看，土地的大量开发和深耕细作都还是不可能的。骨制生产工具的流行和骨角镞的大量发现，也反映了在农业生产水平不高的情况下，狩猎依然是当时生活资料的一个来源。从张家坡发现铸铜、制骨和制陶等手工业遗存来看，当时的分工情况、技术水平也和殷代大体相同。"[39]现有的考古学上的材料既然证明周和商殷王朝处在同样的生产水平上，周和商殷王朝的社会性质，当然实际上应当是一样的。

那么，为什么过去我们有些马克思主义的历史学家曾把殷代看成是奴隶社会而把西周又看成是一个与殷代完全不同的"封建社会"呢？我认为主要即是因为这些同志并没有能够认真地从生产力与生产关系这两个方面来考察周代社会的实质的缘故。因此，他们不但误把中国古书上所说的"封诸侯，建同姓"的那种"封建制"与我们马克思列宁主义者所称的封建制（一种一定要建立在一定的封建社会生产力上面的封建生产关系）进行了混淆，而且他们还把存在于古代东方社会里的"亚细亚的土地所有制"看成了是"封建的土地所有制"，从而他们就把周代国家的社会性质完全判断错误了。现在我们就根据这两点来说明西周国家的社会性质。

先说第一点。我认为，中国古书上所说的那种"封诸侯，建同姓"的"封建制"，实质上乃是一种氏族社会中与"宗法制度"密切结合的部落殖民制。因此，这样的一种部落殖民的分封制度，也绝不会是从周代才开始有的，至少，在殷代也就已经存在。西周王国，在它征服殷王国以后，曾经实行过大规模的分封，即把所征服的殷代的各氏族公社中的土地与成员分封给国王的亲族、外戚或功臣（这也就是范文澜同志所说的"周初大封建"），那是确实的。

当时的分封情况，据《左传·定公四年》的记载是这样：

> 昔武王克商，成王定之，选建明德，以藩屏周；故周

公相王室以尹天下，于周为睦。分鲁公以大路大旂，夏后氏之璜，封父之繁弱，殷民六族：条氏，徐氏，萧氏，索氏，长勺氏，尾勺氏，使帅其宗氏，辑其分族，将其类丑，以法则周公，用即命于周。分之土田陪敦，祝宗，卜史，备物典策，官司彝器；因商奄之民，命以伯禽，而封于少暤之虚。分康叔以大路，少帛，綪茷，旃旌，大吕，殷民七族：陶氏，施氏，繁氏，锜氏，樊氏，饥氏，终葵氏。封畛土略，自武父以南，及圃田之北竟，取于有阎之土，授民，命以《康诰》而封于殷虚，皆启以商政，疆以周索。分唐叔以大路，密须之鼓，阙巩，姑洗，怀姓九宗，职官五正，命以《唐诰》而封于夏虚。启以夏政，疆以戎索。

根据这一史料，我们可以看出：

1. 周初的"封建"实际上只是以姬姓血缘关系为主体的宗法制的统治体系来代替了过去殷代的以子姓血缘关系为主体的宗法制的统治体系。

2. 固有的殷民在被分以后，是还保留着他们的原有氏族组织形式的。所谓"帅其宗氏，辑其分族，将其类丑"，就是要殷代原有的大宗族长，依旧统率他们的分族以及奴隶们来为周王朝服役。

3. 周王朝是尽可能地根据了各地的固有情况来实施统治的，所谓"启以商政，疆以周索"与"启以夏政，疆以戎索"，就是他们的统治方法因地制宜的证据。

"大封建"的内容既是如此，因此，我们实在很难在此得出结论说，由于周初的"大封建"对于当时的社会性质已经有了什么新的改变。

就国家政治上的组织形态来说，我们认为殷代的制度与周代的制度比较起来也并没有产生什么本质上的差异。可是过去总有许多同志好像认为，在殷与西周之间存在着极大的差异，因此，就企图用不同的社会性质来解释。但实际上，我认为这些同志都是上了王国维的当的。

大家知道，王国维在过去曾以卜辞研究所得与"周制"作过比较，并因此写过《殷周制度论》一文。在那篇文章中，王国维曾断定说："中国政治与文化之变革莫剧于殷周之际"[40]，有些同志并没有对王氏所说作进一步的考察，就相信了他的话，以为"王氏虽然不了解历史发展的一般规律，商周间有大变革这一点确被他敏感到了。"[41] 其实王氏此文是很错误的。他是在借他所理解的殷制来证明周公改制优于殷制。表面上似乎是在说周制较殷制为进步，实质上却是在借鼓吹周公的"封建制"而主张维持清代的专制制度。他不但没有阐明殷周制度的如何不同，何以不同也根本没有指出殷周制度的基本特征和殷周社会性质。

但王氏此文的影响，实在很不小。例如王氏认为商人无嫡庶之别，故不能有宗法，于是有些同志也就跟着认为商人无宗法。实际上，没有嫡庶之别，并非一定没有宗法。殷代的大小宗法不同于周制，但并非没有宗法。宗法制是氏族社会中父系家长制的遗留，殷周两代都有氏族公社存在着作为国家的统治单位与生产单位，显然是不会不共同具有宗法制的。

事实上，我认为由于夏、商、周三代都是属于同一性质的社会，所以它们之间的差别应该是不大的。中国古代的儒者常以夏、商、周三代并称，正反映了这一情况。《论语》上孔子所说的："殷因于夏礼，所损益可知也，周因于殷礼，所损益可知也"的话，我认为也就是这个意思。周代所实行的，基本上还是殷代的制度。所以，我们是绝不能因为周初实行了"大封建"，就把周代看成是一个新的与殷代不同性质的社会，甚至是马克思主义意义上的封建社会的。

现在我们且再来谈第二点，即关于土地制度方面的问题。现在有好些同志，都把周代的"井田制"看成是"封建的土地所有制"，这实际上是一种误解。为了要说清楚这个问题，我打算分成三点来说明。

首先，我要说明的，就是传说中的"井田制"，并不始于周代而是早在殷代就存在的。这种"井田制"，就其田地的形状来说是方形的，所以郭沫若同志曾将中国的"井田制"解释为"方块田制"[42]，另外有些同志也有同样的看法，我认为，他们的这种看法是正确的。《卜辞》中有"曲"、"田"等字，正证明商代已经有了"方块田"。这种"方块田制"，实际上代表着人类社会在农业生产发展上的一个阶段，所以在西方社会，也曾有过这种"方块田制"，这种"方块田制"在欧洲经济史上称做"Square-Plot System"，在英国则称为"Celtic Field System"[43]，内容都是一样的。我们明白了这一点，就决不会再像某些同志那样，把"井田制"看成是一种"太不合理，太不符合社会发展的一般规律"[44]的田制，也不会认为"井田，只是适合于在中国东方低地的田制"[45]了。

现代的经济史学家已经证明：在欧洲古代的某些地区也存在过"方块田制"（Square. Plot System），例如在英国的不列颠本土在青铜器时代的后期即在公元前 1000 年左右就出现过这种田制并一直继续到了公元 400 年左右才终结。这张照片是现在还存留在英国 Fyiield Down 地区的"方块田制"遗迹的空中摄影。

资料来源：E. Cecil Curwen, *Plough and Pasture*, London Cobbett Press.

原来，这种"方块田制"的成因是与人类当时所使用的生产工具密切相关的。中国在殷与西周时代所使用的主要农业生产工具是所谓"耒"、"耜"。这种"耒"、"耜"，就我的理解，与欧洲经济史上在"犁"（plough）还没有发明以前所使用的"spade-ard"实际上是属于同一种类的耕具。当欧洲人使用"spade-ard"作为耕具耕种时，也是由两个人共同工作的，由一个人掌握耕具，另一个人拉绳，而当他们这样耕作时，所耕的田地形状也是成方块形的，这是因为在使用"spade-ard"的时候，耕具入土还不能很深，一块土地还不能只耕一次就把土地全部翻松，必须一纵一横来往两次，才能把土地耕好。如果人们一天的工作量，大体上是一定的话（英语中的"亩"字（acre）原是代表一个"耕作组"一天所能耕作的土地面积的），他就自然而然地会把田地划成一个"方块"，使纵横相等以便于耕作。[46] 欧洲古代的"方块田"后来到使用犁耕的时候，就被打破了。中国的"井田制"，实际上也是到了战国时代犁耕普遍使用以后的时期才被打破的，所以当中国在殷周之际还使用"耒"、"耜"的时候，田地会成为"方块田"那是一点也没有什么奇怪，完全符合世界农业发展史上的情况的。

第二，由于周代的耕作工具还是与殷代一样的"耒"、"耜"，所以在"井田制度"下的周代的耕作方法也还是以"耦耕"作为基本形式的集体耕作。我们明白了这一点，再来看下面《诗经·周颂·噫嘻》一诗，就完全可以理解了。

> 噫嘻成王，既昭假尔。率时农夫，播厥百谷。
> 骏发尔私，终三十里。亦服尔耕，十千维耦。

这首诗，郭沫若同志已将它译成如下的白话文：

> 啊啊，我们的主子周成王既已经召集了你们来，

要你们率领着这些耕田的人去播种百谷。

赶快把你们的耕具拿出来，

在整个三十里的区域，大大地从事耕作吧，

要配作一万对的人才好呵！[47]

郭沫若同志在这首诗里，没有把"骏发尔私"的"私"字解释为"私田"的"私"字，而解释为工具，是很有见地的。因为，据考证，"私"字的古写，很像"吕"的写法，所以说"私"字是"耜"字的误写是完全可信的。[48]这三十里的田，因此是"公田"。从这里我们可以看出，至少在周初，当时的"公田"，的确是由大量的农民来集体耕种的。从事这种集体耕作的农民，实际上也就是当时的公社全体成员。所以《汉书·食货志》曾追述当时的耕作情形说：

> 在野曰庐，在邑曰里，五家为邻，五邻为里，四里为族，五族为党，五党为州，五州为乡，乡万二千五百户也。……春，令民毕出在野，冬则毕入于邑。……春将出民，里胥平旦坐于右塾，邻长坐于左塾，毕出然后归，夕亦如之。入者必持薪樵，轻重相分，斑白不提挈。冬，民既入，妇人同巷相从夜绩。女工一月得四十五日，必相从者，所以省费燎火，同巧拙而合习俗也。

从这里我们很可以看出当时的耕作确实是由整个的"邑"（即所谓人们聚族而居之处）中的居民来担当的。这些公社中的成员，虽然在当时的社会中客观上等于是统治者的"耕种奴隶"，但他们在身份上毕竟是不同于当时的奴隶的。

周代有没有用奴隶来耕种的田地呢？当然也是有的。西周的《大克鼎》铭文里记载周王赏田七区，其中有一区注明"以厥臣妾"就是证据。但我想这应当反而是少数情况，当时社会的主要生产者，实在还应当是公社中的农民。这是我们从《诗经》中叙述农民生活的那些诗中也可以看出来的。

现在有很多同志因为不明白作为"古代东方奴隶占有制国家"的经济特点——在生产上是公社农民作为主体，而并非奴隶作为主体的特点，所以就总是不愿意把《诗经》中的这些农民，恰如其分地作为公社农民看，而一定要把他们说成或是"奴隶"，或是"农奴"，这就使两者都不能符合《诗经》中所描写的实际情况。

例如范文澜同志是把《诗经》中的这些农民都解释成"农奴"的。他说：

> 从《诗经》叙述文王及西周初年事的诗篇里看来，当时确已实行着封建制度。例如《灵台篇》说文王要筑高台，庶民像儿子替父亲做事那样踊跃，很快就筑成（"庶民攻之，不日成之。经始勿亟，庶民子来"），这很不像是奴隶替奴隶主服役的景象。《召南》、《行露》（"虽速我讼，亦不汝从"）、《标有梅》（"求我庶士，迨其吉兮"）、《野有死麇》（"有女怀春，吉士诱之"）等篇说民间婚姻事，并无奴隶主指配婚姻的形迹。《东山篇》叙述周公东征三年，兵士们归来的情形。诗中第二章描写兵士们想念他们荒凉冷落的小农村，说："不可畏也，伊可怀也"，第三章描写兵士想念妻子，知道妻子也在想念他，第四章描写兵士归家新婚的欢乐。对这个荒村留恋不舍的人，应该是附着在土地上的农奴，要说成奴隶是很难的。[49]

我也同意范文澜同志的意见，认为要把《诗经》中所说及的这些人"说成奴隶是很难的"。但要把他们说成是"农奴"，恐怕也同样是很难的。即如拿《灵台篇》来说，奴隶们固然不会像儿子替父亲做事那样踊跃地去为奴隶主服役，可是"农奴"恐怕也一定同样不会那样踊跃地去为农奴主服役的。如果我们把他们解释成是当时尚未解体的"氏族公社"中的农民在那里踊跃地为他们的氏族长服役，不是要更恰切一些吗？

而且，作为封建社会的"农奴"生产的特点来说，"农奴"的生产主要是"个体生产"，当时西周的农民既还在被强迫从事集体耕种，我们又怎么能相信他们是封建社会中从事"个体生产"的"农奴"呢？

第三，我们就要说到在"井田制度"下的土地所有者问题以及农民在当时所提供的地租的性质问题了。

在"井田制度"下，有所谓"公田"、"私田"之分，我想那是事实；而这种"公田"、"私田"之分，实际上也是符合于一般人类的发展规律的。马克思曾在《资本论》中记载过波兰与罗马尼亚两国在古代土地共有制瓦解以后的情况道：

> 土地一部分属于个别的农民，由他们独立去耕作。别一部分是共同耕作的，它会形成一种剩余生产物，那是部分地被用来应付公共的支出，部分地当作歉收等等情况下的准备。但剩余生产物这两个最后的部分，并且最后全部剩余生产物，连生长这种剩余生产物的土地，都渐渐为国家官吏和私人所掠夺；原来自由的但对这种土地仍然有共同耕作义务的自耕土地所有者，因此变为负有义务要做徭役劳动或缴纳实物地租的人；共有地的掠夺者，则变为地主。他们不仅变为被掠夺的共有地的所有者，并且也变为农民土地的所有者了。[50]

西周的情况，显然也是这样，所不同的，就是这时"氏族公社"组织还有力地存在着。王与诸侯贵族虽已能在实际上占有"公田"，但却还是作为代表着"共同体的个人"而占有着这些"公田"，并非作为私人占有这些"公田"的。

我个人常常设想，中国古代的"公田"所以设立，其中有一部分必与祭祀有关，因为当时的"公田"，也就是古书中所说的"藉田"。《礼记·祭义》中说："昔者天子为藉千亩。冕而朱纮，躬秉耒。诸侯为藉百亩。冕而青纮，躬秉耒。"这就说得很明白，天子与诸侯都是有"藉田"的。

《周礼·天官·甸师》中则说：

> 甸师掌帅其属而耕耨王藉，以时入之，以共齍盛。
>
> 王以孟春躬耕帝藉，天子三推，三公五推，卿诸侯九推，庶人终于千亩。庶人谓徒三百人。藉之言借也。王一耕之，使庶人芸芓终之。

这些虽都已是后代的传说，但可以表明这些"藉田"，原来是作为供祭祀用的"公田"而设置的，而且也可以看出，在原始的时候，氏族的酋长们原是应当来参与"藉田"的劳动的。到阶级社会产生，"藉田"变成帝王与诸侯们的实际上的"私田"的时候，他们参与劳动当然就变成了只是一种仪式，而去耕种这些"藉田"的庶人们的义务劳动就反变成是一种非去不可的徭役劳动了。

在这种情况下的土地所有制，我认为，就是马克思所说的"亚细亚的土地所有制"。由这种土地所有制而产生的地租，因此是一种古代东方社会中的地租，而绝不是封建社会中的地租。

为什么我们说它是一种古代东方社会中的地租而绝不是封建社会中的地租呢？我们的经典根据在哪里呢？下面就是我们的根据。

马克思在《剩余价值学说史》中批评与叙述里查德·琼斯的"地租"时，曾说过这样的话：

> 在一切前期的形态上，都是土地所有者，不是资本家，直接占有他人的剩余劳动。地租……在历史上（大部分说来，在亚细亚诸民族，就是如此），是表现为剩余劳动的一般形态，是无代价做的劳动的一般形态。在资本家的场合，剩余劳动的占有是以交换为媒介，但在这里，不是这样。它的基础乃是社会一部分人对于他一部分人的强制的支配权，从而，是直接的奴隶制度，农奴制度，或政治的奴隶关系。[51]

换句话说，在前资本主义社会里，地租就都是土地所有者用强制的支配权所占有他人的剩余劳动。那么，这些在前资本主义社会里的土地所有者之间，究竟也还有什么不同呢？回答是：这些土地所有者也还是在彼此之间有不同的。马克思在《资本论》第3卷中就曾列举过这些不同的土地所有者。"土地所有者，可以是代表共同体的个人，在亚洲埃及等地就是如此；这种土地所有权，也可以只是某些人对直接生产者人身的所有权的附属品，例如在奴隶制度或农奴制度下，就是如此"[52]。

在这里，值得大家特别注意的，就是马克思除提出奴隶制及农奴制以外，还提出了一个以"代表共同体的个人"来作为一种存在于亚洲及埃及的土地所有者的形式。

马克思的这段话是在《资本论》第3卷中第37章中说的，到了第47章，当他讨论到"劳动地租"的时候，他就又说了这样的话：

> 假设相对出现的，不是私有土地的地主，却像在亚细

亚一样，是那种对于他们是地主同时又是主权者的国家，地租和课税就会合并在一起，或不如说，不会再有什么和这个地租形态不同的课税。在这各种情形下，依赖关系在政治方面和经济方面，除了普通的对于国家的臣属关系，不会在此以外，再需要有什么更加苛刻的形态。在这里，国家是最高的地主。在这里，主权就是在全国范围内集中的土地所有权。但在这里，因此也就没有土地私有权，虽然对于土地，既有私人的也有共同的占有权和使用权。[53]

关于这一段文字，现在常有同志将它引证作为马克思对于封建的土地所有制的指示，但这是一种误解，在整个《资本论》第3卷第47章里，马克思自己并未将它说成是封建的土地所有制。如果我们通读全章，我们就一定会发现，马克思在这里所说的就正是完全符合他在《资本主义生产以前各形态》一文中所说过的那种古代东方的土地制度与地租形态的。他在《资本论》的这一章中，是在比较着欧洲的"有徭役的农奴制度"与欧洲的奴隶经济以及古代东方即亚细亚的农民劳动之间的区别。因此，我们是完全没有理由来把马克思所说的关于古代东方社会特点的话来硬说成是他对于东方封建的土地所有制的指示的。如果我们把马克思在这里所说的话，再与马克思在《剩余价值学说史》中叙述琼斯"地租"时说过的"这种地租（指实物地租。——引者注），在亚细亚，是特别常见的。……在这种制度内，国君是主要的土地所有者。"[54]结合起来看，我们就更有把握地说马克思是的确认为在亚细亚也就是在古代东方是存在着一种特殊的土地所有形态与地租形态的。

这种特殊的土地所有形态就是土地所有者不一定是把土地

作为私有的奴隶主，或农奴主，而是代表着"共同体的个人"，或代表着国家作为"最高地主"的"国君"。

在这种特殊的土地形态下，产生的地租性质，当然也就绝不会与典型的奴隶制社会里的地租以及封建社会里的地租相同。因为根据我们在前边的引证，我们可以知道，马克思是以假定在古代东方不存在有"土地私有权"为前提的，换句话说，在古代东方，农民们所耕种的土地就是公社所分配给他们的土地，这些土地在所有权上是属于公共的。这些农民们与氏族首领们的关系，最初也是平等的，可是正像马克思所指出的在古代波兰及罗马尼亚所发生的情形那样，慢慢地这些氏族首领们就变成了"共有地的掠夺者"，同时，也就变成了这些农民们的统治者了。

这些农奴们，就他们对于统治者的身份说来，原是既非奴隶，亦非农奴，可是他们却对于统治者有着一种"政治的隶属关系"，或者说是一种"臣属关系"。

在这种情况下，古代东方农民所缴给统治者的地租也就的确在性质上与国家的"赋税"合而为一。所以我们也可以说，古代东方社会的地租，就是一种与赋税合一了的地租。

以上就是我们所说的历史上存在着古代东方社会地租的理论根据。

根据这一地租理论，我们再来看它是否与西周时的情况符合呢？我们认为是符合的。在西周时代，一切生产资料均尚为王室所有。所谓"普天之下，莫非王土，率土之滨，莫非王臣"就是最好的说明。当时的周天子是最高的土地所有者，有权向每一个生活在土地上的贵族和庶民取得贡赋，也有权向接受土地者收回土地。当时的农民，虽分有土地，称为"私田"，但并无所有权，不得私自买卖，而且他们都必须以氏族成员的身份直接向氏族的统治者服役纳贡。这与欧洲中古时期的农奴们的向领主们交纳地租的情况是完全不同的。而且尤其重要的，就是欧洲封建时代的领主们，他们对于土地是有着所谓"不输不纳"的特权（immunity）的，西周时代的诸侯，按规定必须也向王室纳贡。这就可见西周时代农民们向各级诸侯王室所纳的地租实际上乃是一种我们在前边所说的存在于古代东方社会之内的，与赋税合一了的地租。至于有些同志认为《诗经》中所说的"公田"，实际上乃是当时贵族所占有的田，而并非"公共"的田，这也并不足以改变我们在这里所说的古代东方社会的地租的内容。因为历史证明：所有各个原始氏族社会中的"公田"，到进入阶级社会后，本来都是要为一些"共有地的掠夺者"所占有的，但只要这些土地还在作为"王室"的一部分土地而在被各级诸侯所占有时，农民们向这些贵族缴纳的地租就依然还是古代东方社会中的地租，而与封建时代的地租是有着本质上的差别的。

总结以上我们所说的三点，我们因此认为，要从政治经济学的角度上来把西周看成是中国的封建社会，那可以说是完全没有根据的。因为第一，西周还与殷代社会一样，正在用"耒"、"耜"耕作，生产力水平极其低下，所以田地也是成方块形的。第二，西周也与殷代社会一样，正在盛行"集体耕作"，即大规模的"耦耕"，这与作为封建社会特征的小农经济却是相反的。第三，尤其重要的，西周也与殷代社会一样，从事主要生产的耕作者，乃是氏族公社中的农民而并非奴隶。他们要以氏族成员的身份向氏族的统治者服役、纳贡。因此，他们并非像欧洲中世纪社会中一样的私家"农奴"。

在此，我们还得再加以说明的，就是西周也与殷代一样，不但土地是在名义上属于国家所有的，就是奴隶也是属于国家所有的。其中特别是由罪犯而成为奴隶的人，更是完全由国家集中起来加以管理的。如根据《周礼》一书中所反映出来的情况看来（《周礼》一书，虽是晚出，但它中间必定还包含有一部分西周的史料在内），当时的国家机关中是设有专管奴隶的机关的。如《周礼·秋官·司厉》说：

> 司厉掌盗贼之任器货贿，辨其物，皆有数量，贾而揭之，入于司兵。其奴，男子入于罪隶，女子入于舂槁。

当时除罪隶外，当然也还有在战争中所俘获的外族奴隶，所以也还有蛮隶、闽隶、夷隶、貉隶等名称。这些外族奴隶，当时在数量上似并不很多，都被用来管畜牧。罪隶虽较多，但也是用来输送，或是管其他杂役，没有把他们用来从事农业生产的。这种所谓"罪隶"的制度，从殷周时代起，事实上是一直被保留在中国的历朝专制王朝内的。所以，我个人意见，总觉得这是中国的专制主义制度的一个副产品，它的存在与发展是不能用来与古希腊、古罗马社会中的"生产奴隶"相提并论的。

西周社会，既然在本质上，从生产力与生产关系这两个方面看来，都与商殷王朝相同，因此，我们认为，西周也与商殷王朝、夏王朝一样，同是建立在青铜器时代的奴隶占有制国家。

四、中国的封建制国家是怎样
在春秋战国期间形成的？

中国的奴隶制国家既是建立在青铜器时代的奴隶占有制国家，和建立在铁器时代的古希腊、古罗马的奴隶占有制国家不

41

相同，因此中国的封建制国家的形成道路也就和西欧的封建制国家的形成道路很不相同。根据我个人的研究，中国的封建制国家是在春秋战国期间逐步形成的。现在，我就从生产力、生产关系和阶级斗争这三个方面来说明我的理由。

（一）从生产力方面看到的理由

在建立在青铜器时代的奴隶占有制国家中，生产力当然也是不断地在继续发展的，特别是当铁器发现以后，那是一定会引起社会生产力的巨大发展从而促使原有的社会经济组织机构发生重大的变动的。但铁器的出现，不一定即等于适合于封建社会的生产力的出现，因为所谓适合于封建社会的生产力，根据我个人的理解，就人的因素来说应是个体农民，就工具来说应是熔铁和制铁工作已更进一步改善后的生产工具，如铁犁和织布机等等。[55]

为什么一定要有个体农民与熔铁和制铁工作已更进一步改善后的生产工具，即铁犁与织布机等出现后才能算是出现了适合于封建社会的生产力呢？这是因为，只有到了那个时候，社会的生产力的发展才使"细小的独立生产变成了唯一有利的农业形式"[56]。这也就是说，只有到了那个时候，社会生产的水平才能发展到这样的一种程度，可以容许有大量的直接生产者拥有自己的经济。我们知道，封建所有制——封建生产关系的基础——和奴隶占有制比较，其历史进步性就在于奴隶占有制是以剥削大量失去个人经济和劳动兴趣的无家奴隶（在中国，则还要加上作为国家变相奴隶的公社农民）为基础的，而封建所有制则是以剥削拥有自己的经济的农奴或农民为基础，其直接生产者的劳动积极性较大。[57]而且就封建社会来说，当时除具有封建的所有制外，一定也还存在有农民和手工业者以本身劳动为基础占有生产工具和自己私有经济的个人所有制。[58]这些所有制的出现，都必须以社会生产能达到一定的高度水平为必要前提，因此，我们认为如果没有熔铁和制铁工作更进一步改善后的生产工具铁犁与织布机的出现，那么要建立封建社会乃是不可能的。

如果我们的这一见解是不错的话，那么我认为中国的封建制国家的形成因此就不能早于战国，因为根据考证，中国的普遍从用耒耜耕种进步到用铁犁、牛耕种乃是发生在战国期间的事情。孙常叙先生曾经考证了中国的犁铧出现的时代说：

> 从耒耜到犁铧的发展就是我国古农业从耦耕到牛耕的发展。……生产工具的变更和发展，就我国农业来说，是不少的。但是其中关系最大的变更和发展，就阶级社会来说，没有比耦耕和牛耕更大的。因为它是工具和主要动力的改换。耦耕，从《诗经》来说，无疑是大规模的奴隶生产；而用牛、犁耕是通过整个封建社会直到现在还在使用着的。……从耒耜到犁铧的发展，告诉了我们什么时候出现了犁铧，也就什么时候开始了牛耕。……在《七月》、《楚茨》、《信南山》、《甫田》、《大田》、《臣工》、《噫嘻》、《丰年》、《载芟》、《良耜》等十篇关于农事的诗里，有的提到了一些农具，有的提到耦耕。在那些农具里，耜是耦耕的农具，十篇诗并没有提到牛耕，也没有提到犁铧。很显然，在那"十千维耦"、"千耦共耘"以耦耕为主的奴隶生产时代，不是用犁铧、牛耕的。

> 《国语·吴语》，记吴王伐齐回国之后责斥申胥时，用"农夫作耦"打比喻，可是直到春秋时，最少在吴国，耕田方法还是合耦用耜的。

> 据《论语》所记，孔子和他的门徒子路还向"耦而

耕"的长沮、桀溺问道，可是那时代在齐鲁一带也还是在使用着耜进行耦耕的。

而且我们在辉县固围村发现了耦耕耜冠，在战国钱币里还看到耜冠的仿制品"桥币"。在战国时代，耜的基本形制还存在，可是它在春秋时代是还没有改变的，耜没有变形，就是说犁还没有形成。[59]

我是基本上同意孙常叙先生的这些意见的。现在，考古学者已经为我们证明"春秋晚期到战国早期，铁器的使用还不普遍，而且只有小件铁器和小农具"，但"到战国中期，情况就大大不同了。十年来，在战国七雄的全部地区，都发现有战国中、晚期的铁农具或铁器，出土地点有辽宁、河北、山东、山西、河南、陕西、湖南、四川等八个省的二十处以上的地方。1955 年石家庄市庄村赵国遗址发现的铁农具，即占这个遗址出土的全部铁、石、骨、蚌质工具的 65％。辉县的魏墓，长沙的楚墓和兴隆的燕国遗址发现的铁农具或铸造农具的铁范也都在几十件以上，其中辉县固围村的 5 座魏墓就出土了犁铧、镈、臿、锄、镰等铁农具 58 件。这清楚地说明，到战国中期以后，铁制生产工具在生产上已占主导地位，铁农具的使用已经相当普遍。"[60]

铁农具在战国中叶才相当普遍使用，则铁农具的开始使用期和铁的发现时期当然要比这早得多。杨宽先生曾经根据中国的冶铁术的发明和发展情况推断认为中国在西周时代就已发明冶铁术并曾用于农具的制造[61]，我认为这种可能性是有的。但"最初的铁往往比青铜还要柔软些"[62]，所以这样的铁器很不易保存留传下来，也并不能消灭石器，而且正如我们在前面指出来的那样，铁器的发现，并不即等于适合于封建社会生产力的出现。所以即使今后我们能在考古学上证明西周已有铁，也并不足以证明西周的当时已经是封建社会。

我个人认为，中国在西周时候已经出现铁，在春秋时代已经开始有牛耕（如《论语》中孔子有弟子名"耕"而字"牛"的，可以作证明）的可能性是很大的。因为只有这样，我们才能解释在战国中叶铁制农具为什么已能比较普遍应用的道理。《新中国的考古收获》一书中说："十年来铁农具的发展情况向我们提出一个极为重要的事实，即铁器的开始使用在列国变法之前，而铁农具的普遍使用则在列国变法以后。这个事实说明，春秋后期以来，由于铁器使用等因素，使封建性的个体生产成为可能；但只有到战国中期，封建土地所有制已经基本形成，铁农具才能得到进一步的推广。"我认为这个论断是十分正确的。

但如果我们承认中国的封建制国家是在战国期间才形成的话，那么从西周末年起，经过春秋时代，一直到战国初年，实际上就正是中国历史上从奴隶占有制国家转变为封建制国家的一个过渡期。这一过渡期的主要变动，应当说是主要由于铁器的发现、生产力的提高、交换的扩大等而引起的。

（二）从生产关系方面看到的理由

现在我们且再从生产关系的方面来看一下中国的封建制国家究竟是怎样在春秋战国期间逐步形成起来的问题。

前面曾经说过，在封建社会内的封建所有制以及个人所有制，实际上都是以农业中的小农经济以及手工业生产中的个体经济的形成为内容的。而要形成小农经济，土地必须可以私有又是先决条件。

中国在西周社会初期，有所谓"田里不鬻"的说法，当时的土地还不能为任何人所私相授受，应该是事实。但到西周中

吴大琨自选集

叶，根据《格伯簋》的铭文看来，似乎在贵族之间，已经可以允许私相授受土地了。到了春秋战国之际，由于"井田制"的崩溃，田地买卖的现象就变得多起来，而且买卖者也不限于原来的贵族了。例如《韩非子》中所说的："中牟之人，弃其田耘，卖田圃，而随文学者半"以及《史记》上所说的赵国大将赵括"王所赐金帛，归藏于家，而日视便利田宅，可买者买之"等就都是证明。田地可以买卖了，是不是说中国当时已经产生了土地私有制了呢？我认为是可以这样理解的。因为恩格斯在《家庭、私有制和国家的起源》一书中就曾指出过："对土地的完全而自由的所有权，不仅意味着可以毫无阻碍和毫无限制地占有它，而且意味着也可以出售它。"[63]

中国自从"井田制"崩溃，土地可以买卖后，就出现了私家的地主，以及私家地主剥削农民的现象，我认为是应当加以肯定的，否则，后来《汉书·食货志》上所说的"或耕豪民之田，见税什五"就要变成不可理解了。但这当然也并不等于说当时全国的土地，因此就完全变成"私有"了。"私有"的还只是全国土地中的一部分，其中有很大的一部分还是属于"国有"的。这一我们认为是"封建的土地国有制"的形成，乃是中国封建时代经济中的一个很大的特点，我们将留到后面再加以说明。现在我们要强调的，就是从现有的史料来看，在春秋战国之际由于土地开始变成可以"私有"，以及由于当时的统治者已经发现"今以众地者，公作则迟，有所匿其力也，分地则速，无所匿其迟也。"[64]这一原理，所以对于原来的强迫农民来从事集体耕种"公田"的办法就开始放弃，而宁愿改用对一切土地都"履亩而税"的办法了。这一具体措施，实际上也就等于正式从法律上承认了土地的私有制，废弃了原有的集体耕作制，推行了当时所早已经存在的小农经营制。这一意义是极为重大的，因为只有当细小的独立经济的巩固可以证明是这一时期历史发展的基本趋势时，我们才能认为这是真正的封建所有制与个人所有制已经得到发展的证明。

看来，中国的封建小农经营确实是从这个时期开始逐步普遍地建立起来的。我个人的看法是：从春秋时的鲁国在公元前594年实行所谓"初税亩"的时候起，一直到战国秦孝公时用商鞅"为田，开阡陌封疆而赋税平"的时候为止，都是反映同一个情况，即封建的小农经济已经在成长，从而国家的收入已经不能不转移到依靠这些封建小农身上去了。我们何以知道到战国时，独立的封建小农已经成为了国家的主要税收的负担者了呢？这是可以从《汉书·食货志》里所保留下来的战国时李悝为当时的农民所算的一笔细账中得到证明的。

李悝当时指出："今一夫挟五口，治田百亩，岁收亩一石半，为粟百五十石。除十一之税十五石，余百三十五石。食，人月一石半，五人终岁为粟九十石，余有四十五石。石三十，为钱千三百五十。除闾尝新春秋之祠用钱三百，余千五十。衣率用钱三百，五人终岁用千五百，不足四百五十。不幸疾病死丧之费及上赋敛，又未与此。此农夫所以常困，有不劝耕之心，而令籴至于其贵者也。"

观此可知，当时一个五口之家的小农，耕田百亩，除要负担"十一之税"以及临时"赋敛"之外，已经可以独立地保持一个半饥半饱的生活，这与过去必须像奴隶一般参加"集体耕作"的农民的情况比，当然是大不相同了。

但对于这一点，我个人认为是可以证明在封建社会内的封建所有制以及个人所有制已经开始建立的史实，现在还有很多同志是有不同的认识的。有许多同志认为，鲁国的"初税亩"等乃是从封建的力役地租向实物地租形式转变的表示。[65]我不能同意这个看法。因为在西周时候的所谓"藉"，我们在前面已经分析过，根本就不是什么封建时代的"力役地租"。"藉"既不是封建时代的力役地租，当然就更谈不到什么"初税亩"是从封建的"力役地租"向"实物地租"的转化了。而且，即使从形式上来看，我们知道，在殷与西周实行所谓"井田制"的时代，农民对政府也并不是完全不缴纳实物的；而在"井田制"崩溃以后，政府对农民也还是要求他们担任各种的劳役的。可是所谓"力役地租"与"实物地租"之说，即在形式上说，当时也是很难这样区分的。如果我们不是单纯从问题的形式上看，而是从问题的实质上看，那么我们认为，在"井田制"下的农民的负担，乃是一种所谓与"赋税合一"了的地租，当时的"租"也就是"税"。但在"履亩而税"以后，国家所收的"税"与私家地主所收的"租"就开始分裂成为两件事，而不再是一件事了。当然，那些继续在国家的公有土地上耕种的独立农民，他们所要付的"税"，也还是一种"地租"，即"租"与"税"依然是合一的（但这也已是"封建的土地国有制"下的地租形态，与过去的"藉田"制度下的负担仍然是有本质上的区别的。例如，从经营方式上的由集体而改为个体，就是一个很大的不同）。但对那些在他人的私有土地上从事耕种并且要缴纳地租的农民们来说，显然地租与赋税完全是两回事。我个人认为，只有当中国的农民已经成为独立的耕种者，土地已经可以私有，一部分农民要在私家的土地上从事耕作并且交纳地租的时候（即所谓"或耕豪民之田，见税什五"），中国才真正开始出现了所谓"封建时代的地租"。把这种当时新出现的向私家交纳的地租与过去农民完全受国家剥削的那种地租从性质上加以区别，我认为显然是完全必要的。因为这正说明了在不同的社会生产力条件下产生了不同的社会生产关系，首先是不同的土地所有制关系的结果。

以上所说，是有关于农业生产方面的情况，那么当时的手工业生产情况又是怎样呢？

我认为，当时的手工业生产情况，它的发展方向也是与农业上的发展方向完全相同的。

首先要指出的就是与当时的个体小农相结合的家庭手工业，特别是手织业与手纺业，似已普遍地发展起来。养蚕、缫丝、治麻葛、纺织布帛，已变成当时每家农妇的经常工作。[66]所以战国时代的封建政府向农民征收地租，除"粟米之征"外还要加上"布缕之征"[67]。商鞅在秦变法，也是对"耕"与"织"同时加以鼓励的。这一农业与家庭手工业的结合，也就从此成为了中国的封建制度的主要基础。当时除家庭手工业外，还同时发展了个体经营的手工业。我们知道，在西周时期的手工业者乃是在国家所设立的"工正"或是"工官"的监督管理之下工作的，是一些所谓"工贾食官"的"官廷工匠"，他们的身份实际上也就是奴隶的身份。因此，他们的职业也是固定而不迁徙的，即《左传》所说的"商工皂隶，不知迁业"。但到了春秋中叶以后，随着生产和交换的发展，个体经营的小手工业者就开始在社会上出现，而到战国时代时，这些个体经营的小手工业者更已比较普遍地在社会上大量存在。在这些个体手工业者中，有车工、皮革工、陶工、冶金工、木工等，他们当时或称为"百工"，或称为"工肆之人"，他们的成品是拿去放在"肆"中出卖的，即所谓"百工居肆"。当时社会上除已有了这些小规模的手工业作坊外，同时还出现了一些规模比较大的私营手工业工场。这时私营的大手工业工场，主要是冶铁业和煮盐业。如猗顿就是当时经营池盐而成巨富的代表人物，郭纵也是经营冶铁而成巨富的代表人物。

与手工业取得独立发展的同时，社会上也就出现了独立的商人。春秋战国期间，社会上出现的大商人实在很不少，其中最著名的就有范蠡、子贡、白圭等人。

　　但这些独立的工商业者的出现，是不是意味着国家就没有官营的工商业了呢？显然不是的。正如中国在出现了土地私有制的同时，也还是存在着"土地国有"的制度相同，中国在出现了独立的工商业者的同时，国家也还是保有官营的手工业的。《新中国的考古收获》一书中说："战国手工业在生产关系上的最大变革是私营手工业的兴起，但官营手工业仍然占主导地位。传世的和近年发现的手工业品中带官工标志的器物的普遍性，说明官工业占据着每一个生产部门。产品标出督造机构，司造者的各级官工和生产者的名称，这种制度，是从封建制确立后的战国中期开始的。这些铭刻表明，封建制国家的官工业和春秋以前奴隶制国家的官工业，在性质、管理机构、组织、生产者的地位各个方面，都有根本的变化。"[68]

　　在这里，尤其值得一提的，乃是官营冶铁事业的变化。根据郭沫若同志的考证，春秋中叶齐灵公时的铜器《叔夷钟铭》上已有"造铁徒四千为汝敌寮"语，可以证明冶铁在春秋中叶时，是官营的，而且是采取奴隶劳动的形式经营的。[69]

　　但这些官营的冶铁事业，以我的推测，一定在后来因为铁矿的普遍发现，没有办法去一一官营，再加以用国有奴隶去劳动容易"逃亡而不守"[70]，所以只好容许当时的所谓"豪民"去开采了。这一国家对于冶铁事业的直接经营的放弃，我认为在实际上是象征了原来建立在青铜器时代的奴隶占有制国家对于社会的新的生产事业已经不能再加以适应的这一事实的。

　　在此，我们也就应该再附带地说一下当时的奴隶制度的情况。前面曾经说过，中国在殷与西周时代的奴隶，是属于国家所有的。到了春秋战国时代，随着土地的可以买卖，可以私有，于是奴隶……可以私有，这时也就开始发展了"债务奴隶"，这就是古书记载中……檀者，卖其子"[72]等现象。但这些因为债务而沦为奴隶的人，在当时是可以赎回的。《晏子春秋》里，就有过这样的一个例子。

> 晏子之晋，至中牟。睹弊冠反裘，负刍息于途侧者，以为君子也。使人问焉。曰："子何为者也?"对曰："我越不父者也。"晏子曰："何为至此?"曰："吾为人臣仆于中牟见使将归。"晏子曰："何为之仆?"对曰："不免冻饿之切吾身，是以为仆也。"晏子曰："为仆几何?"对曰："三年矣。"晏子曰："可得赎乎?"对曰："可。"遂解左骖以赠之，因载而与之俱归。

当时除债务奴隶外，罪犯奴隶也仍在继续发展，而且有些原来的贵族，因故也可被"降在皂隶"。如晋国的"栾、郤、胥、原、狐、续、庆、伯"等八姓贵族，就是如此。但当时的罪犯奴隶，也是可以取赎的。《吕氏春秋》中有这样一个故事：

> 钟子期夜闻击磬者而悲，使人召而问之曰：上"子何击磬之悲也?"答曰："臣之父不幸而杀人，不得生。臣之母得生，而为公家为酒，臣之身得生，而为公家击磬。臣不睹臣之母三年矣。昔为舍氏睹臣之母，量所以赎之则无有，而身固公家之财也，是故悲也。"

故事中所说的击磬者因无法取赎其母而感到悲伤，这就可见当时的罪犯奴隶是可以取赎的。

春秋战国时代债务奴隶与罪犯奴隶都可以取赎，这就足以证明当时的奴隶阶级的身份已经并不固定。这与阶级成分根本不能改变的典型的奴隶社会中的情况显然是不同的。

至于奴隶们当时所从事的工作，则无论是官奴隶还是私奴隶，主要都还是用来专门服侍主人或是招待宾客供娱乐之用的，其中只有一部分是用来生产的。国家用奴隶来生产的事业，主要还是冶金业。私家奴隶用来生产的，主要也是工商业。例如《史记·货殖列传》中就曾称白圭能"与用事童仆同苦乐"。这些所谓"用事童仆"，当然是与生产事业有关的童仆。但由于当时整个社会的主要生产事业乃是农业与家庭手工业以及个体手工业，所以用奴隶来从事的生产劳动，就整个社会来说，所占的比重实在是不大的。

用奴隶来从事的生产劳动，就整个社会来说，所占的比重既然不大，而在整个社会的主要生产事业——农业与家庭手工业的部门中，又正像我们在前边所分析过的那样，已经产生了封建时代的生产方式，所以我们认为把战国时代看成是中国的封建制度开始建成的时代的主张应该是可以成立的。

（三）从阶级斗争方面所看到的理由

当一个社会，在生产力与生产关系这两个方面都发生了根本性的变化的时候，作为原有社会的生产关系的维持者方面的阶级与代表新起的生产力和生产关系方面的阶级之间是不能不发生激烈的阶级斗争，并经过这一斗争来使作为社会的"上层建筑"的国家机构的性质也发生根本性的变化。拿春秋战国之间的中国社会中的情形来说，当时社会中的阶级斗争的情况显然是极激烈、极复杂的，并且因此引起了春秋战国之间在政治经济方面的先后变革。

在这里，我必须首先指出，就是作为在青铜器时代建立起来的奴隶占有制国家的上层建筑对新的生产力——如对铁器的广泛使用等所起的阻碍作用是不能估计过低的。古埃及就是一个例子。古埃及的工匠是在当地已经进入了铁器时代的四百年之后仍然在使用着简陋的青铜器时代的手工工具，而那时候的古希腊工匠则早在使用着一切铁制的工具了。[73] 所以在历史上并不是所有建立在青铜器时代的奴隶占有制国家都能够当社会上出现了新的生产力和生产关系的时候及时地发生变革，来以之适应新的生产力和生产关系的。古埃及与美索不达米亚的那些建立在青铜器时代的奴隶占有制国家显然就是在还没有来得及在进入铁器时代以后进行变革就已经为其他的国家所征服而灭亡了。[74] 因此，就我所知，建立在青铜器时代的奴隶占有制国家能够在进入铁器时代以后发生变革转变成为一个封建制国家的，中国实在还是稀有的一个典型。但也正因为这是一个稀有的典型，所以过去的马克思主义历史研究家就还没有能够对中国这一特殊转变予以足够的深入研究。他们习惯于把古典的奴隶占有制国家罗马的灭亡形式看成是唯一的奴隶占有制国家的灭亡形式，因此，当他们研究到中国的奴隶占有制国家的灭亡形式时，就一定要在中国的历史上去寻找大规模奴隶起义的历史。他们在春秋战国之间找不到像罗马社会中那样的大规模奴隶起义，于是他们就怀疑起春秋战国之间是中国的奴隶制向封建制转变的时期的可能性来了。[75] 其实，这样主张的同志们，他们完全忘记了下列的三件事情：

1. 中国乃是一个建立在青铜器时代的奴隶占有制国家。在这个国家内的主要生产者本来不是正式的奴隶，奴隶的数量本来是比较少的，所以，要在这个国家内找出像罗马社会内一样的大规模的奴隶起义，根本就是不符合历史实际的要求的。

2. 自铁器发现以后，建立在青铜器时代的奴隶占有制国家就会开始瓦解。所谓瓦解，从政治上说，就是原来的国家中央政权，所谓"王"的力量变成弱小，各地的"诸侯"的力量反而逐步变成强大而各自独立起来的意思。但在铁器发现后的各个诸侯国家内的经济发展情况，一定是很不平衡的。有些地区的"诸侯"之国内可以先行产生适合于封建社会的生产力，产生铁犁、织布机等，有些地区的"诸侯"之国内就可以慢一些产生这些适合于封建社会的生产力，从而各诸侯国家所引起的生产关系上的变革一定也是先后不同的。各诸侯国家所引起的生产关系上的变革既然有先后不同，各国作为"上层建筑"的国家机构的变革当然也就会有先后的不同，绝不可能在一个短时期内全部的诸侯国都一起开始政治变革的。但只要是国家真正根本性的变革，当然一定都会是阶级斗争激烈发展的结果。在春秋战国之际，各诸侯国家内小规模的农民起义、奴隶暴动和代表不同经济利益的统治者之间的自相残杀，显然是完全存在着的。有人统计，单自周幽王十一年（公元前771年）至周敬王四十一年（公元前479年）这一期间，臣弑君，子弑父的事件就有38件之多[76]，我们显然是无法把这么多的流血的"内乱"，不看成是当时社会的激烈的阶级斗争的反映与结果的。因此，没有大规模的奴隶起义显然也并不等于当时没有激烈的阶级斗争。

3. 由于历史条件的限制，在人类由奴隶社会向封建社会的转化过程中，奴隶乃至农民的起义显然都只能起推动社会向前发展的作用而并不可能起来建立自己的统治政权。就中国的情形来说，当时能够起来建立代替旧的建立在青铜器时代的奴隶占有制国家的那些氏族贵族统治的，显然也只有新兴的地主阶级。所以就阶级斗争来说，春秋战国时期的阶级斗争实际上主要是发生在代表过去的青铜器时代的生产关系的氏族贵族与代表新兴的地主阶级的贵族官僚之间的。在不断的斗争过程中，原有的氏族贵族的统治确实是一层层地倒塌下来了。首先是作为最高统治者的"天子"的统治垮台了，接着是诸侯的统治也垮台了。许多旧的不认识时代大势所趋的卿大夫的统治也垮台了，只有少数能够采取了新的统治方法（实际上也就是对农民的新的剥削方法），代表了新兴地主阶级利益的卿大夫与家臣们才爬了起来，形成了"三家分晋"、"田氏篡齐"的局面。我们大家知道，列宁曾经说过"由于剥削形式的改变，奴隶占有制国家变成了农奴制国家"[77]的话，由于中国当时新兴的地主阶级与过去的氏族贵族阶级在统治的方式上比起来，主要的不同，的确只是在对农民的剥削形式的不同，所以在一定的条件下，当时中国的某些诸侯之国内发生了"自上而下"的政治变革乃是完全可以理解的事。

至于在关于战国时代各国所发生的一系列政治变革这一具体历史事件问题的分析上，我是同意郭沫若同志的意见的。郭沫若同志在《奴隶制时代》一书中说：

> 战国七国，除齐、韩、赵、魏四国采取了革命手段而生了变革以外，楚、秦、燕，是采取了由上而下的改革。这些国家的由上而下的变革，不用说也是由于国内的革命（如楚国白公胜的起义），或国外的革命（即齐晋的革命）所逼成的。楚在悼王十九年左右（公元前 383 年）重用吴起而实行变法，秦在孝公十年（公元前 359 年）重用商鞅而实行变法。燕国的材料很缺乏，但关于燕王哙和子之闹禅让（公元前 316 年）一事，在今天看来，是应该用另眼看待的……

> 战国时七国的新政，大体上具有同一的倾向。商鞅行之于秦的一套，差不多也就是吴起行之于楚的一套。商鞅是魏李悝的弟子，吴起是由魏入楚的，是李悝的同学，他们都曾师事过子夏。李悝是事实上的法家的始祖，

做过魏文侯的宰相，他的政绩和思想是很值得我们重视
的……

我完全同意这些意见。在这里，我所要强调加以说明的，
乃是这一系列的政治变革，特别是秦的"商鞅变法"，由于它
在实质上是完成了促使中国固有的建立在青铜器时代的奴隶占
有制国家向封建制国家转变的任务的，因此这些政治变革，实
在是极丰富而深刻地表现了当时的新兴的封建地主阶级如何代
替了旧有的氏族贵族来建立封建统治的内容的。为了要能明确
我们的历史分期问题，因此我愿就"商鞅变法"来作为具体例
证提出下面的这两个最主要之点来作一些说明。

首先就"商鞅变法"的经济措施来看，我认为，最能说明
"商鞅变法"的经济上的意义的，乃是下面的这几条材料：

> 民有二男以上不分异者，倍其赋。
>
> 大小僇力本业，耕织致帛粟多者复其身。事末利及怠
> 而贫者举以为收孥。
>
> 为田，开阡陌封疆而赋税平。[78]

这三条材料，说明了一个什么问题呢？我认为是在说明商
鞅在努力打破当时秦国的氏族公社组织而扶植建立独立的封建
小农经济。

扶植封建的小农，不让小农们去改行经商（所谓事"末
利"者），这是李悝以来的中国封建政治家们的一贯中心主张，
商鞅亦只是其中一人而已。

原来中国自进入春秋战国时期以来，社会上的主要生产
者，就逐渐成为独立的自耕小农（这一变化，我们在前边已经
讲过，这里就不重复）。但这时的自耕小农在发展上还是有问
题的，一是他们还受到固有的"井田制"的束缚，即所谓"阡

中国人民大学名家文丛

陌封疆"的束缚；二是他们又面临着一种新的危机，即因为当时的商业资本已经发展，他们很可能为商业资本所剥削而失去土地或者自己也放弃耕种而改去从事小商贩等。

由于商鞅的主要目的是在打破原有的氏族公社组织，扶植封建的自耕小农，所以商鞅就要首先规定凡户主有两个儿子的，到一定年龄就必须分财分居，否则就要加倍赋税。另一方面，商鞅就又要提倡耕织并重，使农民的农业与家庭手工业都能因此结合地发展起来。凡"耕织致帛粟多者"，就可以受到奖励，"复其身"，即免除他本身的徭役。而那些去改行经商的及"怠而贫"的就要受到处罚，要"收孥"，即连同妻子没入官府为奴婢。将犯人罚做奴隶原是中国自有国家制度以来的一贯措施，而且是一直继续维持到了封建社会的后期，明代、清代都是如此的，所以我们当然不能根据这一点就断定商鞅是提倡发展奴隶制度的人。因为商鞅作此规定的目的，显然是要人民努力耕织，避免受罚去做奴隶，而不是设法使人民都变成奴隶，这是必须弄清楚的。

但"商鞅变法"经济上的主要目的在于打破原来的氏族公社组织而建立封建小农，最主要的证据，当然还是他的"开阡陌封疆"，以及关于实行"辕田制"的传说。《汉书·地理志》中说："秦孝公用商鞅，制辕田，开阡陌"，这"辕田"又是怎么一回事呢？

根据山东大学王仲荦教授的研究，秦的"辕田"也就是晋的"爰田"。原来"在晋国和秦国制订'爰田'以前，村公社在土地的共有方面，保存有公有制的残余还特别严重，耕地虽分给各个家族，但不是这些家族所得私有的财产，只是暂时归其使用，每经三年都要由村公社来重新分配的，这也说明那时的村公社，还能起着调整公社耕地的作用。晋国和秦国在制订爰田以后，公社农民受田的，不管是上田一百五十亩，中田二百亩，下田三百亩，从此授而不还，都由自己来适当地在自己的份地上进行耕种和休闲，从此村公社不再作全面的三年一次的总调整了。过去，公社的土地和居庐，是彼此互易，由公社来重新分配的，所谓'爰土易居'的。至此，公社土地已逐渐固定化，定期重新分配的制度，宣告结束，彼此土地居庐，更不相易，公共财产制度的日益消亡，个体生产和私有财产制度的日益占支配地位，也就会加速了以后村公社的瓦解。"[79]

我认为王仲荦教授的这些意见是正确的。这正说明了"商鞅变法"的实际内容之一。因为就我看，"商鞅变法"的目的，也就正是要使农民的个体生产和私有财产制度取得支配的地位。

以上所说的乃是"商鞅变法"中的经济方面的内容。现在我们且再来看一下在"商鞅变法"过程中的政治方面的内容。

能说明"商鞅变法"的政治方面内容的，有这样一些材料：

> 令民为什伍，而相牧司连坐。不告奸者腰斩，告奸者与斩敌首同赏，匿奸者与降敌者同罚。
>
> 有军功者，各以率受上爵……宗室非有军功，论不得为属籍。明尊卑爵秩等级，各以差次。……有功者显荣，无功者虽富，无所芬华。
>
> 集小都，乡，邑，聚，为县，置令丞。凡三十一县（《秦本纪》作四十一县）。[80]

这些材料，说明了一个什么问题呢？我认为，这些材料是说明了"商鞅变法"的政治上的目的是在于打破过去氏族贵族的世卿世禄制度，而代之以中央集权的封建官僚制度，并用封建的专制主义的方法来统治个体农民。

原来，在过去的氏族贵族的统治下，国家对农民的统治是通过公社来进行的，进入封建时代以后，公社已经瓦解，这种通过公社的组织来进行统治的方法当然是不再适用了，所以商鞅就以对住在同一地区内的个体农民编造户籍，五家为伍，十家为什的统治办法来代替。同时奖励告密，不告密的要处罚。如果一家藏奸，则同伍，同什的人家也要同罪连坐，这样的办法，与后世在农村中所实行的"保甲法"，实际上是同一类型的对农民的封建统治办法。

同时，在过去的氏族贵族的统治下，只要是贵族，就都可以具有名位、爵禄。商鞅也对这种制度加以改革，主张爵禄的等级，要按军功重新规定，凡宗室非有军功也不得有名位。当时商鞅曾重新规定秦爵为二十级：一、公士，二、上造，三、簪袅，四、不更，五、大夫，六、官大夫，七、公大夫，八、公乘，九、五大夫，十、左庶长，十一、右庶长，十二、左更，十三、中更，十四、右更，十五、少上造，十六、大上造（即大良造），十七、驷车庶长，十八、大庶长，十九、关内侯，二十、彻侯。[81]所有这些爵禄都要以军功才能取得。这样才在中国的历史上真正建立了封建的等级制，它与过去氏族贵族中的等级，单以血统身份的关系而取得的等级是有着本质上的区别的。

但当然，在"商鞅变法"中最重要的一项政治上的措施，乃是郡县制的正式成立。由于郡县制的正式成立，遂将自夏商与西周以来建立在青铜器时代的奴隶占有制国家内的世袭的氏族贵族的领邑制度基本上废除，而代之以封建君主通过官僚对全国的土地、人民直接统治的制度了。这是中国的专制主义的进一步的发展，而这一发展事实上是反映了当时的土地制度的

吴大琨自选集

发展的（即由亚细亚的土地国有制发展成为封建的土地国有制）。

"商鞅变法"的实际内容，既然在经济上、政治上都表现了从原有的建立在青铜器时代的奴隶占有制国家转变为封建制国家的内容，因此，我认为"商鞅变法"也与战国时代的其他一系列政治变革同样，是可以作为中国由过去的建立在青铜器时代的奴隶占有制国家转变为封建制国家过程中的政治变革的代表的。这确实是一次"自上而下"的变革，但秦国所以在当时有此可能是与它的建国较晚，也就是说它在当时的整个建立在青铜器时代的奴隶占有制国家的体系中是要维持原来制度的氏族贵族力量比较最薄弱的一环有关的（但虽然如此，商鞅在秦孝公死后，也还是被原来的贵族所报复而被害了）。所以它在其他的先进国家的影响下（商鞅是由魏入秦的），就反而能较其他国家更彻底地实行一些变革。在实行这些变革后，由于秦国采取的是当时的先进政治经济制度，生产关系适合于生产力性质，秦国的生产就大大地发展起来，成为富强的封建主义的国家了。

以上是我从生产力、生产关系、阶级斗争以及作为社会上层建筑的国家机构这三个方面来考察中国在春秋战国时期的情况，认为中国的封建制国家为什么是在战国时期建立起来的理由。

在此，我还想进一步来论证一下，为什么在春秋战国之间只可能是由原来建立在青铜器时代的奴隶占有制国家向封建制国家转化，而不可能是别种社会性质的国家之间的转化的理由。

我们知道，在当前中国的学术界中，对春秋与战国之间的变革性质的看法一共有三种，除了我们现在所说的这一种外，另外还有两种：一种是把春秋战国之间的变革看成是由封建的"领主经济"向封建的"地主经济"之间的变革，还有一种看法是把春秋战国之间的变革看成是由早期的奴隶制社会向发达的奴隶制社会之间的变革。

现在我把我为什么不能同意这两种看法的理由叙述如下：

先说第一种意见。第一种意见是根据了西周封建社会的意见而来的。但西周不可能是封建社会的理由，我们前面详细地说过，这里当然就用不到再重复了。西周既然不可能是封建社会，春秋战国之间的变革当然就绝不会是从封建的"领主经济"向"地主经济"之间的变革。我现在要在此补充说明的，就是且不管西周的生产力与生产关系的情况究竟是怎样，即单以欧洲"领主经济"制度的本身来说，我认为也绝不是与中国历史上的春秋以前的情况相符合的。就我所知，中国在历史上并没有出现过真正的"领主经济"。因为第一，日耳曼封建制度下的贵族，除国王自己是直接由原来的部落首长转化而来的以外，其他的贵族多由国王的廷臣或侍臣转化而来。他们的高贵身份是由封建制所赐予的。所以这些贵族，才真正是封建的贵族。周代的贵族则不同，他们都是由原来的宗法家长转化而来的，他们的高贵身份是由氏族所给予的，因此这些贵族实际上是氏族贵族，并非封建贵族。其次，日耳曼封建制度正式成立后，农民在法律上的身份是半奴隶，即所谓"农奴"，他们是束缚于土地之上，随土地而买卖的，可是周代的农民身份却是自由的，诸侯们并不能出卖他们。农民们不满意于某一诸侯的时候，甚至还可离去。周代的贵族与农民既然与欧洲"领主经济"制度下的贵族与农民都不相同，我们当然无法将周代的这些氏族贵族与公社中的自由农民所构成的经济称为"领主经济"。"领主经济"既然不存在，所以我认为要把春秋战国之间的变革看成是"领主经济"与"地主经济"之间的变革的说法实在是很难成立的。

现在我们再来看第二种意见，即把春秋战国之间的变革看成是由"早期的奴隶制社会"向"发达的奴隶制社会"之间的转变的意见。这种意见的缺点在于有这一主张的同志并没有仔细研究中国社会中奴隶制度的发展特点，因此他们就误把作为建立在青铜器时代的奴隶占有制国家，在铁器发现后所必然会产生的向封建社会转化的一些现象，误解为是向"发达的奴隶制度"转化的现象了。

当一个原来建立在青铜器时代的奴隶占有制国家进入铁器时代以后，下列的现象显然是必然要发生的。（1）生产将会大大地较前发展起来，从而促使了商品生产的发展。（2）由于商品生产的发展，就会促使产生金属货币，从而产生商人与高利贷者。（3）由于商业与高利贷的发展，就会促使土地私有制及土地抵押乃至债务奴隶的发生。

所有这一系列的现象，从基本上来说是与氏族社会在铁器时代进入"典型的奴隶社会"时的情景完全相类似的。然而有两点根本不同，那就是：（1）并未出现作为生产主要形式的奴隶劳动；（2）个体的小农，在当时是得到国家的重视，从而是向上发展的，而不是受到奴隶劳动的排挤的。

而且，我们知道，在"典型的奴隶社会"里，以罗马为例，债务奴隶乃是较早产生的。罗马是在公元前326年，罗马民众大会上通过了法律，禁止因债务将人身抵押为奴，废除了债务奴役制后，然后才为"典型"的奴隶制开辟了道路，由大量的外族奴隶流入罗马，从事主要的生产劳动，因而发展成为所谓"典型的奴隶制社会"的。

中国的情形，则显然与此相反。中国的奴隶来源，在早期是战俘与罪犯这两者。到进入铁器时代，交换充分发展后，就又产生了债务奴隶。但作为社会的主要生产者来说，则从来都不是奴隶。在建立在青铜器时代的奴隶占有制国家里，主要生产者不是奴隶，而是公社中的农民，这原是一个经济特点，这一特点，也并未因为它的经济上的发展，在进入铁器时代后而有所消失。中国在进入铁器时代后，债务奴隶固然发展了，但作为社会的主要生产者的农村中的公社农民，也自原有的"氏族公社"或"村公社"中解放出来成为独立的封建小农或是国家与私有的地主的佃户了。所以我们应当说中国的债务奴隶的发展，实际上是与封建社会的产生相结合而发展起来的一种经济成分。这种债务奴隶与罪犯奴隶长期地都在中国的封建社会里存在着，成为了中国封建统治阶级所剥削的农民劳动以外的一种最重要的剥削对象。但由于这些债务奴隶与罪犯奴隶都没有成为社会的主要生产者（战俘奴隶当然更没有成为中国社会的主要生产者），所以我们实在很难把债务奴隶的发展就看成是中国在向"典型的奴隶制社会"发展的标志。

从具体的历史情况来看，春秋战国期间，乃至在这以后的秦汉时代，债务奴隶与罪犯奴隶在数量上是都有所增加的，但这是土地私有制建立后，发生土地兼并与农民破产的必然后果之一（这一点，我们在后面里讲述中国封建社会的经济特点时还要讲到），所以并不能即以此证明，中国当时已成为了像罗马一样的"典型奴隶社会"。如果当时的中国真已进入了"典型的奴隶社会"，也就是所谓"发达了的奴隶社会"，那么随着许多小农破产变成债务奴隶的同时，社会上就应该同时大量出现使用奴隶来集体耕作的农场。中国当时的情况则正好相反，正在发展的乃是个体小农，这就足以证明春秋战国之际绝非所谓从"早期的奴隶制"向"发达了的奴隶制"转化的时期。

至于有些同志所提到的"商鞅变法"的后果，乃是促使奴隶的使用的说法，则我在前边已经解释过，"商鞅变法"的主要经济目的乃是在扶植封建的自耕小农。他是唯恐当时的农民不努力生产，所以才用处罚使他们变为奴隶的办法来威胁他们的。商鞅在主观上完全并未想有意识地发展奴隶的使用，更没有想到要用大量的奴隶来代替当时的农民劳动。所以，我们若说，中国在春秋战国以后，债务奴隶乃至罪犯奴隶都发展了，这是合乎历史事实的。但债务奴隶的发展，并不等于奴隶社会的发展。这是不同的两件事。我们要区别一个社会的性质，是要从它的当时的主要生产方式上着眼，而不是从它的一些次要的社会经济的组成成分上去着眼的。把春秋战国之际看成是从中国的早期奴隶社会向发达了的奴隶制社会转变的同志们，我认为就正是在这一点上忽略了。

五、中国的封建制国家的经济特点

中国的封建制国家是从建立在青铜器时代的奴隶占有制国家通过了一条比较特殊的道路而建立起来的。这样建立起来的封建制国家自然而然会有它的特点，这些特点，毛泽东主席在他的《中国革命和中国共产党》一文中，已经对我们作了最好的指示。毛主席指示我们说：

"中国封建时代的经济制度和政治制度，是由以下的各个主要特点构成的：

1. 自给自足的自然经济占主要地位。农民不但生产自己需要的农产品，而且生产自己需要的大部分手工业品。地主和贵族对于从农民剥削来的地租，也主要地是自己享用，而不是用于交换。那时虽有交换的发展，但是在整个经济中不起决定的作用。

2. 封建的统治阶级——地主、贵族和皇帝，拥有最大部分的土地，而农民则很少土地，或者完全没有土地。农民用自己的工具去耕种地主、贵族和皇室的土地，并将收获的四成、五成、六成、七成甚至八成以上，奉献给地主、贵族和皇室享用。这种农民，实际上还是农奴。

3. 不但地主、贵族和皇室依靠剥削农民的地租过活，而且地主阶级的国家又强迫农民缴纳贡税，并强迫农民从事无偿的劳役，去养活一大群的国家官吏和主要地是为了镇压农民之用的军队。

4. 保护这种封建剥削制度的权力机关，是地主阶级的封建国家。如果说，秦以前的一个时代是诸侯割据称雄的封建国家，那末，自秦始皇统一中国以后，就建立了专制主义的中央集权的封建国家；同时，在某种程度上仍旧保留着封建割据的状态。在封建国家中，皇帝有至高无上的权力，在各地方分设官职以掌兵、刑、钱、谷等事，并依靠地主绅士作为全部封建统治的基础。"[82]

根据毛主席所指示我们的这四个特点，再把中国的封建社会用来与欧洲的封建社会作一比较，那么，我觉得中国的封建社会的经济特点就更加显著了。因为与欧洲的封建社会比，中国的封建社会经济显然是具有了下列的不同点的，即：

1. 中国具有封建的土地国有制，但同时也具有封建的土地私有制。封建帝王，不仅是全国最高的地主，同时也是全国最大的地主，他有权控制全国的臣民为他尽一切封建的义务。

2. 在封建的土地国有制的基础上，封建国家也不仅对全国的土地、水源有控制，而且还控制了全国的主要工商业（所谓"盐铁之利"等）。

3. 在中国的封建主义社会里，土地是可以买卖的，中国的土地资本是与商业资本、高利贷资本密切结合在一起的。

4. 在中国的封建制国家中，长期地存在着奴隶制的残余，特别是债务奴隶与罪犯奴隶。在中国的封建制国家中也长期地存在着父权的氏族关系。这就使得奴隶式的剥削以及家长制的统治成为了中国封建剥削与统治的一种重要的补充，长期地使得中国的劳动者不能取得比较独立而"自由"的身份。

5. 由于中国缺少典型的庄园经济，缺少农奴，因而也不存在所谓"自由城市"。在中国封建时期的城市与乡村的关系是完全不同于欧洲社会的城市与乡村的关系的。在中国的城市中，同时也缺少独立的与欧洲一样的"市民阶级"，即可以担当起发展私人资本主义力量的"市民阶级"。在中国的城市中，依旧是地主与官僚占着统治地位的。

6. 成为中国封建社会生产的主要基础的是广大的封建农村组织中的小农经营（包括自耕农与佃农），在这种封建的农村组织中，农业与手工业乃是密切巩固结合的，这一自然经济的经济基础，阻碍了中国的商品经济的发展。在中国的封建制国家内，得到了比较繁荣发展的商品生产乃是基本上为封建官僚地主们的消费所服务的商品生产（如丝织品、瓷器等）。

在以上所说的与欧洲的封建社会作比较而有的六个经济特点中，实际上牵涉中国封建社会中的三个经济上的大问题，（1）中国封建社会中的土地所有制问题，（2）商业资本与高利贷资本问题，（3）奴隶制残余的问题。这三个大问题，如果我们能够搞清楚，我们对于中国的封建社会就一定能够有比较一致的认识了。现在我就把我个人对这三个大问题的认识在下面阐述一下。

先说中国封建社会中的土地所有制问题。这是一个关键性的大问题。我认为，在中国的封建时代是存在有封建的土地国有制，但也同时存在有封建的土地私有制。正同中国封建制国家中的专制主义是过去建立在青铜器时代的奴隶占有制国家中的专制主义的一个继承与发展一样，中国封建制国家中的土地国有制也是过去建立在青铜器时代的奴隶制国家中的土地国有制的一个继承与发展。中国自战国秦汉以来，虽然出现了私家的地主，有一部分耕种私人地主土地的农民，也要向私人地主去缴纳地租，但就国家即是"最高的地主"这一特点来说是与过去一样，并未有什么重大改变的。

中国历朝的封建帝王及其统治的政府，都直接掌握有很多的土地，奴役着农民为他耕种，收取"地租"，同时封建帝王更是以全国统治者的资格收取着全国的"田赋"、"贡品"，并同时役使着广大人民（特别是农民）；这种东方式的"徭役"，实际上，也就是一种劳役地租，是以在无形中承认帝王为一切土地的最高所有者而产生的。

但把中国在封建时代的土地国有制表现得最明显的，我认为，还是自汉魏以来所实行的一系列的土地制度，即"屯田"、"占田"与"均田"等制度。这些制度，如果个别研究起来，虽然极端复杂，总的说起来，却都不过是封建国家通过这些制度来束缚人民于土地上从而剥削他们的不同办法而已。例如，以曹魏的"屯田制"来说，屯田的耕作者就要和官家按照一定的比例分配农作物，那时的比例是：用官家的牛的，屯民得四分，官家得六分；屯民自己有牛的，对分。由此可见，当时的政府，不但是田主，而且是牛主，耕种屯田的农民，显然只是国家的佃户。

由于中国自进入封建时代后，在实质上还存在着封建的土地国有制，所以从事个体生产的自耕小农，就成为了国家的最主要的直接生产者，他们在实质上，也就都成为了国家的佃户。他们是封建国家的一切"赋"与"役"的主要负担者。这与在欧洲的封建社会中，作为主要生产者的乃是私家的农奴这一点是完全不同的。因此，中国历代的封建专制主义政府，它们在统治政策上的最高理想也就是使所有的小农都各自能守着一小块土地而好好地从事耕作。它们虽然一方面在尽量地榨取这些小农，可是在另外一方面，在一定程度上，一定时期内也不能不设法保障这些小农。因为有些封建统治者也看得很清楚，他们的一切收入来源，主要是要依靠剥削这些封建小农而来的。

国家应当保护小农的主张，在中国历朝的封建统治者中间是可以找到很多的，而在战国与秦汉，中国的封建主义初期形成的时代，尤其如此。李悝、商鞅与贾谊、晁错就都是有这些主张的代表人物。在这里，尤其值得我们注意的，就是汉代晁错所说的有关当时农民生活的一段话。晁错说：

> 今农夫五口之家，其服役者不下二人，其能耕者不过百亩，百亩之收不过百石。春耕，夏耘，秋获，冬藏，伐薪樵，治官府，给徭役，春不得避风尘，夏不得避暑热，秋不得避阴雨，冬不得避寒冻，四时之间，无日休息。又私自送往迎来，吊死问疾，养孤长幼在其中。勤苦如此，尚复被水旱之灾，急政暴虐，赋敛不时，朝令而暮改，当具有者半贾而卖，无者取倍称之息，于是有卖田宅、鬻子孙以偿债者矣。[83]

把这一段话与我们在前面曾经引证过的战国时李悝所说过

的那一段有关当时农民生活的话比较起来，可以说是没有什么大差异的。西汉初年，统治者不但关心小农的生活，而且还的确是采取了许多提倡农业、减轻田赋等具体措施来企图把这些农民比较稳固地束缚在土地上的。这就足以证明：从战国到秦汉，当时中国的社会确已进入了依靠剥削封建小农为主的封建社会。因为如果当时的社会还正处在奴隶社会阶段的话，奴隶社会里的小农，虽然也要遭受到剥削、没落的命运，可是作为奴隶制国家的统治者来说，他们是不会来对这些小农的命运加以关心的，因为他们所依赖的乃是奴隶的生产。

　　但作为中国封建社会的特点的，不仅有封建的土地国有制，而且也还有封建的土地私有制及其由此而产生的一些矛盾。现在有些同志因为过分强调了"封建的土地国有制"，便认为中国在封建时期只有对于土地的"占有"而没有"私有"，这其实是不符合事实的。中国自秦汉以来，在土地制度中，前述的封建土地国有制占据着支配的地位是可以肯定的，对于那些通过接受国家赏赐、分配等方式而取得了使用国有土地权利的人来说，他们只是取得了"占有权"而并不是"所有权"，这也是可以肯定的。但我们也不能否认在历代封建王朝中的土地私有制度发展的事实。中国自土地可以买卖以后，即产生了私家的地主。这些私家的地主，对于他们所拥有的土地，可以按照他们自己的意志出卖、赠送、典押，作一切任意的支配，因此我们实在是很难不承认这些人所有的土地是私有的。在中国的历代封建王朝中，不仅有私家地主，而且有许多具有特权的私家大地主。所谓具有特权的大地主，就是说他们可以完全不负担"徭役"，他们也可以完全不负担"赋税"，或极少负担"赋税"。在这种情况下，苦于"赋"与"役"双重压迫的封建小农就很容易就逐步失去了他们的土地，变成这些具有特权的私家大地主的佃户或依附农民。这些有特权的大地主，当然也还可以用种种超经济的手段来侵吞普通农民的财产，这样就在历史上出现了《汉书·食货志》中所说的"豪民侵陵，分田劫假"的现象。所谓"豪民侵陵，分田劫假"，据颜师古的注解是："分田，谓贫者无田而取富人田耕种，共分其所收也，假亦谓赁富人之田也。劫者，富人劫夺其税，侵欺之也。"这说的就是私家大地主剥夺农民的情况。

私家的大地主，通过政治的、经济的种种方法，使本来独立自耕的农民丧失土地，降为私家的佃户与依附农民，这也就是中国历史上所说的"土地兼并"的现象。这种"土地兼并"的现象出现，就会加深存在于中国封建社会中的两种矛盾。一种是存在于"公"与"私"之间的矛盾，一种是存在于"土地所有"与"土地使用"之间的矛盾。

所谓"公"与"私"之间的矛盾的内容是这样的。前面曾经说过，在中国的封建社会里，一切的"赋"与"役"的主要负担者乃是广大的封建小农。如果这些小农的数量在日益缩小，那就意味着整个封建王朝所能直接控制的收入也在缩小，而这是对整个的封建王朝都不利的。因为就农民来说，虽然向国家交田赋与向地主交地租，两者都是剥夺他的剩余劳动与剩余生产物，或甚至他的必要劳动与必要生产物，但就其对封建国家的作用来说却是不同的。

因为我们知道，作为一个东方的专制主义封建国家的机构来说，它也有着一定的社会上、经济上的职能要维持的。例如防御游牧民族的入侵、治水、灌溉等。这些就都需要着一定的收入。因此，一个东方的专制主义的封建国家能否"昌盛"，显然决定于两种情况：一是它所向直接生产者征取的地租（不管是称为"租"还是称为"赋"，或甚至是商业利润与高利贷的利息，在前资本主义社会，都是由地租即农民的剩余劳动，剩余生产物中间分化出来的）要不超过直接生产者再生产时所需要的一定限度。二是要有足够的收入来维持除了统治者群的统治与享用外，还能有恰当的一部分用来执行它的社会经济职能。因此如果一个封建国家的直接所能控制的收入减少了，它的能用来完成社会经济职能的部分也减少了，那么，作为一个东方国家的专制主义的封建王朝来讲是要趋于崩溃的。

但中国过去的专制主义的封建王朝的内在矛盾却也就正在这里。一方面，它不能不依靠广大的封建小农来从事生产；另外一方面却又在征收地租的过程中，由于特权阶级的存在，征收制度的不合理，不可避免地会使广大的封建小农的负担愈来愈趋于沉重，最后甚至超过直接生产者从事再生产时所需要的一定限度，终于使小农逐步失去土地，产生了所谓"土地兼并"的现象，从而使国家的收入更加减少，同时又由于在"土地兼并"的过程中，所集中的乃是私有土地的所有权而不是使用权，这就又加深了存在于中国封建社会中的另一个矛盾，即"土地所有"与"土地使用"的矛盾。原来，中国的土地所有与土地使用状况，事实上是向着两个相反的方向发展的，即私有土地的所有权愈来愈趋于集中时，土地的使用却反而愈来愈趋于分散。而这种分散了使用的小土地所有制，依照马克思的话来说，原是："依照它的性质，就排斥劳动社会生产力的发展，劳动的社会形态，资本的社会集中，大规模的畜牧，科学的不断进步的应用。""高利贷和课税制度必然会到处使这种所有制衰败。……生产资料的无穷的分裂和生产者自己的个别分立。人力的可惊的浪费。生产条件日益恶劣化和生产资料的昂贵化，是小土地所有制的必然法则。对于这个生产方式，好的年成也是不幸。"[84]这样就使中国历代作为社会主要生产者的小农的生产情况很难再有办法改善。

因此，对于中国过去的所有封建王朝来说，我们也可以这样说，即当政府的收支都因特权的私有大地主阶级的发展而愈趋愈少的时候，也就是一个王朝已到了水利失修，军备不振，租税苛重，作为直接生产者的农民大部分失去土地，无法再在原土地上维持生存的时候了。这个王朝，在那时候，也就到了或者要被外来的游牧民族所征服，或者要被自己统治的农民所推翻的时候了，这样这些包含在中国封建社会土地制度中的矛盾，在阶级形态上来说，也就在最后终于成为了地主阶级（土地所有者）与农民阶级（土地的实际使用者）之间的矛盾。中国过去在封建时代，不断地爆发农民起义，不断地要由一个王朝变更为另一个王朝的原因，我认为，也就正在于此。

在中国的封建时期历史中，农民的起义和农民的战争是占有极重要的推动历史前进的地位的。毛主席在《中国革命和中国共产党》的文章中就曾指示我们说：

> 地主阶级对于农民的残酷的经济剥削和政治压迫，迫使农民多次地举行起义，以反抗地主阶级的统治。……中国历史上的农民起义和农民战争的规模之大，是世界历史上所仅见的。在中国封建社会里，只有这种农民的阶级斗争、农民的起义和农民的战争，才是历史发展的真正动力。因为每一次较大的农民起义和农民战争的结果，都打击了当时的封建统治，因而也就多少推动了社会生产力的发展。只是由于当时还没有新的生产力和新的生产关系，没有新的阶级力量，没有先进的政党，因而这种农民起义和农民战争得不到如同现在所有的无产阶级和共产党的正确领导，这样，就使当时的农民革命总是陷于失败，总是在革命中和革命后被地主和贵族利用了去，当作他们改朝

换代的工具。这样，就在每一次大规模的农民革命斗争停息以后，虽然社会多少有些进步，但是封建的经济关系和封建的政治制度，基本上依然继续下来。[85]

历史上的中国农民战争，是确实起了推动中国封建社会前进的作用的。因为从中国封建社会中的具体经济变动情况来看，我们确实可以看出，中国的封建统治阶级是经常在农民起义和农民战争的推动之下，被迫不断地采用各种不同的田制与税法来调整当时社会的生产关系，使其与当时的在发展中的封建生产力相适应的。

如从田制上看，那么从汉魏的"屯田制"到晋的"占田制"，到唐朝的"均田制"乃至到唐朝以后的"庄田制"，这是一种变化；从税制上看，那么从汉朝的"田税"、"算赋"、"更赋"，到唐朝的"租庸调"到"两税法"，再从"两税法"到明朝的"一条鞭"到清朝的"地丁合一"，这又是一种变化。从这些变化中，我们可以看出这样的一种发展趋势，即：愈到近代，封建的土地国有制即愈趋削弱，而封建的土地私有制的力量则愈趋强大，封建国家对人民的控制的重点也愈来愈从直接的人身控制，徭役的剥削，改为赋税的榨取。这种发展的趋势是可以说向着与资本主义相接近的方向发展的，但中国一直到鸦片战争发生前，在中国的封建社会内部并没有能够有私人资本主义的力量发展起来，这除了与中国的封建土地所有制本身特点有关外，我们就不能不谈到在中国的封建社会内起了特殊破坏作用的商业资本与高利贷资本的问题了。

原来，在欧洲的封建社会内，土地是不能够买卖的。也正因为此，所以在欧洲封建时代的工商业者与封建的贵族地主是完全作为两个在经济上互相对立的阶级而存在的。马克思曾说过："从历史方面看，资本最初是在货币形态上，当作货币财产，商业资本与高利贷资本，而与土地所有权相对立。"[86] 大封建主住在乡村中，工商业者住在城市中，而在中国则相反，地主与商人实际上是可以互相经营的。大地主与大商人就都一起住在城市中，共同对农民展开剥削，商业资本既然可以与土地资本相结合，于是在历朝的"土地兼并"的过程中，商业资本与高利贷资本一样就都起了对农民加强剥削的"助纣为虐"的作用。关于这一问题，我认为，王亚南同志在新中国成立前所发表的《中国商业资本论》[87] 一文中所指出的一些有关中国商业资本所据以演变的必然法则是极有价值的，我现在就把王亚南同志的这一部分著作全部介绍如下。王亚南同志说：

> 中国历史上每个王朝的兴起，差不多都是在社会生产力大遭破坏的丧乱之余，自秦以后的几个重要王朝，如汉、晋、唐、宋、元、明、清都是如此。如其视社会生产力的彻底破坏，是一个王朝覆亡的基本原因，则新的王朝组基之始，便必然会尽一切可能的方法，促使社会生产力的恢复或再生，一切封建社会是把农业生产作为它的物质存在基础，所以每一个王朝的所谓明君贤臣，都是以便农利农为其要政，讲求水利，改进农业生产技术，薄税敛，设置劝农力田官吏等，差不多千篇一律的被各王朝开国之君臣们相继实行起来。
>
> 在封建的贵族、领主、官吏是靠农业剩余生产物维持的限度内，重视农业生产，无疑有其生存上的必要。对于商业，在理论上，他们是要敌视的，而在实际，他们确也绝不采取了敌视的钳制的步骤，因为商业的活动，是不免要分润一部分农业剩余生产物的。商业活动愈形扩大，所分享去的农业剩余生产物必愈多。所以封建社会的整个经济政策，总是把重农抑商作为它的骨干。

但历代王朝的重农抑商的政策，却似乎只从反面告诉了我们这样一件事实，就是"农"其所以要特别的去"重"，无非是因为前此把它看轻了，"商"其所以要特别去"抑"，也无非是因为此前对它太放纵了。汉朝一位政论家曾大声疾呼地说明了此种事实："法律贱商人，商人已富厚矣，尊农夫，农夫已贫贱矣"，各封建王朝在本质上实践上，都走着劝农力桑的路，但却为商人大开富厚之门，那不是因为它们没有远见，而是因为它们不明事实的必然逻辑啊。

商业的发展，是把治安与交通作为它的外在条件，把交换媒介的确定，交换对象的增殖，作为它的内在条件。每一个新王朝的统一的局面，和由于它在统一局面下必然要做到的休养生息，"田野辟、道路治"，以及凡而改善民生的庶政，其主旨虽在增进更多的农业剩余生产物，更生农民，但结果大大地促成了商业的繁昌。商业通有于无的机能，在一定场合和一定限界之下，无疑大有助于农业生产物的增殖与扩展，但商业发达到一定限度，却把它原来可以助成农业的作用，转化为破坏农业了，至少，是它愈来愈烈的破坏作用，早把它原有的助成作用掩盖了。

封建社会的工业生产，只是当作农业上的副业，全部商业的交换对象，差不多都是限于农产物，而且主要还是限于那些以地租赋税名义，由农民提供封建领主贵族官吏们的农产物，商业愈向前发展，各地通有于无的作用愈增大，被消费的对象愈繁多，结果，封建上层社会的消费欲望，就愈加会受到刺激，而农民用地租赋税名义提供到他们的农业剩余生产部分。就愈加要对他们的农业必要生产部分，增大其比重。换言之，就是农民为了维持自己能继续劳动，并为了维持能继续生产所需的那一部分必要生产物，都将因此减少。租税不论是侵蚀到了农民的生活费，抑是侵蚀到了他们的生产费，再生产规模是会相应受到拘束或缩减的，一旦再生产不能维持，租税所自出的经济基础，就定会发生动摇。在这场合，封建上层社会要继续维持再生产的消费性的浪费，就只有两个途径可循：其一是加重对农民的剥削，而进一步破坏其寄生性的经济基础；其一是用借债等方式，多方张罗其浪费所需的资金。但无论选定哪一个途径，结果都会是土地向着商人豪民手上集中，农民则相率离开生产过程。

商业资本向着土地方面的进出，无疑得到了曾由它转化成的高利贷资本的协助，但资金由商业同高利贷业移到地产上去，那并不是商业资本活动的中心，而是它进一步的扩大，因为土地上乃至高利贷业上的收入，还可继续更番的变为商业活动的本钱。有人说，商业资本、高利贷资本和土地资本是"三位一体"，那是颇为允当的，它们在任何一个落后社会，都会依照不同的方式，表现为一个整体的三种作用。

然则商人地租收入者，高利贷业者豪民们，为什么不肯把他们的资金使用在工农产业上，而必须向着这些方面兜圈子呢？这并不是因为他们有一种远见，以为把资金使用到生产事业上，生产事业或产业发达起来，就是对于他们自己已有的地位与利益的否定，而是因为封建社会种种的传统法规及传统意识，妨碍生产活动，使他们权衡利害，更容易为当前的厚利和伴着厚利而可能取得的社会地位所吸引。

事实上，商业资本的活动，还不只停留在社会经济的领域，它的化身或商人，不仅"丰财役贫"，不仅使"封君皆低首仰给"，不仅"因其厚富，交通王侯"，且还能借其通神的财力，借其对于实际经营的经验，相率利用各王朝财政空乏的机缘，直接担任起理财的政务，'吏道益杂不选，而多贾人'了。在这种场合下，封建社会传统的抑商政策，便被暂时搁置起来，而采取一种为商贾豪民所能接受的妥协方案了。其实，在现物地租成为商品交换基础的限内，在社会生产力的恢复与发展，必然附有富之积累与豪商发达的条件的限内，商人由抑商政策所受到的损失，最后必然要取偿于农民，农民在多方诛求之下，只好把他们赖以维持生存的仅有土地，以更恶劣的条件，贡献于豪商地主。

封建主义到了需要迁就豪商地主，需要对商业资本妥协，并需要由豪商参加政权，决定经济国策等方式，使自己商业化的阶段，必然会把一切对农业生产有利的措施，如治水，如改良农业设备等等，放在一边，同时更由浪费与不生产支出的增大，和租税收入因农民大批离村及豪商官吏多方规避的减少，而不得不对勉强留在农村挣扎的农民，采行更无情的剥削。到了这样一个阶段，天灾水祸及各种形态的瘟疫，必然一再侵迫着饥饿的农民，使他们不能不到处流亡，不能不由流亡转徙丧失一切封建意识所加于他们的安分守己的束缚，而选择"铤而走险"的末路。由是到处发生战乱，社会生产力遂根本遭受破坏，现物地租及商品货币关系的基础，均连带丧失无余，不仅是贵族领主，就连豪商猾吏也对这一代的集权封建体制殉葬了。

商业资本走上这样的末路，当然不是商人阶层始料所及的，但在中国社会经济发展过程上，他们确实有无数次陷在这种不能自拔的命运中，汉末，唐末，宋末，明末，他们都曾在一度极盛之后，接着就踏上其前一王朝终结时的商人阶层的覆辙。一度一度的血腥故事，好像总教不乖他们。这其实，我们是不能单用商人"利令智昏"的考语来解释的。就是那些像把商贾之利，看得卑不足道的历代明君和贤士大夫，也都不曾意识到他们的王朝所寄托的封建政权，何以终于不能避免地要走上分崩离析之路。

一个社会的本质不曾改变过来，那些支配着这个社会，使这个社会取得历史存在的一切法则，便会不顾人们的志愿而铁一般地贯彻其作用。商业资本的运动法则，是封建主义经济运动法则的一个重要部门。上述中国历代商业资本兴衰存亡的演变关键，只有从中国封建社会的发展法则的作用才能得到说明，而这一法则，却还是挽近广义经济学研究的成果。

王亚南同志的这篇文章内容，我是完全赞同的。文章中有些用语，由于是在新中国成立前发表的文章，所以还不能不说得比较晦涩，但内容是很明确的。我所要强调补充的就只有一点，那就是王亚南同志所叙说的商业资本的运动法则，确是中国封建社会经济运动法则的一个重要部门，但绝不是主要的部门，主要的部门应当是我们在前边所已经讲过的包含在中国的封建土地所有制本身中的那些矛盾的运动法则。中国的商业资本、高利贷资本，在历朝的"土地兼并"过程中不断地起了"助纣为虐"的作用是应当肯定的，中国的商业资本、高利贷资本，也正因为与土地的关系太密切，所以始终只能加强了地主对农民的剥削，未能像欧洲的商业资本那样帮助发展起产业资本来。这就是中国的封建社会与欧洲的封建社会很大的一个不同点。

现在在最后，再来说一下有关包含在中国封建社会内的奴隶制残余的问题。

我在前面曾经指出过，罗马的奴隶制，实际上是在债务奴隶禁止以后才发展起来的，中国则正好相反，债务奴隶是在封建社会的形成过程中逐步发展起来的。封建社会对农民的剥削愈惨重，使农民们不得不"卖田宅、鬻子孙以偿债"，债务奴隶就愈发展，从这个意义上来说，债务奴隶在中国的发展是不但不能作为奴隶社会发展的标志看，而应该是正相反，作为封建社会已经形成以后对农民剥削惨重的标志来看的。所以在中国封建社会内长期存在的奴隶式的剥削实际上是中国封建剥削与统治的一种重要补充，它是使得中国的封建剥削比欧洲的封建剥削更加残酷的一个重要因素，也是中国的封建社会不同于欧洲的封建社会的一个重要特点。

我这样说的根据有两个：第一，中国自战国秦汉开始，债务奴隶发展以来，作为当时的封建制国家的统治者来说，主观上是并不愿意债务奴隶过分发展的，因为债务奴隶的发展，实际上说明了农民的破产的严重，这对于封建的统治者来说是一个动摇它的统治经济基础的严重威胁，所以不能不适当地加以限制（当然，也不想真正彻底地加以消灭），这是我们可以从汉初贾谊、晁错、董仲舒一直到哀帝时师丹等人的议论以及王莽改制的许多具体措施中看出来的。至于东汉光武帝时所颁布的一系列赦免奴隶的命令，那就当然表现得更加明显了。如果当时的国家还不是封建制的国家，而是像某些同志所相信的那样依然还是奴隶占有制国家的话，那就很难解释这样的一些现象。

在这个问题上，我认为，郭沫若同志所写的《汉代政权严重打击奴隶主》[88]一文是极有价值的。郭沫若同志在这篇文章中举出了强有力的例证来证明汉代的政权打击了当时使用奴隶从事生产的工商业者，以证明汉代的政权是封建制的政权。郭沫若同志的这个意见，我当然是完全赞同的，我所要补充郭沫若同志的意见的是：正因为汉代的政权是"重农"的封建地主政权，所以它不能不对那些当时脱离了农业而突出发展了的大工商业者进行打击。至于当时流行的债务奴隶制的本身，汉代政权倒是只想加以限制而并未想加以"消灭"的。因为当时政府虽然没收了商人们的一些奴隶，但它只是把这些奴隶转到了政府的手里，并没有把这些奴隶的身份加以改变。从事实上来说，汉代的政府也不但从来没有企图从根本上禁绝过债务奴隶，而且有时还正式下诏令允许过买卖人口的。如《汉书》卷二十四《食货志》中就有材料说："凡米石五千，人相食，死者过半，高祖乃令民得卖子就食蜀汉。"这就足以证明，封建的统治者，事实上是把让农民"鬻子孙"作为一种在饥饿的年代渡过荒年的手段的。封建的统治者并不想真正"消灭"债务奴隶，也就是很明显的了。

第二，在中国封建社会内的破产农民的子女当他们成为债务奴隶以后，他们实际上的主要工作，就是成为封建贵族、地主们的婢仆；或者类似婢仆的所谓"妖童美妾"。他们是中国封建贵族、地主们的一种不可缺少的生活上的装饰品与享乐的工具。他们是社会上的纯粹的消费者。所以这样的债务奴隶如果多起来，一定会给国家造成更大的负担，更加严重地破坏当时社会的生产事业。但作为中国的封建统治者来说，他们还是要维持这样的一种剥削制度的。至于被作为这些封建贵族、地主们的婢仆，乃至姬妾们的生活，绝大多数，应当说是过着被凌辱、被践踏的极端痛苦的生活的。这种痛苦的生活，我们可以在作为描绘含中国封建社会生活的一部最有名的小说《红楼梦》中完全看出来。拿《红楼梦》中所描写的人物来说，其中有很大一部分就都是奴婢（鸳鸯、晴雯、金钏儿等都是奴婢）。这些奴婢，有的是所谓"家生子儿"，是家庭中原有的奴婢所生的奴婢，也有的是幼年被买进贾府的奴婢，这些奴婢是被视为主子的财产的一部分的，所以不但随时可以由主子责打、侮辱，加以买卖，而且到主子犯了事，要籍没财产的时候，也还要随同"入官"。《红楼梦》里，奴婢的总数，实在是不少，所以到宁府被抄没以后，贾政把合府的"家人"（也即是奴婢）的"花名册"点一点的时候，竟还有三十余家，共男女二百十二名。当然贾府的奴婢，实际上还不止此数，因为一个奴婢的手下，也还有他的亲戚等，所谓"奴才还有奴才"[89]呢，这些奴婢的生活，除了一些特殊例外，就都是万分痛苦的。《红楼梦》的作者，就曾用了具体生动的描绘来告诉了我们这些封建时代奴婢的悲剧，特别是婢女的悲剧。金钏儿的死、晴雯的死，乃至鸳鸯的死，不都是动人的悲剧吗？

中国历代封建贵族、地主家庭中的这些奴婢受尽屈辱，当然，他们也不是不想反抗的，可惜，历史上这样的记载比较少，但也不是完全没有。谢国桢先生在他所著的《明清之际党社运动考》一书的"附录"中，就有一篇文章，名《明季奴变考》，搜集有很多有关明末清初时的这些封建贵族、地主家庭中"家奴"起来"造反"的史料。例如，他曾引证佚名撰《研堂见闻杂记》中的一段文字，用来叙述当时江苏太仓"奴变"发生的情况。

"乙酉乱，奴中有黠者，倡为索契之说，以鼎革故，奴例可得如初，一呼千应，齐至主门，并逼身契。主人捧纸待，稍后时，即举火焚屋，间有缚主人者；虽最相得，最受恩，此时齐易面孔为虎狼，老拳恶声相加。凡小奚细婢在主人所者，立牵出，不得缓片刻。有大家不习井灶事者，不得不自举火，自城及镇，及各村，而东村尤甚，鸣锣聚众，每日有数十人，鼓噪而行。群人至家，主人落魄，杀劫焚掠，反掌间耳，如是数日而势稍定。城中倡首者，为俞伯祥，故王氏奴，一呼响应，自谓功在千秋，欲勒石记其事，但许一代相统，不得及子孙。转控上台；而是时新定江南，恶一代之言不祥，斥之。自是气稍沮，属浦君舒（本州人）用事，恨其为罪首，忽一夕牵出斩之，而天下始快，迨吴抚台至州，州中金姓以乱奴控斩一人，重责四人，又悬示不许复叛，而主仆之分始定。"[90]

　　这样的记载，是很明显地站在维持使用奴婢制度的封建贵族、地主立场上的记载。但我们从这样的记载中仍然可以看出，在明末清初江南的许多有大封建地主的城市中，是发生了奴婢的反抗的。从当时"奴变"的激烈，以及参加人数的众多这两点来看，就可以看出当时封建贵族、地主家中的债务奴隶是很发展的，奴婢的生活是十分痛苦的，所以他们才会想趁明末清初封建王朝更迭的时机索回卖身契等等。这些起来反抗的奴婢没有理解到代替明朝的清朝依然是一个要维持债务奴隶制剥削的封建王朝，所以他们的"首创者"，最后还是"被斩"而牺牲；而所谓"主、仆"之分就仍然被保持了下来。但作为阶级斗争来说，这实在是一场很值得我们重视的阶级斗争。在我们的封建王朝中，一直到了封建社会的晚期，像明清这样的王朝除了农民的不断反抗起义外，也还有时夹杂有这一类的"奴变"，这就足以证明在我们的封建制国家中是确实把维持奴隶制的剥削作为一种重要的剥削手段的。它实际上已是封建制经济制度的一个不可分割的组成部分。

　　根据以上所说的种种，所以我认为，我们国家的封建制经济是确实有它的特点的，是一种与欧洲的封建制经济很不相同的一种封建制度。在这种制度压迫下的农民，特别痛苦。

毛主席指示我们说："中国历代的农民，就在这种封建的经济剥削和封建的政治压迫之下，过着贫穷困苦的奴隶式的生活。农民被束缚于封建制度之下，没有人身的自由。地主对农民有随意打骂甚至处死之权，农民是没有任何政治权利的。地主阶级这样残酷的剥削和压迫所造成的农民的极端的穷苦和落后，就是中国社会几千年在经济上和社会生活上停滞不前的基本原因。"[91]

这样的一种封建剥削制度，即使到了中国成为现代的殖民地、半殖民地和半封建社会的时候，基本上还是在一贯地保持了下来，使得中国的劳动人民在旧社会受尽了最大的迫害和痛苦。这样的痛苦生活，一直到1949年中国在中国共产党的领导下建立了人民民主专政的国家政权以后才宣告结束。我认为这就是我们的党和我们的毛主席会在新中国成立后，受到全国各族人民这样衷心的感戴的一个重要的历史根源。

【注释】

[1] 参见《毛泽东选集》，第3卷，815～825页，北京，人民出版社，1953。

[2] 同上书，842页。

[3] 同上书，817页。

[4] 斯大林：《列宁主义问题》，871页，北京，人民出版社，1950。

[5] 马克思：《资本论》，第1卷，194～195页，北京，人民出版社，1953。

[6] 在这些历史学家中，以 B. B. 司特鲁威院士最为突出。此外，尚有 H. И. 尼科尔斯基院士，以及阿甫基耶夫等。详细情况，可参见阿甫基耶夫：《古代东方史》"引论"，中译本，北京，三联书店，1956。

〔7〕引号中的话，都摘自马克思：《资本主义生产以前各形态》，5、6页，北京，人民出版社，1956。

〔8〕恩格斯：《家庭、私有制和国家的起源》，151页，北京，人民出版社，1954。

〔9〕恩格斯：《反杜林论》，222～225页，北京，三联书店，1949。

〔10〕苏联科学院编：《世界通史》，第1卷，37～38页，北京，三联书店，1959。

〔11〕参见 V. Gordon Childe, *Man Makes Himself*, 1936, p. 277. 中文有周进楷译本，柴尔德：《远古文化史》，217页，上海，群联出版社，1954。

〔12〕参见 M. O. 考思文：《论原始历史的分期》；译文见《史学译丛》，1955（3）。

〔13〕参见 V. Gordon Childe, *Social Evolution*, 1951, p. 25.

〔14〕参见 V. Gordon Childe, *The Bronze Age*, p. 30.

〔15〕参见上书, pp. 8-9.

〔16〕参见 V. Gordon Childe, *What Happened in History*, ch3, p. 67.

〔17〕马克思：《资本论》，第1卷，399～400页。

〔18〕恩格斯：《家庭、私有制和国家的起源》，156页。

〔19〕S. Lilly, *Men, Machines and History*, Cobbett Press, 1948.

〔20〕参见《求古精舍金石图》，清嘉庆戊寅年说剑楼雕本。

〔21〕参见中国科学院考古研究所编：《新中国的考古收获》，44页，北京，文物出版社，1962。

〔22〕《毛泽东选集》，第2卷，593页，北京，人民出版社，1952。

〔23〕《史记·秦始皇本纪》。

〔24〕《列宁全集》，中文1版，第29卷，435页，北京，人民出版社，1956。

〔25〕同上书，432页。

〔26〕参见中国科学院考古研究所编：《新中国的考古收获》，46页。

〔27〕同上书，47页。

〔28〕参见刘屿霞：《殷代冶铜术之研究》，载《安阳发掘报告》，1933（4）。

［29］关于制骨、制陶的作坊情况，参见中国科学院考古研究所编：《新中国的考古收获》，48页。

［30］参见阿甫基耶夫：《古代东方史》。

［31］丁山：《甲骨文所见氏族及其制度》，44页，北京，科学出版社，1956。

［32］参见上书，34～35页。

［33］丁山先生认为这就是"土田陪敦"，也就是后人所谓"附郭之田"，即所谓"藉田"。

［34］［35］参见丁山：《甲骨文所见氏族及其制度》，55页。

［36］李亚农同志有此主张，参见他所著的《殷代社会生活》，上海，上海人民出版社，1955。

［37］丁山：《甲骨文所见氏族及其制度》，38页。

［38］参见郭宝钧：《记殷周殉人之史实》，载《光明日报》，1950-03-19。

［39］中国科学院考古研究所编：《新中国的考古收获》，52～53页。

［40］王国维：《观堂集林·殷周制度论》，北京，中华书局，1959。

［41］范文澜：《中国通史简编》，修订本，第1编，52页，北京，人民出版社，1959。

［42］郭沫若：《奴隶制时代》，7页，上海，新文艺出版社，1952。

［43］参见 E. Cecil Curwen, *Plough and Pasture*, ch. 5, London Cobbett Press.

［44］李亚农：《殷代社会生活》，147页。

［45］徐中舒：《试论周代田制及其社会性质》，见《中国的奴隶制与封建制分期问题论文选集》，北京，三联书店，1956。

［46］参见 E. Cecil Curwen, *Plough and Pasture*, ch. 5, London Cobbett Press.

［47］［48］郭沫若：《青铜时代》，96页，北京，科学出版社，1957。

［49］范文澜：《中国通史简编》，修订本，第1编，54页。

［50］马克思：《资本论》，第3卷，1048～1049页，北京，人民出版社，1953。

［51］马克思：《剩余价值学说史》，第3卷，446～447页，上海，三联书店，1949。

［52］马克思：《资本论》，第3卷，828页。

［53］同上书，1032页。

［54］马克思：《剩余价值学说史》，第3卷，448页。

［55］参见斯大林：《列宁主义问题》，867～868页。

［56］《苏联〈古史通报〉编辑部对〈奴隶占有制度的崩溃问题〉的讨论总结》，译文见《史学译丛》，1956（4）。

［57］参见［苏］M. H.梅伊曼：《封建生产方式的运动》，中译本，45页，北京，科学出版社，1956。

［58］参见斯大林：《列宁主义问题》，867页。

［59］孙常叙：《耒耜的起源和发展》，载《东北师范大学科学集刊》，1956（2）。

［60］中国科学院考古研究所编：《新中国的考古收获》，61页。

［61］参见杨宽：《中国古代冶铁技术的发明和发展》，上海，上海人民出版社，1956。

［62］恩格斯：《家庭、私有制和国家的起源》，156页。

［63］同上书，160页。

［64］《吕氏春秋·审分》。

［65］如杨宽先生就是持这种看法的，见他所写的《战国史》，第4章，上海，上海人民出版社，1955。

［66］参见《墨子·非乐》上篇，《非命》下篇。

［67］《孟子·尽心》。

［68］中国科学院考古研究所编：《新中国的考古收获》，62页。

［69］参见郭沫若等：《管子集校》，下集，1234页，北京，科学出版社，1956。

［70］《管子》。

［71］《汉书·食货志》。

［72］《管子·揆度》。

［73］［74］参见 V. Gordon Childe, *History*, p. 47.

[75] 例如苏联的弗·尼·尼基甫洛夫同志就是有这样的怀疑的，见他所写的《论不同国家从奴隶占有制向封建制过渡的几个共同规律性》一文，载《历史研究》，1956（10）。

[76] 参见王桐龄：《中国史》，第1编，《春秋弑逆表》，北京，文化学社，1927。

[77]《列宁全集》，中文1版，第29卷，437页。

[78]《史记·商君列传》。

[79] 王仲荦：《春秋战国之际的村公社与休耕制度》，载《文史哲》，1954（4）。

[80]《史记·商君列传》。

[81]《汉书·百官公卿表》。

[82]《毛泽东选集》，第2卷，594页。

[83]《汉书·食货志》。

[84] 马克思：《资本论》，第3卷，1054页。

[85]《毛泽东选集》，第2卷，595～596页。

[86] 马克思：《资本论》，第1卷，149页。

[87] 王亚南：《中国半封建半殖民地经济形态研究》，附论三，326～349页，北京，人民出版社，1957。

[88] 参见郭沫若：《文史论集》，99～105页，北京，人民出版社，1961。

[89] 参见曹雪芹：《红楼梦》，下册，第106回，1204～1205页，北京，作家出版社，1953。

[90] 谢国桢：《明清之际党社运动考》，277页，商务印书馆，1934。

[91]《毛泽东选集》，第2卷，594～595页。

论前资本主义社会地租
的三种基本形态

一

马克思在《资本论》第 3 卷中开始分析研究地租问题的时候，曾特别提出有混淆地租研究的三大错误，应当避免，其中之一就是："各种地租形态的混同，而这些形态是与社会生产过程各发展阶段相照应的。"[1]

为什么各种地租形态会易于混同呢？这是因为一切地租，不管是哪种特殊的地租形态，它总有一个共同点，那就是它总是"土地所有权的经济上的实现"[2]。这个共同点，就常常使人忽略了各种地租形态之间的区分。

一般来说，我们要把资本主义社会的地租与前资本主义社会的地租，从本质上区分开来，那是比较容易的。这是因为在前资本主义社会的地租，是土地所有者直接向土地耕作者榨取得来的，可是在资本主义社会，就完全不同。

"农业资本主义生产方法的前提是：现实的土地耕作者，为工资劳动者。这些工资劳动者系为资本家即租地农业家所雇佣，后者不过把农业看为资本的特殊的榨取部门，看为特殊的生产部门而从事经营。他们为要取得在这特殊生产部门使用自己资本的允诺，对于他们所利用的土地所有者即地主，必须在一定期间内（例如逐年）支付契约所确定的一定的货币额（恰如货币资本的承借人，须按期支付一定的利息一样）。这货币额不管是为农耕土地支付的，或为建筑地、矿山、渔场、森林等支付的，统称为地租。"[3]

资本主义的地租，因此已不是直接生产者的全部剩余生产物，而只是其一部分，这一部分就是租地农业家为获得土地使用权向土地占有者所缴纳的超过"平均利润的剩余价值"余额。

在资本主义社会里，剩余价值的通常形态是利润；地租，只是剩余价值的一个分支形态，可是在前资本主义社会里，地租就反而是剩余价值的通常形态。

但如果我们说把资本主义社会的地租形态，与前资本主义社会的地租形态可以这样地在本质上明确地区分开来的话，那么在作为前资本主义社会中各阶段的地租形态，就不是十分容易在本质上区分开来的一件事了。

马克思在《剩余价值学说史》中批评与叙述里查德·琼斯的"地租"时，曾说过这样的话："在一切前期的形态上，都是土地所有者，不是资本家，直接占有他人的剩余劳动。地租……在历史上（大部分说来，在亚细亚诸民族，就是如此），是表现为剩余劳动的一般形态，是无代价做的劳动的一般形态。在资本家的场合，剩余劳动的占有是以交换为媒介，但在这里，不是这样。它的基础乃是社会一部分人对于他一部分人的强制的支配权，从而，是直接的奴隶制度，农奴制度，或政治的隶属关系。"[4]

换句话说，在前资本主义社会里，地租就都是土地所有者用强制的支配权所占有他人的剩余劳动。那么这些在前资本主义社会里的土地所有者，彼此之间，究竟还有什么不同呢？

回答是：这些土地所有者也还是在彼此之间有不同的。马克思在《资本论》第 3 卷中就曾列举过这些不同的土地所有者。"土地所有者，可以是代表共同体的个人，在亚洲、在埃及等地方就是如此；这种土地所有权也可以单是某人对某人（直接生产者）享有主人权利这个事实的附属条件，例如在奴隶制度或农奴制度下就是如此"[5]。

在这里，值得特别注意的是，马克思除提出奴隶制及农奴制以外，还提出了一个以"代表共同体的个人"来作为一种存在亚洲及埃及的土地所有者的形式。

马克思的这段话是在《资本论》第 3 卷中的第 37 章中说的，到了第 47 章，当他讨论到"劳动地租"的时候，他就又说了这样的话：

> 假设他们（指直接生产者——引者注）不是隶属于土地私有者，却像在亚细亚一样，隶属于既为土地所有者同时又为主权者的国家，地租和课税就会并在一起的……在这种情形下，政治上和经济上的隶属关系，就是对国家的臣属关系……在这里，国家是最高的地主。在这里，主权就是全国的累积的土地所有权。在这里，没有土地自由权，不过对于土地有私人的和共同的占有权和使用权。[6]

把这些话，再与马克思在《剩余价值学说史》中叙述琼斯"地租"时说过的："这种地租（指实物地租——引者注），在亚细亚，是特别常见的。……在这种制度内，国君是主要的土地所有者。"[7]结合起来看，则马克思似乎是认为在亚细亚是存在着一种特殊的地租形态的。

这种特殊形态就是土地所有者不一定是把土地作为私有的奴隶主或农奴主，而是代表着"共同体的个人"，或代表着国家作为"最高地主"的"国君"。

现在成问题的就是，这样的一种地租形态，它在社会发展史上来说，又应当是属于哪一阶段社会的地租形态？

从马克思的把"代表共同体的个人"明确地与奴隶制及农奴制分别提出来的形式看，则在时间的先后上说起来，只可能有一种解释，那就是在原始公社社会的末期，当"共同体"所有的土地已在逐渐地转变为"私人"所有的那一段期间的地租形态。

我们的这个解释，并不是全无根据的。因为马克思在《资本论》中解释"分益农制和自耕农民的所有制"的时候，就曾举过这样一个实例：

> 在古代土地共有制过渡为独立自耕农业以后，这种共有制的遗迹，还在波兰、罗马尼亚等处保留下来。……在那里，土地一部分是属于个别农民，是由他们独立耕作的。别一部分则是集体耕作的，即形成一种剩余生产物，用来应付公共的支出，或当作农作物歉收时的准备。但剩余生产物的这两部分，都渐渐被国家官吏和私人掠夺了；最后全部剩余生产物和这种剩余生产物所依以生产的土地，也渐渐被国家官吏和私人掠夺了；由此，原来的自由的但对土地有参加集体耕作义务的自耕土地所有者，就变为负有徭役义务或纳实物地租的隶农了；同时，共有地的掠夺者，则变为土地所有者。这时候，他们不仅是被掠夺的共有地的所有者，并且是自耕农民的土地的所有者了。[8]

这一段话，我认为是万分重要的。因为发生在波兰及罗马尼亚古代土地共有制过渡为独立自耕农业的过程中的情况，显然也同样地在古代亚细亚的国家中发生过，而且特别发展了。

在这种情况下，统治的土地所有者（国君、官吏）实际上是"共有地的掠夺者"，同时从事耕作的最初也既非奴隶，亦非农奴，而是"自由的，但对土地有参加集体耕作义务的自耕土地所有者"。

这一特殊的土地所有形态，从而也是特殊的地租形态，如果我们认为可以成立，那么马克思在 1857—1858 年所著而并未在他生前所发表的《资本主义生产以前各形态》[9]一书中所提到的三种前资本主义生产形态的问题也就解决了。因为马克思在那本书中明确地提出了（1）东方的或者亚细亚的；（2）古希腊、古罗马的或者古典的；（3）日耳曼的或者欧洲中世纪的三种生产形态。在希腊、罗马社会里，统治土地的所有者是奴隶主，主要生产者是奴隶，在欧洲中世纪社会，统治土地的所有者是封建领主，而主要生产者则是农奴，但在东方的或亚细亚的社会里，统治土地的所有者却是"国君"、"官吏"，而主要耕作者则是"自由农民"。

我们能不能把马克思所说的"东方的或者亚细亚的"生产形态完全看成是"原始公社制"的生产形态呢？回答是不可以的，因为："在原始公社制度下，生产关系的基础是生产资料的公有制。""这里并没有什么剥削，也没有什么阶级"[10]。所以马克思所说的"东方的或者亚细亚的"生产形态就只可能是由原始公社制末期过渡到原始阶段奴隶制社会的一个特殊生产形态。这种特殊生产形态与原始公社制的生产形态固然不同，与古希腊、古罗马发达的奴隶制社会的生产形态也不同，因为生产者在这里主要地还是"自由农民"而不是"奴隶"。

根据我们在上面的这些分析，前资本主义社会中的地租形态，似乎可以有三种不同的基本形态，那就是在古代东方作为"自由农民"而付给"国君"、"官吏"的地租，作为奴隶而付给奴隶主的地租，以及作为农奴而付给封建领主（农奴主）的地租。

二

现在我们且来进一步研究这三种前资本主义地租形态之间的不同。

首先我们且来研究一下，奴隶的地租与农奴的地租有何不同，而这当然又是与奴隶与农奴之间的不同密切结合在一起的。

《联共（布）党史简明教程》（以下简称《联共党史》），中曾经指出奴隶制度与封建制度的基本不同在于："在奴隶制度下，生产关系的基础是奴隶主占有生产资料和占有生产工作者，这生产工作者便是奴隶主所能当作牲畜来买卖屠杀的奴隶。……在封建制度下，生产关系的基础是封建主占有生产资料和不完全占有生产工作者，这生产工作者便是封建主虽已不能屠杀，但仍可以买卖的农奴。"[11]

奴隶与农奴的基本不同，根据这两段话，显然重点首先应当是在他为不为他人所完全占有或不完全占有，而不在能"杀"或不能"杀"。奴隶主完全占有生产工作者——奴隶，他给予奴隶以进行生产的工具和材料，并迫使他们为自己工作。这样奴隶在奴隶主的土地上所劳动出来的成果，当然也全部属于奴隶主。奴隶从奴隶主那里得到生活资料，所以在奴隶制的情况下，奴隶主所收得的奴隶劳动生产物中是包括了奴隶本身的必要劳动物在内的。在这里，剩余劳动与必要劳动是混在一起的。农奴的情况就不同，农奴已经不完全为农奴主所占有，他是以本身劳动为基础的生产工具和自己私有经济的个人所有者。在农奴所缴给农奴主的地租中间（不管采取的是什么形式，是劳动地租还是实物地租），其中所包括的剩余劳动部分与必要劳动部分，因此已能划分开来。

现在成为问题的是"古代东方社会"中的"自由农民"与作为"古代东方社会"统治者之间的关系又是怎样？

根据我们在前边的引证，我们可以知道，马克思是假定在古代东方不存在有"土地私有权"为前提的，换句话说，在古代东方，农民所耕种的就是氏族公社所分配给他们的土地，这些土地在所有权上是属于公共的。这些农民与氏族首长的关系，最初也是平等的，可是正像马克思所指出的在古代波兰及罗马尼亚所发生的情形那样，慢慢地这些氏族首长就变成了"共有地的掠夺者"，同时也就变成了这些农民的统治者。

这些农民，对于统治者来说，并非奴隶，亦非农奴，可是他们却对于统治者，有着一种"政治的隶属关系"，或者说是一种"臣属关系"。

在这种情形下，古代东方农民所缴给统治者的"地租"也就的确在性质上与国家的"赋税"合而为一。

这些农民，在身份上虽是独立的，在经济生产上也是独立的，他们把农业与家庭手工业结合了起来完成着自给自足的生产，可是在实质上却是完全屈服在统治者的专制主义统治之下的农民[12]，他们要经常地向他们的统治者贡献劳役（徭役）也贡献物品（租赋）。

现在要问的是：为什么在古代东方就能够产生这种所谓"东方专制主义"？这种"东方专制主义"的物质基础又是

什么？

马克思对于这个问题的解答是："治水"。他在《资本论》中曾经指出过："印度之微小而不相联络的生产组织，都由国家权力所支配，而此国家权力的物质基础之一，就是治水的调节。"[13]

此外，马克思在给恩格斯的通信集中也曾屡次地提到过这个问题。[14]但由于近代进步的考古学者的不断研究，对于此一问题似乎现在已可有更进一步的说明。因为如果我们根据了人类社会生产工具的发展阶段来看，那么人类社会自原始公社制度过渡到奴隶制的原始阶段的过程中，就恰恰是在所谓"青铜器时代"[15]。青铜器是一种贵金属（是铜与锡的合金），因此在古代绝非普通的个别的生产者所能铸造使用。只有当"公社"在氏族首领的领导下运用了集体力量共同工作时，才能不断地有青铜器可以产生使用（或向外交换取得）。可是当统治者占有了作为工具，或作为武器的青铜器的时候，专制统治的形式也就必然产生。所以对于古代东方专制主义的物质基础这一点解释来说，在今天，我们已有考古学者所提供的物质证据来作证明，倒并非是困难的事情了。

现在且让我们再回到关于三种不同地租形态的问题上来。我们在前面也说过，古代东方的农民在身份上是独立的，但这并不等于说这些"自由农民"所受的剥削、压迫就比奴隶或农奴来得少。在某些情况下，"自由农民"所受的专制统治者的压迫、剥削，也许还来得特别厉害。

古代东方的专制统治者，运用他们在政治上的权力，可以驱使广大的国民（那些散布在全国各村社里的所谓"自由农民"）为他们从事奴隶式的劳动，古代东方的一切巨大工程建筑，如若不是因为统治者有权力可以驱使全国的"自由农民"

来为之工作的话，那是几乎不可想象这些工程是怎样能完成的。这种在专制统治下所集合起来的全部"自由农民"所提供的剩余劳动量，在质量上远大于当时的奴隶者所能提供的剩余劳动量。也正因此，所以在古代东方社会，奴隶制反而就会只停留在较原始的阶段上，即统治者只把奴隶用在家内从事非生产性的劳动，而不把奴隶真正大量地用到生产上去。

从这一点上来说，"自由农民"所提供的那种与"赋税"合一了的"地租"形态，是阻碍了社会的正常发展的。

恩格斯看到了这一点，所以他在《反杜林论》里曾经说过这样一段话：

> 无论什么地方，从印度起到俄国止，凡是古代村社习俗还保全着的地方，这种习俗便做了数千年来最横暴的东方专制政体的基础。只有在这种习俗崩坏了的地方，独立的发展才有了进步，藉奴隶劳动来加强并发展生产，才是经济生产道路上的第一步。[16]

三

现在我们且再来研究一下，这一种"自由农民"所交给"国君"、"官吏"们的地租形态，是否只限于东方有？同时就中国说，这种地租形态的发展情况又怎样？

对于第一个问题马克思曾经推测地解答过这个问题。他"以为亚洲的或印度的所有权形式，最初在欧洲到处存在过"[17]。后来他的这种"推测"，得到了"证实"。我们在《资本论》中所看到的，他所讲的波兰与罗马尼亚的情形（见前引）似乎也可以作为一个证据。

大概人类社会从"原始公社制"过渡到"原始奴隶制"的时候一般都产生过这种东方式的土地形态。但因为有些社会自脱离青铜时代进入铁器时代后因铁矿的比较普遍存在，统治者已无法完全控制铁器使用，东方式的专制主义就宣告崩溃，这种东方式的地租形态也就消失，而为奴隶的、农奴的地租形态所代替。而有些社会（例如中国）则因铁器也为统治阶级所独占，东方式的专制主义就一直被延长并保持了下来，这种东方式的地租形态也就不曾因此消失。

　　中国在土地能"自由买卖"以前，存在过这种东方式的地租形态是没有疑问的。但即使在土地已能大量"买卖"后的秦汉，由于"土地私有权"的建立，某些耕种私人地主土地的农民，也要向私人地主去缴纳"地租"，但就整个国家的性质来说，"国家就是最高的地主"这一点，在本质上是不曾变动的。中国历朝历代的帝王及其所统治的政府，不但都直接掌握很多的土地，奴役着农民为他们耕种，收取"地租"，同时他们也更以全国统治者的资格收取着全国的"田赋"、"贡品"，并同时役使着一切即使不在他们掌握的土地上耕种，而是在农民自有的土地上耕种的人民——这种东方式的"徭役"，实际上是一种"劳动地租"，是以在无形中承认帝王为一切土地的最高所有者而产生的。

　　"地租"与"赋役"的分家，在实质上，只是使作为直接生产者的大部分中国农民，自秦汉以后，更增多了一层剥削，即专制国君与私人地主的"双重剥削"而已，国家仍能以"赋"与"役"的形式，掠夺全国直接生产者的剩余生产物以至维持生产者自身生存的必要生产物这一点，是没有变动的。

　　也正因此，所以中国在历史上，不但在奴隶制阶段，没有能够正常地发展奴隶生产，使奴隶成为多数的生产者，即在封建制阶段，也没有能够发展正常的像欧洲那样的"农奴"，使"农奴"成为社会的多数生产者——这是中国经济发展史上的一个基本特点，而这个特点却正是我们过去的社会经济史专家们所忽略了的。

我们在过去，往往以在战国末中国土地的开始能够"买卖"，来解释中国"封建制"与西欧"封建制"的基本不同。但实际上，土地的能够"买卖"是在"原始公社制"解体，进入到奴隶制阶段时必然发生的现象，根本不能是什么"封建社会"的特征。恩格斯在《家族私有财产及国家的起源》一书中，就曾对这点说得很清楚：

> 所谓对土地的完全的自由的私有权的意思，不仅表示可以毫无阻碍毫无限制地占有它，而且表示可以出售它的。当土地为氏族所有的时候，这种可能性是不存在的。但当新的土地占有者彻底抛弃了氏族与部落的最高私有权的桎梏的时候，他把以前将他跟土地密切联系起来的枷锁也突破了。这件事的意义如何，跟土地私有权同时发明的货币，给它说明了。土地如今成为可以出卖和抵押的商品了。当土地所有权刚一确立的时候，抵当之事也发生了（雅典）。[18]

雅典也有土地的"自由买卖"，但雅典社会的发展就与中国的不同。由此可见，如果单只看到土地能否买卖，那是不够的，比这更重要应该注意的是随着这种土地的能够"买卖"，私有土地所有权建立后的社会主要"地租形态"究竟是哪一种？中国与西方社会的基本不同，就地租形态上看，也就是从社会的剩余劳动如何被统治者所榨取的形态上看，显然是在它的长期保持了它的东方式的地租形态这一点，而不是别的。把中国社会乃至其他亚细亚国家的发展，看成是一种例外于人类社会一般发展的发展，那显然是错误的。中国社会的发展也仍有它的奴隶制阶段及封建制（农奴制）阶段，但二者在发展上又有它的特殊性——由于东方专制主义所产生的东方式的地租形态的存在而有的特殊性。

这种特殊性表现在社会发展上最主要的，也就是它的"静止"[19]，它的不能自动地由一个前资本主义社会转变成一个资本主义社会。

为什么？因为在东方专制主义的支配下，任何人民（不仅仅是奴隶，或农奴）都得受"国家"的控制，都得由"国家"及"统治者"从他的生产物中剥夺去最大的一部分而无所积蓄。马克思、恩格斯在《共产党宣言》中说：

> 从中世纪的农奴中间产生了初期城市的自由居民；从这个市民等级中间发展出最初的资产阶级分子。[20]

这是就欧洲中世纪的农奴而言的。若在东方的"自由农民"中，就反而不可能发展，成长出这些"资产阶级的最初的分子"。

中国历史上，也有很发展了的商人高利贷者，但他们是只有与统治者站在一起剥削农民的时候，才能生存，才能得到发展。如超过某种程度，要独立地成为一种与代表"最高地主"的国家分庭抗礼的阶级的时候，他们是必然要遭受到制裁的。

东方的专制主义因此就这样阻碍了东方社会的正常发展。但这些问题，已经牵涉到更大的题目，不在本文的讨论范围之内，所以作者也就只写到此为止，暂时停止讨论了。

（原载《文史哲》，1953（1））

【注释】

[1] 马克思：《资本论》，第3卷，532页。

[2] 同上书，533页。

[3] 同上书，519页。

[4] 马克思：《剩余价值学说史》，第3卷，446页。

[5] 马克思：《资本论》，第3卷，533页。

[6] 同上书，676页。

[7] 马克思：《剩余价值学说史》，第3卷，448页。

[8] 马克思《资本论》，第3卷，686～687页。

[9] 这是1940年首先在苏联《古代史通报》上发表的马克思手稿，本期本刊已有译文。

[10]《联共（布）党史简明教程》，莫斯科中文版，156页，大连，新中国书局，1949。

[11] 同上书，156～157页。

[12] 参见《马克思恩格斯论中国》，11～12页，北京，解放社，1950。

[13] 马克思：《资本论》，第1卷，420页。

[14] 参见《马克思恩格斯论中国》，第1篇。

[15] 关于青铜器的独占是古代东方社会专制政治的经济基础，这一点英国的权威马克思主义考古学专家柴尔德教授（V. Gordon Childe）有很好的著作可供参考。他的最有名的近作是：《历史》（*History*，1947）及《社会进化》（*Social Evolution*，1951）两书。最近苏联的权威历史学家也已把古代史上自原始公社至奴隶制的研究分期改为采用石器时代、青铜器时代、铁器时代等的分期法。

[16]《马克思恩格斯论中国》，11～12页。

[17] 同上书，31页。

[18] 恩格斯：《家族私有财产及国家的起源》，183页，大连，新中国书局，1949。

[19] 马克思：《资本论》，第3卷，680页。

[20]《马克思恩格斯全集》，第4卷，467，北京，人民出版社，1958。

论地租与中国历史分期及
封建社会的长期阻滞性问题

一

在中国的历史研究上，现在有两个基本问题，还未曾得到一致的完满解决：一是中国的历史分期问题，奴隶制社会与封建制社会的界限问题；二是中国封建社会的长期阻滞性问题。对于这两个问题，在我们研究广义政治经济学的人看来，又似乎都与中国的地租性质及其为统治阶级所分割蓄积的方式有关。因为在任何阶级社会里，就正是直接生产者的无偿剩余劳动如何被榨取出来的特定的经济方式决定着统治者与被统治者的关系，暴露着它的整个社会结构及与之相适应的国家的内部秘密。[1]在前资本主义社会里，地租，即是"剩余价值或剩余劳动的唯一的支配的通例形态"（马克思语），因此研究过去中国社会地租的如何产生、分割与蓄积的方式，当然，也就等于研究了中国过去社会内部的一个最有决定意义的生产关系问题。如果，我们真想研究或彻底了解中国过去社会的性质，那么，我想，我们是有必要从这个角度上来论一下这个问题的。

在本刊上期，我曾根据马克思、恩格斯的经典著作，提出了前资本主义社会地租的三种基本形态，并特别说明了"东方式的地租"形态，因为这对于我们前述历史研究上的两个基本问题关系最切，现在我要进一步提出研究的，就是这种"东方式地租"的蓄积过程及其影响，以补我前文的不足。希望能得到国内历史学家及经济学家的指教。

二

现在，且让我先根据马克思、恩格斯的经典著作，把最初产生"东方式地租"的"古代东方社会"的经济特征，弄明确如下：

根据《资本主义生产以前各形态》的原稿来看，我们可以说"古代东方社会"的第一个特征就是"土地国有"。作为社会的直接生产单位的公社，它们与土地的关系只是"承袭的占有者"，只有高居于各小公社之上的专制政府，才是土地的"最高的或唯一的所有者"，换句话说，在"古代东方社会"里的"土地所有权"与"土地占有权"或"使用权"是在一开始就互相分离的。

其次，是建立在这些小公社之上的专制政府，它们是依赖于作为公社农民的剩余劳动或剩余生产物——贡赋——而生存的。这些政府又都有着一定的经济上的及社会上的职能。关于这一点，不仅马克思在原稿上说过，在亚细亚各民族中起着非常重要作用的灌溉、河渠、交通工具等是掌握在专制政府手中的那句话，恩格斯在《反杜林论》里更有过比较详尽的说明。他曾着重地指出："政治统治的基础，到处都是社会职能的遂行，而且政治的统治，只有在它执行这种社会职能的场合上，方能长久地保持下来。在波斯印度等国，昌盛一时而后趋于衰落的许多前后相继的东方专制皇朝，每个都很好地知道自己首先是江河流域上灌溉事业的总的经营者，在东方如没有灌溉，那末农业是不能进行的。"[2]

不用说，这种专制政府经济职能能否遂行是与它的收入——贡赋的多少，以及这些贡赋能否真正完全用在这些职能上，有着密切的关系的。

第三，作为这种专制主义基础的公社，它的本身是一种工业和农业相结合的经济组织。这样的公社，因此如马克思所说的变成完全能够独立存在，而且本身包含有所有再生产和扩大再生产的条件。

以上的三个特征，事实上，当然是完全结合在一起的。而把这三个特征贯穿起来看，也就恰巧告诉了我们一个在"古代东方"社会，剩余生产物如何生产，又如何为专制政府所占有的情况。在这里起着决定作用的是土地的国有形态。我必须强调这一点，不仅因为根据经典，马克思是这样主张的，而且因为过去曾有过一些马克思主义的叛徒们企图把这些特征的重点，片面地也放到东方的"水利"或"灌溉"问题上去。这样，这些无耻的马克思主义的叛徒们就把一个明明存在于"东方社会"里的"土地问题"，歪曲、转移成为了"水利问题"（当然同时也就取消了历史上农民为了土地而有的阶级斗争的重要性），我们今天来研究这个"东方社会"问题，显然是与这些叛徒们的研究出发点完全不同的。[3]但当然，我们也不能因为若干叛徒们的曾经歪曲地说过这个"水利问题"，我们就又索性不再从正确的角度上谈这个问题。

如果我们在前边所叙述的三个特征，还符合于马克思的原意的话，那么，就中国来说，最符合于这种情况的历史阶段应当是周。为什么？就因为，在周代，一切生产资料均尚为王室所有。所谓"普天之下，莫非王土；率土之滨，莫非王臣"，且殷周两代，都有"井田"。所谓"井田"，依据我的解释，就是马克思所说的一种"公社"组织。周代既是一种"古代东方社会"，所以尽管那时已有"奴隶"，但这些"奴隶"实际上是"家内奴隶"，真正从事生产的，还是"公社"的农民。《诗经》上所歌咏的农民，一般来说就是这种"公社"中的农民，我们固然不能将这些农民完全解释成"农奴"，但也似乎不必一定要将这些农民完全解释成"奴隶"才认为符合于"奴隶社会"的标准。而且作为划分"奴隶社会"的标记的，根据斯大林的论述，也还有下面这几项：

> 这时人们拥有的已经不是石器，而是金属工具；这时，不知道畜牧业、也不知道农业的那种贫乏原始的狩猎经济，已经被畜牧业、农业、手工业以及这些生产部门之间的分工所代替；这时已经有可能在各个人之间和各部落之间交换产品，有可能把财富积累在少数人手中，而生产资料确实积累在少数人手中，这时已经有可能迫使大多数人服从少数人并且把大多数人变为奴隶。[4]

由此可见，只要社会上已使用金属工具，已有农业、畜牧业、手工业的分工，财富已真正地像在"东方社会"那样积累于少数人手中，只要有可能使大多数人服从少数人，并把这大多数人变为"奴隶"，就可符合"奴隶社会"的条件，不一定真正要把大多数人变为"奴隶"后，才称做"奴隶社会"。这就是我想，为什么当斯大林叙述"奴隶社会"阶级斗争的时候，他也列举了有"富人和穷人，剥削者和被剥削者，享有完全权利的人和毫无权利的人"[5]等各种斗争，而不是只说奴隶主与奴隶之间斗争的理由。

中国的奴隶制时代，由于"东方式地租"的存在，并未能得到正常的发展，这是我在前面已经说到的，但若将周代的社会经济情况，根据斯大林的指示来看，除了周代缺少了正常的奴隶生产者以外，也还是完全符合于奴隶社会的标准的。

如果周代是"古代东方社会"，即未发展成正常奴隶制社会的奴隶制时代的话，那么，我认为把春秋与战国之间看成是中国的奴隶制社会，与封建社会交替的时代也是合适的。

这是因为当时铁器的较普遍的采用，生产力发展了，交换也发展了。于是根据恩格斯的话，在这种情形下，由于"公社"中的交换增加，原始的"土地共有制"就会瓦解成"小土地所有制"，"公社"也就会转成由小农所组成的农村。[6]

在春秋与战国之间由于生产力的发展，中国的"井田制"崩溃了，土地不再是完全"国有"了，土地可以自由买卖了，类似农奴的私家佃户出现了，于是中国开始走上了向"封建社会"发展的道路。[7]

但正同中国在奴隶制时代，并未有多数正常的奴隶生产者一样，中国进入了封建制时代，也还是并未有多数的像欧洲那样的"农奴"出现。那么，何以知道中国那时的社会是"封建社会"呢？这因为，作为划分"封建社会"标记的，根据斯大林的论述，也还有下面这几项：

> 除了封建所有制以外，还存在农民和手工业者以本身劳动为基础的个体所有制，他们占有生产工具和自己的私有经济。这样的生产关系基本上适合当时的生产力状况。铁的冶炼和加工更进一步的改善，铁犁和织布机的推广，耕作业、菜园、酿酒业和榨油业的继续发展，除手工业作坊以外工场手工业企业的出现，——这就是当时生产力状况的特征。[8]

根据我的理解，战国时的生产力状况，以及发达了的个人所有制，就是符合于这些情况的。战国时中国所发生的剧烈社会变动也就是因这种新的生产力的发展而引起的，因此，我觉得把战国初期认为进入中国的封建时代是有依据的。

现在的问题，就在于为什么中国进入了封建制的阶段后，就长期地被阻滞了下来？回答是：还是因为"东方社会"的特征。因为在前边所说的古代东方社会的那三个特征，除了土地国有这一点现在已经有所改变外，其他都还是基本上保留了下来的，这也因此就变成了中国封建制时代的特征，造成了中国封建社会的长期阻滞性。

三

现在且根据这些"东方社会"的特征，来研究一下"东方式地租"的蓄积方式。

古代东方的专制国君凭借着地权运用了政治上的权力，把全社会的剩余生产物（包括农产品与手工业产品两者）全部或绝大部分集中到了他自己的手中，再以此完成他的社会上的、经济上的职能，例如防御游牧民族的入侵、治水、灌溉等。所以就全社会来说，可以说是一种为了完成某些特殊社会经济职能而有的一种集体蓄积。因此古代东方国家的能否"昌盛"（不管它是在奴隶制阶段，或是在封建制阶段），显然要决定于两种情况：一是它所向直接生产者征取的地租（不管是称为租，称为赋，或甚至是商业利润、高利贷利息。在前资本主义社会，总都是由地租，即农民的剩余劳动、剩余生产物中间分化出来的），要不超过直接生产者再生产时所需要的一定限度；

二是由它所征来的地租，除了维持统治者自己的生存享用外，要能有恰当的一部分用在执行他的社会经济职能上。这两个条件如果不能达到，那么，作为一个东方国家的王朝政权来讲，是要趋于崩溃的。可是由于"东方社会"征收地租时所蕴涵的内在矛盾，一个专制王朝，事实上是必然要由昌盛而衰落而崩溃，于是由另一王朝又在同一的经济基础上继起昌盛，衰落，而崩溃的。

这个"东方社会"的内在矛盾是在什么地方呢？这个"东方社会"的内在矛盾就在土地所有与土地使用这两件事情，在地租的征收过程中，各以相反的倾向而发展的这个矛盾上，换句话说，也就是"东方社会"内部蕴涵在地权形态中的一个基本对立，或基本矛盾的发展。从我们在前边所指出的"古代东方社会"的第一个特征中看，我们就可看出，由于在最初，土地是完全属于国家或国君所有的，因此，在土地的所有上来说，是完全集中的。可是在土地的使用上就不同，土地的使用，是在一开始就因为是分配在各个"公社"中（"公社"瓦解时，就转成无数的独立小农）而分散或趋于分散地使用的。这种土地所有上的集中倾向，与使用上的分散倾向，到土地能够自由买卖后，就表现得更明显，更重要起来。这种分散了使用的小土地所有制，依照马克思的话来说，原是："依照性质，就排斥如下种种现象：即劳动社会生产力的发展。劳动的社会形态，资本的社会累积，大规模的畜牧，科学的累进的应用，高利贷和课税制度，到处都使这种土地所有权形态衰颓。把资本投在土地价格上的结果，会夺去经营耕作的资本，生产手段是无穷地分裂着，生产者自己也是个别分离着。人力有可惊的浪费。生产条件之累进的恶劣化，生产手段的昂贵化，是小土地所有制的必然的法则。对于这个生产方法，丰收也会成为不幸。"[9]但这却正是中国历代作为社会主要生产者的小农情况的写照。

但从社会的统治者方面看，他们的情形就完全不同。他们原都是大土地所有者，他们在征收地租、赋税的过程中，一方面可以凭借权势——主要是通过赋与役——兼并土地，使土地所有权集中，一方面又可尽量设法使国家的"公"的收入与支出，都转化成为他们的"私"的收入。但在"东方社会"中，政府的"公"的收入，是有着一定的社会经济职能要借它来完成的。当政府的收支都因统治者群——官僚——的贪污中饱而愈趋愈少的时候，也就是一个王朝已到了水利失修、军备不振、租税苛重、作为直接生产者的农民大部分失去土地无法再在原土地上维持生存的时候了。这个王朝，在那时候，也就到了或者要被外来的游牧民族所征服，或者要被自己统治的农民所推翻的时候了。

因此，由东方式地租所发展了的土地所有的集中与土地使用的分散这个矛盾在阶级形态上来说，也就最后成为了地主阶级（土地所有者）与农民阶级（土地的实际使用者）间的矛盾。

在这里，我要说明的，就是我在说明这样的一个过程中，并不曾把商业资本在中国过去社会中的作用强调了进去。自然在土地所有的集中与土地使用的分散过程中，商业资本是起了强大的作用的。但那种作用在"东方社会"来说，是还有着它的一定限度，不能与地租的作用相提并论的。

马克思在《资本论》中告诉我们说：

随便在什么地方商业对于各种形态的以使用价值为主要目标的既有生产组织，都多少有分解的作用。对于旧生产方法，它究有多大的分解作用，最先，要看旧生产方法是怎样坚固，旧生产方法内部怎样组成。并且，这个分解过程究竟会引起什么，会引起何种新生产方法来代替旧生产方法，也非由商业而定，却是由旧生产方法自身的性质而定。

接着，他就特别提到亚细亚的情形。他说：

> 资本主义前期国民生产方法的内部的坚固和组织，对于商业之分解的影响，会成为一种障碍；这一点，可由英吉利对印度和中国的通商，得到切实的证明的。在印度和中国，生产方法之广大的基础，是由小农业和家庭内工业的合一而成的。在印度，还有以土地共有为基础的村落共同体的形态，在中国，原来也是有这个形态的。所以，在印度，英吉利人不得不同时以支配的和土地所有者的资格，使他们所有的直接的政治权力和经济权力，双管齐下，然后才能把这种小的经济共同体破坏。……在中国，因为没有直接的政治权力从中帮助，其进行还更缓慢。[10]

由此可见，只要作为"东方社会"特征之一的农业与家庭工业合一的这个条件还存在着的话，商业资本对于它的分解，就有了一定的限度，而在这社会中起着真正决定性阻碍发展的作用的，就仍不能不算是当时的"实物地租"。

这也就是我想，为什么马克思在《资本论》中要说明这种"实物地租"和经济基础有关的理由。他说：

> 由于实物地租的形态（那与一定种类的生产物和生产本身结合着），由于农村经济和家庭工业的结合（那是实物地租必不可少的），由于近于完全的自给性（自耕农民的家庭大都是自给的），由于它和市场和生产运动及历史运动（那是在它以外的社会圈内发生的）相独立的事实，总之，由于自然经济的性质，这个地租形态，对于静止的

社会状态，例如亚细亚的静止的社会状态，成了恰好的基础。在这个形态上，和劳动地租的形态上，地租都是剩余价值的，从而是剩余劳动的通例的形态。那就是直接生产者无代价（在事实上还是强制，虽然这种强制已不复在旧时的野蛮的形态上表现）对土地（最必要劳动条件）所有者所必须提供的全部剩余劳动的通例的状态。……这种实物地租的量，可以大到这样，以致劳动条件的再生产，生产手段的再生产，也严厉地感到威胁。这个实物地租的量，可以大到这样，致令生产的扩大，多少成为不可能的，并压迫直接生产者，使他们只能维持肉体生存的最低限量的生活资料。[11]

马克思在上面的一段话中，可说不仅把"东方式地租"与其经济基础的关系说得很明白，而且把"东方社会"的为什么"静止"的理由，也说得很明白了。

因此，我认为，过去有人把中国的封建社会的长期被阻滞，过分强调地把它归因于商业资本的发展，而忽视作为"东方社会"特征的"东方式地租"的决定性作用，那是借用马克思的话来说有些把亚细亚的商业的范围和意义"看得过大的"[12]。

现在，根据上面我们所分析过的整个"东方式地租"的蓄积方式看，我们似乎已还可因此得出这样的一条法则来：那就是在前资本主义社会中的"东方社会"的能否昌盛实有待于地租的征收数量（不超过侵犯再生产的限度）及其在使用上，完成社会经济职能部分的数量的多寡而决定。但因在征收地租与使用地租的过程中，地权的集中与使用的分散是成相反的方向发展的，同时国家征收地租增多的数量与其在经济职能上的有效使用部分也是成相反的方向发展的，（即社会租赋愈苛重时，由于官僚机构的庞大、贪污，真正花在社会经济职能上的数量反就愈少。）所以一个东方王朝的由"昌盛"到"衰落"，几乎是成了有一定的规律可循的事情。

这条规律在实际上也的确是存在的，那就是我们在这里所提出的东方地租的蓄积法则，它不受人们的意志所左右，坚决地、无情地在整个中国的封建制阶段都贯彻了它的作用。它具体地代表了"东方社会"的特征，使"王朝不绝变更"，但"社会却毫无变化，社会经济基本要素的结构，不因政治风云的袭来，受丝毫影响。"[13]

这也就是中国封建社会不仅长期受阻滞，而且不断更换朝代的基本理由。

四

以上是我研究中国的地租本质及其蓄积过程后所得到的对于中国社会历史分期以及封建社会的长期阻滞性问题的一点意见。

现在还有一个附带的问题，必须在此乘便作一说明，那就是根据我的理解，研究中国历史，材料问题，当然重要，但掌握马列主义的理论，实更为重要。苏联的历史学者们就是非常重视理论修养的。"东方社会"的特殊性，乃是包含在马克思、恩格斯经典著作中作为马克思、恩格斯理论体系中的不可缺少的一部分而出现的。

这些理论，与斯大林根据马、恩理论而发展了的"五种生产方式"理论，全不冲突，而是正相反，丰富了"五种生产方式"的内容的。这当然，主要得归功于苏联学者们近年来对于东方奴隶社会特性研究的成果。国内学者中，对"奴隶制"问题研究有成绩的，郭沫若先生是有名的一个。他是国内主张西周是"奴隶社会"的有力的一员。

可是郭先生在处理这问题时的方法与态度上，我认为也还是很有些地方值得商榷的。例如他在《申述一下关于殷代殉人的问题》那篇文章的最后，竟说了这样的话：

> 关于中国奴隶社会这个问题，应该从全面来作一个总解决，即是从生产方式一直到意识形态来作一个全面的清理。但在今天实在是没有这个工夫，似乎也没有什么迫切的必要。暂时就寄放在那儿吧。在今天只要搞历史的人知道社会是发展的也就够了。奴隶社会的始终，那是次要的问题，将来材料积多些，总会成为定论的。[14]

今天中国的重要工作虽然多，但从事革命工作也是要"分工"的，我们学术界的工作者，就有学术界上所要完成的迫切任务。郭先生个人也许今天"实在没有这个工夫"了，但我想郭先生不能就要整个学术界也停下来暂时把问题"寄放在那儿"等郭先生有"工夫"了，再来解决。而且我们又怎样等法呢？拿我们在大学里教书的人来说，那么目前就有成千成万的革命青年在等待着我们给他们以正确的中国历史知识。我们又能不能对今天中国的青年说："在今天只要搞历史的人知道社会是发展的也就够了"呢？

事实上，就理论上来说，苏联的学者们对东方的奴隶社会研究，是可说已有了一些初步的研究结论的，那就是"古代东方社会"是"原始奴隶制"，是"家内奴隶制"，这个为恩格斯所指出过的特点，现在是更肯定了。但因为郭先生不重视"理论"，特别不重视马克思、恩格斯针对着"东方社会"特点所提出的理论来研究，所以对于这些问题就很少注意，而只要我们"等材料"。作为一种学术研究上的倾向来说，我认为是不很妥当的。谨在此提出供郭先生及大家参考。

（原载《文史哲》，1953（2））

【注释】

［1］参见马克思：《资本论》，英译本，第 3 卷，919 页。

［2］恩格斯：《反杜林论》，224 页。

［3］我在这里，特别要指斥的是威特福格（K. A. Wittfogel），他过去曾是马克思主义学者中对中国问题较有研究成绩的一个。但他后来就背叛了马克思主义，现在成为了美帝的"御用文人"。高唱"东方社会论"，继续打着假马克思主义的旗子，反对着斯大林的五种生产方式论，以欺骗对中国问题有研究兴趣的进步青年，作者在美国时，曾与之作了尖锐的理论斗争。

［4］［5］斯大林：《论辩证唯物主义和历史唯物主义》。

［6］参见恩格斯：《反杜林论》，201 页。

［7］中国旧时的所谓"封建"是指封诸侯，建同姓，实际上是一种部族社会中的军事性政治组织形态，不能拿它来与今天我们马列主义者所说的"封建制"相混。周初，生产力状况低下，所以不能是马列主义意义上的"封建社会"。

［8］斯大林：《论辩证唯物主义和历史唯物主义》。

［9］马克思：《资本论》，第 3 卷，690 页。

［10］同上书，260～262 页。

［11］同上书，680 页。

［12］同上书，261 页，马克思说："从前人们往往把亚细亚的，古代的，中世纪的商业的范围和意义看得太小，现在却常惯把它看得过大。"

［13］马克思：《资本论》，第 1 卷，288 页。

［14］郭沫若：《奴隶制时代》，86 页。

与范文澜同志论划分中国奴隶社会与封建社会的标准问题

一

在国内的历史学界，现在有好些同志认为我们要决定中国的西周或西周以后的社会究竟是封建社会，或者不是封建社会问题的主要的关键是在史料上。

我认为这看法是不正确的，当然为了能正确而详尽地说明历史，史料总是越多越好的，但如果我们不能正确地根据历史唯物主义来说明这些史料，即使史料无限量地堆积起来，也还是不能解决问题的。

范文澜同志的《中国通史简编》是主张西周即是"封建社会"的。在这个著作中虽然引用了一些史料，但是范文澜同志所据以得出"结论"——西周是封建社会的"结论"——来的"理论"，他对于划分"奴隶社会"与"封建社会"的标准等问题上，我认为是存在着严重的理论问题的。

范文澜同志在《中国通史简编》一书中，对于为什么西周是"封建社会"这个问题的答案，事实上是并不具体而充实的。

他在《中国通史简编》的第三章中，一开头就说："周国出现了新的生产关系"。可是究竟这种"新的生产关系"，是怎样的一种"新的生产关系"呢？它是建立在一种什么样新的生产力状况上面的呢？范文澜同志并没有交代。由于范文澜同志根本没有说出西周与殷之间，究竟有什么划时代（即划分奴隶社会与封建社会）不同的生产力状况来，因此范文澜同志所指出的所谓"新的生产关系"也就变得缺乏了根据。

范文澜同志在这一著作中提出的唯一根据，是《诗经》里面的几首诗。他说：

> 从《诗经》叙述文王及西周初年事的诗篇里看来，当时确已实行着封建制度。例如《灵台篇》说文王要筑高台，庶民像儿子替父亲做事那样踊跃，很快就筑成了（"庶民攻之，不日成之。经始勿亟，庶民子来"），这很不像是奴隶替奴隶主服役的景象。《召南行露》（"虽速我讼，亦不汝从"）、《摽有梅》（"求我庶士，迨其吉兮"）、《野有死麕》（"有女怀春，吉士诱之"）等篇说民间婚姻事，并无奴隶主指配婚姻的形迹。《东山篇》叙述周公东征三年，兵士们归来的情形。诗中第二章描写兵士们想念他们荒凉冷落的小农村，说："不可畏也，伊可怀也。"第三章描写兵士想念妻子，知道妻子也在想念他。第四章描写兵士归家新婚的欢乐。对这个荒村留恋不舍的人，应该是附着在土地上的农奴，要说成奴隶是很难的。[1]

我也同意范文澜同志要把《诗经》中所说及的这些人"说成奴隶是很难的"。但要把他们说成是"农奴"，恐怕也还是同样很难的。奴隶们固然不会像儿子替父亲做事那样踊跃地去为奴隶主服役，可是"农奴"恐怕也一定同样地不会那样踊跃地去为农奴主服役的。而且，我们有什么理由可以设想，这些诗里的人不是"奴隶"就一定非是"农奴"不可呢？把他们解释成是当时尚未完全解体的"氏族公社"里的农民，不是要更恰切一些吗？

中国在古代文献里所说到"佃民"或是"庶人"，都绝大多数不是奴隶而是农民这一点，我想是不可争的事实，但这些农民也并不就都是"农奴"。如《左传》说："所谓道，忠于民而信于神也；上思利民忠也……"（桓公六年），足见"民"不是"农奴"，否则"忠于民"的话便不可通。又如《左传》说："天之爱民甚矣，岂其使一人肆于民上"（襄公十四年）。这里的"民"也不能解释成"农奴"。[2] 于此可见，《诗经》里所说的农民不是"奴隶"是一件事，但是否就是"农奴"，是另外一件事，是不能混为一谈的。

在这里，我们同时要说明的，就是《诗经》里的农民，虽然不是"奴隶"，也不能证明西周就不是奴隶社会。

因为近十多年来，由于某些苏联历史学者的努力，已经证明了过去马克思的所谓"亚细亚生产方式"就是古代东方奴隶制的生产方式，但这种古代东方奴隶制的生产方式是一种奴隶社会的低级阶段，所以在这种社会里的奴隶数量是比较不大的，作为这种社会的主要劳动者的，因此，也不是"奴隶"而是"公社"的成员，是自由民。[3]

在范文澜同志的概念中，似乎一说到"奴隶社会"就一定非是指典型的希腊、罗马的奴隶社会不可，所以一看到一个社会中的生产者不是奴隶，就立刻把非奴隶的公社"农民"，判断成为"农奴"。我们认为，范文澜同志至少应该承认这些《诗经》里的农民是有可能不是"农奴"的，从而，西周也有可能不是封建社会。可是，就在这一点上，我认为范文澜同志是很主观的。

他在《关于〈中国通史简编〉》一文中，曾经说过下列的话：

> 以上所举西周材料，都是从来无人怀疑的《诗经》里取来的，除非有充足证据证明那些材料出后人伪造，否则就应该承认西周初年已开始了封建社会。我觉得这是中国历史的极大光荣事件，远在纪元前十一世纪，中国社会已进化到封建社会，为什么不引以自豪呢？当然，我们反对虚妄的"自豪"，但证据既确实存在，弃而不用，就未免可惜了。[4]

在这里，范文澜同志显然是把《诗经》作为历史材料来说的比较可靠性，与他自己对于《诗经》解释的正确性混为一谈了。《诗经》里的材料比较可靠，这是一件事，对这些材料的解释是否正确，则是完全另外一件事。范文澜同志是完全没有理由要求我们大家都"应该"依照他的讲法，来把《诗经》中的农民都说成是"农奴"，从而"承认西周初年已开始了封建社会"的。而且我们知道，我们历史科学者的任务，也正与其他的科学家的任务一样：主要是为了追求客观真理。我们中国的历史究竟应在何时算是"奴隶社会"，何时算是"封建社会"，这是一个科学上的客观真理问题，与民族的"光荣"与否，可说毫不相干。

二

当然，范文澜同志认为西周社会是封建社会的证据还不止上面所说的那一点的。

范文澜同志在《中国通史简编》的第三章第三节里，又详细地叙述了"周初大封建"的情形。但在这里我们必须指出：范文澜同志是把我们旧史家所用以与"郡县制"相区别的"封建制"，与我们马克思主义历史学者所称的"封建制"完全混同了。中国旧史家所称的"封建制"，是"封诸侯，建同姓"的意思，那在实际上只是一种与"宗法制度"完全密切结合的军事性政治组织形态，有的是同姓的分支，有的是异姓的联盟，与我们的马克思列宁主义者所称的"封建制"——一种建立在封建社会生产力上面的封建生产关系是完全不相同的。可是范文澜同志在这里，并没有完全把这两者之间的区别明确地告诉我们。

范文澜同志在书里说：

> 封建制度与宗法及土地是分不开的，周天子自称是上天之子（长子），上天付给他土地和臣民，因此得行施所有权，天子算是天下的大宗，同姓众诸侯都奉他做大宗子。天子分土地臣民给诸侯或卿大夫……上起天子，下至庶民，在宗法与婚姻的基础上，整个社会组织贯彻着封建精神，而最下层的真实基础自然是封建土地所有制。[5]

在这里，显然是把"宗法制度"完全就看成是"封建制度"的本身了。但依据苏联某些学者的研究，"宗法制度"实际上就是一种"父家长制"，是一种氏族制度的残迹，它长期存留在"古代东方社会"，也就正是古代东方奴隶制社会的一种特色，它是完全不能就看成是"封建制度"的本身的。

范文澜同志由于不明了这一点，所以他不但把作为氏族制度残迹的"宗法制度"本身看成了"封建制度",而且还把作为"古代东方奴隶制社会"另一特点的"土地国有"或"土地集体所有"的农村公社所掌握的土地制度,也看成了"封建的土地所有制"。他说:"天子是最高的土地所有者,有权向每一个生活在土地上的贵族和庶民取得贡赋,也有权向接受土地者收回土地。"[6]

他又说:"从王到大夫是各级领主,是土地的所有者。……自由民农奴分得土地,称为私田,但并无所有权,不得私自买卖,自己死亡,可以由长子继承做户主。"[7]

范文澜同志并认为"农夫耕种公田时各种情形,确实说明了这是封建社会的生产关系,所谓耕公田,就是领受私田的农夫,在领主的田土进行着无报酬的劳作,向领主缴纳力役地租。"[8]我认为这里对土地所有关系本身的描述是正确的;但是我们能不能将所描述的这种土地所有关系就看成是封建的土地所有关系?恐怕是不可能的。

因为这里所描述的"土地所有制"完全与马克思在《资本主义生产以前各形态》[9]一书中所描述的"亚细亚的土地所有制"相吻合,而与"封建的土地所有制"倒并不相合。

马克思在《资本主义生产以前各形态》一书中,曾经不止一次地说明:

> 在亚细亚(至少占有多数)的形态里面,个别的私人的财产并不存在,只有私人的享有才是存在的;实际的、真正的财产所有者——那是公社;因此,财产只是作为土地之集体的财产而存在。
>
> 公社之一部分的剩余劳动属于最后体现为一人的最高集团,并且这种剩余劳动既表现为贡赋等等的形态,又表现为用以表扬统一体——一部分是现实的专制君主,一

部分是想象的部落存在，也就是神——的劳动的集体形态。

苏联的某些史学家们，曾经根据了马克思的这种说法，把它归纳成为了东方奴隶制社会的特点，例如奥斯特罗维强诺夫就曾在他的《东方奴隶制度特点》中指出：

> 照例是国家财产的土地，是在公社的掌握中，一部分公社土地共同耕种，其他一部分则分成份地，交给个别家族。农民约有三分之一的时间，用公社的工具和牲畜，在公社田地上工作，而其余时间则在自己份地上劳动。国营农业的收入，以及征自份地的税收，由国王和贵族们支配。

这里所说的一切，不是与范文澜同志所描述的情形基本上完全符合吗？不也正同我国历史学者所理解的"井田制度"相符合吗？

范文澜同志在这里，显然因为并不曾注意到马克思在《资本主义生产以前各形态》里所指出来的那些理论，因此就把一种存在于古代东方社会里的"亚细亚土地所有制"，说成是一种"封建的土地所有制"了，这是很值得我们再详细地来加以研究的一个问题。[10]

三

但我认为范文澜同志在《中国通史简编》一书中，在划分"奴隶社会"与"封建社会"的标准这一理论问题上所存在的问题中，最严重的还不是上面所说的那一些，而是在他所说过的下面那一段话中。现在我把它照抄如下，他说：

西周生产工具是否用铁，照一般现存材料看来，应该说是没有，但金属制的农业工具却是有的。《周颂》所载钱、镈、喆等字形，可以推想为金属工具。《载芟》篇说"有略其耜"，《良耜》篇说"珶珶良耜"，略与珶珶都训为锋利，"耜"刃锋利，当然是用金属。金属制工具在一定条件下可以产生封建制度社会，因为生产力包括生产工具和使用这些工具的劳动者，而劳动者又是最重要的因素。在同样生产工具的基础上，剥削者从长期经验中，看到奴隶暴动、怠工、破坏工具等各种反抗和奴隶管理、补充的不容易，逐渐发见变换一些剥削方法，使劳动者有自己的经济，有自己的生产工具，某些愿意从事劳动的兴趣发生了，生产力有所提高了，从而使剥削者本身获得较大的利益。这样，封建主自然要抛弃奴隶，宁愿利用农奴，奴隶制度的国家也就转化为封建制度的国家了。如果说有了铁制农具，农业生产才能推进，这是无疑的；但如果说，必须有了铁制农具，才会产生封建社会，那就不免是一种机械的说法。奴隶社会可以用铜工具，也可以用铁工具，足见金属工具是区别原始公社（石头工具）与奴隶社会的决定因素，而区别奴隶社会与封建社会的主要关键，则在剥削方法的变换。犹之蒸汽机是区别封建社会（手工业生产）与资本主义社会的决定因素，而区别资本主义社会与新民主主义社会、社会主义社会的主要关键，则在生产关系的变换。当然，社会前进到封建制度阶段，即使铁的发见较迟，但终究会被发见而且很快会被使用到各个方面。春秋时有铁，战国时有钢，西汉铁武器代替了铜武器，冶铁对生产力的逐步推进确是起着重大的作用，但不能说铁产生封建社会。如果真的是这样，那么有些民族的古代社会在野蛮时代末期已经使用了铁器，它们为什么不生出一个封建社会来，却仍遵循一般的历史规律向奴隶制度社会发展呢？可见拘泥于铁的那种说法，其中并不含有什么科学意义。[11]

必须指出，范文澜同志的这段话与斯大林在《论辩证唯物主义和历史唯物主义》一文中所指示我们的关于生产力的概念，以及如何区别人类历史上各种不同生产关系的方法都是不相符合的。

首先，范文澜同志说："因为生产力包括生产工具和使用这些工具的劳动者，而劳动者又是最重要的因素。"所以范文澜同志竟认为在同样生产工具的基础上，奴隶制度国家的剥削者，只要变换一下剥削方法，就可以使奴隶制度的国家转化为封建制度的国家。

这是完全不符合于斯大林理论的一种说法。

斯大林对生产力的定义是：

"生产物质资料时所使用的生产工具，以及因有相当生产经验和劳动技能而发动着生产工具并实现着物质资料生产的人——这些要素总合起来，便构成为社会的生产力。"[12]

这里所指的"人"可见是与生产工具密切结合着的"人"，并非是与生产工具脱离了关系的"人"，因此在这两者之间，只有当生产工具已经开始变更和发展的时候，"人"也才能随着变更和发展起来。

这是完全可以用斯大林自己的话来证明的。斯大林在指出生产的三个特点中的第二个特点时，就曾明确地指明：

"生产的变更和发展始终是从生产力的变更和发展上，首先是从生产工具的变更和发展上开始的。"[13]

随后斯大林又指出：

"生产工具的发展和改善当然是由参加生产的人们所实现，而不是与人们无关，所以，由于生产工具的变更和发展，人们，即生产力中最重要的元素，也随着变更和发展起来，他们的生产经验，劳动技能以及运用生产工具的本领，也随着变更和发展起来。"[14] 由此可见，范文澜同志认为可以在"生产力"这个概念中，不注意"生产工具"的变更和发展，单独把"人"的因素提出来看的办法，是不符合于斯大林的原意的。

依据斯大林的理论，不仅区分奴隶社会与封建社会的标准是在不同的生产力与生产关系上，即使是区别资本主义社会与社会主义社会的标准，也在不同的生产力与生产关系上。

奴隶社会的生产力与封建社会的生产力，有显著的不同，这是斯大林在《论辩证唯物主义和历史唯物主义》一文中，曾经非常清楚地指示过我们的。他在指出奴隶制的生产关系的时候，就曾指出了奴隶制社会内的生产力状况如下：

"此时人们所拥有的已经不是石器，而是金属工具；此时所有的已不是那种不知畜牧业为何物，也不知农业为何物的贫乏原始狩猎经济。而是已经出现了的畜牧业、农业、手工业以及这些生产部门彼此间的分工；此时已有可能在各个人间和各部落间交换生产品，已有可能把财富积累在少数人手中，而且真正把生产资料积累于少数人手中，已有可能迫使大多数人服从少数人并把这大多数人变为奴隶。"[15]

同样，斯大林同志在指出封建制的生产关系时，也曾指出了封建制社会内的生产力状况如下：

"铁犁和织布车的散布；农业、园圃业、酿酒业和制油业的继续发展；与手工业作坊并存的手工业工场企业的出现——这就是当时生产力状况的特征。"[16]

若问关于现代资本主义社会里的"生产力"与社会主义社会里的"生产力"有何不同？那么，回答就在前者社会里的大规模机器生产（这是与资本主义社会初期所用的"蒸汽机"已经大不相同的一种机器生产）因为已与它的生产关系发生冲突，所以正在日益"委靡"下去，而后者则因为有着适合于它的生产关系，所以就正在日益兴盛发展起来。[17]美帝国主义到现在还不能应用原子能的力量来从事生产，苏联则已可运用原子能的力量来从事生产，这就是这两种不同社会制度下不同的生产力状况。

由此可见，我们无论是要区别奴隶社会与封建社会也好，还是要区别资本主义社会与社会主义社会也好，都不能不同时注意到这一社会的生产力与生产关系，把"区别奴隶社会与封建社会的主要关键"认为只是在"剥削方法的变换上"，而忽视生产力的变动，这是不符合于历史唯物主义的。

由于范文澜同志在理论上，没有把"生产力"的概念搞清楚，因此也就没有能重视划分社会历史阶段时的社会生产力的客观标准。我在本文一开头，就曾指出，当范文澜同志在《中国通史简编》一书提出"周国出现了新的生产关系"的时候，并没有能同时指出新的生产力的状况来，其故也就在此。

范文澜同志认为单有"铁器"，不一定就产生"封建社会"这是完全对的，因为斯大林并没有说过，一有铁器，就可以产生"封建社会"的话。可是斯大林的确说过要有"熔铁和制铁工作更进一步的改善，铁犁和织布车的散布"等后才能算是符合于封建社会的生产力情况的话。

如果范文澜同志认为西周虽没有"铁器"，可是西周的生产力也已经到达了封建社会生产力的水平，这当然也是可以的，但这就需要提供更多的事实来证明这种生产力，而并不是可以用索性在理论上就干脆否认生产力的重要（否认生产工具的重要），把它用"剥削方法"来代替的方法所可以解决问题的。

关于铁器，范文澜同志还曾在前引文的最后提出过这样一个问题，他问"有些民族的古代社会在野蛮时代末期已经使用了铁器，它们为什么不生出一个封建社会来，却仍遵循一般的历史规律向奴隶制度社会发展呢？可见拘泥于铁的那种说法，其中并不含有什么科学意义"。

其实范文澜同志所提的这个问题我们只要稍为改几个字就正是我们要反问他的问题。因为如果说别的民族的古代社会在野蛮时代末期已经使用了铁器，它们尚且并不生出一个封建社会来，却仍遵循着一般的历史规律向奴隶制度社会发展，那么，我们有什么理由可以相信，在并无铁器、还只在青铜器时代的中国古代社会，就可以不遵循一般的历史规律向奴隶制度社会发展，反而可以先产生出了一个"封建社会"来了呢？

事实上，倘按照苏联的某些东方历史学家的理论来说，中国当时（西周）是确实并未违背社会历史的发展规律，而是正在向着奴隶制的高级阶段发展的，我个人在理论上是同意苏联的那些学者们的主张的——古代东方社会即是奴隶制低级阶段社会的。因为我们也确实只有依照了这个理论的解释，才能把中国古代史上的一切现象解释得通。例如，范文澜同志认为："根据地下发掘，商朝社会里阶级极显著地存在着，这是断定商朝绝非原始公社的有力证据。贵族死后，要用大量财宝和大批人殉葬。……孔子专讲周礼，连俑都反对，足见周朝废除了用人殉葬制度。商与周是前后连接的朝代，但殉葬就有这样的变革，这是什么缘故呢？我以为奴隶制度与封建制度的消息就在于此。"[18]

其实，范文澜同志这个解释的理由，是不充分的，商朝当然已非纯粹的"原始公社社会"（但"公社"还是存在的，这是不同的两件事——引者注），商朝是比西周更接近于"原始公社制"的低级奴隶社会，或者说是正在开始向"家内奴隶制"过渡的"原始公社社会"，就因为这样，所以在商朝，对于奴隶的生命，是不甚爱惜的，西周有没有大批"杀殉"，现有的挖掘，还不够说明这件事。但"殉葬"这件事，至少到了东周，是确乎有人出来反对，而且减少了。这就足以说明，奴隶社会到那时候，已经得到了发展。奴隶的效用增大了，所以就不再用以大量"殉葬"，我以为殷与周之间的"殉葬制度"的不同，是只能用奴隶制度在这期间得到了发展才能说明这个事实的，如果认为殷是"奴隶社会"所以有"杀殉"，周是"封建社会"所以就没有"杀殉"，这不但对于历史的事实不合（因为被"杀殉"的也并不尽是奴隶，有的还是贵族），而且以有"杀殉"与否来划分社会的阶段，也恐怕是不合乎历史唯物主义的标准的。

四

总结以上所说，我认为范文澜同志在《中国通史简编》以及他在《关于〈中国通史简编〉》一文中所提出的西周是中国封建社会的证据都是不够充实的。在运用史料的方法上、理论上，也都是有不符合于历史唯物主义要求的地方的。

凡是范文澜同志认为可以解释成西周是"封建社会"的材料，我们也都可以解释成是"古代东方奴隶制社会"的材料。

由此可见，目前我们要决定究竟西周（乃至西周以后）的社会性质问题，关键不仅仅是在史料上，而是在理论上，在于我们所使用的理论是否正确。

希望本文能够得到范文澜同志以及其他国内的历史学者的指教。

（原载《历史研究》，1954（6））

【注释】

[1] 范文澜：《中国通史简编》，修订本，第 1 编，54 页，北京，人民出版社，1953。

[2] 参见童丕绳：《关于中国古代社会性质的问题》，载《文史哲》，1952（9）。

[3] 参见日知：《与童书业先生论亚细亚生产方式问题》，载《文史哲》，1952（3）。

[4] 范文澜：《关于〈中国通史简编〉》，载《新建设》，第 4 卷（2）。

[5] 范文澜：《中国通史简编》，修订本，61~62 页。

[6] 同上书，62 页。

[7] 同上书，67 页。

[8] 同上书，71 页。

[9] 参见《文史哲》，1953（1）～（3）。

[10] 对此问题我曾作过一些研究，请参阅拙作《论前资本主义社会地租的三种基本形态》，载《文史哲》，1953（1）；《论地租与中国历史分期及封建社会的长期阻滞性问题》，载《文史哲》，1953（2）。

[11] 范文澜：《中国通史简编》，修订本，71~72 页。

[12]《联共（布）党史简明教程》，莫斯科版，152 页，北京，群众书店，1953。

[13] 同上书，154 页。

[14] [15] 同上书，156 页。

［16］同上书，157 页。

［17］参见斯大林：《苏联社会主义经济问题》，55 页，北京，人民出版社，1953。

［18］范文澜：《关于〈中国通史简编〉》，载《新建设》，第 4 卷 (2)。

略论《红楼梦》的时代背景

　　资产阶级的文艺理论家，只考证《红楼梦》的作者与版本，只承认《红楼梦》是"曹雪芹的自叙传"，完全不去注意研究《红楼梦》的时代背景，不去注意研究《红楼梦》里所反映的清代社会经济制度的特点，这样就完全抹杀了这部巨著的思想内容与社会意义。资产阶级文艺理论家的这种研究《红楼梦》的方法，乃是一种领导人们去"钻牛角尖"的方法，我们必须反对。

　　我们认为要正确地认识《红楼梦》的人民性，就必须首先从正确地认识《红楼梦》的时代背景着手，从研究《红楼梦》里所反映的清代社会经济制度的特点着手。但这一工作也正是非常艰巨的工作，毛主席指示我们说："我们必须时刻记得列宁的话：对于具体的事物作具体的分析。"[1] 我认为，我们要研究《红楼梦》也必须如此。

　　譬如，首先，《红楼梦》里所反映的封建社会，究竟是什么性质、什么阶段的封建社会呢？这就是一个很值得我们大家来加以讨论确定的问题。现在有些同志肯定《红楼梦》里所反映的社会，乃是"濒临崩溃瓦解的前夕"[2] 的封建社会，有的甚至说："《红楼梦》是中国三千年来的封建社会走向崩溃时期的历史性的记录与总结。"[3] 这种说法，就都说得太笼统或是太夸张，并没有抓住《红楼梦》里所真正反映了的时代特点。中国的封建社会时期很长，各个朝代都有各个朝代的社会经济特点，《红楼梦》里所反映的封建社会，显然不是任何一个别的中国历史上的封建王朝，而只是清朝统治下的封建王朝。所以把《红楼梦》看成了是三千年来中国封建社会的总结，事实上不但是"夸大"了的说法，而且还是忽略了《红楼梦》时代特点的说法。《红楼梦》里所反映的清王朝，在18世纪中叶也就是乾隆时代，达到了它的统治力量最强盛的顶点，从此就开始"由盛而衰"，开始走向下坡的道路。清王朝为什么到乾隆以后就"由盛而衰"，这个我们且留到以后再谈，现在要说明的是，乾隆时代的清王朝——《红楼梦》中所反映的时代情况——显然还不能就算是已到了"崩溃瓦解的前夕"的封建社会情况。当然所谓"前夕"，原是没有客观标准的，只要是在崩溃以前的社会，就都能笼统地算是"崩溃前夕"的社会。但我们如果把乾隆朝就看成了是"崩溃前夕"的社会的话，那么到了道光、咸丰、同治、光绪、宣统各朝的时候，我们又将把当时的社会看成是什么社会？

所以我认为，把《红楼梦》里所反映出来的中国封建社会，看成是什么"濒临崩溃瓦解的前夕"的封建社会，是说得太笼统的。我们应该具体地指明，《红楼梦》里所反映的社会，就是18世纪中叶的清王朝，而且仅仅是这个时期的清王朝。这个清王朝，到了18世纪中叶，确已发展到了它的统治力量强大的最高峰，从此，就向衰落的途径发展了，但也毕竟还没有就到了"崩溃瓦解的前夕"。

在这里，我们要特别强调指出的，乃是清王朝所以会在乾隆朝由盛趋衰的原因，也是由于中国封建社会的固有发展规律在那里发生作用，而并不是由于当时的社会里产生了什么"资本主义的萌芽"，或者甚至发生了什么"资本主义的原始蓄积过程。"[4]

斯大林指示过我们，封建制度的基础乃是封建土地所有制[5]，所以考察封建社会，就必须从土地制度出发。一般来说，中国过去的封建社会的特点之一，就是土地早已是可以买卖了的商品。每一封建王朝，当它在战乱之后初期建立的时候，为了恢复生产力，自耕的小农往往总是能得到一些"保护"的，但只要时间稍久，统治者的榨取渐多，再加商业资本与高利贷资本的发展，土地兼并之风就会盛行起来，地权集中的结果，广大的农民就要丢失土地，无以为生，最后就不得不迫使农民起来反抗统治者的压迫，终于使得原有的统治王朝趋于灭亡。清王朝对于中国这个固有的封建社会的发展规律也未能例外。这个王朝，到了乾隆时期，土地兼并之风就已经盛行起来，而且发生了显著的恶果。乾隆十三年（公元 1748）湖南巡抚杨锡绂在《陈明米贵之由疏》中说：

> 国初地余于人，则地价贱；承平以后，地足养人，则地价平；承平既久，人余于地，则地价贵。向日每亩一二两者，今至七八两，向日七八两者，今至二十余两，贫而后卖，既卖无力复买；富而后买，已买可不复卖。近日田之归于富户者，大约十之五六。旧时有田之人，今俱为佃耕之户，每岁所入，难敷一年口食，必须买米接济。而富户登场之后，非得善价不肯轻售，实操粮价低昂之权。[6]

131

这就不但把当时地权集中的情况说得很清楚，而且把当时的地主富户们如何操纵粮价使农民挨饿的情况也说得很明白了。

为什么清王朝发展到了乾隆时代就要"由盛趋衰"，这就是一个最主要的理由。那些丧失了土地的农民，如果多起来，当然就会爆发农民起义，动摇整个清王朝的统治。事实上，我们知道，清代历史上有名的"白莲教"、"天理教"起义，也就正是在乾隆朝开始先后爆发起来的。

所以真正动摇了当时清王朝统治的，依旧还是由封建社会内部固有的矛盾所造成的农民起义。毛主席说："在中国封建社会里，只有这种农民的阶级斗争、农民的起义和农民的战争，才是历史发展的真正动力。"[7]这是一点也不错的。

那么，在乾隆朝，究竟又有没有什么特殊的商业资本的发展呢？回答是有的。但由于这种商业资本，乃至高利贷资本，都早已与土地资本结合在一起，所以商业资本乃至高利贷资本发展的结果，都只会更加促进土地的兼并，而并不会像欧洲社会那样产生出什么独立的资本主义工商业资本来。而且清代社会还有一个特点，那就是可以作为商业买卖对象的不仅有土地，而且还有官爵。满族自入关以后，就开捐纳的例。京内捐纳的官，最初不过是中书闲曹，后来便上及主事员外等项；京外捐纳的官，最初不过是有司下僚，后来便上及道府等项（这种官爵买卖的事，《红楼梦》里也有反映，例如贾家赖大家的儿子，就曾用钱买到了一个县官）。官爵既可买卖，有钱的人自更不会设法去发展什么手工业，而只会去买"官"做了，这样的"官"自然也更只会"贪污"、"括地皮"，更使农民丧失土地，更造成地权的集中，促成农民的起义。

所以我认为，倘把乾隆一朝，看成是什么中国"资本主义的原始蓄积期"那是完全错误了的。因为所谓"资本主义原始蓄积",倘依照马克思的定义,就是"生产者与生产资料分离的历史过程","这个过程,一方把社会的生活资料及生产资料转化为资本,他方就把直接生产者转化为工资劳动者"[8]。乾隆时期的社会发展过程是不是这样的一个过程呢?显然并不是。

至于若问,在乾隆时期有没有"资本主义生产的萌芽"?这也要看所谓"资本主义生产的萌芽"究竟是如何定义而言的。现在有些同志,误把商业资本的发展,就看成了是"资本主义的萌芽",这是不对的。马克思是第一个在《资本论》的第1卷第24章中提到了"资本主义生产的最初萌芽"的人。他说:

> 工资劳动者及资本家所由以发生的发展的起点,是劳动者的奴役状态。此后的进展则在于这种奴役状态的形式上的变化,在于封建剥削到资本主义剥削的转化。要理解当中的变迁,没有追溯过远的必要,资本主义生产的最初萌芽,在十四世纪十五世纪,已经稀疏地可以在地中海沿岸的若干城市看到,但资本主义时期是从十六世纪开始。在资本主义出现的地方,农奴制度的废止早经实行了;中世纪光辉的顶点,主权城市的保持,也早经褪色了。[9]

在这一节文字之后,马克思又用一个注释来说明这问题。他说:

> 资本主义生产,最早是在意大利发展,而农奴关系的分解,也在那里最早发生。在意大利农奴在有任何人确实获得土地时效权以前,就被解放了。所以,他的解放,使

133

他立即转化为像一般自由的无产阶级；在当时，那些大抵是由罗马时代传下来的城市，又已经有了欢迎他们的新主人。[10]

由此可见，马克思所指的"资本主义生产的萌芽"，实际上乃是指的在农奴解放以后的有雇佣工人的生产。当时社会所能有的有雇佣工人的生产，当然也只可能是一种手工业的生产。它可以是简单的"协作"，也可以是有了分工的手工制造业，但有一个必要条件，那就是必须是私有的。斯大林同志说：

"资本主义生产是在这样的场合开始的，即生产资料是集中在私人手中，而被剥夺了生产资料的工人不得不把自己的劳动力作为商品出卖。没有这种情形，就没有资本主义生产。"[11]

中国不但在乾隆时有规模较大的手工制造业，即在这很久以前就已经有了大规模的手工制造业了，但所有这些规模较大的手工制造业，绝大多数都是"官营的"。既然是"官营的"，生产资料并未集中在私人手中，因此是不能成为"资本主义生产的萌芽"的。私人所有的"手工制造业"，虽然也有一些，但因为是被压抑在"官营手工业"之下，所以至多只能在某些特殊的地区得到一些发展，在这意义上可以作为"萌芽"存在，但却绝未曾成为"大树"。所以若说在乾隆时期，中国就已经有了可以动摇整个封建社会经济基础的"资本主义的萌芽"是不符合历史事实的。

以上所说，乃是我所要指出的有关《红楼梦》时代的一般的经济情况。现在我还要进一步指出的，乃是《红楼梦》里所反映出来的有关清代社会经济制度的一些特点。

我认为要彻底了解《红楼梦》的背景，有两件事值得特别注意。一是《红楼梦》里所反映的主要的并非是一般的清代封建官僚地主家庭的生活，而是清王朝中所特有的满族贵族地主家庭的生活。《红楼梦》第 53 回中所记的黑山村乌庄头向贾府交的租银以及其他海产、野味等物就不是普通的地租，而是满族贵族所特有的"庄田"制度下的地租。满族进关以后，上自皇帝下至八旗兵丁，都各圈占土地，总称"官庄"，这些"官庄"中的土地一般都由汉人代为耕种，满人自己并不劳动，他们只收取租银，过着完全吃、喝、玩、乐的寄生的生活。这些"庄田"不但都有一定量的土地，而且有一定量的壮丁，并由这些壮丁中指定一人为"庄头"负责收租，壮丁们的身份是不自由的，可说是一种典型的农奴生产。

清王朝的统治者，最初大概以为建立了这样的一种剥削制度后他们满族的经济生活便可永远不发生问题了，但实际的情形并非如此。到乾隆时期（甚至早在雍正时期），不但这些"庄田"中的生产日趋减退，而且由于社会上的土地兼并之风已经盛行，所以即使是旗人的"庄田"，是由皇帝用统治的力量所维持着不准买卖的土地也还是敌不过社会经济发展的规律，在那里被典卖、兼并了。当时的清代统治者曾经下了许多的查禁上谕要挽回当时盛京的旗人盗卖田产之风，可是实际上并未能生效，满族贵族的经济生活还是发生了危机。我们从《红楼梦》里就可以看出，发生这种危机的原因实际上是必然的。因为建立在这种"庄田制"上的满族贵族的寄生生活，实际上是无法长期维持的。在这种制度下，寄生的人口会愈来愈多，日常的靡费会愈来愈大，而剥削来的收入则总有一个限度，到了一定期限，就非崩溃不可了。因此作为整个清代的封建社会来说，乾隆时期虽然还只是清代社会"由盛趋衰"的一个时期，但作为整个的满族贵族社会来说，这时的生活却已彻底腐化，经济基础也已开始动摇。《红楼梦》里所反映的主要就正是这样的一种满族贵族地主社会，它与当时的汉族地主社会还是有区别的。

其次，那就是《红楼梦》里所反映的清代满族贵族家庭中的奴婢制度问题，当时的满族贵族家庭社会中，存留着大量的奴婢，即以《红楼梦》里所描写的人物来说，其中有很大一部分就都是奴婢（鸳鸯、晴雯、金钏儿等都是奴婢）。这些奴婢，有的是所谓"家生子儿"，是家庭中原有的奴婢所生的奴婢，也有的是幼年被买进贾府的奴婢，这些奴婢是被视为主子的财产的一部分的，所以不但随时可以由主子责打侮辱加以买卖，而且到主子们犯了事，要籍没财产的时候，也还要随同"入官"。《红楼梦》里，奴婢的总数，实在是不少。所以到宁府被抄没以后，贾政把合府的"家人"（也即是奴婢）"花名册"点一点的时候，竟还有三十余家，共男女二百十二名。当然，贾府的奴婢，实际上还不止此数，因为一个奴婢的手下，也还有他的亲戚等，所谓"奴才还有奴才"[12]呢。

所有这些奴婢的生活，除了一些特殊例外就都是万分痛苦的。《红楼梦》的作者，就曾用了具体生动的例证来告诉了我们许多这些奴婢的悲剧，特别是婢女的悲剧。金钏儿的死，晴雯的死，乃至鸳鸯的死，不都是动人的悲剧吗？

《红楼梦》的作者，不仅用突出的笔调来描述了所有这些女奴婢的痛苦与死亡，而且也还描写了在这种满族贵族家庭里的其他某些贵族妇女的痛苦与死亡。为什么？我认为，就因为在当时的制度下，妇女乃是最受到迫害的一群，某些在形式上被列在"主子"队伍内的妇女，在实质上也依然还是"奴婢"，是男子的玩物，不过是主子的高级"奴婢"而已。即以《红楼梦》里所描写的贾元春来说，她贵为天子"皇妃"，可是实际上，她过的又是一种多么痛苦的生活！她每次见到家庭里的骨肉时，就总是哭得像一个泪人儿似的。由此可见，她平时生活的痛苦。

《红楼梦》里为什么突出地描述了一些奴婢以及女性的悲剧呢？我以为这与清朝社会里当时还有较强的"父家长奴隶制"的残余力量是有密切关系的。当然，这种"父家长奴隶制"的残余力量，在当时已与整个封建社会的统治力量密切结合而不可分，但这到底也还是一个当时满族社会的特点，是值得我们大家在分析《红楼梦》的背景时加以注意的。

总之，我认为，《红楼梦》这部作品的人民性，就在于作者采取了现实主义的写作方法，给 18 世纪中叶的满族贵族地主的家庭社会作了一个典型的描写，从而也就使我们具体地了解了当时整个清代封建社会统治阶级的腐朽、荒淫与黑暗，以及在这种黑暗统治下被迫害者的惨痛命运。但由于作者的阶级限制以及时代限制，使他并未能看到一条足以改变当时社会不合理制度的具体途径。存在于中国固有封建社会内部的社会发展规律，足以使每一封建王朝由盛到衰到灭亡的发展规律，在作者的主观认识上，因此就变成了是一种不可违抗的"神"的力量。作者在书中所表现出来的那种"定命论"的思想，要求"出世"，要求脱离社会的思想，就都是一个看到了社会的黑暗面，而又没有勇气、没有力量来对它作充分坚决斗争的统治阶级中的人物所必然会产生的思想，而这也正是《红楼梦》这一部伟大作品里所包含的不健康的因素之一。对于今天的广大进步青年读者来说，不指出这一点来，我认为也是不对的。

以上，就是我所要指出的有关《红楼梦》的时代背景及其中间所反映的有关清代社会经济制度的特点的一些意见，请大家指教。

（原载《文史哲》，1955（1））

【注释】

［1］《毛泽东选集》，第2卷，783页。

［2］何其芳：《没有批评，就不能前进》，载《人民日报》，1954－11－20。

［3］李希凡等：《论〈红楼梦〉的人民性》，载《新建设》，1954（11）。

［4］李希凡等：《评〈红楼梦研究〉》，载《光明日报》，1954－10－10。

［5］参见斯大林：《苏联社会主义经济问题》，37页。

［6］《皇朝经世文编》，第39卷，此处转引自罗尔纲：《太平天国史纲》，2页。

［7］《毛泽东选集》，第2卷，595页。

［8］马克思：《资本论》，第1卷，903页。

［9］同上书，904页。

［10］同上书，905页。

［11］斯大林：《苏联社会主义经济问题》，13页。

［12］参见曹雪芹：《红楼梦》，下册，第106回，1204～1205页。

关于《略论〈红楼梦〉的
社会背景》及其他

——答陈湛若先生

由于讨论《红楼梦》而引起的有关中国清初资本主义生产萌芽问题的论争，显然已成为这一年来中国学术界的重要争论问题之一。[1]

这一争论，我认为是极有益，也是极必要的，因为它所牵涉的问题都是一些有关政治经济学理论以及中国近代史发展上的关键问题。弄清楚这些问题，对于我们的理论研究工作一定是会有帮助的。

但也正因此，我认为，关于这一问题的争论，目前是还不易一时即可完全得到结论的。因为它牵涉的范围，就政治经济学的角度上来看，就至少有下面这两个问题：一是中国封建社会末期的商品生产问题，二是中国社会的"资本原始积累"问题。这两个问题就都很复杂，需要我们去作更细致而深入的专题研究后，才能得出正确的结论来。

例如就关于中国社会的"资本原始积累"问题来说，究竟它是开始于外国资本侵入之前，还是开始于外国资本侵入之后，就是一个很大的问题。目前，尚钺同志是主张开始于外国资本侵入之前的[2]，我和其他一些同志则是主张开始于外国资本侵入之后的，究竟是谁对，只能等以后我们充分展开研究与讨论后再作结论了。

关于中国封建社会末期的商品生产问题，内容也很复杂。因为我们大家都知道，我们是不能随便把"货币经济"的发展以及"商品经济"的发展，就简单地看成是"资本主义"的发展的。商品生产是比资本主义生产更老的东西，它在奴隶制度下与封建制度下，都同样地存在过，而且为奴隶制度与封建制度服务过。但奴隶制度下与封建制度下的商品生产毕竟是奴隶制度与封建制度下的商品生产，它与资本主义的商品生产是有根本的区别，不能混为一谈的。[3]

可是在这一问题上，过去犯错误的人是多的。从最早的在苏联创导所谓"商业资本主义"理论的朴克洛夫斯基学派开始，一直到最近，甚至，某些有名的苏联历史学家，例如，著作《苏联国民经济史》的梁士琴科为止，都曾经全部或部分错误地把封建社会的商品生产与资本主义的商品生产混为一谈了（请参看波梁斯基：《论封建主义条件下的商品生产》一文，译文见《历史问题译丛》，1953（6））。

这一偏颇，我认为，就我们讨论清初资本主义生产萌芽发展时的情况来说，也同样是存在的。例如，在陈湛若先生的这篇《略论〈红楼梦〉的社会背景》的文章中来说，他列举有很多足以证明当时存在"资本主义萌芽"的史料，这是很好的。

但在陈先生文章中所列举的那些材料中，究竟有多少可以真正算做是"资本主义的萌芽"，也还是不明确的。因为陈先生并没有在他的文章中充分说明下列的问题，即当时的私营工商业者，究竟有多少是纯粹的私营工商业者，同时还是官僚与地主？当时中国各大城市中的商业与工场手工业是挣脱了官僚与"行会"（这是很重要的一个因素）控制的商业与工场手工业呢，还是仍在官僚与"行会"控制下的商业与工场手工业？参加在"工场手工业"中的雇佣劳动者，是真正身份完全自由的劳动者呢，还是仍在身份上有某些不自由的劳动者？就整个当时的清初社会来说，究竟在发展的是为封建社会服务的工商业呢，还是分解封建社会的工商业？当时整个中国的商业资本与高利贷资本主要是在帮助发展"资本主义生产的萌芽"呢，还是在妨碍它的发展？这些就都是决定性、关键性的问题。可是这些问题，在陈先生的大作中以及与陈先生有相同主张的一些同志的文章中就都是没有充分注意论证到的问题。但我认为，如不就这些问题，作一充分的研究，而只单纯地引一些"史料"来证明一下当时社会存在有"资本主义的萌芽"大量发展的情况，这就等于在那里离开了当时中国的具体经济条件而研究中国封建社会末期的商品生产发展问题，是很容易把封建的商品生产与资本主义的商品生产混为一谈，因此夸大了资本主义萌芽的力量的。

例如清代的矿业，目前一般都把它肯定为资本主义的经营了（陈先生也如此），但其实也还很难即作出这一"结论"来的。因为在清代的矿业中，最发达的，应该还算是云南的铜矿。可是据对这一问题作过深入研究工作的严中平先生看来，他的"结论"就并非如此。

严先生在他所著的《清代云南铜政考》中说：

> 清代云南铜矿业的组织，实是一种非常奇特的类型。政府放本收铜，并不干涉生产本身，严格说……只是预支铜价，不能算作投资，因此我们不能说这种产业是一份国营事业。在生产者方面，他们一面缴纳一定的铜课，一面没有出售产品的自由，且也不能拒绝政府发给的铜价，因此我们不能说这是一份自由企业……[4]

由此可见，要把类似这一类的清代矿业组织，即看做资本主义的经营也还是不合适的。

在这里，我想说明一下的，就是在这一年多来，我所看到的有关研究资本主义萌芽的文章中，我是同意钱宏同志所写的《鸦片战争以前中国若干手工业部门中的资本主义萌芽》那篇文章的。[5]我认为钱宏同志所写的那篇文章是一篇极好的文章，他不但具体说明了当时中国社会中的"资本主义萌芽"的发展情况，而且也还具体地指出了当时中国社会的封建主义如何严重地阻碍"资本主义萌芽"的成长的情况。这样的研究，比较全面，就能够说明问题。我目前也正在就"中国封建社会的商品生产"以及"中国社会的资本原始积累"两题进行一些初步的研究，但还没有能到达写作论文的阶段，将来，写成后一定发表出来，再请陈先生等同志指教，这里，我想因此就不再多说了。

在这里我要简单加以回答的，就是陈先生所在文章中提出来认为我是"错误"的那两点。

第一，陈先生认为我一方面承认乾嘉时代已有"资本主义生产的萌芽"，可是同时又否认当时已有"资本主义因素"的出现，因此说我是"自相矛盾"，等于否定了在乾嘉时代有"资本主义的萌芽"。

在此，我必须声明，我是依照了我所理解的经典著作中使用这两个术语时的含义而分别使用这两个术语，而不是在通常意义上使用"因素"这一类的术语的。就我所知，我们是应当把在封建社会后期所出现的那一些"工场手工业"等称做"资本主义生产的萌芽"而不称做"资本主义因素"的。最近出版的苏联《政治经济学教科书》（见 52 页，北京，人民出版社，1955）提到这个问题时所用的术语，就是一个极好的例证。在这一类问题上，我认为我们在讨论问题时，如果可以把自己所使用的术语弄得正确一些是应当的，绝不会"混淆了问题"。至于我所说的"资本主义因素"，我是把它用来指"资产阶级"与"无产阶级"这两个阶级来说的。

毛主席曾指示我们说：

"中国的资产阶级和无产阶级，作为两个特殊的社会阶级来看，它们是新产生的，它们是中国历史上没有过的阶级。它们从封建社会脱胎而来，构成了新的社会阶级。"[6]

因此我是不同意中国在清初就有了现代意义上的资产阶级与无产阶级的，我只同意中国在清初就已经有了私营的工场手工业。至于作为中国资产阶级以及无产阶级前身的一部分私营工商业者以及手工业工人等，那么，当然也是老早就存在的，但他们并非现代意义上的资产阶级与无产阶级。因此我既承认中国在乾嘉时期有"资本主义萌芽"，又不承认有"资本主义因素"，这是一点也不"自相矛盾"，因此也并不"错误"的。

第二，陈先生说我否认乾嘉时期是中国封建社会濒临崩溃的前夕，强调当时只是清王朝"统治力量的最高点"，亦即"由盛而衰的转折点"。

在这里，我要声明的，就是我确实这样说的，但我这样说的时候，乃是指的是《红楼梦》里所反映的清代封建社会来说的。我是把《红楼梦》里所反映的清代社会与清代社会的其他小说在心目中作比较时，才这样说的。所以我在原来那篇文章的下面还直接提到了这样的话：

> 我们如果把乾隆朝就看成了是"崩溃前夕"的社会的话，那么，到了道光、咸丰、同治、光绪、宣统各朝的时候，我们又将把当时的社会看成是什么社会？

举例来说，清代的《官场现形记》这部小说（当然，其艺术价值是远不能与《红楼梦》相比的），就其时代背景来说，我认为就真实反映了清代社会"崩溃前夕"的情况的。它与《红楼梦》里所反映的时代情况就很不相同。

　　可是陈先生误会了我的意思。陈先生在文章中，是离开了《红楼梦》的原书而把中国的封建社会作为整个的发展过程来看问题的。

　　中国的封建社会，到了明清两朝，已经出现了"资本主义的萌芽"，当然就已经进入了"封建社会"的后期或"末期"（这是我在《关于〈中国历史纲要〉明清史部分几个经济问题的意见》一文中一开头就说得清清楚楚的，并未"含糊其辞"或避开这个问题不谈），在这一意义上，要说《红楼梦》里所反映的社会乃是"崩溃前夕"的"封建社会"，当然也可以，但这就不是我原来所说的意思了，也不是对《红楼梦》的作品本身在清代社会的范围内作具体的研究工作了。

　　在这里，我还要说明的，就是我是肯定中国的固有封建社会的发展规律一直继续到中国封建社会完全崩溃了以后才退出它发生作用的历史舞台的。我们知道，同一经济规律（例如价值规律），也是可以在不同的经济条件下发生不同的作用的。我在《略论〈红楼梦〉的时代背景》一文中提到中国封建社会的发展规律，是由于我觉得在《红楼梦》里还反映了这个规律的。当时，我所要讨论的问题，并没有牵涉整个中国封建社会的发展问题，因此，也并未把这一规律在当时发生作用的情况与在这一阶段以前的封建社会内发生作用时的情况作比较，这可以说是一个缺点；但陈先生却因此就断定了我是"历史循环论"者，我认为这不但是"推论"过当，而且还未免有些近乎喜欢在讨论问题时先扣对方以"大帽子"的恶习了。我看，为了健康地发展我们国内的学术讨论空气起见，大家还是避免这一类的"推论"，多做些对具体问题的深入研究工作比较来得有益，不知陈先生又觉得怎样？

末了，我还要说明一点的，就是关于《红楼梦》的社会背景问题，目前，我们已有了翦伯赞先生的力作《论十八世纪上半期中国社会经济的性质》[7]这样一篇好文章。在翦先生那篇大作中，我除了不同意翦先生所偶尔使用的"资本主义因素"这个术语及把官营的丝织工场手工业也看做"资本主义的萌芽"外（理由见前），我是完全同意的。我觉得翦先生的文章，要比邓拓先生的文章说得更具体，更深入，而且也更细致。例如翦先生在结束语中说到曹雪芹时，就只说"作者就自觉地或不自觉地要在他的作品中反映了他的时代，反映了他生活于其中的社会经济情况和阶级关系"。翦先生也依然是把曹雪芹本人肯定为"是一个没落的封建贵族地主的儿子，他所属的阶级是封建地主阶级"。这与邓拓先生原来的把曹雪芹肯定为"在基本上是站在新兴的市民立场上来反封建的"[8]结论，就不一样了。由于陈先生在文章的一开头就提起了邓拓先生的文章，仿佛是什么"定论"似的，所以我也在这里附带论及。

我希望，我们大家都能随着学术讨论的展开，比较深入地来研究一些问题，使得一些暂时不能解决的问题都能逐步得到解决，或者原来彼此没有看全面的问题，可以逐步经过讨论变成大家看得全面起来，像关于清初资本主义生产的萌芽一类的问题，对它估计不足或估计过分，我认为就都是错误的。不知陈先生又觉得怎样？

（原载《文史哲》，1956（4））

吴大琨自选集

【注释】

［1］例如《教学与研究》1956年第2期上，就也刊有李之勤同志与我商榷的一篇文章：《关于中国清初资本主义生产萌芽的发展水平问题》。其中有些问题与陈先生本文中所说的问题是相同的，我已另作文章寄《教学与研究》答复，读者今后可以参看，在此就不再重复叙述了。

［2］参见尚钺：《清代前期中国社会之停滞、变化和发展》，载《教学与研究》，1955（7）。

［3］参见斯大林：《苏联社会主义经济问题》。

［4］严中平：《清代云南铜政考》，69页，北京，中华书局，1957。

［5］参见中国科学院历史研究所第三所编辑委员会编：《中国科学院历史研究所第三所集刊》，第2集，北京，科学出版社，1955。

［6］《毛泽东选集》，第2卷，597页。

［7］见《北京大学学报》（人文科学版），1955（2）。

［8］邓拓：《论〈红楼梦〉的社会背景和历史意义》，载《人民日报》，1955-01-09。

《关于〈略论《红楼梦》的社会背景〉及其他》一文的补充

　　我在今年 4 月份的《文史哲》杂志上，曾经发表过一篇《关于〈略论《红楼梦》的社会背景〉及其他》——答陈湛若先生的文章。当时因写作时间的限制，并没有很好地把我自己的正面意见说清楚。最近接到三联书店的通知，知该文已被编入中国人民大学中国历史教研室所编的《中国资本主义萌芽问题讨论集》一书中去，并征求我的补充意见，因此，我想乘这机会，把我最近研究"中国资本主义萌芽"问题所有的一些意见再来简单地说明一下，就作为我对《关于〈略论《红楼梦》的社会背景〉及其他》一文的补充。

　　我觉得最近国内的学术界中，凡是主张在明代中叶以后，或是清代初年的中国社会中就已经充分发展了"资本主义萌芽"的同志，有一个共同的特点，那就是他们是把中国的封建社会确实看做与欧洲的封建社会完全一样的封建社会的。例如尚钺同志就曾在他的《中国资本主义生产因素的萌芽及其增长》一文的最后总结中指出："显然，过去许多史学家（包括我自己在内）对于 1840 年鸦片战争以前中国社会中，有些什么现象属于特殊性的，又有哪些现象属于一般性的，大致都没有加以深刻的研究，所以过去断言的特殊性，似亦未见其特殊，从而也就不能透过中国社会的特殊性而揭示出中国社会发展的一般规律。"[1]

说我们过去对中国封建社会的特殊性研究得还不够深刻，这大概是确实的，但若说我们中国封建社会的特殊性"未见其特殊"，那就不一定正确了。当然，既然是封建社会，则无论是欧洲的也好，还是中国的也好，一定有它的共同性，一般性的。这个共同性，一般性，我认为就在它只要是封建社会，就一定会有这样一个基本经济规律在它的内部发生作用，那就是，"在封建土地所有制的基础上，采用超经济强制来剥削农民的办法，以保证封建地租形式的剩余产品"[2]。

除此之外，以中国的封建社会来与欧洲的封建社会比，那么，我觉得不同之点，就实在很多了。就其与我们现在所要讨论的"资本主义生产的萌芽"有关的各点来看，我认为，我们至少是应当考虑下列几个不同之点的。

1. 中国存在封建的土地国有制（虽然，我个人认为，中国同时也还存在封建的土地私有制的，这是我与侯外庐先生意见不尽相同的地方），封建帝王，不仅是全国最大的地主，同时也是全国最高的地主，他有权控制全国的臣民为他尽一切封建的义务。

2. 在封建的土地国有制的基础上，封建国家也不仅对全国的土地、水源有控制权，而且还控制了全国的主要工商业（所谓"盐、铁之利"等），这是中国封建社会早期出现中央集权专制主义的理由。

3. 由于中国的封建主义是在土地可以"买卖"的情况下开始成长的（按我个人认为，中国的封建主义是从战国期间开始的），所以土地的可以"买卖"，就长期地成为了中国封建经济的一个特点。这一特点阻碍了中国资本主义萌芽的发展。因为马克思曾说过："从历史上看，资本最初是在货币形态上，当作货币财产，商业资本与高利贷资本，而与土地所有权相对立的。"[3]可是中国就缺乏这种与土地所有权相对立的资本。

4. 由于中国不存在典型的庄园经济，缺少农奴，因而也不存在所谓"自由城市"。在中国封建时期的城市与乡村的关系，是完全不同于欧洲社会的城市与乡村的关系的。在中国的城市中，同时也缺少独立的与欧洲一样的"市民阶级"，即可以担当起发展私人资本主义力量的"市民阶级"。在中国的城市中，依旧是地主与官僚占着统治地位的。

5. 在中国的封建制内，长期地存在着奴隶制的遗留，特别是债务奴隶制的遗留。在中国的封建制内也长期地存在着父权的氏族关系的遗留。这就使得奴隶式的剥削，以及家长制的统治，成为了中国封建剥削与统治的一种重要的补充，长期地使得中国的劳动者不能取得比较独立而"自由"的身份。

6. 成为中国封建社会生产的主要基础的是广大的封建农村组织中的小农经营，在这种封建的农村组织中，农业与手工业，乃是密切巩固结合的。这一自然经济的经济基础，阻碍了中国的商品经济的发展。在过去中国的封建社会内，得到了比较繁荣发展的商品生产乃是基本上为封建官僚地主的消费所服务的商品生产（如丝织品、瓷器等），所以即使在这些为封建官僚地主服务的行业中，在中国的封建社会后期，产生了"资本主义生产的萌芽"，其对于全国经济的影响也是不大的。

以上这几个不同点[4]，我认为都不但足以说明中国封建社会与欧洲封建社会的不同点（也就是它的特殊处），而且也足以说明为什么在中国封建社会的内部不能较早地出现"资本主义的萌芽"，或虽出现了"资本主义的萌芽"也不能得到很快发展的理由。

中国在鸦片战争前的历史上曾经出现过"资本主义生产的萌芽"这一点，我认为是没有疑问的，因为，中国的封建社会也是在发展的，封建社会的生产力发展到一定阶段后，当然就必然会产生"资本主义的萌芽"。但在中国封建社会的发展问题上，我认为，也正如苏联的《论封建社会形态的基本经济规律》（讨论总结）一文中所曾经指出的那样，"必须把旧的生产关系与新的生产力性质不相适应和周期性发生的生产关系落后于生产力的发展这两件事区分开来，后者是在同一的封建主义基础上用过渡到新的地租形态和采用超经济强制的办法来克服的。"[5]

因此，这里就发生了一个很重要的理论问题，那就是在中国的封建社会中，生产力的发展，究竟是到了什么时候才发展成为一种"新的生产力"，即资本主义的生产力，而与封建的生产关系不相适应的问题。

从中国历史上经济变动的情况来看，我认为中国的封建的统治阶级是经常被迫采用不同的田制与税法来使得落后了的封建生产关系与当时的在发展中的封建生产力相适应的。那么从田制上看，从汉魏的"屯田"到晋的"占田制"到唐的"均田制"，乃至到唐以后的"庄田制"，这是一种变化；那么从税法上看，从汉的"田税"、"算赋"、"更赋"到唐的"租庸调制"、"两税法"，再从"两税法"到明的"一条鞭法"，到清的"地丁合一"，这又是一种变化。而且这两种变化还都有一种共同的趋势，那就是愈到近代，封建的土地私有制的力量就愈趋强大，封建国家对人民的控制的重点也愈来愈从直接的人身控制、徭役的剥削，改为赋税的榨取。这种发展的趋势可以说是向着与资本主义社会相接近的方向发展的，但我个人还是认为一直到鸦片战争爆发前，中国的封建社会内部是并未产生什么重大的新的生产力与旧的生产关系之间的矛盾的——虽然我承认，中国在外国资本力量侵入前，已经产生了"资本主义生产的萌芽"。

在这里，我想稍微再简单地说一下，我对于所谓"资本主义生产的萌芽"这一概念的理解，也许不是无益的。现在，我们通常把"资本主义的简单协作"和"工场手工业"看做是在工业中的"资本主义生产的萌芽"，我认为那是正确的——正同"富农经营"应该是农业中的"资本主义生产的萌芽"一样。但问题就在究竟怎么样的手工业，才算是"资本主义的简单协作"与"工场手工业"？关于"资本主义的简单协作"的含义，我们大家都知道，马克思是这样说的，那就是："较多数劳动者在同时，在同地（或在同一工作场所），在同一资本家的命令下，生产同种商品，在历史上和在概念上，都是资本主义生产的出发点。"[6] 在这里，我认为，我们首先要注意的，就是要有所谓"资本家"，其次要有所谓"较多数的劳动者"。而这些劳动者的身份我认为又必须是"自由的"，因为马克思曾经指出："资本主义的形态自始就是以自由工资劳动者（以劳动力售于资本的劳动者）为前提。"[7] 可见区别封建的"协作"（小作坊）与"资本主义的简单协作"，除了"劳动者"数量的不同外，也还有"劳动者"身份不同，这一点是值得注意的。如果"劳动者"的身份还是不自由的，受"行会"或是"官府"的支配的，那么这样的"作坊"，即使人数多一点，也不能说是"资本主义性质的简单协作"的。如果"简单协作"是这样，那么，当然，在"工场手工业"中工作的劳动者的身份，不用说，就更应当是自由的了。但我认为要区别封建的"工场手工业"与"资本主义的工场手工业"，除了劳动者的身份不同外，还有一个重要的区别，那就是分工程度上的不同。封建的行会工场手工业中也有分工，但那主要是"师傅"与"徒弟"之间工作不同这一类型的分工。"资本主义的工场手工业"与"行会手工业"主要的技术上的不同优点之一，就是"工场手工业"已有广泛的劳动技术上的分工。马克思指出："手工制造业的分工，由手工业活动的分解，由劳动工具的特殊化，由部分劳动者的成立，由部分劳动者在总机构中的分组和结合，而为社会的生产过程，创造质的分割和量的均衡，因而又为社会的劳动，创立一个确定的组织，并由此展开新的社会劳动生产力。"[8]由此可见，马克思是把有着这样一种分工情况的工场手工业，才看做是"新的社会劳动生产力"的。明白了这一点，我们当然也就更容易明白，马克思在《资本论》上所说过的另外一句话，那就是："生产方式的革命，在手工制造业，是以劳动力为始点，在大工业，是以劳动手段为始点"[9]这句话的深刻含义了。当然，就我所知，在欧洲的工场手工业时期，在许多工场内，特别是在矿业与冶金业的工场内，是还都已使用着一些用马力、水力或风力发动的机械的。[10]

如果我们以上所说的这许多有关"工场手工业"的内容不错的话，那么，要在中国的历史上找出这样同类的"工场手工业"，就不是很容易的事情了。困难并不在于中国在鸦片战争前的历史上，可以找到很多的工场手工业，而是在于找到足够的证据，可以证明这些"工场手工业"就都是合于完全私有的，并且是有技术分工的，不受"行会"、"官府"支配的，工人也都是"自由"的，这些条件的"工场手工业"。如果我们所能找到的"工场手工业"，多数都还是封建国营的、官营的，或虽是私营却是利用着不自由的劳动力的，那又是什么样的生产力呢？我认为，就只能还算是封建社会的生产力。

当然，一个封建社会如果已经发展到了具备很发达的封建的工场手工业的时期，这个封建社会就一定也已发展到了它的后期或末期——可以出现"资本主义生产的萌芽"的时期了。但只要这些"资本主义生产的萌芽"还没有能够得到充分的发展，那么这个封建社会，就还是可以在固有的封建社会的基础上，"用过渡到新的地租形态和采用超经济强制的办法"来克服它内部的生产力与生产关系之间的矛盾的。中国发生在明代中叶以后一直到清初社会上的一系列田制与税法上的变化（如实行"一条鞭法"、"地丁合一"等制度）就正是说明了这样的情形。所以我认为，关于中国的资本主义萌芽问题的研究的关键，应当研究它的为什么不能在明末清初的中国社会的内部充分发展起来的理由，而这个理由，我认为，又只能在中国固有的封建社会的特点中去找，而不能把它完全归因于"清朝入关"等外因的。在明末清初的中国社会里，既然还不存在什么充分发展了的"资本主义生产的萌芽"，当然就谈不到什么正式的资本主义生产关系，更谈不到有什么反映了这些资本主义生产关系的上层建筑。所以，在这个意义上，我是根本不同意把《红楼梦》看做"市民文学"的。而且在这里，我还可以插一句，那就是，即使我们承认，在明末清初的中国社会内已经存在有较多的"资本主义生产萌芽"的话，它也不会立即反映到文学作品中来的。因为，就我所知，生产力的变化，是通过了生产关系的变化才对文学作品发生影响，而不是直接地对文学作品发生影响的。主张《红楼梦》是反映了"资本主义生产萌芽"的同志，实际上，是他在这一点上，完全忘记了作为马克思主义文艺理论的基本原理了。

中国在明末清初，并没有充分地发展起"资本主义生产的萌芽"来。那么，这是不是意味着，如果外国资本不侵入，中国就将永远停留在封建社会的阶段内了呢？那当然也不是。毛主席就说过"如果没有外国资本主义的影响，中国也将缓慢地发展到资本主义社会"[11]的话。但在这里，我想有两点是值得注意的：一是在时间上，中国如果没有外国资本主义的侵入，则中国的资本主义的发展，一定还要很"缓慢"。二是在发展的方式上我个人考虑，中国恐怕由于自己的封建社会的特点，也一定不会走英国式的典型道路的。

苏联的《论封建社会形态的基本经济规律》（讨论总结）一文中指出：

"封建主义解体的典型道路，实际上就是农民逐渐接近于商品生产所有者状况的过程。这样的道路使资本主义的产生有了最好的，也是典型的条件。可是循着这条道路走的只有西欧的几个国家。不仅几乎在全亚洲，并且在欧洲的许多区域（意大利、西班牙的一部分，在农奴制废除后'第二次农奴化'的诸国）内，封建主义的解体是沿着另一条保守的道路进行的，这条道路就是封建所有制转变成地主——资产阶级所有制，依附农民——占有者转变成人身自由的定期租佃者以及封建地租转变成各种过渡形态的道路。"[12]

我个人认为，中国如果在外国资本不侵入的条件下发展资本主义的话，一定也是会走这样一条"保守的道路"的。尚钺同志等，由于不愿承认中国封建社会的许多特殊性，所以就老想把英国式的"原始资本积累"的那一套也硬套到中国明末清初的社会发展情况中来。其实，中国当时，虽然也有农民变成流浪者，地权集中等现象，但却是中国固有封建社会中的一些现象（尽管是封建社会生产力已经高度发展了的情况下所产生的现象），与英国当时的情况比，还是完全不同的。[13]

由于我认为，中国社会在外国资本侵入前，仅仅存在"资本主义生产的萌芽"，并未进入什么"资本主义的工场手工业时期"，所以我是认为，中国的资本主义是在外国资本侵入以后才发展起来的，中国也是因此才走上了半殖民地半封建社会的发展道路的。这一理论分析，我认为现在，我们实际上是已经完全可以用我们的新民主主义革命成功的史实来作为最好的证据，而不必再加以争论的了。

但承认中国的资本主义是在外国资本侵入以后才发展起来的历史事实，是不是就意味着我们就非把资本主义或帝国主义的国家看成是什么推动我们社会前进的决定力量，甚至是"解放者"不可呢？那显然是完全不必要的。因为这实际上是两回事情。承认中国的资本主义是在外国资本主义侵入以后才发展起来的这一历史事实是一回事，我们是不是因此就非要"感激"资本主义或帝国主义国家不可，这又是一回事。这两者是完全不必混为一谈的。

我们知道，在抗日战争时期，日本曾经有过一个名为秋泽修二的法西斯文人，大肆宣传日本"皇军"是打破中国的"亚细亚的停滞性"的"解放"力量等。[14] 当时秋泽的"理论"曾遭受到了我国进步文化界的一致反驳与声讨。现在美国，就我所知，像威特福格（K. A. Wittfogel）等一流反动文人就也还是有类似的主张的。对于这样的反动"理论"，我们应该加以严厉的批驳，那是毫无疑问的，但是，我们是不是因此就必须忽视中国历史上的事实，硬把中国的资本主义的发展说成是在鸦片战争前所发生的事情呢？我认为那也还是不必要，而且也是不应当的。

陈湛若先生由于混淆了这两回事情，所以他在《略论〈红

155

楼梦〉的社会背景》这篇文章中就不惜把我说成是"历史循环论者",并且认为我是在"不自觉地蒙眬地给予读者以这样错误的印象:帝国主义侵略者是瓦解中国封建经济并使其资本主义发展的决定力量"。而实际,帝国主义正是使中国陷于半封建半殖民地社会的罪魁祸首。

为了健康地在"百家争鸣"的方针号召下,开展我们的学术讨论运动,我希望陈湛若先生以后在讨论问题时,不再把这两回事混为一谈,同时也有必要改正那种随便扣人以"大帽子"的错误态度。

(原载《文史哲》,1956(11))

【注释】

[1] 尚钺:《中国资本主义关系发生及演变的初步研究》,67～68页,北京,三联书店,1956。

[2]《论封建社会形态的基本经济规律》(讨论总结),载《史学译丛》,103页,1955(5)。

[3] 马克思:《资本论》,第1卷,149页。

[4] 关于中国封建社会的经济特点的详细说明,请读者今后参见拙作《中国的奴隶社会与封建社会》。这里限于篇幅,就不再详细引证史料来加以说明了。

[5] 见《史学译丛》,94～95页,1955(5)。

[6] 马克思:《资本论》,第1卷,384页。

[7] 同上书,401页。

[8] 同上书,440页。

[9] 同上书,446页。

[10] 详细情形可参见 S. Lilley, *Men, Machines and History*, ch. 5。

[11]《毛泽东选集》,第2卷,596页。

[12] 见《史学译丛》,99～100页,1955(5)。

〔13〕参见尚钺：《中国资本主义关系发生及演变的初步研究》，67～68页。

〔14〕参见吕振羽：《日本法西斯蒂的中国历史观批判》，见《中国社会史诸问题》，上海，华东人民出版社，1954。

An Interpretation of Chinese Economic History

The development of Chinese economy may be conveniently divided into three main stages. The first runs to the great turning point of the Ch'in dynasty, in 221 B. C. , and the second from then to the coming of the foreigner in the mid-nineteenth-century. Within these two thousand years two lesser epochs may be discerned, separated by the establishment of the Sui Empire in 580 A. D. . The third main period is the century of modern China, from 1840 to 1949. The establishment of the present government is likely to mark the beginning of an entirely new fourth period in Chinese history.

Limitations of space necessarily restrict the present article to a discussion of the first two main periods, before 1840. The problems of modern China must be relegated to separate treatment in a further article.

I

Our knowledge of the early history of China is still far from complete, and will not be much advanced until more archaeo-logical excavations have taken place. We cannot yet suggest any significant date for the transition in China from Paleolithic to Neolithic economy, nor for that from Neolithic to Bronze. But the excavations at Anyang[1] have established that under the Shang (or Yin) dynasty (1450—1050 B. C.) a mature and advanced technique of craftsmanship in bronze was already de-veloped. The use of iron, however, developed late in China and was certainly not common before the period of the Warring States (481—256 B. C.).[2] Under both the Shang and the Western Chou (1050—772 B. C.) dynasties we may therefore say that Bronze Age civilizations continued. The main differ-ence, however, between the Chinese Bronze Age and that of Egypt and Mesopotamia is that while there is in Egypt but one river and in Mesopotamia only two, the two great river valleys of China, the Yellow River and the Yangtse, are both fed by numerous tributaries, each as fertile as the Nile, Euphrates and Tigris, while the number of states which grew up in Egypt and Mesopotamia was fewer, the Chinese rivers supported sim-ultaneously many hundreds of separate communities. These settlements are most fitly described as tribal states; they were states, since they contained a sharp class differentiation, gov-erned by a highly organized ruling class developed from the trib-al chieftains; they were tribal in that the essence of the commu-nity was a blood relationship of people, and not a relationship to a territorial area or a system of landholding. Individually these states have much in common with the cities of the ancient

Near East. But in China their numbers were far greater.

The number of these separate tribal states in China necessitated a long period of development before a single unified territorial state could emerge. When we speak of time of the Shang and Western Chou states, we mean the periods when these two states successively exercised a loose hegemony over their neighbors. There was, however, one important difference between them. When the Chou state overthrew the hegemony of the Shang state about 1050 B. C. , it established the system known as Feng-Chien. The Chou rulers parceled out blocs of conquered territory to relatives of the royal family, and of allies who had aided them. A group of states was thus established, whose rulers for the most part belonged to the same kinship groups as the paramount state, to act as garrisons among the subject peoples, and guards against the proto-Turkish nomads. This system has little in common with European feudalism; unfortunately, a time-honored tradition translates "Feng-chien" into English as "feudalism", and, worse still, renders feudalism into Chinese as "Feng-chien". Most western and Chinese scholars have therefore misunderstood the nature of the Chou state, and dubbed it "feudal"[3]. The Feng-chien system was not feudal because of the social and economic system on which it rested. Up to the fall of the Chou dynasty, all land was still the property of the tribal states; the main producers were peasants and artisans, slave and free-born, but in any case subject to all manner of legal and customary restrictions on their freedom. The slaves, however, like the land, belonged to the state and not to individuals; and neither slaves nor land could be bought and sold, while the amount of land which any one family might till was strictly limited. The village commune was still a group of kindred families, and the relationship between the peasant and the lord was still a personal one, between an alien or distant ruler and a close-knit kinship group of peasants, not yet a relationship based on a system of landholding. There is no evidence to suggest that the migration of individuals or of individual families normally suggested itself to members of the kinship group as a possible escape from their subjection until the system was already disintegrating; the legal compulsion on the peasant to remain on his native soil, the characteristic feature of European serfdom, did not therefore arise.

The village commune, the basic productive unit of this early society, was organized n the principal known as the "well-field" (Ching-t'ien). Its precise nature is obscure and controversial. It is first described by Mencius, in the period of the Warring States (481—256 B. C.), when it was already disappearing. [4] Mencius depicts a commune as a group of eight related families, each tilling 100 Chinese acres for the payment of the commune's taxation to the central government. The description is schematic and idealized, and some scholars have doubted the existence of the system. Many modern Chinese scholars, however, are inclined to regard it as a highly stylized abstraction of a system whose essentials it preserves. There is little serious doubt that land was then still owned by the com-

mune, and not by individuals or families; and that no privi-
leged class existed within the commune, though the elders de-
cided minor internal questions of justice, and the peasants' la-
bors supported the village craftsmen.

In their external relationships, groups of communes were
ruled by "nobles" (Kwei-tsu), appointed in various grades by
the ruler of the ruling city or state to govern greater or smaller
number of communes. Government had three main functions:
the exaction of tribute, both in kind and in corvee labor; the
conscription of the peasantry into an army whenever the central
government required one; and the administration of criminal
justice. In their original appointment, each noble of whatever
grade was directly subordinate to the emperor; in practice, the
lesser grades became subject to the greater. When authentic re-
cords first begin to appear, in the period of the West Chou and
the Warring States (1050—256 B. C.), the nobility had already
entrusted the burden of detailed government to a class of admin-
istrators called Shih (clerks), whose remuneration was drawn
from the tribute they collected, and often from the tribute of a
particular commune or communes. Since the duties of the Shih
included the conscription of peasants into the armies, they
sometimes figured in disturbed periods as warriors, and came
to form a separate social class intermediate between the nobility
and the peasantry.

The form of government based on this system was of
course despotic; it was despotic because it was a bronze-using
civilization, and the costly copper and tin, the only known

metals, were a monopoly of the rulers. Its despotic character was accentuated by the development of artificial irrigation works, whose maintenance played a great part in the stability of any government. They cannot however, be regarded as the fons et origo of despotism, since there is no evidence to suggest that any such works existed prior to the Chou dynasties. Even then, they differed from the irrigation works of the Near East. The rainfall of China is in most areas plentiful and the arable areas of the river valleys much more extensive. The ancient oracle bone inscriptions are full of references to rain and water, but have no words for canals or dykes, which were first constructed on any scale in the period of the Warring States (481—256 B. C.), when China was already passing into the Iron Age, long after the despotic state was firmly established. It is important to keep the role of irrigation in proper perspective, since an exaggerated emphasis on artificial irrigation underlies the theories of Dr. K. A. Wittfogel[5], which at present enjoy a considerable prestige in the United States, and may easily mislead students more familiar with Near Eastern than Chinese geography and climate.

This kind of economy tallies well with the so-called "Oriental", or "Asiatic", mode of production. [6] But it did not outlive the Chou dynasty, and cannot be held to characterize later periods of Chinese history. It did not survive because in the last centuries of the Chou dynasty, the period of the Warring States[7], iron began to come into use. The use of metal spread considerably. Better agricultural implements, including the animal-drawn plough, were invented. The economic centre of China was then in the north, the wheat-growing area. The invention of the animal-drawn plough extended cultivation, increased the crop yield, and so increased the population; new areas were brought under tillage, migration from one region to another became common, and trade developed. Metal currency, in small copper coins, first minted in 524 B. C. [8], became popular, and a wealthy merchant and usurer class took shape. Mercantile capital began to disintegrate the tribal state and the village commune, for they stood in the way of the new technical advances. A new economy and a new political system became necessary.

II

The change which followed was the most momentous in Chinese economy before the nineteenth-century, and, indeed, the only major turning point. It first took place in the state of Ch'in (mainly in the modern Shensi province). In or about 350 B. C. [9] the king of Ch'in put into effect the policies advocated by his minister Shang Yang, and abolished the old Ching-t'ien, or village commune system. Henceforth, restrictions on the sale of land and slaves were abolished; private ownership of both was legally established. The change, known to Chinese historians as the *Reform of Shang Yang*[10], greatly increased the economic productivity of Ch'in; the land supported more people, immigration was encouraged, the military strength of the state was much augmented, and in the long run Ch'in subdued the surrounding states and gave its name to the whole country.

Thus, in 221 B. C., then first real Chinese empire was founded. Ch'in Shih Huang Ti, the first emperor of Ch'in, no longer needed to surround his own state with dependent garrison colonies drawn from men of his own kin. He abolished the old Feng-chien system, and divided his empire into commanderies (Chun) and districts administered by local officials, appointed directly by the emperor. The nobles retained rank and honor, but they no longer dominated the government. The new officials were called "kuan-liao", somewhat unhappily rendered in English by the word "bureaucrat". These "bureaucrats" were a development of the administrative 'Shih' of the old days. Henceforth, they were accorded official rank and status. Entry to the grade was conditioned by literacy; in the time of the Han dynasty (206 B. C. —220 A. D.) the germ of a state examination system came into existence, to attain its full development under the T'ang (618—906 A. D.). The great majority of the sons of landowners went to state schools, and qualified at the state examinations, reinforced by a small number of peasants' sons. When qualified they were eligible for appointment as officials (Kuan-liao). The officials or bureaucrats were usually not permitted to serve in their own district, lest their strong ties of kinship should embarrass them in the punishment of their relatives. All bureaucrats were Shen-shih, (usually englished as "gentry" or "scholar-gentry"), though the "gentry" included candidates for the examinations and retired officials, as well as many graduates who never became "bureaucrats", and in common usage meant the "gentry" in their native areas, while the "bureaucrat" was usually a foreigner. "Bureaucrats", "Gentry" and "Nobles" together formed a single ruling class of "powerful landowners" (Tuhao); called by differing names and exercising different degrees of influence under successive dynasties, this class remained unchanged in its essential structure until the nineteenth-century. Until the time of the T'ang (seventh to ninth-centuries A. D.) the hereditary nobility of birth exercised the greatest weight within the ruling class; thereafter the "bureaucrats" and "gentry" families predominated, though many significant shifts of status in detail occurred in the ensuing centuries. But, under all dynasties, no matter how the different social and political groupings varied in social status, in political influence and in economic strength, two things are common to them all. They drew their main income from land; and they enjoyed thespecial privilegeof paying either no tax, or tax at a very low rate. In the actual practice of administration, the different categories of the ruling class were interdependent. The bureaucrat could not govern a strange district without the co-operation of the local "gentry"; he himself came from the same social class and in old age would return to them, while the "gentry" knew that they or their sons would serve as "bureaucrats" elsewhere.

For defense against the nomad tribes, Ch'in Shih Huang

Ti（221—210 B. C. ）established the famous " The Great Wall",
linking together into one continuous frontier fortification the separate
walls constructed in the past by the various border states of the
north. The Great Wall, and many palaces and mausolea, were
built by corvee labor; peasant exploitation was much increased and
many of the peasantry were driven to revolt.

It was only in the period of the collapse of the "well-field"
system that the merchant class succeeded in establishing a tem-
porary independence. The unification of the Ch'in empire
would in fact scarcely have been possible without the support of
rich merchants like Lu Pu-wei.

The merchants who had backed the revolution received
their reward. They were incorporated into the governing class
and became landowners. The exploitation of iron did not favor
the growth of an independent merchant class. The economic
geography of China differs in one important respect from that of
the Mediterranean lands. Easily accessible sources of iron are
rare in China. The state early established a monopoly of the
new as of the old metals, and extended that monopoly by asser-
ting its ownership of new iron mines. This state monopoly ef-
fectively checked the development of a mercantile class separate
from the land-owning interest.

The Ch'in dynasty（221—207 B. C. ）was itself short-lived;
but its main achievement, the abolition of the Ching-tien system and
the establishment of the "bureaucracy", was maintained by the Han
dynasty（206 B. C. — 220 A. D. ）and its successors.

The effect of the reform of Shang Yang is well summarized

by Tung Chung-shu (140—134 B. C.), minister of the Emperor Wu Ti of the Han dynasty. He wrote:

In ancient times, the government took from the people no more than a tenth of their total produce, and the government's demands were easily satisfied. It required the people to do (corvee labor) no more than three days in the year... But in the age of Ch'in everything was changed. The Ch'in adopted the policy of Shang Yang and changed the system of the ancient kings. The ching-t'ien system was abolished, so that private individuals might now buy and sell the land. The rich came to own an endless expanse of land, while the poor had not enough land to stand an awl upon. The government monopolized the profits of the rivers and the lakes (i. e., the salt industry), controlled the wealth of the mountains and forests (i. e., iron) ... Corvee labor was increased thirty-fold, and the government revenue from land tax, poll tax, and iron and salt was twenty times as much as in the old days. Those who tilled the lands of the powerful private landowners had to pay half of their harvest in rent. Now the poor wear clothes fit only for cows and horses, and eat food fit only for dogs and pigs. Moreover, corrupt and cruel officials impose punishments with no good reason, so our people have become sad and desperate, and run away to the mountains and forests to turn robbers and thieves... [11]

Tung Chung-shu, like most of the Han scholars, may have minimized the exploitation of the poor under the ancient kings and exaggerated the exploitation under Ch'in Shih Huang

Ti; but the difference between the two systems, before and after Ch'in, was certainly clear, and was universally felt to be the decisive change in Chinese economy. It may be summarized under four main heads:

1. Land became alienable, and could be absorbed by powerful private landowners (nobles, "bureaucrats" and rich merchants).

2. The ownership of land became concentrated in the hands of a few.

3. The new government monopolies of salt and iron achieved by the absorption of the original salt and iron merchants into the ranks of the "bureaucracy", blocked any possibility of the development of an independent merchant class.

4. The polarization of Chinese society into two main antagonistic social classes; landowners, merchants, usurers, fused into one official "bureaucracy", a ruling class; the various groups of heavily taxed small landowners, artisans, and landless peasants merged into a single exploited class, whose common subjection overshadowed the differences between them.

The real nature of the Chinese economy after the Ch'in dynasty is controversial. But a great deal of the controversy is due to a lack of clarity about terms. Most modern Chinese economic historians describe China, from the Ch'in dynasty to the Opium War of 1840, as a Feng-chien society. From the Opium War onward they call it "semi-feng-chien". The word properly refers to the political and military system in force under the Chou dynasties and abolished by the Shang Yang reforms.

Modern Chinese usage has applied it to a social and economic regime and extended it to cover any pre-capitalist system in which a monopoly of land was used as the main means of exploitation. That is the sense in which it has come to be equated with "feudalism". But the differences between the economy of China, both before and after the reforms of Shang Yang, and the economy of western European feudalism are very great.

The main difference lay in the fully free and legal alienability of land, and the bureaucratic state control of business and industry, operated in the main through the salt and iron monopoly. In western society the main producer was the serf, tied to the soil, but in China, though slaves and serfs of course continued to exist after the Ch'in, the main producer was the free-born peasant landowner, free to move where he would, and to buy and sell his land, but subject to heavy taxation and forced labor. These features in Chinese economy prevented the development of private capitalism, and condemned China to a succession of "crisis-cycles".

The "crisis-cycles" in China usually coincided with, and, indeed, caused the fall and rise of dynasties. They were themselves the result of the inner contradictions inherent in the Chinese economic system.

Under the old system of the tribal, or tribute, state, rent and tax came to the same thing. The central government collected from the village commune a single impost, which might in English go by either name. With the establishment of private landownership, the land tax, paid to the government, and rent, paid to the landlord, became two separate payments. The peasantry were divided into two main groups, the small independent proprietors and the tenants.

The small independent peasant proprietors were the backbone of Chinese society. At the beginning of each dynasty they formed the majority of the peasantry. As the dynasty endured, the peasant freeholders accumulated debt, incurred in the main through excessive taxation, and more and more of them became tenants. Unpaid taxes, coupled with the comparative freedom of the "gentry" from taxation, made the continuous absorption of land by the "powerful landowners" inevitable under successive dynasties. As one of the most famous Ming royalists of the seventeenth-century, Wang Ch'uan-shan, correctly pointed out:

When scholars discuss the political maladministration after the Three Dynasties (Hsia, Shang and Chou—i. e., after the Ch'in dynasty and the Shang Yang reform), they usually point to the following conditions: absorption of land by the "powerful landowners": enslavement of tenants: the annexation of a tenth of the harvest by government taxation and a half by landlord's rent. But they ignore the irregular heavy taxation by government officials and the unlimited corruption of clerks and minor officials. When the "house-tax" was amalgamated with the land tax, the uneducated and naïve village people saw in the ownership of land absorbed by powerful private landlords, who could afford them protection and save them from exile or death... In these conditions, the process of concentration of land will not cease until all the land of China has come into the hands

吴
大
琨
自
选
集

of private landowners. There is no limit to the present confusion of the world... [12]

The ruling bureaucracy were intelligent enough to realize that they could not secure their rule unless they prevented the private landlords from taking too much from the peasants. But the very system from which the "bureaucrats" themselves drew their own income forced the process to continue in spite of them. As the amount of taxation demanded from the small peasant proprietors grew larger, more and more of them had to sell their land to the "powerful landowners" or appeal to them to pay their tax for them, and so made themselves subject to higher and higher rents. More and more land passed into the hands of those who paid no taxes or light taxes, while the remaining independent peasant proprietors still had to meet the government taxes, crushingly increased to meet an ever-widening deficit. The income of the landlords increased, and the income of the government declined; its revenue no longer sufficed to support the bureaucracy, the public works or the army. As the government became less and less able to pay its employees, corruption sharply increased, and even government funds became an object of graft. When a dynasty reached this stage, either it fell before the onset of an alien nomadic group or it lost its control of the state, and the empire split into several independent "autonomous regions". Peasant rebellions followed, and usually resulted in a new dynasty.

These changes of dynasty normally brought a short-lived easing of the crisis. The casualties were usually enormous.

These terrible devastations themselves reduced the pressure on the land; existing holdings had fewer mouths to feed, and ownerless land passed into the hands of new, debt-free cultivators; frequently, as after the fall of the Han, the new dynasty introduced a land reform, amounting to a redistribution of the land and a dismemberment of the great estates of the adherents of the old regime, while the new "bureaucrats" began on a more modest scale than their predecessors had ended. But the system of government, taxation, and land tenure remained unaltered, and the whole process began all over again. [13]

It seemed that the reform of Shang Yang was the cause of all the miseries of China, and for two thousand years many Chinese scholars and statesmen advocated a return to the Ching-t'ien system. But the reasons which had caused its abolition prevented its resurrection. The only ruler in Chinese history who tried seriously to revive it on a nation-wide scale, Wang Mang, at the end of the former Han dynasty (9—23 A. D.), failed bitterly.

Another favorite remedy was the curbing of the merchants. In some periods of some dynasties, most notably in the time of Wen Ti of the Han dynasty (180—157 B. C.) merchants were subjected to numerous restrictions, forbidden to wear silk, to attend state examinations, etc. but mercantile capital continued to develop despite restrictions. Its growth was determined not by the sharp wits of individual merchants, but by the needs of Chinese society. It was not even necessarily owned by merchants. When the ruling "bureaucracy" or landowners invested their rents and fees in the market, their money became a part, and often the major part, of mercantile property. Although the status of the merchants was sometimes rated artificially very low, mercantile capital nevertheless flourished unchecked. [14] Moreover, since both land and office could be bought and sold, the successful merchant invested his profits in landed property and in an official "title", joined the upper ranks of the ruling class and still further accelerated the process of land concentration. For this reason, the development of merchant capital led, not to the formation of a capitalist class, but to the continuous reinforcement of the landowning ruling class.

For two thousand years, though many dynasties rose and fell, the basic features of Chinese society remained "static". Chinese despotism differed, however, from the monarchies of the Near East in that it became stagnant in the Iron Age, and had not already ossified in the Bronze Age. It was a more advanced form of despotism, based on a bureaucratic, state controlled economy. But it, too, led to a dead end.

When we say that Chinese society was "static" for two thousand years, we mean that the social changes occurred slowly, in such a manner that they did not lead to a revolutionary change or to a different kind of society. There were of course many important developments within the framework of the "bureaucratic" state-controlled economy. The story is a complicated one, not only because China is a vast country, whose several regions developed unevenly at different times and different rates, but because it is an agricultural country which was repeatedly subject to invasion by nomadic tribal peoples. The impact of the nomad economy on China was very considerable. After peasant rebellion had destroyed the later Han dynasty (220 A. D.), China was invaded by "barbarian" Huns, the Hsien Pi, Tibetans, etc. Numerous alien empires were built in North China and the native ruling bureaucracy was forced to move from north to central and south China, and there build up its own governments. Many Chinese historians have compared this period of our history with the period of European history which followed the invasion of the Roman Empire by the Germanic "barbarians".

There is no doubt that in the period of the South and North dynasties (307—580 A. D.) China suffered a great setback. The money economy which had developed under the Han fell away or gave place to a natural economy. [15] Much of the rich arable land of north China was turned over to pasture, and the irrigation system deteriorated. When, by the time of the Sui dynasty (580—618 A. D.), the aliens were finally absorbed into the Chinese agricultural way of life, the economic productivity of north China had sunk so low that it was no longer in a position to support the central government. The government had to depend on the newly developed region of the lower Yangtse valley, and the problem of transporting grain from here to the northern capital led to the construction of the famous "Imperial Canal" uniting the Yangtse and the Yellow Revers.

Chinese bureaucratic state-controlled economy reached its highest development in the T'ang and Sung dynasties (618—

1279 A. D.), after the construction of this canal.[16] Money e-
conomy was revived and extended. Paper currency was issued
under the Sung, and a credit economy developed. More trade,
notably in tea, and industry, notably printing, porcelain and
mining, were developed; but the "bureaucratic" control of
trade and industry still prevented the emergence of an independ-
ent merchant class. Landed capital, linked with mercantile
capital, dominated the economy of China. In the tenth-century
the T'ang dynasty was overthrown by a peasant rebellion, and
in its turn, in the thirteenth-century, the Sung dynasty was o-
verthrown by the Mongol nomads. Chinese rule was revived
with Ming dynasty (1358—1644A. D.), which was brought to
an end by the successful invasion of another semi-nomadic peo-
ple, the Manchus (1644—1911A. D.).

Under all these conquering dynasties, and especially under
the most important of them, the Yuan (Mongol) Empire[17]
(1206—1368A. D.), many fresh characteristics can be dis-
cerned, but there is no sign of any significant change in the
fundamental nature of the "bureaucratic" state-controlled econ-
omy. Usually, the conquering rulers simply made themselves
the most important among the "powerful land-owners". More-
over, they needed the services of the native "bureaucrats" to
maintain their rule. Gradually, their nomadic culture was
transformed by the agricultural economy of China. There is no
doubt that under the conquering, as under the native, dynas-
ties, the main income of the ruling class was drawn from land-
ed wealth, and drawn in the same way. That is why attempts

to start a study of Chinese economy by drawing a sharp distinction between conquering and native dynasties, and contrasting "Power" with the "less-important" category of "Wealth"[18] are bound to fail.

Chinese economy was not basically affected by foreign contact until it experienced the impact of western industrial capitalism in the nineteenth-century. Modern industry began to be introduced. But modern industry came from the foreigner through the medium of the existing "bureaucrats" and the "compradors" (a class of Chinese intermediaries between the Chinese rulers and the foreigner), whose power and wealth depended on their enjoyment of the extraterritorial privileges accorded to the foreign concessionaires.

The control of industry, finance, and of the political machinery of government, passed to a numerically small section of compradors and landowners, steeped in the long tradition of two thousand years of "gentry-bureaucrat" rule. They governed modern China in the spirit of its ancient despotism. An unfettered despotism gave opportunities for corruption on an unheard-of scale, and established the ruling clique at the expense of the emerging native industrialists and bankers. These latter groups, who in most modern states tend to a conservative support of the existing order, were thus in China driven into the arms of the revolution. It is this peculiar feature of Chinese historical development which gives the present government its wide popular support, and also determines the main lines of its economic policy. For the first time two new classes, the industrial (national) bourgeoisie and the urban proletariat, have established in China an independence which in western countries they won a century or more ago. Together with the peasants and the petit-bourgeoisie, they form the four classes on which the government of China now relies, and the four stars on the new flag of China expressly recognize their independent interests. In China today, the only dispossessed classes are the "bureaucratic" monopolists and the great landlords. It is this change in the economic structure of China which entitles the present government to be regarded as beginning a new era, and not merely as another stage in the "crisis-cycle".

【注释】

[1] H. G. Creel, *The Birth of China* (London, 1936) is the best popular summary in English of the progress of Chinese archeology to 1935. See also the same author's *Studies in Early Chinese Culture* (London, 1938), and J. G. Anderssen, *Children of the Yellow earth* (London, 1934).

[2] It is frequently mentined in the literature of the period (e. g. , Kuan-tze, Mencius, etc.).

[3] So far as the author is aware, Dr. Kuo Mo-jo is alone among modern Chinese scholars in rejecting the equation of the Feng-chien of the Chou dynasties with "feudalism".

[4] The description in the Chou-li cannot claim authority. The work is a later forgery, and not a product of Chou times.

[5] Zeitschrift fur Sozialfoschung, Paris, 4, 1935 16 ff. *The Foundations and Stages of Chinese Economic History*; 7, 1938 90 ff. Die Theorie der orientalischen Gesellschaft; 7, 1938 123 ff. *Sozial-oekonomischen Struktur Chinas*. Cf. also Studies in Philosophy and Social Science, New York (continuation of the same periodical) 8., 1939 138 ff. *The Society of Prehistoric*

China.

[6] The term was first employed by Marx, in a number of scattered passages, of which the most important is the recently published manuscript entitled *Pre-capitalist Forms of Production* (Vjestnik Drevnii Istorii, 1940). The conceptions which Wittfogel developed from the term are vigorously challenged both by Marxists and by most Sinologists.

[7] 481–256 B. C.

[8] Chuan Han-sheng, *Natural Economy in the Middle Ages in China* (1942); *Bulletin of the Institute of History and Philology*, *Academia Sinica*, X (1948) pp. 73–173.

[9] *Wen Hsien Tung Kao*, by Ma Tuan-lin (at the end of the Sung dynasty) Vol. I, *Land Tax*, p. 12.

[10] *The Book of the Lord Shang* (translated by Dr. J. J. L. Duyvendak), London, 1938.

[11] *Han-shu*, *Life of Tung Chung-shu*.

[12] *Ch'uan Shan I Shu*, Vol. 63, p. 3.

[13] Chen Tun-yuen, *The Chinese Land System*, p. 677 (Commercial Press, Shanghai).

[14] The most illuminating study of the function of mercantile capital under the various Chinese dynasties is that of Professor Wang Ya-nan in *The Principles of Chinese Economy*, Shanghai, 1948.

[15] Chuan Han-sheng, op. cit. cf. note 8.

[16] Cf. Chuan Han-sheng, *The T'ang and Sung Empires and the Canal*, Chungking, 1944.

[17] Cf. Meng Su-ming, *Social Classes under the Yuan Dynasty* (Yenching Journal, Pekin, Monograph series, No. 16, 1938).

[18] This theory is advocated by K. A. Wittfogel. See Feng Chia-sheng and K. A. Wittfogel, *History of Chinese Society: Liao* (Philadelphia 1948), General Introduction.

附：中文摘要

中国经济史解读

中国经济发展的历史可以分为三个主要阶段，公元前221年秦朝以前是第一阶段，第二阶段从秦朝到19世纪中叶，第三阶段是1840—1949年。

人类社会所产生的第一批奴隶占有制国家出现在青铜时代的东方。中国的夏、商和西周就进入了青铜时代，长江黄河孕育了一些公社制国家。这种制度的特点使财产归国家所有，主要生产者是农民、工匠、奴隶和自由人。奴隶和土地一样，属于国家而非个人，不能进行买卖。政府的角色是征税、组建军队和司法，在政治上是专制的。政府在经济上控制着土地、水源，也控制着手工业和商业。这种专制体制源于青铜文化，因为青铜器的制造需要一定的人的强制组织力量。

中国社会进入秦朝发生了变化，秦始皇建立了封建官僚制度。秦朝实行县制，废除分封制，以县为地方政区单位，这一制度在汉唐时期有了进一步发展，成为秦朝的主要贡献。商鞅变法提高了秦朝经济的生产率，在全国范围废除井田制度，实行土地私有制度。秦朝到1880年鸦片战争这段时间，中国社会处于封建时期，特点有：自给自足的自然经济占主要地位；土地变得可以转让，并集中在地主、贵族和皇帝少数人手中，农民用自己的工具去耕种地主、贵族和皇帝的土地，并将收成大部分贡献给地主、贵族和皇室，社会分化成统治阶级和被剥削阶级；政府垄断盐、铁等商业行为阻碍了商人阶层的发展。中国政府控制经济的现象在唐、宋时代达到了高峰。纸币在宋朝开始发行，国际贸易开始

发展。中国经济在 19 世纪西方工业资本影响前几乎是封
闭的。

（原文为英文稿，发表于英国《过去与现在》

（*Past & Present*）1952 年 2 月）

吴大琨自选集

第二部分

关于亚细亚生产
方式问题的研究

关于亚细亚生产方式问题的研究

——为《马克思与第三世界》
中译本*所写的前言

意大利翁贝托·梅洛蒂教授所著的《马克思与第三世界》一书（1972年在意大利出版，英译本于1977年出版）是一本讨论"亚细亚生产方式"的专著，现在已经由高铦、徐壮飞和涂光楠三位同志根据英译本译成中文。这是近年来我国介绍的各种外国学术著作中比较重要的一本著作。由于长期以来，马克思所说的亚细亚生产方式问题，一直是国内外学术界争论得最激烈的问题之一，而这本书对于亚细亚生产方式又提出了不少新颖的看法，所以我相信，中译本的出版，一定会在我国学术界引起很大的注意与兴趣，从而展开各种有关学术问题的热烈讨论。这就是说，这个译本的出版，在我国当前情况下，将有利于党在学术界贯彻执行十一届三中全会的方针，有助于我们"解放思想，开动机器"，在学术界认真推行"百家争鸣"的方针。因此，我愿意趁本书中译本出版的机会，首先谈一下我个人对书中所提出的一些重要问题的看法，以就正于我国学术界的其他同志。但我在提出我的看

---

* 该书由商务印书馆1981年出版。

法以前，还得先简单谈一下这个译本的由来。

1978 年 4 月份当我在北京图书馆新书展出中读到本书时，立刻被作者在书中提到的几个带有"爆炸性"的问题的论点吸引住了。后来，我把本书内容向一位我最敬佩的学术界前辈作了汇报。他立刻判断出了本书的重要性，要我尽快组织力量翻译。这是本书中译本能较快与广大读者见面的由来。那么，在我最初阅读本书的英译本时，究竟是被哪几个问题——即我认为是带有"爆炸性"的问题的论点——吸引住的呢？我认为，这样的问题一共有四个。

第一个问题是，历史上所有的生产方式，究竟是五种还是六种？也就是说，马克思论述过、研究过的"亚细亚生产方式"是一种独立的生产方式，还是仅仅像当代某些苏联学者所说的那样，只是一种东方的"不发达的奴隶制"[1]，或者是像国内某些学者所说的那样，只是"原始公社制"[2]的别名？这是一个首先值得我们详加研究的问题。本书作者对这个问题的回答是很明确的，论证也很详细。我个人在 50 年代初期研究历史上的地租形态时也得到过同样的结论。[3]当时我曾注意到马克思在《资本论》的第 3 卷第 37 章中讨论地租问题时所列举的一些不同的土地所有者的情况。马克思是这样说的：

> 土地所有者可以是代表公社的个人，如在亚洲、埃及等地那样；这种土地所有权也可以只是某些人对直接生产者人格的所有权的附属品，如在奴隶制度或农奴制度下那样。[4]

在这里，值得特别注意的，就是马克思除提出奴隶制及农奴制以外，还提出了一个以"代表公社的个人"来作为一种存在于亚洲及埃及的土地所有者的形式。后来，马克思在同书第 47 章中，又说了这样的话：

如果不是私有土地的所有者，而像在亚洲那样，国家既作为土地所有者，同时又作为主权者而同直接生产者相对立，那末，地租和赋税就会合为一体，或者不如说，不会再有什么同这个地租形式不同的赋税。在这种情况下，依附关系在政治方面和经济方面，除了所有臣民对这个国家都有的臣属关系以外，不需要更严酷的形式。在这里，国家就是最高的地主。在这里，主权就是在全国范围内集中的土地所有权。但因此那时也就没有私有土地的所有权，虽然存在着对土地的私人的和共同的占有权和使用权。[5]

马克思在这里所说的这一特殊的土地所有形态，从而也是特殊的地租形态，就是马克思在 1857—1858 年所著而未在他生前发表的《资本主义生产以前各形态》[6]一书中所论述的三种前资本主义生产形态中的一种。马克思在该书中明确地提出了（1）东方的或者亚细亚的；（2）古希腊、古罗马的或者古典的；（3）日耳曼的或者欧洲中世纪的三种生产形态。在古希腊、古罗马社会里，统治土地的所有者是奴隶主，主要生产者是奴隶；在欧洲中世纪社会里，统治土地的所有者是封建领主，而主要生产者则是农奴；但在东方的或亚细亚的社会里，统治土地的所有者却是"国君"，而主要耕作者则是居住在村社里的"农民"。

因此，"亚细亚生产方式"应当是一种和古希腊、古罗马的或者古典的，以及日耳曼的或者欧洲中世纪的生产方式相并列的独立的前资本主义生产方式，这在马克思的经典著作中看来是没有问题的。那么这种"生产方式"可能不可能就是"原始公社制"的生产方式呢？回答是否定的。因为，在这种"生产方式"中已经存在征收"地租"和"课税"合而为一的剥削者——"国君"，它早就不是没有剥削、没有阶级的原始公社制了。所以马克思主义认为人类社会的主要生产方式和主要生产关系，应当是六种而不是五种。人们通常认为是五种，主要原因可以说是因为斯大林在 1938 年出版的《联共（布）党史简明教程》第 4 章第 2 节中肯定人类历史上的基本生产关系仅有五种，即原始公社制的、奴隶占有制的、封建制的、资本主义的、社会主义的五种生产关系。我在 50 年代初期研究这个问题时，思想也是束缚在斯大林的框框里，没有敢突破。后来，经过继续研究，发现斯大林的"五种生产方式"论既不符合马克思的原意，也不符合整个人类历史发展的实际情况。关于这一点，本书作者已有详尽的论证，我个人除对这些论证表示同意外，还认为应当加上我在前边说到的关于地租形态的这一论证。

第二个问题是，本书作者所谈到的人类社会发展史究竟是像斯大林所说的那样是"单线的"，还是实际上是"多线的"？对于这个问题的最好回答是应当看一下整个世界历史发展的实际情况。历史上，除了西欧的一些国家曾经在奴隶社会的废墟上兴起了封建社会，再由封建社会经过资产阶级革命而发展成为资本主义社会外，其余五大洲的许多国家（特别是亚洲、非洲、拉丁美洲的许多国家）都没有在历史上自动地发展成为资本主义国家。这从历史唯物主义的理论上来说，难道可以认为是偶然的吗？当然，这个问题牵涉世界史方面许多错综复杂的课题，我们还要做大量的研究工作，才能对此作出最后的结论。但我们在从事这一研究工作时，首先要摆脱以西欧为中心的历史发展图式的框框，我看是十分必要的。其次，我们还应当认识到：主张"多线论"，并不等于否定了一元论的历史唯物主义。因为哲学上的"一元"还是"多元"是指的"唯物论"还是"唯心论",和这里所说历史发展道路是单一的还是多样的,是两回事。而且,我们所说的"单线"还是"多线",研究的对象都是人类社会的生产方式,开展"多线论"的研究,只会更加丰富我们对人类社会发展的历史规律的认识,而绝不会起到相反的作用。

第三个问题是,我国自己的历史发展问题。本书作者是把中国作为最典型的亚细亚生产方式的国家看待的,是不是这样,很值得我们中国的历史学家们加以深入研究。在我国的历史学家中,就我所知,只有侯外庐同志真正结合中国古代历史的实际情况对亚细亚生产方式的理论作了认真的研究,并写出了专著。[7]其他的历史学家们,绝大多数都和我一样,在思想上受到了斯大林所说"五种生产方式"的严重束缚,未能把中国的历史看做是亚细亚生产方式的历史而加以全面而具体的研究。其实,以中国的具体历史情况来说,如毛泽东同志在《中国革命和中国共产党》一文中概括出来的"中国封建时代的经济制度和政治制度"[8]的主要特点,正好都是"亚细亚生产方式"在经济上和政治上的特点。因此,尽管毛泽东同志在这里使用了"封建"这个词,就其实质而言,我们却不能把它理解为和西欧的封建社会处于同一社会发展阶段的"封建社会"。如果把具有这些特点的"中国封建社会"译成英语 Feudalism的话,西方和全世界的马克思主义学者是很难理解的。这是我在 40 年代后期在国外讲授中国经济问题这一课程时的亲身经验。这也是后来我在山东大学从事教学工作时从政治经济学的角度考察中国古史分期问题[9]所遇到的困难。这使我理解到,把一个明明不是和西欧社会走同样发展道路的中国社会,硬要用和西欧社会同样的分期名称来分期,这是中国古史分期问题长期不得解决的主要原因之一。如果我们敢于突破斯大林的

"五种生产方式"的框框，敢于直接根据马克思的原著精神，从中国历史的实际情况出发从事研究，那么，我相信，不但中国的古史分期问题可以较快地得到解决，而且有关整个世界历史的研究，特别是对第三世界历史的研究，也将会有很大的进展。

第四个问题是，关于当代的苏联和中国社会能不能称做"官僚主义的集体制"的问题。当代的苏联社会的性质，现在各国的研究工作者之间有各种不同的说法与争论，我对此毫无研究，不敢乱说。但苏联社会存在严重的官僚主义，这种官僚主义又有其一定的历史根源和经济根源，这是毫无疑问的。这是列宁早在《论粮食税》这篇重要文章中指出过的一种存在于苏维埃制度内部的"祸害"。列宁当时甚至说过这样的话："和社会主义比较，资本主义是祸害。但和中世纪制度、和小生产、和小生产者散漫性联系着的官僚主义比较，资本主义则是幸福。"[10]问题是，这种官僚主义的"祸害"后来并没有在苏联得到真正的克服和根除，以致马林科夫在1952年召开的苏共第十九次代表大会上所作的中央委员会总结报告中，仍不得不用三分之一以上的篇幅来揭露主要由于官僚主义而造成的各种"祸害"。我们中国的情况，当然和苏联不一样。但中国和苏联比，有更广阔的在亚细亚生产方式的基础上必然产生的中央集权的专制主义的历史背景，这种专制主义的余毒也就是现在大家所说的"封建法西斯主义"，到林彪和"四人帮"横行时期发展到了顶点。这是我们这一代的中国人民亲身经历的事实，是谁也否认不了的。本书原文出版于1972年，所以本书作者对中国"文化大革命"的理解，反映的是林彪和"四人帮"横行时期的情况，他在书中提出的对中国的看法是与此有关的。他对于我国党中央在一举粉碎"四人帮"之后所推行的一系列拨乱反正的政策措施，特别是党在十一届三中全会以后所推行的一系列发扬社会主义民主和加强社会主义法制的政策措施，在当时还不可能预见到，这是我们在阅读本书时应当注意到的。

以上就是我认为本书中最值得我们重视和加以研究、讨论的问题。还有一点我认为应当向读者指出，就是本书作者的治学态度，即研究问题的态度是严肃、认真的，他提出的每一论点都有充分的根据。这一点，我们从本书的大量注释中就可以看出来。就我所知，本书译者们所花的大量劳动，有一半以上是花在翻译和核对这些注释上的。这不是一本容易翻译的书，也不是一本容易读懂的书，但读者在认真阅读之后，就可以体会到它确实是一本在思想上和理论问题上对我们大有启发的书。本书中译本的出版，使长期成为"禁区"的关于马克思的"亚细亚生产方式"的理论又能在我国引起注意和讨论，这三位译者的贡献是不小的。我要代表所有的读者对他们表示感谢。

【注释】

[1] 详细情况可参见阿甫基耶夫：《古代东方史》"引论"，中译本。

[2] 见《怎样理解马克思说的"亚细亚生产方式"？》，载《世界历史》（双月刊），1979（2）。

[3] 参见吴大琨：《论前资本主义社会地租的三种基本形态》，载《文史哲》，1953（1）；《论地租与中国历史分期及封建社会的长期阻滞性问题》，载《文史哲》，1953（2）。

[4]《马克思恩格斯全集》，中文1版，第25卷，714页，北京，人民出版社，1974。

[5] 同上书，891页。

[6] 译文载《文史哲》，1953（1）。

［7］参见侯外庐：《中国古代社会史论》，香港，三联书店，1979。

［8］《毛泽东选集》，第 2 卷，594 页。

［9］参见吴大琨：《中国的奴隶制经济与封建制经济论纲》，北京，三联书店，1963。

［10］《列宁选集》，2 版，第 4 卷，525 页，北京，人民出版社，1972。

从广义政治经济学看历史上的
亚细亚生产方式[*]

一、亚细亚生产方式的理论在马克思主义
广义政治经济学理论中所占有的地位

政治经济学理论有两种：一种是狭义的政治经济学，即专门研究资本主义生产方式的政治经济学，还有一种是广义的政治经济学，即"作为一门研究人类各种社会进行生产和交换并相应地进行产品分配的条件和形式的科学"[1]。创立这种广义政治经济学的是马克思。为了要对资产阶级的经济学全面地进行批判，"只知道资本主义的生产、交换和分配的形式是不够的。对于发生在这些形式之前的或者在比较不发达的国家内和这些形式同时并存的那些形式，同样必须加以研究和比较，至少是概括地加以研究和比较。"[2]这是马克思为什么在研究资本主义的生产方式的同时，也认真地研究了前资本主义社会的各种生产方式的理由。马克思对前资本主义社会各种生产方式

---

* 本文是由 1981 年 4 月 26 日在天津举行的"亚细亚生产方式"问题学术讨论会上的发言稿整理而成。

研究的成果，除了写进他的毕生最重要的著作《资本论》中的有关章节以外，最主要的就是他写在《政治经济学批判》一书中，现在标题为《资本主义生产以前的各种形式》。这部分著作现在我们国家也已经译出并出版，那就是收编在《马克思恩格斯全集》中译本第 46 卷上册中的那一部分著作。这是马克思所有著作中极为重要的一部分著作。中共中央马、恩、列、斯著作编译局的出版说明写道：

> 《〈政治经济学批判〉（1857—1858 年草稿）》写于 1857 年 10 月至 1858 年 5 月。这一长达五十多印张的内容丰富的手稿，是后来的《资本论》的最初草稿，在马克思主义的发展史上占有特殊的地位。在手稿中，马克思第一次明确阐述了他的价值理论的基本要点和一些细节，并在此基础上制定了剩余价值理论，这是"马克思经济理论的基石"。正是这一发现同唯物史观的发现一起，使社会主义从空想变为科学。
>
> 在这部手稿中，马克思第一次对商品、劳动、价值、货币和资本作了详细而系统的探讨，阐述了商品以及创造商品的劳动的二重性，货币的本质和职能，从货币到资本的转化以及这种转化的必要条件，剩余价值的来源、本质、转化形式和运动规律，揭示了资本主义生产方式的内在的对抗性矛盾和发展的历史趋势。
>
> 在这里马克思再次谈到政治经济学的方法，论述了逻辑分析和历史考察的相互关系问题，认为有必要探讨资本主义前的和以后的社会形态以充实对资本主义生产方式本身的考察，因而研究了从原始公社制度到资本主义前的各种所有制形式的发展过程，并在探讨未来社会形态时，对共产主义社会中的劳动、人的发展和人的相互关系等问题作了精湛的论述。手稿还谈到了农业在国民经济中的决定

性意义，时间的节约及其意义，科学、技术在生产中的应用等十分广泛的问题。

我认为，这一段说明，对马克思的这本著作的重要性的评价是很恰当的。马克思本人对他的这本著作也是十分重视的。他在完成了这本著作后的 1858 年 11 月 12 日曾经写信告诉拉萨尔说："它是十五年的、即我一生的黄金时代的研究成果。这部著作第一次科学地表述了对社会关系具有重大意义的观点。"[3]由于这本书是马克思自己都认为是在他的"黄金时代"的研究成果，所以我们就必须十分认真地、严肃地重视这本著作，尊重马克思在这本书里所提到的每一个科学观点。我们现在所要讨论的亚细亚生产方式，马克思在这本著作里就有详细说明。马克思当时为了要说明资本主义生产关系产生的历史过程，说明资本的原始形成过程就是劳动客观条件与劳动本身的分离过程，所以就详细地研究了资本主义生产以前的各种形式。这中间就包括亚细亚的所有制形式、古代的所有制形式和日耳曼的所有制形式。通过马克思的这一研究，使我们明确了一个在广义政治经济学上十分重要的问题，就是并不是所有的人类社会都能够自发地发展成为资本主义社会的。在马克思所研究过的三种前资本主义生产方式中，亚细亚的生产方式就因为缺少能够发展成为资本主义生产关系的条件而没有能够自发地发展成为资本主义社会。马克思在这里所使用的"亚细亚"这个名词，并不是地理上的名词，它指的乃是一种特殊的生产方式。这种生产方式，可以存在于亚洲以外的地区。马克思在讲述亚细亚的所有制的时候就提到过墨西哥和秘鲁，而墨西哥和秘鲁都不在亚洲，这是很明显的。日本在地理上属于亚洲，但马克思又认为日本并不属于亚细亚生产方式。凡是存在过这种亚细亚生产方式的地区和国家后来都没有自发地发展成为资本主义社会。所以从我们研究广义政治经济学的人来看，马克思的这一有关亚细亚生产方式的理论乃是整个广义政治经济学理论中的一个组成部分。因为在研究资本主义社会的形成过程历史时，为什么只是西欧的封建制形成和发展了资本主义，而西欧地区以外的，马克思把它称做亚细亚所有制的地区，就都没有能发展成资本主义社会，这不能不成为对于我们研究广义政治经济学的人来说一个十分重要的问题。所以这就不仅仅是一个"名词"问题，而是一个理论问题。不重视这一理论，不研究这一理论，那么这在实际上就会使我们对整个人类社会经济形态发展的认识很不全面，很不正确，从而破坏了马克思主义唯物史观的整个科学性和完整性！但是，不幸的是，作为马克思研究前资本主义社会生产方式的这么重要的一本著作，在马克思、恩格斯的生前，竟没有能够得到出版发行。它的德文原著是在 1939—1941 年才在莫斯科陆续出版发行的。所以这是一本为列宁所没有看到过的马克思的重要著作，也是一本在斯大林写作《联共党史》中的有关辩证唯物主义和历史唯物主义时还没有读到过的马克思的重要著作。这本著作的德文本在莫斯科刊行以后也并未曾引起各方面的重视。就西方世界来说，直到 1953 年才有德文本在柏林出版，1956 年才有意大利文本出版，英文本的出版是 60 年代以后的事。英国的历史学家霍勃斯邦姆（E. J. Hobsbaum）在为《资本主义生产以前各形态》这一部分马克思的著作出版英文的单行本时，曾特地写了一篇"引论"来强调这本著作的重要性。他在"引论"中表示："任何马克思主义的历史学讨论，如果没有把这本书的内容考虑在内的，可以毫不犹豫地说，必须再重新讨论过。"[4] 这个意见是很对的。所以，我认为，60 年代以后，世界各地的马克思主义学术界又再度掀起了讨论亚细亚生产方式的高潮绝不是偶然的。它至少有三个原因，那就是：第一，由于出版了马克思的这一原著，使大家对马克思所说的亚细亚生产方式的内容有了比较具体的认识，有些原来弄不清楚的问题现在已经可以弄清楚了。例如原来有人认为马克思所说的亚细亚的生产方式指的就是人类的原始社会，现在只要一读马克思的这本著作的全文，就可以弄清楚它指的并不是原始社会。马克思在这本著作中表明得很清楚，人类的原始公社是存在着各种不同的形式的。这种不同形式的公社，解体的形式也是各不相同的，而使得以这种不同形式的公社作为基础而建立起来的社会，也成为不同的社会，即马克思在《政治经济学批判》导言中所说过的那三种社会——封建社会、古代社会和东方社会。[5]这三种社会在人类的历史上，以东方社会即以亚细亚生产方式为基础的社会出现得最早，所以在《政治经济学批判》的序言中，马克思是把亚细亚的生产方式排在最前面，其次当然是古代社会，最后是中世纪的封建社会。亚细亚社会或东方社会是人类在原始社会以后最先建立起来的社会，因此它所保持的原始社会中的原始公社的力量特别强大，但并不等于仍是原始社会，这是我们只要一读马克思所写的《资本主义生产以前各形态》中的最后一段文字就可以明白的。马克思在这段文字中说："在这种情况下，那些通过劳动而实际占有的公共条件，如在亚细亚各民族中起过非常重要作用的灌溉渠道，以及交通工具等等，就表现为更高的统一体，即高居于各小公社之上的专制政府的事业。在这里，与这些乡村并存，真正的城市只是在特别适宜于对外贸易的地方才形成起来，或者只是在国家首脑及其地方总督把自己的收入（剩余产品）同劳动相交换，把收入作为劳动基金来花费的地方才形成起来。"[6]马克思在这里所说的情况当然不是原始社会中的情况。马克思这本著作中的前资本主义社会中的三种不同的所有制也是并列的，他并没有说过这三种所有制都必须由一种所有制来继承另一种所有制，所以就社会发展史来说，马克思实际上是主张多线论的，他并不是像斯大林所说的那种单线论者。当然这里所说的单线与多线都是唯物史观前提下的单线或多线。所以不能把它和资产阶级所讲的那种历史"多元论"混为一谈。既然马克思的这本原著的出版可以搞清楚许多原来我们所没有搞清楚或甚至搞错了的问题，那么在这本书出版以后，各国学术界又再度掀起讨论亚细亚生产方式问题的高潮，那当然是完全可以理解的。掀起讨论高潮的第二个原因，我想就不能不说这是由于在各国的学术界中清除了对斯大林的个人崇拜和个人迷信之后，所必然会引起的后果之一。自从苏联在 1931 年列宁格勒所举行的"亚细亚生产方式讨论会"上作出了不承认有所谓亚细亚生产方式的结论，并对主张亚细亚生产方式的理论家进行了批判，后来又加以迫害，再加上斯大林在 1938 年出版的《联共党史》的第四章第二节中只说了历史上有五种生产方式，硬把马克思所说过的"亚细亚生产方式"取消掉，"亚细亚生产方式"问题就成了"禁区"。没有人敢说，一说就是托派，或至少是托派观点。而在当时的苏联只要一被扣上托派的帽子，是不得了的。但是马克思本人所讲过的真理，不是任何人可以用行政的力量来加以压制就可以长久压得下去的。对斯大林的个人崇拜和个人迷信一清除，苏联的著名经济学家瓦尔加就在 60 年代发表文章要求在苏联重新讨论亚细亚生产方式问题，响应者很不少。可见这个讨论高潮的掀起，是和破除对斯大林的个人崇拜和个人迷信有关的。但是掀起这次讨论高潮的真正重要原因，我认为是由于当代革命实践的需要。任何革命的理论总是要为革命的实践需要所服务的。60 年代以后，广大的第三世界国家，都已经在政治上相继独立，这是当代世界上的革命主流，这些国家在政治上取得独立以后，就一定会继续要求在经济上、在文化上也都能取得独立自主的地位。这些亚、非、拉地区的广大第三世界国家要求能够有适合它们本国真正实际情况的历史著作是完全应该的。可是当前世界上已经出版的世界历史书籍，多数可说都是以西欧为中心所写成的历史，理论也是以西欧为中心的历史理论，这些历史书籍不能满足广大第三世界人民的要求是很自然的。在这种情况下，全世界的马克思主义者又重新想起了马克思所讲过的亚细亚生产方式的理论，并结合亚、非、拉地区的实际历史情况来加以研究，我想是完全可以理解的。[7]对我们搞马克思主义政治经济学的人来说，这些第三世界的国家兴起后，它们的经济发展道路究竟应该如何走，这是我们当前所应当研究的一个重要的新课题。但要研究当前亚、非、拉地区第三世界国家的经济情况，就不能不了解它们的过去历史，特别是它们过去历史上经济发展中的一些特点。而这些特点，又正好是和马克思所说过的亚细亚生产方式中的一些特点有关。因此，从研究马克思主义广义政经学的角度上来说，我们必须重视研究马克思的亚细亚生产方式的理论，因为它是这一理论问题的一个重要组成部分。

现在，我想附带谈一下，就是马克思、恩格斯有没有在他们的晚年，也就是19世纪70年代以后放弃了这一亚细亚生产方式的理论的问题。这是在最近这一次世界性的亚细亚生产方式问题的讨论高潮中所提出来的一个新问题。我的看法是：马克思、恩格斯自从形成了他们的有关亚细亚生产方式的理论以后，并没有在他们的晚年改变他们的主张。从恩格斯晚年所写的《家庭、私有制和国家的起源》一书来说，书中确实没有讲到亚洲的情况，但这是恩格斯在书中作了正式说明的。他说："由于篇幅的原因，我们不能详细研究今天仍然在各种不同的蒙昧民族和野蛮民族中间以或多或少纯粹的形式存在着的氏族制度，或者亚洲的文化民族的古代历史上的氏族制度的痕迹了。"[8] 所以恩格斯在书中所说的"古代世界"，指的就是古希腊、古罗马的"古代世界"，并不包括亚洲在内。至于恩格斯的另一本在1878 年出版的《反杜林论》著作中，那么，我认为，正好是和主张马、恩已经放弃了亚细亚生产方式的理论者相反，他是宣扬了这一理论的。恩格斯在这本著作里为了批判杜林的"暴力论"，他阐明了在人类社会中阶级形成的两条道路。一条道路就是奴隶制形成的道路。他说："没有奴隶制，就没有希腊国家，就没有希腊的艺术和科学；没有奴隶制，就没有罗马帝国。没有希腊文化和罗马帝国所奠定的基础，也就没有现代的欧洲。"[9] 这里说的，当然就是西方的阶级和国家形成的道路。但是除了这条道路之外，恩格斯还认为有另外的一条道路。在这条道路上，阶级的形成是由于执行一种社会的职能才开始的。他说："政治统治到处都是以执行某种社会职能为基础，而且政治统治只有在它执行了它的这种社会职能时才能持续下去。不管在波斯和印度兴起和衰落的专制政府有多少，它们中间每一个都十分清楚地知道自己首先是河谷灌溉的总的经营者，在那里，如果没有灌溉，农业是不可能进行的。只有文明的英国人才在印度忽视了这一点；他们听任灌溉渠道和水闸毁坏，现在，由于经常发生饥荒，他们最后才发现，他们忽视了唯一能使他们在印度的统治至少同他们前人的统治具有同等法律效力的那种行动。"[10] 恩格斯在这里所说的情况，和马克思在前面所说的"亚细亚的所有制"中的情况是完全一致的。如果马克思和恩格斯在他们的晚年，已经放弃了关于亚细亚生产方式的学说，恩格斯又何必在这里讲阶级形成的两条道路呢？只讲"奴隶制"

的那条道路不是更好一些吗？恩格斯之所以要在《反杜林论》中讲阶级形成也就是国家形成的两条道路，就因为在人类历史上除了古希腊、古罗马的道路外还存在着另一条"亚细亚"的道路。

其次，足以证明马克思、恩格斯在晚年并没有改变他们对亚细亚生产方式的理论的最有力的证据，是《资本论》第 3 卷。马克思在研究前资本主义社会中所存在的地租时，曾这样说过："如果不是私有土地的所有者，而像在亚洲那样，国家既作为土地所有者，同时又作为主权者而同直接生产者相对立，那末，地租和赋税就会合为一体，或者不如说，不会再有什么同这个地租形式不同的赋税。在这种情况下，依附关系在政治方面和经济方面，除了所有臣民对这个国家都有的臣属关系以外，不需要更严酷的形式。在这里，国家就是最高的地主。在这里，主权就是在全国范围内集中的土地所有权。但因此那时也就没有私有土地的所有权，虽然存在着对土地的私人的和共同的占有权和使用权。"[11] 马克思在这里所说的这一特殊的土地所有形态，从而也是特殊的地租形态，就是马克思在"亚细亚的所有制形式"中所说过的那种存在"东方专制制度"下的形态[12]，两者的内容是完全一致的。可见这是马、恩的一贯理论，并未在他们晚年有所改变。当然，在这里我们也应当指出，首先发现在历史上存在着这么一种地租形态的并不是马克思，而是一位名叫理查·琼斯的古典派政治经济学家。他把这种地租称之为"莱特"（Ryot）地租。马克思如何批判地继承了理查·琼斯的这一学说，这是我们今天可以从马克思所写的《剩余价值理论》中看出来的。[13] 在这里，我们就不多说了。我所要强调的就是，既然在《反杜林论》中，在《资本论》第 3 卷中，在这些马克思、恩格斯晚年的重要著作中，他们还都在继续宣传亚细亚生产方式的理论，我们又有什么理由认为马克思、恩格斯在晚年已经改变了他们的主张呢？

二、这一理论在研究世界历史和研究
中国历史上的重要意义

上面从广义政治经济学的角度上来看，即从研究前资本主义社会如何变为资本主义社会的角度上来看，马克思的亚细亚生产方式的理论的重要性。现在要想进一步探讨的，就是马克思所说的这种建立在亚细亚生产方式上的"东方社会"或"亚细亚社会"、"古代东方国家"或"亚细亚国家"究竟在具体的人类历史上是存在还是不存在？如果存在，它们是怎样发展、怎样变化的？有没有什么发展的特殊规律？这里，先来说一说我个人对于这两个问题的见解。

先说世界史，按我的理解，在人类社会中所产生出来的第一批国家，就是建立在铜器和青铜器时代的以古埃及、古巴比伦等为代表的古代东方国家，也就是说，马克思所说的"东方社会"和"东方国家"是在历史上客观存在的。这些国家一般来说，都是符合于马克思在《资本主义生产以前各形态》那本经典著作中所说的经济特征的。那就是说：

1. 存在着土地的村社所有制形式和国家的所有制形式，这些所有制形式的存在是在同以人工灌溉为基础的耕作制相联系的。拥有无限权力的帝王是这些国家的土地的"最高的所有者"或唯一的所有者。

2. 作为这些国家的主要生产者的是村社中的成员，也就是农民。生产力的水平是极为低下的。因为青铜器时代的生产工具实际上还是和新石器时代的工具一样的。

3. 建立在这些小村社之上的专制政府，它们是依赖于作为村社农民的剩余劳动或剩余生产物——贡赋而生存的。这些政府既控制着土地和水源，也控制着手工业和商业，就政治上说是绝对专制主义的。

4. 作为这种专制主义基础的村社，它的本身是一种手工业和农业相结合的经济组织，可以自给自足。这样的村社变成"完全能够独立存在，而且在自身中包含着生产和扩大生产的一切条件"。所以它的生命力是很强大的，可以不断再生。

5. 在这些国家中的奴隶，主要被用在非生产性的家内劳动上。

中国在古代所建立起来的国家，也是早在铜器或青铜器时代就建成了的。所以按我的研究，中国也应该是和古埃及、古巴比伦等国家一样属于同一类型的古代东方国家，即亚细亚式的古代东方国家。但古中国和古埃及与古巴比伦相比，又有两大特点。第一个特点是在奴隶的使用上。在古埃及、古巴比伦的国家中，奴隶主要被用在非生产性的家内劳动上，而中国古代，至少是在西周，奴隶除被用在氏族贵族的家内劳动外，也有被用在生产上的。当时的奴隶来源有两种，一是战俘，一是罪犯。所以当时的奴隶都是国有奴隶和氏族贵族所有的奴隶。奴隶主要从事开发山林、建筑沟渠、道路等艰苦劳动。当时在铸造青铜器的工场里从事重劳动的也都是奴隶。从时代上看，大概殷代的奴隶用在生产劳动上还比较少，奴隶主要是供祭祀（人牲）和殉葬。这可以从新中国成立后所发现的大量殷代墓葬中的杀殉者的尸骨得到证明。到了周，杀殉发现的较少，这说明奴隶的使用已经有所改变。但即使在周，从事一般农业生产劳动的，依然是村社的成员。第二个特点是在村社制度上。

中国古代所建立的国家，由于幅员比古埃及、古巴比伦要广阔得多，所包含的不同氏族在数量上也要多得多，再加上地区间生产力发展的不平衡，所以中国古代的公社制度，即历史上所称的"井田制"是比较复杂的，在各个地区之间的发展很不平衡，内容很不相同。但总的说来，按照我们现在的研究结果，所谓"井田制"大概包含这么四个主要内容：（1）全国土地的最高所有者是"王"，即"天子"。但当时（从商代就已经开始发生，西周发展得更加完备）的氏族贵族已经建立了为维持和巩固他们统治的宗法制度和分封制度（这两者是密切结合的），所以土地和人民是按照氏族贵族的等级而层层被占有的。当时的"田"是包括在"邑"之内的。"田"、"邑"是每个宗族的统治基础，也是经济基础。所有的氏族贵族，从天子一直到卿大夫，都依靠氏族公社的"贡赋"为生。（2）在"邑"的内部，也就是公社的内部，把土地分为"公田"和"私田"两部分。"公田"用来供养氏族的统治者，由公社成员集体耕种；"私田"则是每个公社成员通过公社所分配到的一份土地，它不但有数量上的限制，而且到了一定的年限要归还公社，由公社统一调整使用。（3）"井田"的耕种方法，是以耦耕作为基本形式的集体耕作。（4）"井田制"下的田地形状是属于方块形的。这种"方块田制"，实际上代表着人类社会在农业生产发展上的一个阶段，所以在西方社会，也曾有过这种"方块田"。这种"方块田制"，在欧洲经济史上称做"square plot system"，在英国则称为"celtic field system"，内容都是一样的。欧洲古代的"方块田"，后来到了犁耕的时候，就被打破了。中国古代的"井田制"也是到了战国时代犁耕普遍使用时才被打破的。当殷和西周还在使用"耒"、"耜"的时候，田地的形状成为"方块田"，并没有什么可奇怪的。

根据上述"井田制"的四个基本内容来看，主要是第一和第二个内容，这种土地所有制，我认为就是马克思说过的"亚细亚的土地所有制"，它在实际上就是建立在青铜器时代的古代东方国家的氏族贵族土地占有制。中国的特点是在古代，由原始的父系家长制的血缘组织发展起来的宗法制度竟然和这种土地制度结合起来，成为一种适应氏族贵族阶级专政需要的特殊的土地制度，也是特殊的政治制度和经济制度。这种制度，在青铜时代的其他"古代东方国家"中还没有出现过。古埃及与古巴比伦也有过分封，但不是和宗法制度密切结合的，所以这是中国作为一个古代东方国家的显著特点。

　　古代东方国家到了铁器时代，由于生产力发生变化，生产关系也就跟着要起变化。但从历史上看，作为在青铜时代建立起来的古代东方国家的上层建筑，对新的生产力（如铁器的广泛使用等）的阻碍作用是十分强大的。古埃及就是一个例子。古埃及的工匠，在已经进入铁器时代的四百年之后仍然使用简陋的青铜器时代的手工工具，而那时候的古希腊工匠则早已广泛使用铁制工具了。[14]所以在历史上当社会上出现了新的生产力和生产关系的时候，并不是所有青铜器时代的东方国家都能够及时地发生变革，以适应新的生产力和生产关系。古埃及、美索不达米亚的那些青铜器时代的古代东方国家，在进入铁器时代以后显然还没有来得及进行变革，就已经被其他国家所征服而灭亡了。所以从世界史上看，建立在青铜器时代的古代东方国家能够在进入铁器时代以后发生变革，转变成为一个亚细亚式的封建专制主义国家的，中国实在还是一个稀有的典型。据考证，中国普遍从耒耜耕种进步到铁犁牛耕，发生在战国时期。在这以前，铁器的使用还不普遍，而且只有小件铁器和小农具。中国之所以能够在战国时期进行"变法"，并且由秦国首先"变法"成功，当然不是偶然的，这和中国当时各个地区政治经济发展不平衡，秦国守旧的氏族贵族力量比较薄弱有关（但尽管如此，进行变法的商鞅在秦孝公死后，也还是被进行报复的贵族杀害了），因此秦国反而较其他先进地区的国家更彻底地实行一些变革。由于秦国废除了"井田制"，扶植了封建小农，采取先进的政治经济制度，生产关系适合新生产力的性质，秦国的生产就大大发展起来，为秦始皇的统一中国，建立中央集权的亚细亚式的封建帝国打下了基础。中国是世界上较早进入封建时期的国家，按说中国也应该较早地发展成为资本主义国家，但事实不是这样。其原因，我们要用上述马克思有关亚细亚生产方式的理论来解释。以秦、汉以后的中国封建社会和西欧的封建社会比，亚细亚式的封建社会的特点就显得非常明显。即：

1. 中国具有封建的土地国有制，但同时也具有封建的土地私有制。封建帝王不仅是全国最大的地主，同时也是全国最高地主，他有权控制全国的臣民为他尽一切封建的义务。

2. 在封建的土地国有制基础上，封建国家不仅控制了全国的土地和水源，而且还控制了全国主要的工商业（所谓"盐铁官营"等）。

3. 在中国的封建社会里，土地是可以买卖的。中国的土地资本是与商业资本、高利贷资本密切结合在一起的，所以就不存在马克思在《资本论》中所说过的，"从历史方面看，资本最初是在货币形态上，当作货币财产、商业资本与高利贷资本，而与土地所有权相对立"的那种情况。

4. 在中国的封建制国家中，长期地存在着奴隶制的残余，特别是债务奴隶与罪犯奴隶。在中国的封建制国家中也长期地存在着父权的氏族关系，即宗法制度，这就使得奴隶式的剥削以及氏族家长制的统治成为了中国的封建剥削与统治的一种最重要的方式。中国的劳动人民在封建社会里所受到的剥削与压迫，特别深重。

5. 由于中国缺少典型的庄园经济，缺少农奴，因而也不存在所谓"自由城市"。在中国封建时期的城市与乡村的关系，完全不同于欧洲社会的城市与乡村的关系。在中国的城市中，也缺少像欧洲那样的"市民阶级"，即可以担当起发展私人资本主义力量的强大的"市民阶级"。在中国的城市中，依旧是地主与官僚占着统治地位。

6. 成为中国封建社会生产的主要基础的，是广大的封建农村组织中的小农经营（包括自耕农与佃农），在这种封建的农村组织中，农业与手工业乃是密切结合的。这一自然经济的经济基础，阻碍了中国的商品经济的发展。在中国的封建国家内，得到了比较繁荣发展的商品生产，乃是基本上为封建官僚地主的消费服务的商品（如丝织品、瓷器等）生产。

上面所说的这些与欧洲封建社会比较而存在的不同的特点，实际上也就是中国社会自秦汉以后为什么发展得特别缓慢，没有能够像西欧的封建社会那样较快地发展成为资本主义社会的原因。而在这些特点中，有不少就是"古代东方"社会经济特点的继承与发展。例如，在中国封建社会中的土地国有制，很明显地就是殷与西周时期的土地国有制的一个继承与发展。中国自战国、秦、汉以来，虽然出现了私人地主，但就国家就是"最高的地主"这一点来说，仍是与过去一样的。从事个体生产的自耕小农是国家最主要的直接生产者。他们在实质上，也就是国家的佃户。他们是封建国家一切"赋"与"税"的主要负担者。这与在西欧的封建社会中，作为主要生产者的是私人农奴这一点是完全不相同的。再如，在中国的封建社会中一直存在着的宗法制度，也是由古代的宗法制度继承和发展而来的。这种与宗法制度密切结合的封建制，是西欧的封建社会所没有的。毛泽东同志极为重视这一特点，曾将这种宗法统治的权力称为"族权"，和封建社会的"政权"、"神权"、"夫权"并列起来称之为"代表了全部封建宗法的思想和制度，是束缚中国人民特别是农民的四条极大的绳索"（《湖南农民运动考察报告》）。正因为在中国封建社会里存在着那么多落后的、在古代就已经存在的亚细亚式的制度，这就使得中国的封建社会的发展不能不受到极大的影响。

在中国的历代封建王朝中，不仅有私人的地主，而且有许多具有封建特权的私家大地主，他们可以肆意剥削农民而完全不负担国家的"徭役"，也可以完全不负担或极少负担"赋税"。在这种情况下，苦于"赋"与"役"双重压迫的封建小农，就很容易逐步地失去他们的土地，变成这些具有封建特权的私家大地主的佃户或是依附农民。这也就是中国历史上所说的"土地兼并"的现象。这种"土地兼并"的现象加深了存在于中国封建社会中的两种矛盾，一是存在"公"与"私"之间的矛盾（也就是中央政府与地方封建势力之间的矛盾，国家与豪强地主之间的矛盾），一是存在于"土地所有"与"土地使用"之间的矛盾。

所谓"公"与"私"之间的矛盾的内容是这样的：如上所述，在中国的封建社会里，"赋"与"役"的主要负担者乃是广大的封建小农。如果这些小农的数量日益减少，就意味着整个封建王朝所能直接控制的收入也在减少，而这对整个的封建王朝都是不利的。因为，作为一个亚细亚式的中央集权的专制主义封建国家来说，它是有着一定的社会、经济职能需要维持的，例如防御游牧民族的入侵、治水、灌溉等，都需要有一定的收入。因此，一个亚细亚式的中央集权的专制主义的封建国家能否"昌盛"，显然要决定于两种情况：一是它向直接生产者征取的地租、赋税，要不超过直接生产者再生产时所需要的一定限度；二是要有足够的收入来维持统治阶级的统治与享用，并用适当的部分来执行它的社会经济职能。但中国过去的专制主义的封建王朝的内在矛盾也就正在这里：一方面，它不能不依靠广大的封建小农来从事生产；另一方面，又由于当时存在着具有封建特权的私家大地主，就不可避免地在征收地租的过程中，使广大的封建小农的负担愈来愈沉重，终于使小农逐步失去土地，产生了"土地兼并"的现象，从而使国家的收入减少。同时，又由于在"土地兼并"的过程中，集中的乃是私有土地的所有权而不是使用权，这又加深了存在于中国封建社会中的另一个矛盾，即"土地所有"与"土地使用"的矛盾。原来，中国历史上的"土地所有"与"土地使用"状况，事实上是向着两个相反的方向发展的，即私有土地的所有权愈来愈趋于集中时，土地的使用却反而愈来愈趋于分散（因为地主必须把土地分散了才能租出去）。而这种分散使用的小土地所有制，用马克思的话来说，原是："生产条件日趋恶化和生产资料日益昂贵是小土地所有制的必然规律。对这种生产方式来说，好年成也是一种不幸。"[15] 这样，就使中国历代作为社会主要生产者的小农的生产情况不但很难改善，而只会变得越来越坏。

因此，也可以这样说，对于中国过去的所有封建王朝来说，当中央政府的收支因具有封建特权的大地主阶级的发展而越来越少的时候，也就是一个王朝到了水利失修、军备不振、租税苛重，作为直接生产者的农民大部分失去土地而无法再在原土地上维持生存的时候了。此时，这个王朝也就到了或者要被国内的农民所推翻，或者要被外来的游牧民族所征服的时候了。这样，这些包含在中国封建社会土地制度中的矛盾，在阶级形态上来说，也就在最后终于成为了地主阶级（土地所有者）与农民阶级（土地的实际使用者）之间的矛盾。中国过去在封建时代，不断地爆发农民起义，不断地由一个王朝更迭为另一个王朝的原因，正在于此。

在中国封建社会的历史中，农民起义和农民战争，占着极重要的推动历史前进的地位。毛主席在《中国革命和中国共产党》一文中指出："中国历史上的农民起义和农民战争的规模之大，是世界历史上所仅见的。在中国封建社会里，只有这种农民的阶级斗争、农民的起义和农民的战争，才是历史发展的真正动力。"[16] 从中国封建社会中的具体经济变动情况来看，中国的封建统治阶级就是经常在农民起义和农民战争的推动之下，被迫不断地采用各种的田制与税法来调整当时社会的生产关系，使之与当时在发展中的封建生产力相适应。如从田制上看，从汉魏的"屯田制"，到晋的"占田制"，到唐代的"均田制"，再到唐以后的"庄田制"，就是一种明显的变化。如从税制上看，从汉代的"田租"、"算赋"及"口赋"（即人口税）和"更赋"（即力役之征），到唐代的由"租庸调"（"租"是地租，"庸"是徭役，"调"是生产物的贡纳）改为"两税法"（规定"以钱输税"，以"资力定税"，并分夏秋两次征收），再从"两税法"改为明代的"一条鞭法"（即将各种"赋"、"役"一律归并为用银钱征收），这又是一种很明显的变化。这些"田制"与"税法"解释起来很复杂，没有必要在此详加说明，但我们可以从这些变化中看到这样一种发展趋势，即愈是到近代，封建的土地国有制愈趋削弱，而封建的土地私有制的力量则愈趋强大，封建国家对人民的控制的重点也愈来愈从直接的人身控制、徭役剥削改为赋税的榨取，商品与货币经济的作用已愈来愈大。这种发展趋势可以说是向着与资本主义相接近的方向发展的。但因为中国毕竟是一个"亚细亚式的国家"，阻碍资本主义发展的力量太强大，所以一直到鸦片战争发生前，中国的封建社会内部还没有能够像西欧的封建社会一样有资本主义的生产力与生产关系发展起来，而使中国发展成为资本主义社会。[17]

中国的历史发展，如果跟西方的历史发展对比来研究，就可以看出马克思所说的亚细亚生产方式的理论是有道理的，中国的历史发展是它的最好的例证。现在的问题是：承认中国的历史发展是亚细亚生产方式的发展，也就是承认马克思的这一亚细亚生产方式的理论，会不会给西方的帝国主义提供一种可以侵略东方落后民族的"理论"武器？应该承认，这种情况确实出现过。过去，确实有过一些反动派利用了马克思的这一亚细亚生产方式的学说来为帝国主义侵略落后国家作辩护，甚至还利用了这一学说来反对马克思的无产阶级专政的学说。前者的例子是在抗日战争时期的那些为日本军阀做走狗的"御用文人"，他们大肆宣扬"日本皇军"征服中国的"进步性"，为灭亡中国的侵略政策提供了"理论"根据。后者的最好例证是威特福格（K. A. Wittfogel），他曾专门出版了一本题为《东方专制主义》的著作来反对我们的无产阶级专政的理论。对于一切利用马克思的亚细亚生产方式的理论来反对我们进行革命和进行无产阶级专政的"理论"，我们都必须加以批判，加以反击，那是肯定的。但我们不能因为要反对和批判这些谬论而把马克思本人在科学意义上的亚细亚生产方式的理论也加以反对。按照马克思的观点：社会经济形态的发展是一种自然历史过程。承认与认识历史上的这一过程，并不等于说我们要永远在这一历史造成的事实面前屈服。恰巧相反，只有正确认识了这一历史过程的特点以后，我们才能采取正确的革命行动。以我们国家来说，我们在历史上并未能自发地走上现代化资本主义社会的发展道路，并不等于说，我们就永远不能把自己的祖国建设成为现代化的国家。历史发展的事实已经证明，即使像我们中国这样一个古老的、典型的"亚细亚生产方式"的国家，只要有了中国共产党的正确领导，也就可以在一个比较短的历史时间里，经过新民主主义革命和社会主义革命而使国家走上发展社会主义现代化的康庄大道。中国革命的成功是在以毛泽东同志为首的老一辈无产阶级革命家认清了中国社会的特点，形成了毛泽东思想，抛弃了当时第三国际所强加给我们的所谓"革命路线"以后，才得到成功的。当前，我们的社会主义建设也正在根据我国自己的国情，走我们中国自己的社会主义建设的道路。因此，在现在这个时候，我们来提倡研究马克思的亚细亚生产方式的学说，对我们的"四化"建设是会起到极好的促进作用的。这是因为，历史的发展本身就是辩证法的。在一个时代里落后的东西，在下一个时代里就会变成先进的东西。西欧各国的经济发展在古代比我们落后，但是到了资本主义时代，它们却前进了，我们变成落后了。现在我们有些落后的东西，例如，我们的农村中，特别是兄弟民族的农村中就还保留不少古代农村"公社"的遗留。但是这些落后的东西，按照马克思在《给维·伊·查苏利奇的复信草稿》[18]中的话所包含的意思来看，是可以发展成为我国社会复兴的因素和我国比其他还处在资本主义制度压迫下的国家优越的因素的。因此，正像马克思所说的，不应该特别害怕"古代"这一名词一样，我们也应该不要特别害怕"亚细亚的"这一名词。正相反，按照我的意见，我们应该特别加强研究马克思的亚细亚生产方式的学

中国人民大学名家文丛

说。用我们国家的具体例证,来证明马克思主义的亚细亚生产方式的学说的正确。

以上就是我对亚细亚生产方式这一理论在研究世界历史和研究中国历史上的重要意义的认识。至于这一学说在其他方面的重要意义,例如在研究当前世界经济方面的重要意义等等,因和本次讨论会的讨论题无关,我就不在这里讲了。

(原载《中国历史研究》,1981(3))

【注释】

[1]《马克思恩格斯选集》,第3卷,189页,北京,人民出版社,1972。

[2]同上书,190页。

[3]《马克思恩格斯全集》,中文1版,第29卷,546页,北京,人民出版社,1972。

[4]见Karl Marx,*Pre-capitalist Economic Formation*,International Publishers,New York,1980,p.16.

[5]参见《马克思恩格斯全集》,中文1版,第2卷,109页,北京,人民出版社,1957。原文是以从晚到早顺序排列的,即按封建社会、古代社会和东方社会的顺序排列的。

[6]《马克思恩格斯全集》,中文1版,第46卷上,474页,北京,人民出版社,1979。

[7]各国讨论亚细亚生产方式问题已经取得的成果,应该有同志作专门的介绍,这里就不再举例。特别是第三世界中的一些马克思主义者,如埃及的塞米尔·阿明(Samir Amiu)等都很关心这个问题,已经出版了一些专门的著作,更是值得把它们介绍过来的。

[8]《马克思恩格斯选集》,第4卷,126~127页,北京,人民出版社,1972。

[9]《马克思恩格斯选集》,第3卷,220页。

[10]同上书,219页。

〔11〕《马克思恩格斯全集》，中文 1 版，第 25 卷，891 页，北京，人民出版社，1974。

〔12〕参见《马克思恩格斯全集》，中文 1 版，第 46 卷上，472～473 页。

〔13〕参见《马克思恩格斯全集》，中文 1 版，第 26 卷（Ⅲ），440～442 页，北京，人民出版社，1974。

〔14〕参见 V. Gordon Childe，*History.*

〔15〕《马克思恩格斯全集》，第 25 卷，904 页。

〔16〕《毛泽东选集》，第 2 卷，588 页，北京，人民出版社，1966。

〔17〕以上关于中国封建社会的发展情况，请参见拙作《中国的奴隶制经济与封建制经济论纲》。

〔18〕参见《马克思恩格斯全集》，中文 1 版，第 19 卷，441 页，北京，人民出版社，1963。

关于中国历史上的亚细亚
生产方式及其社会经济结构

按照我个人的研究，在人类社会中所产生出来的第一批国家就是建立在铜器和青铜器时期的以古埃及、古巴比伦等为代表的古代东方国家。这些国家，一般来说，都是符合马克思在《资本主义生产以前各形态》中所说的经济特征的。那就是说：

1. 存在着土地的村社所有制形式和国家的所有制形式。在这些国家中拥有无限权力的帝王是这些国家的土地的"最高的所有者"或唯一的所有者。

2. 作为这些国家的主要生产者的是村社中的成员，也就是本身隶属于村社的公社农民，生产力的水平是极为低下的，因为青铜器时期的生产工具实际上还是和新石器时代的工具一样的。

3. 建立在这些小村社之上的专制政府，它们是依赖于作为村社农民的剩余劳动或剩余生产物——贡赋而生存的。这些政府既控制着土地和水源，也控制着手工业和商业，就政治上说是绝对专制主义的。

4. 作为这种专制主义基础的村社，它的本身是一种手工

业和农业相结合的经济组织，可以自给自足，也可以不断
再生。

　　5. 在这些国家中的奴隶，主要被用在非生产性的家内劳
动上。

　　中国在古代历史上所建立的夏、商、周三个朝代也是在铜
器和青铜器时代所建立起来的，因此是和古埃及、古巴比伦等
一样，属于同一类型的"亚细亚生产方式"的国家。但古代的
中国和古埃及、古巴比伦相比又有所不同，这主要是由于古代
中国的幅员要比古埃及和古巴比伦等国家的幅员广阔得多，所
包含的不同氏族在数量上也要多得多，再加上地区之间生产力
发展的不平衡，所以中国古代的公社制度，即历史上所说的
"井田制"是比较复杂的，在各个地区内容很不相同，但总的
说来，按照我们现在的研究结果，所谓"井田制"大概包含这
么几个主要内容：（1）全国土地的最高所有者是"王"，即
"天子"。但当时（从商代就已经开始滋生，西周发展得更加完
备）的氏族贵族已经建立了为维持和巩固他们所统治的宗法制
度和分封制度（这两者是密切结合的），所以土地和人民是按
照氏族贵族的等级而层层被占有的。当时的"田"是包括在
"邑"之内的。"田"、"邑"是每个宗族的统治基础，也是经济
基础。所有的氏族贵族，从天子一直到卿大夫，都依靠氏族公
社的"贡赋"为生。（2）在"邑"的内部，也就是公社的内
部，把土地分为"公田"和"私田"两部分。"公田"用来供
养氏族的统治者，由公社成员集体耕种；"私田"则是每个公
社成员通过公社所分配到的一份土地，它不但有数量上的限
制，而且到了一定年限要归还公社，由公社统一调整使用。
（3）"井田"的耕种方法，是以耦耕作为基本形式的集体耕种。
（4）"井田制"下的田地形状是属于方块形的。根据上述"井

田制"的四个基本内容来看,主要是第一和第二个内容,这种土地所有制,我认为就是马克思说过的"亚细亚的土地所有制"。中国的特点是在古代,由原始的父系家长制的血缘组织发展起来的宗法组织竟然和这种土地制度结合起来,成为一种适应氏族贵族阶级专政需要的特殊的土地制度,也是特殊的政治制度和经济制度。这种制度,在青铜时代的其他"古代东方国家"中还没有出现过。古埃及与古巴比伦也有过分封,但不是和宗法制度密切结合的,所以这是中国作为一个古代东方国家的显著特点。

古代东方国家到了铁器时代,由于生产力发生变化,生产关系也就跟着起了变化。经济基础变动了,上层建筑就也要发生变动。但从历史上看,并不是所有建立在青铜时代的古代东方国家都能够及时地发生变革以适应新的生产力和生产关系的发展的。古埃及、美索不达米亚的那些国家,在进入铁器时代以后显然还没有来得及进行变革就已经被其他国家所征服而灭亡了。所以从世界史上看,建立在青铜器时代的古代东方国家能够在进入铁器时代以后发生变革,转变成为一个亚细亚式的封建专制主义国家的,中国实在还是一个稀有的典型。据考证,中国普遍从耒耜耕种进步到铁犁牛耕,发生在战国时期。在这以前,铁器的使用还不普遍,而且只有小件铁器和小农具。由于战国时期的秦国,首先实行了"商鞅变法",废除了"井田制",扶植了封建小农,秦国的生产就大大发展起来,为秦始皇的统一中国,建立中央集权的亚细亚式的封建帝国打下了基础。但是这种亚细亚式的封建主义的国家和西欧的封建主义是完全不相同的,亚细亚式的封建主义有如下的特点:

1. 中国具有封建的土地国有制,但同时也是有封建的土地私有制。封建帝王不仅是全国最大的地主,同时也是全国最高的地主，他有权控制全国的臣民为他尽一切封建的义务。

2. 在封建的土地国有制基础上，封建国家不仅控制了全国的土地和水源，而且还控制了全国的主要工商业（所谓"盐铁官营"等）。

3. 在中国的封建社会里，土地是可以自由买卖的。中国的土地资本是与商业资本、高利贷资本密切结合在一起的，所以就不存在马克思在《资本论》中所谈到过的那种与土地所有权相对立的货币形态的资本。

4. 在中国的封建制国家中，长期地存在着奴隶制的残余，特别是债务奴隶与罪犯奴隶。在中国的封建制国家中也长期地存在着父权的氏族关系，即宗法制度，这就使得奴隶式的剥削以及氏族家长制的统治成为了中国的封建剥削与统治的一种最重要的方式，但中国封建社会中的农民并非农奴。中国历史上不存在所谓"自由城市"。在中国封建时期的城市与乡村的关系，完全不同于欧洲社会的城市与乡村的关系。在中国的城市中，也缺少像欧洲那样的可以担当起发展私人资本主义力量的强大的"市民阶级"。在中国的城市中，依旧是豪绅地主阶级与封建官僚占着统治地位。

5. 成为中国封建社会生产的主要基础的是广大封建农村组织中的小农经营（包括自耕农与佃农），在这种封建的农村组织中，农业与手工业乃是密切结合的。这一自然经济的经济基础，阻碍了中国的商品经济的发展。在中国的封建时期，取得了比较繁荣发展的商品生产乃是基本上为封建官僚和豪绅地主的消费服务的商品生产（如丝织品、瓷器等）。

这些特点是和欧洲的封建社会比较而存在的不同的特点，实际上也就是中国社会自秦汉以后两千多年来为什么发展得特别缓慢，没有能够像西欧的封建社会那样自发地发展成为资本主义社会的原因。

以上就是我个人对亚细亚生产方式在中国的发展情况和历史上中国社会经济结构的一个最简要的叙述。从这里可以看出，秦以后的中国社会实际上是在马克思所说的"亚细亚的"或"东方"的社会的基础上进一步发展起来的社会。秦以后的中国社会是存在着私家的大地主的，但这些大地主并不是普通的地主，他们是中国历史上所说的豪绅地主阶级，这种豪绅地主阶级在西方国家中是很少见的，这一豪绅地主阶级直到中华人民共和国成立以后才被彻底消灭，中国的农民也才真正得到了解放。

（原载《马列著作研究会通信》，1981（12））

吴大琨自选集

亚细亚生产方式与
有中国特色的社会主义

什么是亚细亚生产方式？按照马克思的著作来看，具有下列五大特征的生产方式就是亚细亚生产方式。

这五大特征是：

1. 社会的主要生产者是公社中的农民，这种农民的身份是自由的，多数是自耕农。

2. 公社中，农业与手工业密切结合，因此"这种公社完全能够独立存在，而且在自身中包含着再生产和扩大生产的一切条件"[1]。

3. 高居于全国公社上的是管理水利和中央集权专制主义政府和它的官僚们。

4. 土地是国有或公有的，到后期，土地才可以私有而且可以自由买卖。这样，也就引起土地兼并，使一些自耕农丧失土地。如果大部分农民都丧失了土地时，就是发生改朝换代的农民战争的时候了。

5. 奴隶劳动主要用于贵族的家内，而不是用在农业和手工业者的生产上。

根据上述五项特征，如果我们来衡量一下古代历史上的国家的话，我们就不难发现，古埃及、古巴比伦、古印度和古中国都是典型的亚细亚生产方式的国家。但由于古埃及、古巴比伦和印度后来都亡了国，改变了它们的生产方式，所以真正能代表亚细亚生产方式的古代国家就只有中国。要研究亚细亚生产方式就得研究中国，特别是研究中国的历史，同样，要研究中国的历史，也必须研究亚细亚生产方式的理论，这是一个非常明白的真理。然而这一明白的真理，我们之所以能得到它，可以说是历经曲折，走了不少弯路的。其原因就在马克思阐明这一真理的经典著作《政治经济学批判》，是直到1939年才为人所发现的一本著作。马克思的经典著作《政治经济学批判》的手稿曾在1939年和1941年用原文分两册先后在莫斯科出版，当时正在战时，能阅读德文原文的人又较少，所以影响不大。待到大战结束，手稿的英译本在欧美发行以后，情况就不同了。这时，全世界的马列主义学者才确切地知道马克思所说的亚细亚生产方式究竟是怎么回事。大家才明确地知道马克思所说的前资本主义的生产方式实际上是三种，即亚细亚的、古代的和日耳曼的，而不是两种。这也就是说，人类社会的生产方式，总共应该是六种，而不是五种。然而，由于斯大林在《联共党史》中只讲了五种生产方式，没有讲亚细亚生产方式，所以，一直到今天，同志们在讲社会发展史时，还只讲五种生产方式而不讲亚细亚生产方式，我认为这是不对的。这问题不能怪斯大林，因为斯大林在1938年编写《联共党史》时，他还不曾见到马克思的这一经典著作。问题是我们这些已经读到了马克思这本经典著作的人，如果还讲人类的生产方式是五种而不是六种的话，那就未免太不像一个马克思主义者了。按照马克思的亚细亚生产方式的理论，不仅就人类社会的生产方式而言是六种而不是五种，在人类发展的历史道路问题上，也是两线的，而不是单线的。所谓单线，就是主张人类社会都曾在原始社会之后，经过奴隶社会、封建社会而发展到资本主义社会。历史的事实已经证明：走这样一条发展道路的，事实上只有西欧社会。凡是属于亚细亚生产方式的国家，则没有一个不是停滞在亚细亚生产方式的阶段而没有能够自发地发展成为资本主义社会的。因此，人类社会的发展道路，至少是两线而不是单线的。

为什么只有西欧的封建社会发展成了资本主义社会，而亚细亚生产方式的中国封建社会则尽管封建文明的发展水平很高，还是发展不成资本主义社会？答案就在这是两种不同的封建社会，两种不同的生产方式。在西欧的封建社会里，主要生产者是农奴，而农奴是束缚在土地上的。西欧的商人（资产阶级）因不能投资土地，所以只能发展壮大自己的工商业，以与代表地主利益的封建贵族相抗争，并终于用暴力推翻封建统治而建立了资本主义社会。在中国的封建社会里，主要生产者是公社中的农民，他们的身份是自由的，并不束缚在土地上，而且公社中的生产是农业和手工业密切结合的自然经济。因此，商品经济在全国范围内高度发展不起来，没有能够产生强大的资产阶级；同时，也因为土地可以自由买卖，商人也能够投资购买土地，使他们自己成为地主而不用与地主相对抗。地主也同样可以投资工商业，从而使地主、商人、高利贷者在中国的封建社会里成为了一个以地主为主的统治群。这样，也就使中国的封建社会在内部缺少了一个可以发展资本主义工商业的独立的商人阶级，没有能够使中国的生产力大大发展起来而形成强大的资本主义的商品经济。

中国在鸦片战争以后，虽然亚细亚生产方式受到了冲击，形成了所谓"半殖民地半封建"的社会（实质上是半殖民地半亚细亚生产方式的社会），但是，亚细亚生产方式束缚中国生产发展的力量仍然是十分强大的。明确认识中国历史上的这一特点，即由于有亚细亚生产方式的束缚，中国的生产力水平不高，商品经济不发达，对于理解我国当前的情况和做好我们的工作是有好处的。当前，我们的国家正在建设有中国特色的社会主义，为什么中国只能建立有中国特色的社会主义，而不能建立其他形式的社会主义？回答就在于中国的历史背景不同。中国是在亚细亚生产方式的形态下进入社会主义的，不仅生产力水平低下，各种形式的商品经济都不发达，所以，现在就有必要集中全国的力量搞经济，使我们的生产力水平大大提高起来，各式各样的商品经济（其中包括资本主义的商品经济）都能发展起来。我们在有计划发展我们的社会主义商品经济的同时，仍然要发展市场经济，发展多种商品经济。这就是中国特色的社会主义的特点所在，而这是和原来我们是亚细亚生产方式的国家这一点分不开的。为此，我们有加强研究马克思的关于亚细亚生产方式理论的必要性。

（原载《中国社会科学战线》，1993（1））

【注释】

[1]《马克思恩格斯全集》，中文 1 版，第 46 卷上，473 页。

第三部分

关于世界经济的研究

关于"经济长波"论

　　近年来西方经济学界流行一种所谓"经济长波"的理论，即认为在资本主义社会中除了固有的以十年左右为一周期的经济波动外，还存在着一种以五十年左右为一周期的"经济长波"，这种"长波"理论，最初是由苏联经济学家尼·康德拉季耶夫 1925 年在《长波周期》一书中所提出来的，由于他不久去世，而使"长波"理论的研究没能继续进行。后来，美籍奥地利经济学家约·阿·熊彼得又于 1939 年在《商业循环》一书中第一次肯定了"长波"理论在经济周期理论中的地位，从而使"长波"理论在西方的传播起了很大的作用。但整个说来，这一理论在 70 年代末以前还不能说是很风行的，70 年代末以来则有变化。由于面对 70 年代以来西方经济长期不景气的局面，西方经济学界就有人从短期、中期的经济分析，开始转向对长期经济运动的研究，以致短短数年内形成了一个当代西方的"长波学派"，而且由于对"长波"现象起因的不同解释而形成了一些不同的流派。

　　这种"长波"理论，对于我们马克思主义者说来，究竟应该持什么看法，一直是我所关心和探讨的问题。我认为，值得探讨的问题有两个方面：第一，这种"长波"在客观上，即在资本主义社会的经济发展史上说来，究竟是否存在？第二，如果存在，根据马克思主义的理论，又应如何解释？1983年10月，当我在中国人民大学指导首届世界经济专业的博士研究生赵涛同志时，我们就上述两个问题进行了研究。她后来在我指导下写成的博士论文《论资本主义经济发展中的长波运动——对建立马克思主义长波理论的探索》，就是对这两个问题的具体解答。

经过我们研究，对于这两个问题大体上得出了这样的结论。首先，"经济长波"指的是大约半个世纪为一周期的经济增长速度的波动。波动的主体是经济增长速度，不是其他因素；"波动"则是经济增长速度的运动形式。这种运动具有规律性：在大约半个世纪长的时期中，经济增长速度具有三种状态，第一种状态是经济增长速度递增，亦即资本主义世界的经济出现高速增长；第二种状态是经济速度递减，亦即资本主义世界经济虽然仍有增长，但步伐大大放慢，成为缓慢增长的状态；第三种状态是经济增长速度为零或负数。因为这一阶段是大危机出现的阶段，大危机的暴力破坏了经济，使生产倒退，资本主义世界经济的增长速度就降为零或负数。与经济增长速度三种状态相对应的三个时期组成一个周期，这种周期会周而复始地再现。"经济长波"既然是经济增长速度的波动，因此是可以用各种反映经济增长速度的统计指标所绘成的波状图形来加以表示的，它是客观存在。赵涛同志的论文中就附有这样的图表，它把资本主义社会经济发展史上的"长期波动"表示得非常清楚。

那么，在资本主义社会中为什么会形成这种"经济长波"的呢？我们认为，"经济长波"是资本主义社会中的一个特有现象，原因是在前资本主义社会中，社会经济以自然经济为特征，生产力发展十分缓慢，所以，一种生产关系可以在不经重大局部调整的情况下，容纳数百年生产力的发展。但是，在资本主义社会中，由于生产力发展非常快，迅速发展的生产力就会迫使资本主义的生产关系发生多次重大局部调整。这种局部重大的调整，其意义在于，资本主义的生产关系可以随着这一调整而扩大它对生产力的容纳能力，直到它所容纳的生产力完全发挥出来为止。因而，在资本主义社会中，生产力与生产关系间的矛盾运动出现了新的特点，即形成了资本主义生产方式内部的矛盾运动周期。正是这种周期引起和制约了资本主义经济发展中的长波运动。这种周期的长度，由于受到劳动工具系统变化的时间制约，大约半个世纪为一周期。所以，"经济长波"产生的原因是资本主义生产方式内部的矛盾运动的周期。在资本主义历史时期内，资本主义生产方式有多少次矛盾运动周期，也就有多少次"经济长波"。从具体的历史上看，资本主义经济已经历了三次"长波"，也就是产业革命的"经济长波"、自由竞争资本主义的"经济长波"和私人垄断资本主义的"经济长波"。当前，整个资本主义世界正处在第四次"经济长波"的运动过程中。这第四次"经济长波"是在国家垄断资本主义的背景下运动的，所以，这第四次"经济长波"也就是国家垄断资本主义的"经济长波"。国家垄断资本主义在资本主义世界中普遍形成的时间是40年代末和50年代初。由于国家垄断资本主义的形成，扩大了资本主义生产关系对生产力的容纳能力，刺激了各资本主义国家生产力的发展，所以，整个资本主义世界经济在50—60年代曾出现了高速增长，形成了国家垄断资本主义"经济长波"中的上升波。但是，在这一时期中高速发展起来的生产力，又使国家垄断资本主义为它提供的容纳能力日趋减少，终于在 1973 年达到饱和，于是生产力与资本主义生产关系的矛盾又再度加剧，爆发了 1973—1975 年的世界经济危机。这次危机成为国家垄断资本主义"经济长波"的转折点，它结束了战后资本主义经济的高速增长，也结束了第四次"经济长波"的上升波时期。这一上升波若从 1950 年算起，共持续了 23 年之久。1973 年后的各种统计指标都反映了发达资本主义各国经济的缓慢增长，从此，国家垄断资本主义的经济长波进入了下降波时期。70 年代末和 80 年代初，资本主义世界经济在"滞胀"的条件下又爆发了一次世界经济危机，亦即 1979—1982 年经济危机。这次危机是战后持续时间最长的一次经济危机，企业倒闭数量和失业人数都超过了 1973—1975 年的危机。但由于在危机之后，美国曾一度在 1984 年出现了较强劲的经济复苏（国民生产总值实际增长率曾高达 6.8%，通货膨胀也受到抑制），于是，西方资本主义国家又把美国看做带动西方经济复苏的火车头，希望资本主义社会再次出现 50—60 年代般的经济繁荣。美国"长波学派"经济学家罗斯托更竭力宣扬资本主义世界已进入第五次"经济长波"的上升波时期和资本主义长期繁荣的美好前景正在到来。但这种看法和实际情况完全不符，资本主义的繁荣时期并未到来，近两年来美国经济的发展速度又缓慢下来了，1985 年的国民生产总值实际增长率为 3%，1986 年为 2.9%，这是由于在 1979—1982 年的经济危机时期以及危机过后的时期中，国家垄断资本主义的生产关系并没有发生重大的局部调整。因此，国家垄断资本主义的生产关系对于当前的资本主义生产力来说，仍然停留在一种桎梏的状态，这种状态的存在和继续，不会导致繁荣，只会最终导致一次大危机。这一大危机，从"经济长波"运动的规律来看，发生在 20 世纪末和 21 世纪初的可能性是比较大的。

迄今为止，西方的经济学家都不能从本质上来分析和研究"经济长波"问题，因而，他们也不能够从理论上对于"经济长波"作出正确的阐述。当然我们关于"经济长波"理论的解释，仅仅是对建立马克思主义"经济长波"理论的初步探索。希望关心这一问题的同志与我们共同作进一步的探讨。

（原载《百科知识》，1987（12））

吴大琨自选集

五十年来的美国经济

现在让我们具体地来叙述一下这五十年来的美国经济的历史发展过程和它在经济上日趋衰败的变化趋势。

一、从威尔逊到罗斯福

当 1917 年列宁出版他的伟大著作《帝国主义是资本主义的最高阶段》时，也正好是美国的垄断资产阶级指使它们的工具——威尔逊政府参加第一次世界大战的那一年。第一次世界大战，用列宁的话来说，就是"强盗分赃战争"[1]。美国的参战，也就是美国这一帝国主义强盗参加了这场"分赃战争"。但由于西方的歪曲宣传，特别是由于美国参战时，威尔逊是打起了什么保护弱小民族，为了保卫"民主"、"正义"等等的幌子来参加的，欺骗了不少人，所以有些人至今还不能对美国参战的真正意义有正确的认识。为此，我们对美国的经济研究，就得首先从美国参加第一次世界大战时的经济背景说起。

美国参加第一次世界大战的意义

关于美国参加第一次世界大战的意义，列宁是亲自作过解释的。他在《战争与革命》这篇文章中说：

> 关于美国参战一事，我的看法是这样的。有人动不动就说，美国有民主，美国有白宫。我说，美国推翻奴隶制是半世纪以前的事情。美国解放奴隶的战争在 1865 年结束了。从那时起美国的亿万富翁就成长起来了。他们把整个美国控制在自己的财政魔掌之中，准备扼死墨西哥，而且必然要同日本展开太平洋的争霸战。……美国资本家需要干预这个战争，以便找到借口，用保护弱小民族的权利这个崇高理想做幌子，来建立强大的常备军。[2]

列宁的这个看法是完全正确的。大家知道，美国本是英国在北美洲的殖民地。它虽在 1776 年通过战争获得了独立，但正如马克思在《资本论》中所指出的那样，美国到了南北战争的时代，在经济意义上，仍然还是欧洲的殖民地。南北战争（1861—1865）结束之后，它的工业才特别迅速地发展起来，不久，就产生了垄断组织。垄断组织不断发展的结果，美国到 19 世纪末就发展成为列宁所说的帝国主义国家。美国的国家性质变了，它从事战争的性质当然也就变了。它现在从事的是侵略战争，再也不是像过去的独立战争或南北战争那样的带有进步性的战争了。1917 年时的美国，就已经和今天的美国一样，是一个为金融寡头所统治的帝国主义国家。列宁在《帝国主义是资本主义的最高阶段》一文中说："美国现在已经不是 9 个，而是 2 个最大的银行，巨万富豪洛克菲勒和摩尔根的银行支配着 110 亿马克的资本了。"[3] 1917 年时的美国，就正是以摩尔根、洛克菲勒为代表的垄断资本财团所统治的国家。其

233

中尤其是摩尔根财团，它当时的力量要比洛克菲勒财团的力量强得多。威尔逊政府就是当时被摩尔根财团所操纵的一个政府。这个曾被列宁称为"美国亿万富翁的头子，大资本家的走狗"的威尔逊，是在1912年当选为美国总统的；1916年时，又在"他使我们能避免战争"这个骗人的口号下，再度当选为总统。这是因为第一次世界大战初起时，美国垄断资产阶级原来的政策是保持中立，对交战的双方都供给他们以从事战争所必需的军火和物资，从而获取血腥的巨额利润。但到1917年时，情况已经有所改变。摩尔根财团和英、法方面的关系已经越来越深（当时摩尔根公司是代表英、法两国政府在美国的采购公司），美国出售给英、法方面的军火和物资已达到1 000万美元一天的巨数。美国贷给英、法方面的款项也已高达15亿美元，而贷给德国方面的款项则仅2 700万美元。在这种情况下，英、法政府如果在战争中失败，美国的大量贷款也将随之化为乌有。1917年3月5日，当时美国的驻英大使佩奇（W. H. Page）打了一个密电给威尔逊，主张"我们只有参战，才能保持我们当前的优越经济地位，同时避免倒账"。到4月6日，美国就对德宣战。所以美国并非为了什么"人道"、"正义"、"民主"而对德宣战是清清楚楚的。

美国参与第一次世界大战后，在经济上产生了两个后果。第一，从对外方面来说，美国原为欧洲帝国主义国家的债务国，战后就一跃而为债权国，资本主义世界的金融中心也随着由伦敦转向纽约。美国是依靠了第一次世界大战这个"强盗分赃战争"，才开始爬上资本主义世界的最高统治者的地位的。其次，从美国内部来说，发展了国家垄断资本主义。垄断资产阶级利用战争，控制国家机构的力量大大增强。除管制物资外，还由政府接管过全国的铁道系统，直到1920年才归还私人所有。尤其重要的是，垄断资产阶级开始利用战争，提高了联邦政府的财政权力。1914 年时，美国政府经费仅为 3 500 万美元，国债也只有 10 亿美元；1917—1919 年，美国战费总数已超出 420 亿美元，其中 95 亿美元是供贷给协约国的款项。战费的三分之一左右来源于赋税，三分之二左右来源于公债，国债因此一下子就跳到了 265 亿美元的巨数（至 1919 年 8 月 31 日止）。所有这些都不但使美国的垄断资产阶级可以利用战争大发其财，而且加强了联邦政府作为资金支付机构的作用，为后来罗斯福的实施"新政"创造了条件。所以美国的国家垄断资本主义，并非是像现代修正主义所宣传的那样是从 30 年代开始的，而实际上是从第一次世界大战时就开始了的。

美国在 20 世纪 20 年代的"繁荣"和 1929—1933 年的经济大危机

第一次世界大战打断了资本主义世界的经济周期，但战争一结束，支配着资本主义社会发生经济周期的经济规律就又开始发生作用。美国在 1920 年发生了战后的第一次经济危机，1920 年 6 月—1921 年 4 月，联邦储备局的工业生产指数下降了 32％，这一年失业率达到了 23.1％。从危机的破坏力来说，1920—1921 年的危机超过了美国以前所有的各次危机，但这次危机并未持久。危机过去以后，一直到 1929 年 10 月，美国就逐步进入了一个所谓"20 年代的繁荣"时期。在这次繁荣的时期里，美国在所有的资本主义国家中，经济高涨得最多，因为这时美国已经有条件剥削所有的资本主义国家（不仅剥削殖民地、半殖民地，也利用战债剥削其他的帝国主义国家）。美国垄断资本在战时所取得的巨额利润，大部分用来进行了新的工业投资，其中汽车工业和房屋建筑业的迅速发展，更带动了许多其他工业部门的固定资本的更新与扩大。美国垄断资本在这一时期内对工人的剥削也大大地增强了，它们推行了所谓"加快制度"或"合理化运动"来加强对工人的剥削。但繁荣并没有普及到所有的生产部门，它没有波及采煤业和纺织工业。繁荣也根本没有涉及农业。由于战争及其直接后果所引起的对美国农产品的需求的消失，美国在世界市场上销售农产品的困难便日益增加起来，因此，尽管工业中出现了暂时的繁荣，农业的生产过剩危机却在逐步加深着。

作为美国"20 年代的繁荣"的一个最大特征是通货、信用膨胀和大规模的交易所投机。产生投机的经济基础是货币资本过剩，生产的高度集中使人们除了购买股票外不能够对生产进行小额投资。1921 年 6 月—1929 年 6 月，美国的黄金储备虽从 26 亿美元增加为 30 亿美元，即增加了 15.4%，但美国的通货却从 447 亿美元增加为 718 亿美元，即其中无黄金储备的通货由 421 亿美元增加为 688 亿美元，增加了 63.4%。在通货和信用膨胀的过程中，是可以把本来已经存在工业生产中的生产过剩危机暂时隐蔽起来的，交易所中的投机更能使虚拟资本的增长大大超过实际资本很多倍，这是一种虚假的繁荣。美国"20 年代的繁荣"就正是这样。为繁荣冲昏了头脑的垄断资产阶级，在 20 年代里，不知有多少次宣扬过美国的永久繁荣时期已经到来。可是存在于资本主义社会里的经济规律总是要发生作用的，1929 年 10 月，美国股票市场的大崩溃，终于结束了这一投机买卖和资本家飞扬跋扈的时期，也打破了所有迷信美国经济可以永久繁荣的人的迷梦。

1929—1933 年的美国经济大危机开始了。在这四年的危机时期里，美国的国民经济在各方面都连续下降，股票市场价值共消失了 1 600 亿美元以上，基本工业生产下降了 50%，银行倒闭了 5 761 家，农产品价值从 85 亿美元降到了 40 亿美元，一切工业中的工资至少削减了 45%，到 1933 年为止，约有 1 700 万工人失业流落街头，还有几百万工人仅有部分工作。

这一发源于美国的大规模周期性危机非常迅速地传到了整个资本主义世界。整个资本主义世界的生产下降了 42%，国际贸易下降了 65%，全世界失业人数高达 5 000 万人左右。

这是资本主义制度带给资本主义世界人民的一场空前灾难。这一次的资本主义世界经济危机，和以前的一切经济危机都不同，这是资本主义在十月革命之后进入了资本主义总危机阶段以后所发生的第一次波及资本主义各国的经济危机。它和在 19 世纪所发生的一切经济危机有着很大的区别，因为：第一，已经不仅仅是在工业上发生危机，而是在农业上同时也发生了危机；第二，已经不仅仅是在生产范围和商业范围内发生危机，而是蔓延到了信贷关系、金融和债务等等范围之中，打破了各个国家彼此间以及各个国家内部各社会集团间历来因袭的关系。这是美国开始成为资本主义世界中最大剥削者以后所发生的第一次波及整个资本主义世界的经济大危机，所以危机在美国本身也表现得最深刻。

罗斯福的"新政"和凯恩斯主义

罗斯福就是在这样严重而又深刻的经济大危机的情况下，继胡佛之后在 1933 年 3 月 4 日上台的。但当时，危机的最低点实际上已经过去（危机的最低点是在 1932 年夏达到的）。由于资本主义经济规律的作用，也就是资本主义本身内部的作用，危机已在缓慢地转向萧条阶段，但不是和过去一样的萧条阶段，而是一种被称为"特种萧条"的阶段。这一点，我们以后再来说。现在要说的是，罗斯福一上台，他就实施了一系列的所谓"新政"措施来企图克服经济危机。这些"新政"措施，归结起来，主要不外下列几点：（1）通过国家保障存款的办法，使信用系统免于全部破产；（2）把投资银行和商业银行在形式上分开，尽可能恢复大众对银行的信任；（3）用法令，在一定程度上限制了交易所的投机买卖，不使投机妨碍资产阶级的正常剥削；（4）用政府款项兴建公共工程来促成就业和刺激公众的购买力；（5）用大量的贷款和津贴来救济摇摇欲坠的工商业；（6）对饥饿的失业者发给最低限度的救济，以法令规定实际上变为最高工资率的最低工资率；（7）鼓励私人投资；（8）用减少耕地和毁坏农作物的办法来克服农业的生产过剩；（9）放弃金本位，实行通货贬值，以减轻债务人的负担，同时加强对外的商品倾销，以转嫁美国的经济危机。

所有这一系列的"新政"措施，总的说来是要扩大政府开支，用国家的财政力量来干预国民经济的各个方面，而关键则在实施赤字财政。它是以凯恩斯主义的理论为根据的。因此，罗斯福的"新政"，实际上，也就是凯恩斯主义在美国的初步实施。由于罗斯福在实施这一套"新政"措施时，美国的经济危机已经渡过了它的最低点，在转向萧条阶段，生产有所上升，于是就使人产生了一种错觉，仿佛凯恩斯主义真能解决资本主义社会中的经济危机问题似的。但实际上完全不是这么一回事。

在这里，我们有必要简单说几句有关凯恩斯主义的话。凯恩斯主义是一种资产阶级的庸俗经济学，它和过去的资产阶级庸俗经济学不同的地方就在它是代表垄断资产阶级的利益的。凯恩斯是资本主义总危机时代的垄断资产阶级经济学家，他认为，垄断状态下的资本主义已经不再是一个能够自行调整的经济制度，因此就必须由政府利用增加政府开支、直接干涉和津贴工业，否则就会遭到毁灭，无可挽救。但是政府又怎么能够无限度地用增加开支来刺激投资、扩展工业生产呢？按照凯恩斯的理论，就是要使政府的支出超过赋税的收入，也就是说要实行赤字财政，使政府增加国债。他认为，只要实行赤字财政，无限制增加国债是能够创造资本主义社会中所需要的任何数量的购买力和保证充分就业的。

从马克思主义的经济学理论看来，这种凯恩斯理论的荒谬性是十分明显的，因为通过赤字财政、增加国债等办法，实际上就是通过国家预算来对国民收入进行有利于垄断资产阶级的再分配。在这种情况下，垄断资产阶级一定会愈来愈富裕，无产阶级则一定会愈来愈贫困，归根结底，就会使资本主义社会中的固有矛盾更加尖锐化，经济危机更加深刻。但凯恩斯的理论对于维持垄断资产阶级的利益，利用经济危机来发财致富，却是很有用的。凯恩斯主义之所以发源于英国，但却在美国受到了最大的欢迎，理由也就在此。

罗斯福在 30 年代实施"新政"的结果，虽然通过举办公共工程等的措施，消纳了一部分失业者，但消纳得实在很有限，直到 1935 年，失业大军至少还有 1 000 万人。国内的投资额尽管政府作了各种刺激，也增加得不多，投资总额在 1934 年仅 29 亿美元，1935 年为 63 亿美元，都远远低于 1929 年的 162 亿美元的水平。从 1933 年起，美国实际上进入所谓"特种萧条"的阶段，这是一种"决不会把工业引到新的高涨和兴旺"的"萧条"阶段。[4]事实也确实是这样，这种"特种萧条"阶段在继续了几年之后，接着来的并不是繁荣，而是另外一次新的经济危机，即从 1937 年下半年开始的新的经济危机。当时尽管罗斯福还在用政府开支刺激投资，国内的投资总额仍从 1937 年的 117 亿美元降为 1938 年的 67 亿美元；失业人数也再度增加。倘若不是发生第二次世界大战，1937—1938 年的经济危机肯定还会继续恶化下去。从这里可以证明，罗斯福实施"新政"，也就是实施凯恩斯主义的结果，并没有能够改变资本主义社会的固有经济规律。凯恩斯主义解决不了资本主义社会中的经济危机问题。但这当然也并不等于说，罗斯福的"新政"就没有对美国的经济发生任何作用，恰好相反，影响还是很大的。罗斯福的"新政"实际上是继威尔逊之后的国家垄断资本主义在美国的进一步发展，是美国垄断资本控制国家机构的进一步加强。它的影响至少表现在下列三个方面：第一，由于罗斯福实施"新政"，为美国垄断资产阶级所控制的美国的联邦政府从此确实走上了经常扩大政府开支，实施赤字财政的道路。美国的国债从此扶摇直上，由 1929 年的 169 亿美元上升为 1939 年的 404 亿美元和 1945 年的 2 586 亿美元。由于"新政"规定了购买公债的款项可以免税，而银行吸收的活期存款又可以不付息，因此美国的任何金融机构，只要把吸收来的存款购买公债，就可以不费吹灰之力地大赚其钱。到 1939 年时，美国联邦储备银行会员银行的 40% 的动产已经都是政府的公债。垄断资产阶级通过国家财政剥削人民的力量是大大加强了。第二，由于罗斯福宣告放弃金本位，并主动按照高于当时按金法郎计算的美元牌价购进黄金，人为地实行了美元贬值，使美国当时已经拥有的价值 40 亿美元的黄金一下子增加为 68 亿美元。（美国收购黄金的价格原为 20.67 美元一盎司，这时正式改为 35 美元一盎司。这个价格从 1934 年 1 月 30 日正式确定起，就一直保持到了现在。）这就不但减轻了债务人约 40% 的负担，而且增加了美国在资本主义世界市场上进行商品倾销的力量。美元贬值后，当时资本主义世界中仅存的以法国为首的"金集团"就相继崩溃，使资本主义的货币制度危机有了新的发展，但美国的垄断资产阶级则加强了转嫁经济危机的手段。（关于这一点，我们以后还要详细论述，现在只是先把这个问题提出来。）第三，也可说是罗斯福实施"新政"的最大一个影响，就是他欺骗和麻痹了美国的工人阶级。这种毒害，一直到现在还没有肃清。因为罗斯福实行"新政"的一个主要的政治目的，就是要阻止在大危机的年代里当时已经倾向于战斗的人民去采取更为激烈的行动。罗斯福用了一大套改良主义的办法来欺骗人民，从而稳定了美国的金融资本统治。从罗斯福的"新政"实施后，美国的垄断资产阶级的代言人——"经济学家们"，就大吹大擂地叫喊美国成为了所谓"福利国家"（welfare state）。他们极力要人相信，只要政府继续扩大开支，举办各种"福利事业"，美国人民就可以享受到比社会主义国家的人民还要好得多的幸福生活。可是实际的情况怎么样呢？实际的情况是：在帝国主义时代，在一个垄断资产阶级专政的国家里，不断增加的政府开支绝大部分都只能是用来从事扩大侵略战争的所谓"国防费用"；所剩下来的所谓"福利费用"，真是杯水车薪，无济于事。这还不算，就是这些少量的"福利费用"，也并不是真正用来改善广大美国劳动人民的生活，而只是用来收买和津贴一部分工人贵族的费用。这实际上是必然的。在垄断资产阶级专政的国家里，垄断资产阶级政府在对工人运动的问题上，总是要把镇压和欺骗相结合的。"新政"对于美国的劳动人民就是一种新的欺骗，但这种欺骗是发生了一定作用的。前美共主席福斯特过去即曾指出过这一点。他在1949年发表的一篇文章里说：

> 工会基层群众也浸透了凯恩斯（罗斯福派）主义，认为政府的工作计划和广泛的社会安全措施足以解决他们的一切社会问题，认为这是摆脱失业的最后保证。[5]

福斯特在 1956 年发表的另一篇文章中更进一步指出：

> 40 年前，马克思主义的传播得到工会群众的欢迎，劳工运动差不多有一半在不同程度上接受了马克思式的社会主义终将会实现的这种总的看法。可是到了今天，大部分的美国工会里简直听不到马克思主义的理论。目前笼罩着一切的意识形态用美国的特殊形式表现的凯恩斯主义。[6]

从这里可以看出，从罗斯福时候开始起实施的凯恩斯主义，确确实实是马克思主义的死敌。那些认为凯恩斯主义是"进步"的，可以作为"进步的资本主义"的施政纲领等等的主张是完全错误的。凯恩斯主义之所以会在美国的工会和工人中一时比较流行，当然不是偶然的。这说明了美国现在的工会是黄色工会，工会成员多数是工人贵族。问题还在于，在美国以及其他国家的无产阶级、进步人士中间，也有一部分人曾经受了罗斯福"新政"的欺骗，认为"新政"或凯恩斯主义是"进步"的，从而产生了修正主义，成为现代修正主义的一个很重要的组成部分。至于一些叛徒们想利用凯恩斯主义来推翻马克思列宁主义的理论，那就更不用说了。我们在前面谈到的南斯拉夫出版的现代修正主义的政治经济学教科书，它为什么要把 20 世纪 30 年代后的资本主义社会说成是一个不适用列宁的帝国主义理论来解释的阶段，就也和罗斯福的"新政"有关。就美国来说，从威尔逊到罗斯福，正好是美国的垄断资产阶级进一步加强控制国家机构，对工人阶级进行残酷剥削、进攻的时期。但是这些剥削和进攻，是披着"改良"和"民主"的外衣来进行的。因此，我们更有必要来对此加以揭露和批判。

二、从杜鲁门到约翰逊

美国在从威尔逊到罗斯福的时期中，已经发展了国家垄断资本主义，但还没有使国民经济军事化。经过了第二次世界大战，在从杜鲁门到最近的约翰逊政府的时期中，由于资本主义总危机的进一步加深，美国国内矛盾的进一步加剧，美国就和第二次世界大战前的德国、日本、意大利等法西斯国家一样，在经济上走上了国民经济军事化的道路，在政治上走上了法西斯化的道路。在这个时期里，美国依靠它的军事力量和经济力量建立了一个企图把全世界都置于它的奴役和控制之下的军事、金融帝国。它不断地向世界各国人民（包括美国人民在内）进攻，掠夺各国人民的财富，欺侮和奴役各国人民，同时不断地挑起侵略战争，准备进行一场世界战争，所以第二次世界大战以后的美国经济，实际上是一种"备战经济"。毛泽东主席指出，"美帝国主义称霸全世界的侵略计划，从杜鲁门、艾森豪威尔、肯尼迪到约翰逊，是一脉相承的。"[7]这一脉相承的战争和侵略的根源就是美国的垄断资本主义经济制度。现在我们且从杜鲁门时期起，简单地来回顾一下战后美国的经济发展情况。

美国在第二次世界大战期间的经济扩张和它的奴役世界计划

我们在前面曾经说过，美国在 1929—1933 年发生的经济大危机，一直到 1938 年时还处在"特殊萧条"阶段，当生产还未恢复到 1929 年的最高水平时，一个新的经济危机却又到

243

来。根据美国官方统计，美国在 1939 年的工业开工率只有 33%，失业人数将近 1 000 万。美国的经济是完全依靠从 1939 年起的第二次世界大战中浩大的军事订货的刺激，才恢复并超出 1929 年危机前的水平的。1939—1944 年，美国的工业生产增加了 116%，新厂与新设备的投资数额高达 250 亿美元，其中 2/3 是由政府供给的。这一投资使美国的工业生产能力扩大了约 40% 左右，失业人数也从 1939 年的 1 000 万人左右减少为 1944 年的不到 70 万人。垄断资本家的利润更是大大高涨，1939—1944 年，美国公司的纳税前利润大幅增长了 370%，纳税后利润增长了 120%。这真是美国资产阶级的空前繁荣时期。但资本主义国家的经济，要依靠战争才能刺激起来发展，这当然也就充分证明了它的腐朽。这样的繁荣，当然也绝不能持久。所以早在 1942 年，毛泽东主席就指出："美国帝国主义在第二次世界大战期间所增强起来的经济力量，遇着了不稳定的日趋缩小的国内市场和国际市场。这种市场的进一步缩小，就要引起经济危机的爆发。美国的战争景气，仅仅是一时的现象。它的强大，只是表面的和暂时的。国内国外的各种不可调和的矛盾，就像一座火山，每天都在威胁美国帝国主义，美国帝国主义就是坐在这座火山上。这种情况，迫使美国帝国主义分子建立了奴役世界的计划，像野兽一样，向欧亚两洲和其他地方乱窜，集合各国的反动势力，那些被人民唾弃的渣滓，组成帝国主义和反民主的阵营，反对以苏联为首的一切民主势力，准备战争，企图在将来，在遥远的时间内，有一天发动第三次世界大战打败民主力量。这是一个狂妄的计划。全世界民主势力必须打败这个计划，也完全能够打败它。"[8] 毛主席的这一英明论断，早已为历史证明完全正确。我们现在甚至已经可以从当时美国的反动头子杜鲁门所写的回忆录中找到材料来加以证实。杜鲁门在他的 1945 年时期的回忆录里曾经供认说：
"作为一个占世界领导地位的国家，我们有义务为世界的未来
和平（应理解为美国的世界霸权——引者注）建立一个巩固的
基础。美国的未来正如同在战争时期一样，是处在危险之中
的。……我对阁员们说，制定一个新的军事政策的时候已经到
来了。如果我们打算在其他国家中保持领导地位，我们就必须
继续保持强大的军事。在 1945 年 9 月 6 日的关于国内立法的
21 点咨文中，我通知国会说，我将很快地送交关于国家的军事
安全的长期计划。"[9] 杜鲁门在这里所说的"国家军事安全的长
期计划"，就是美帝国主义发动侵略战争、企图奴役世界人民的
长期计划。杜鲁门当时不得不制定这一计划，就是因为他是坐
在火山上。他面对着美国在战时所增强起来的经济力量，害怕
一旦战争结束，就立刻出现经济危机，所以他在考虑侵略计划
的同时，还提出了一个所谓"充分就业"的法案。

1946 年《充分就业法案》的反动意义

杜鲁门在 1945 年 9 月 6 日向国会提出过一个咨文。咨文
中要求制定一项"充分就业"的立法。杜鲁门在他的回忆录里
供认说：

> 当我第一次提出充分就业的建议时，我思想上认为，
> 如果 20 年代的情况重演的话，我们国家将有 200 万～800
> 万人失业。没有人确切知道美国在生产和就业方面会发生
> 什么情况。但我愿尽一切努力来制止过去几十年所发生过
> 的那种可怕的失业现象。
>
> 充分就业是 21 点中我最希望迫切采取行动的一项，
> 因为战时生产一旦削减，复员工作一旦加快，这个问题是
> 一定要发生的。[10]

正是由于美国垄断资本集团害怕美国再发生像 1929—1933 年那样的经济大危机，所以杜鲁门的这个《充分就业法案》就在 1946 年被通过和施行了。这个法案中规定，"授权总统在总统办公室设立经济顾问委员会。这个三人委员会的工作是帮助总统决定政府应当怎样来使全国的经济机能顺利发展和繁荣。这个委员会还有责任协助总统草拟经济报告，在国会每届正式会议开幕后六天内提出。"这个法案并规定："成立一个两院联合委员会，由七个参议员和七个众议员组成，负责研究总统提出的关于就业计划的建议，并向国会提出报告。"[11] 这就是从 1947 年以来，人们为什么每年都能看到美国总统向国会提出一份经济咨文的法律根据。

关于这个法案的通过，美国资产阶级学术权威如汉森（Alvin H. Hansen）之流是曾经大加吹捧的。汉森在他所著的《美国的经济》一书中，曾将这个法案称做"经济计划的大宪章"，认为是"在某种意义上成为近年来对美国经济起了改造和大为加强的作用的建设的基石"[12]。

这些吹捧，当然是垄断资产阶级"学者"的一派胡言。但我们也可以从反面看到美国的垄断资产阶级是确实重视这个法案所起的作用的。我认为，从 1946 年的《充分就业法案》被通过和施行一事中，至少可以看出两件事情。

第一，美国的垄断资本集团，在第二次世界大战后，在资本主义总危机的进一步发展的情况下，已确实感到美国的资本主义制度是岌岌可危了，它们已不能不动员起全部的力量来和资本主义的经济危机作垂死的挣扎。如果说罗斯福的"新政"还只是临时性的对付经济危机的"救急"的措施，那么，由杜鲁门提出来并施行的《充分就业法案》，就是带有长期性的企图挽救经济危机的措施了。因此，这一法案的施行本身就说明了，资本主义经济制度中的危机正在加深，它已威胁到了垄断资本集团的统治阶层，使它们不得不在统治机构中专门设立一个专职机构，来认真对付经济危机。

第二，作为代表垄断资产阶级经济利益的凯恩斯主义，现在是正式作为官方的经济学说而加以运用了。《充分就业法案》的理论根据，基本上就是凯恩斯在 1936 年出版的《就业、利息和货币通论》。这也可以说是一种"时代的趋势"，就是说，资本主义在进入了总危机的时期后，资产阶级原来信奉的那一套庸俗经济学，即旧的正统经济学，就已确实再不能解决问题了。所以有些执政的垄断资产阶级代表人物，如美国的罗斯福，在 30 年代就开始信奉凯恩斯主义。罗斯福的"新政"就是凯恩斯主义在美国的最初施行，这在前面我们已经讲过了。经过了第二次世界大战，资本主义的总危机进一步加深，各国的执政的垄断资产阶级所遭遇到的危机是同样的，因此，凯恩斯主义也就进一步在资本主义国家中盛行起来。当时，不但在美国由杜鲁门提出了《充分就业法案》，而且在英国，也早在 1944 年 5 月，就由保守党的丘吉尔政府发布过一个关于就业政策的《白皮书》。与此同时（1944 年 6 月），一个称为威廉·皮维列治爵士的还出版了一本名为《在一个自由社会中的充分就业》的书，提倡政府实施"充分就业"。由此可见，杜鲁门在美国所以提出《充分就业法案》，完全不是一个偶然的、孤立的事件。杜鲁门根据《充分就业法案》而成立的经济顾问委员会，以及在杜鲁门之后美国历届政府的经济顾问委员会中的经济学家，几乎都是凯恩斯主义者。（当然，他们之间也有不同意见，因为在凯恩斯主义者内部是有不同的派系的。）他们都重视研究所谓"大经济学"（macroeconomics）[13]＊，即着重研

＊ 文中的"大经济学"和"小经济学"现通常译为"宏观经济学"和"微观经济学"。

究整个国家的国民生产总值、国民所得、整个社会的就业情况、物价水平和工资水平等等。他们认为，只要掌握了一个国家的上述经济情况，就可以运用财政和金融政策，即增加或减少政府开支、增加或减少税收、增发或减发公债、提高或降低利率等方法来对整个的国民经济加以调节，以达到充分就业和避免发生经济危机。这当然是一种妄想。因为资本主义社会之所以会经常发生经济危机，是由于资本主义社会的基本矛盾，即生产的社会性和私人资本主义占有形式之间的矛盾，这个矛盾在资本主义社会内是无法解决的，要消灭危机就必须消灭资本主义。事实也证明是这样：战后美国实施了《充分就业法案》后，二十年来已经发生过四次经济危机，失业问题也越来越严重。所以实施凯恩斯主义已经被证明并不能消灭经济危机和真正解决失业问题。但垄断资产阶级政府之所以要应用凯恩斯主义，却正好说明了这样的一个事实：在国家垄断资本主义的条件下，亦即垄断资本集团操纵整个国家机构的情况下，垄断资产阶级政府已经必须掌握整个国家的国民收入等情况，并根据这些情况来进行统治和剥削人民。美国总统经济顾问委员会的设立，就是标志着美国的垄断资本集团对整个国民经济控制的加强，这实际上是美国垄断资本集团以提倡充分就业、防止发生经济危机为名，利用国家机构，实施扩军备战，对整个的国民收入进行有利于垄断资本集团再分配的一个重要设计机构。自这一机构成立以来，凯恩斯主义就更加盛行起来，对欺骗美国人民、加强垄断资本集团的专政起了一定的作用。对于这一意义，我们是应当加以重视的。

战后美国的国民经济军事化及其引起的严重后果

为了维持、巩固和扩大美国的世界霸权，并妄图避免经济危机，杜鲁门政府以及杜鲁门以后的各届政府，都不断地扩军备战，使美国的国民经济走上了军事化的道路。它们最主要的具体措施就是通过国家预算进行大量的军费支出，利用军事订货和对垄断资本家实行加速折旧等优惠税率，以刺激工业部门的投资。美国在第二次世界大战后的直接军事开支平均总要占到联邦政府预算的一半以上，有时甚至接近三分之二。就直接军事开支绝对数字来说，到第二次世界大战后，美国政府的任何一年的直接军事费用（近年已达500亿～600亿美元），都比战前十年的美国直接军事费用的总数还要多，如果再加上间接军事费用，那么数字当然就更大。例如以1967年财政年度的美国预算来说，美国联邦政府每花1美元就有73美分是花在直接和间接的军事费用上——其中"国防开支"与"国际事务"占48美分，越南战争占9美分，利息（主要还是因战争需要而发行的公债）11美分，再加退伍军人费5美分，共73美分——几达全部预算的四分之三。美国在战后既然花了这么多的军事费用来扩军备战，进行军事订货，和军火生产有关的工业部门当然就会大大地发展起来，兴起了一些新的工业部门，并在一定限度内带动其他旧的工业部门也发展起来。

战后美国的企业资本支出增加数见表1。

表1 单位：亿美元

年份	总额	比上年增加数	年份	总额	比上年增加数
1945	86		1956	350	＋63
1946	148	＋62	1957	369	＋19
1947	206	＋58	1958	305	－64
1948	220	＋14	1959	325	＋20
1949	192	－28	1960	356	＋31
1950	206	＋14	1961	343	－13
1951	256	＋50	1962	371	＋28

续前表

年份	总额	比上年增加数	年份	总额	比上年增加数
1952	264	+8	1963	388	+17
1953	283	+19	1964	449	+61
1954	268	−15	1965	509	+60
1955	287	+19	1966*	608	+99

* 1966 年为估计数字。

资料来源：表中数据根据美国历年发表的商务部官方数字整理。

从这些数字中，我们可以看出：战后的美国，除在 1949
年、1954 年、1958 年和 1961 年企业的资本支出数字是下降的
以外，各年的资本支出就都是上升的。这 4 个年份，也正好是
美国发生经济危机的年份。1962 年以后，一直到现在，由于
肯尼迪和约翰逊疯狂扩大了在越南的侵略战争，并用对垄断组
织减税、退税、增加折旧基金等办法进一步刺激了投资（1964
年与 1965 年的减税总数为 170 亿美元），所以企业的资本支出
就进一步上升，造成了畸形的"战争景气"。但是这种依靠扩
军备战的刺激而形成的生产增长和战争景气，毕竟是不能持久
的。刺激的力量只要稍微一减小，投资就会减少，生产马上就
会下降，发生经济危机。经济危机发生后，美国的垄断资产阶
级统治者就要用较前更大规模的扩军备战来刺激投资，这就好
像病人打吗啡止痛一样，越打瘾就越深，害处也就越大。战后
美国的垄断资本集团为什么会越来越好战，越来越猖狂地挑起
侵略战争？这就是一个最主要的原因。但国民经济军事化实际
上是资本主义腐朽的最重要表现形式之一，它不但不能为资本
主义社会解决矛盾，而且还会引起更加严重的经济后果。战后
的美国，正是由于实施了国民经济军事化，所以就产生了下列
的严重后果。

第一，它使美国的资本主义生产无政府状态发展得更加严
重。战后美国的军事生产发展是有"计划"的，例如 1950 年

通过的 1950—1955 年美国军火工业企业扩大计划，就是美国军事动员总计划的一部分，其中除规定政府向原子生产以及其他军火部门投资外，还规定美国私人公司向军火企业投资 300 亿美元，凡参加这些投资的私人公司都可以加速折旧。但这些计划所扩大的都是和军火生产有关的工业部门。这样，就不但使生产资料的生产和消费品的生产之间加深了不相适应的情况，而且也加深了在生产资料的各部门之间的不相适应的情况。在这些部门的总产量中，军火生产的比重是依靠降低其他种类的生产资料的比重而得到提高的。这样就使在和军火生产没有直接关系的经济部门中，固定资本的更新和扩大受到了阻碍，而与此同时，在有关军火生产的工业部门中，却又因为生产设备能力的过分扩充而为企业的经常开工不足创造了条件。这种国民经济各部门发展不平衡的结果，到一定程度上当然会引起严重的经济危机。

第二，它促使美国的国民收入发生了不利于劳动人民的再分配，使垄断资本家愈来愈富，而多数劳动人民则愈来愈穷困。这是因为，为了扩军备战和防止经济危机，美国政府就实施赤字财政并用推销公债的方法对人民加重征税，并实施通货膨胀的办法来筹措资金。这一切重担都不可避免地压在劳动人民身上。据统计，美国的各种税收（包括联邦政府、州政府和地方政府的）目前已差不多要取去劳动人民的三分之一的工资。至于那些垄断组织和垄断资本家，虽然在表面上也要负担相当大的一部分赋税，可是由于垄断组织和资本家能够想出各种巧妙的逃税方法，又可以从政府那里取得各种高额的津贴和补助，近年甚至于可以减税、退税，所以美国的税收负担实际上主要是压在广大的劳动人民身上的。公债也给劳动人民增加了负担，因为国家必须为公债支付利息，而为了支付利息，它必须更多地向人民征税，购买公债的又绝大多数是垄断组织，所以通过发行公债就等于垄断组织又向劳动人民增加了一次剥削。至于通货膨胀，对于广大的依靠工资收入的职工和有固定的货币收入的人（如养老金的取得者），由于生活费用上升、实际收入减少而受到的打击，当然更是十分明显的事。现在美国的通货膨胀，随着国民经济军事化的加深，还在不断发展，这样就使广大劳动人民的实际支付能力越来越趋于缩小，使美国社会中的生产和消费之间的矛盾更加尖锐起来。

第三，它促使美国的国际收支更加趋于不平衡而发生逆差。美国的国际收支不平衡并非完全是由于扩军备战而引起的，它和战后美国的大量资本输出有更大的关系（对此我们将在别处加以讨论）。但战后美国的不断增加海外的军事开支，特别是最近的越南战争，却是促使国际收支更加趋于不平衡的一个重要因素。美国在国际收支上发生了逆差，再加上美元在国内通货膨胀，美元的购买力不断下降，这就影响了美元的国际信用。其他各国近年已提出"要黄金不要美元"的口号，美国的黄金储备也就不得不纷纷外流。美国在 1949 年时，曾有黄金 245.6 亿美元，占资本主义世界黄金储备总额的 71%，而目前美国的黄金（1966 年 11 月 30 日为止）已仅有 131.59 亿美元，仅占资本世界黄金储备总额的三分之一强。美元的信用随时都可进一步发生动摇，这对美国这一"金元帝国"是一个致命威胁。

第四，它促使美国社会的整个经济发展速度大大放慢。这是因为，在军事化的条件下，扩大再生产的性质本身已起了很大的变化。如果说生产资料的扩大再生产会增加社会上现有的实际资本，那么军备的扩大再生产就在客观上意味着社会上一部分实际资本的消灭。因为这部分实际资本由于是以大炮、坦克、军用飞机、核武器等形式体现的，它除了在战场上被毁灭外，就只能在将来作为过时的武器而报废。军火生产可以大量增加体现在垄断组织所掌握的股票和债券之中的虚拟资本的数额，货币资本的数额也会增加，就是不会在客观上真正增加社会的物质财富。所以一个国家的军火生产越发展，真正可以增加这个社会的物质财富的扩大再生产就会缩小，社会的经济发展速度当然也就会放慢。美国在战后是主要资本主义国家中军火生产得到最畸形发展的一个国家，所以它的经济发展速度也就远低于联邦德国、法国等国家，这绝不是偶然的。（按人口平均计算的生产增长率，在 1950—1960 年的十年中，美国仅为 1.6，联邦德国为 6.5，意大利为 5.3，法国为 3.6。）这样就进一步促进了帝国主义国家所固有的不平衡的发展，使美国和其他帝国主义国家之间的矛盾更加尖锐起来。这对美国想继续保持资本主义世界中的霸权的计划，当然更是一个致命的威胁。

恩格斯在 19 世纪 70 年代所写的《反杜林论》一书中曾说："军国主义统治着并且吞噬着欧洲。但是这种军国主义本身也包含着自己毁灭的萌芽。"[14]这话现在完全适用于美国。

战后的美国，正是因为统治的垄断资本集团提倡军国主义，实施了畸形的国民经济军事化，产生了这么多的严重经济后果，所以美国的经济力量，在这二十年来，不是越来越变得强大，而是越来越变得虚弱。从 1957—1958 年的经济危机以后，美国在战后所建立起来的资本主义世界霸权实际上已经动摇，它所建立的军事、金融帝国实际上已经开始瓦解。当然，约翰逊之流现在还正在想作垂死的挣扎，妄图扩大越南的侵略战争，把战争的烽火直接烧向中华人民共和国。但它越是这样做，它国内外的经济矛盾就越会加剧，直至使它完全垮台为止。所有这一切，我们将在本文的最后一小节"瓦解中的美国金融帝国"中，比较详细地加以论述。

战后美国经济危机的加深

前面曾经讲过，第二次世界大战一结束，杜鲁门就对美国的经济危机害怕得要死，妄图以实施《充分就业法案》来挽救美国的经济危机。但经济危机要周期地发生是资本主义社会中不可抗拒的经济规律，所以尽管杜鲁门政府，以及在杜鲁门政府之后上台的艾森豪威尔政府、肯尼迪政府以及当前的约翰逊政府，都不断地扩军备战，不断地采取了各种旨在防止发生经济危机的措施，但是美国的经济危机还是在战后不断地发生了。战后的美国已经发生过 4 次经济危机，即 1948—1949 年一次，1953—1954 年一次，1957—1958 年一次，1960—1961 年一次，其中以 1957—1958 年的一次最为严重。在 1957—1958 年的经济危机中，依据官方数字，工业生产指数下降了 14.8％，国民生产总值（以实际价格算）下降了 221 亿美元，失业率也从 3.6％上升为 7.5％（经过季节调整后数字）。由于战后美国的 4 次经济危机都没有出现像战前 1929—1933 年大危机时的情况，因此一些资产阶级学者和一些现代修正主义分子就叫嚷说，战后美国的经济危机已经在性质上变得"轻微"了，或者根本不能算是周期性经济危机，而只能算是什么"衰退"或者什么"中间性危机"了。这些"理论"都是错误的。其所以错误，就因为他们没有注意到战后美国发生经济危机的具体条件，没有从实质上看问题而只从表面形式上看问题。

由于战后美国的经济危机是发生在资本主义总危机进一步加深，国家垄断资本主义和国民经济军事化条件下的经济危机，所以它的出现形式是会和过去有所不同的。但战后美国的经济危机，虽然在危机出现的形式上和过去有所不同，从危机的实质上来说，则只有比过去变得更加严重，并没有变得更加轻微。说战后美国的经济危机变得轻微了的根据是什么呢？无非是因为，在战后美国的几次经济危机出现时，工业生产下降的幅度都不大，持续的时间也不久（一般都只在一年左右），而尤其重要的是，除 1948—1949 年的一次物价有轻微下降外，几次经济危机时的物价就都不是下降而是上升的。在危机的过程中都没有出现如银行大批倒闭、交易所关门等现象。根据这些情况说危机的形式已经有所改变是对的，但若说危机的性质已经变得轻微则是不对的。这是因为：

第一，战后美国的经济危机是发生在资本主义总危机进一步加深条件下的经济危机。这时的整个资本主义世界，由于社会主义阵营的壮大，民族民主革命运动的蓬勃发展，资本主义社会内部各种矛盾的不断尖锐化，已经变得比战前更加腐朽、虚弱，特别是战后的美国，由于实施了国民经济军事化，它的社会扩大再生产过程已经变成是一种愈来愈要依靠国家用扩军备战的财政力量，以及预支社会未来购买力的力量（如消费信贷）来支持的扩大再生产过程。在这种扩大再生产过程中，它所要依靠的扩军备战的财政力量以及预支社会未来的购买力愈大，就愈证明它的腐朽和虚弱。战后美国的再生产过程依靠国家财政力量作支持的比重是在不断增加的，这从美国官方公布的国民生产总值中，政府（包括联邦政府、州政府和地方政府）购买物资与劳务支出的比重已经愈来愈大的趋势中可以看出。大概在 1952 年以后，美国政府购买物资与劳务的比重已超过国民生产总值的 20% 以上，这和 1929 年时美国政府收购物资与劳务的比重仅为 8.1% 比较，国家用财政力量来支持再生产过程的比重已增加为 2.5 倍左右。在战后美国的扩大再生产过程中，除了依靠国家财政力量的支持外，也还依靠预支社会未来购买力的支持，这是可以从战后美国的消费信贷债务的激增这一点上看出来的。美国在 1929 年，消费信贷仅为 64 亿美元，经过了 1929—1933 年的经济危机后，消费信贷更减少为 34 亿美元。战后的美国则正相反，消费信贷额不但年年增加，而且在经济危机时也仍然增加。1945 年时美国的消费信贷额为 56 亿美元，到 1948—1949 年发生危机时已增加为 173 亿美元，1953—1954 年危机时增加为 324 亿美元，1957—1958 年危机时增加为 455 亿美元，1960—1961 年危机时增加为 571 亿美元，而截至 1965 年底则已高达 859.8 亿美元。上述消费信贷额如再加上其他的私人债务（如房屋抵押借款数等），则数字当然还要大。这些数字说明，在战后的经济发展过程中，美国实际上是在依靠不断预支社会未来的购买力的方式在那里维持生产。寅吃卯粮，这当然是无法持久的。战后美国的扩大再生产过程，既然是依靠国家财政的力量以及依靠预支社会未来购买力的力量来勉强支持的，我们就不能把在这样的再生产过程中发生经济危机时所出现的生产下降数字与失业人数，跟战前发生经济危机时所出现的生产下降数字与失业人数同等看待。战后美国发生经济危机时，如果生产下降 10％，在实际的意义上来说，就意味着如果没有政府的财政支持以及预支社会未来购买力的支持，它就可能至少要再多下降 30％。因此，如果只简单地看到战后美国经济危机发生时的下降数字比战前小，就认为战后美国的经济危机比战前"轻微"了，那是不符合实际情况的。

其次，我们还必须看到，正是因为战后的美国是在不断依靠国家财政的力量以及预支社会未来购买力的力量，在那里勉强支持扩大再生产，所以每逢美国的经济危机发生时，必定就会同时并发财政上的赤字危机，社会上的通货、信用膨胀危机，以及由此而引起的美元危机等等。列宁曾在《帝国主义是资本主义的最高阶段》一文中指出："危机——有各种各样的危机，最常见的是经济危机，但不是只有经济危机"[15]。所有这些与经济危机同时并发的财政赤字危机、通货膨胀危机、美元危机等，能不能说没有加重美国的经济危机，反而减轻了美国的经济危机呢？当然是不能的。这些危机的并发，不但对危机中的工人阶级来说，打击是极大的，对整个资本主义社会发展的后果来说，影响也是极其严重、极其深远的，而且它还充分地证明了想用政府财政的力量以及预支社会未来购买力的力量来勉强支持社会的扩大再生产过程是有着它的限度的。这个限度将在何时到达，我们现在不能作机械的预言，但这个限度一定会在最近的将来到达是完全可以肯定的。到了那时，美国将再度出现像 1929—1933 年那样的生产大幅度下降，全失业人数上千万人增加的可能性是完全存在的。我们可以这样说：美国政府目前用财政手段来堵塞原来可以通过物价下跌等经济危机正常现象来使得资本主义社会中的矛盾取得"暂时的暴力的解决"的"泄气口"（马克思语），堵塞的时间越久，它今后所将遭受到的惩罚，堵塞的"泄气口"一旦溃决的灾祸，就将愈加无法收拾。所以认为战后美国的经济危机已经在性质上变得轻微或将长此轻微下去的"理论"，显然是毫无根据的。事实是，战后美国的经济危机比之战前的经济危机，在性质上来说，在促使美帝国主义可以走向最后崩溃的意义上来说，已经变得更加严重了。

约翰逊的"伟大社会"和"充分就业"是最大的欺骗和谎言

就战后美国经济的整个发展情况来说，1957—1958 年的经济危机确实是一个转折点。从那个时候起，以美国为首的帝国主义力量就进一步削弱，国际上出现了毛泽东主席所指出的"东风压倒西风"的形势。就美国的国内经济情况来说，即使根据美国官方所公布的数字，把1948—1956年的工业生产增长情况、失业情况来和1956—1962年的工业生产增长情况、失业情况作一比较，我们就也可以看出，这两个阶段的情况是有显著的不同的。不同的情况见表2。

表2

时期	国民生产总值增加与工业生产指数分数(以不变价格计) 增加百分数(%)		失业率(全期平均数)(%)
1948—1956年每年平均增加数	38.0 4.7	46.0 5.7	4.3
1956—1962年每年平均增加数	18.0 3.0	6.0 1.0	5.6

从表2中可以清楚看出，在1957—1958年的经济危机以后，美国的经济增长率实际上已经陷于半停滞的状态，而失业率则较前大大高涨。这种经济形势对于美国资本集团的统治来说，当然是不利的。这就是为什么继艾森豪威尔之后上台的肯尼迪、约翰逊要扩大侵略越南战争的主要经济背景。肯尼迪和约翰逊，特别是约翰逊，都企图用把青年送去越南作炮灰的办法来减轻国内的失业问题的严重性。这本来是一种法西斯主义"消灭失业"的办法，当年希特勒在德国就曾经用这种办法"消灭"过失业。现在美国的约翰逊政府所走的道路就是这条当年希特勒所曾经走过的道路。美国官方公布的失业率，在1963年为5.7%；越南战争扩大后，失业率就开始下降，1964年上半年为5.4%，下半年为5%；到1966年1月，失业率已降为4%。于是约翰逊就大为得意，在《充分就业法案》颁布二十周年纪念会上，居然厚颜无耻地宣称美国已达到所谓"充

分就业"。但这又是什么样的"充分就业"呢？在 1966 年的第二季度，美国官方承认有 2 998 000 人全失业，比第一季度的 2 926 000 人，实际上是增加的。与此同时，服军役的人数则已从 2 930 000 人增加为 3 050 000 人，从事军事工作的人员也已从 7 189 000 人增加为 7 456 000 人。如把失业者和从事军事工作及服兵役的人员加在一起，则数字已高达 10 454 000 人。我们知道，美国 1938—1939 年的失业人数在 1 000 万人左右；现在经过了将近 30 年，美国不能参加生产的人数仍为 1 000 多万。所不同的只是过去是完全失业，现在是由国家来把这些失业者组织起来去从事战争或从事杀人武器的生产了。这种"充分就业"真是道道地地的法西斯主义者消灭失业的办法！

其实，约翰逊政府就是法西斯政府，但美国式的法西斯政府有一个特点，就是披着"民主政治"的外衣，用它来迷惑美国人民。这正如美国的国民经济军事化也有一个特点，就是它在制造大量大炮的同时，也还要制造一小块牛油用来欺骗美国人民。希特勒的做法是大炮代替牛油，而美国的做法是大炮加一小块牛油。这种做法，实际上是比希特勒的做法还要阴险，还要毒辣。约翰逊的"伟大社会"，就是这样的一小块牛油，是用来欺骗毒害美国人民的。这也并不是约翰逊的什么创举，而是实际上从罗斯福的"新政"、杜鲁门的"公平施政"一贯继承和发展下来的。美国的统治者知道得很清楚，美国的劳动人民，在备战经济的情况下，经济生活已愈来愈困苦，如果不作一点自我揭露，装作要改善劳动人民生活的样子，那么美国的劳动人民就会对现状更加不满，就有可能走上革命的道路，而这是美国政府所最为害怕的。约翰逊的所谓"伟大社会"计划是 1964 年 5 月 12 日在密歇根大学的一次演说中首先提出的。他在这次演说中自我揭露了一些美国的恶劣经济情况，后来，他又在给美国国会的有关"伟大社会"的一系列咨文中继续揭露了一些问题。例如他承认，现在美国有 1/5 的家庭是贫苦的，这就是说有 3 300 万到 3 500 万的人民是在贫穷中，这些贫苦家庭在白人的家庭总数中占 17%，在黑人的家庭中则要占 44%。约翰逊还承认，美国的犯罪率自 1940 年以后已经增加 3 倍，自 1958 年以后，它的增加比人口的增加要快 5 倍，如此等。约翰逊所揭露的这些事实，实际上还是对美国的恶劣社会经济情况作了掩饰的，但即使就约翰逊所承认的这些事实来看，美国的社会经济问题也可说是够严重的了。约翰逊针对这些问题提出了一系列骗人的"救济计划"和"改良计划"，总起来称为"伟大社会计划"。"伟大社会计划"在美国联邦政府的预算中也占到一定的比例，数字当然是极小的，是绝不能和军事预算相提并论的。因为这原来只是一小块牛油，是用来装点门面和欺骗美国人民的。所谓"伟大社会计划"的实质就是如此。美国政府这样做原是并不稀奇的，因为垄断资产阶级为了维持自己的统治，不论是对外国进行侵略也好，对国内的人民进行镇压也好，从来是依靠两手的。一手是牧师式的欺骗，一手是刽子手式的镇压，这两手从来都是互相利用、互相补充的。美国的垄断资本集团战后穷凶极恶地加强军事机器，实施国民经济军事化，不仅是为了掠夺其他民族，排斥它们的国外竞争者，而且是为了在国内加紧压迫人民。所以它们在对美国的人民实施暴力镇压的同时，也还要同时实施一些牧师式的欺骗。

针对这一情况，一切真正的革命者就绝不能对美国的反动统治者抱任何幻想。但是正是在这一个问题上，赤裸裸地暴露了现代修正主义者的反动真面目。这几年来，美国的现代修正主义分子在表面上也反对美国的扩军备战，反对国民经济军事化，可是他们并没有真正站在革命的立场上来揭露美国统治者所以要实施这一扩军备战政策的经济基础。他们堕落到和一些所谓"自由主义者"的凯恩斯主义分子一样，用着极其遗憾的态度批评美国政府扩军备战的钱花得太多了，为人民生活福利的钱花得太少了，应当为人民生活福利多花一些钱等等。在这些美国的现代修正主义分子中间，就有维克托·佩洛（Victor Perlo）。他这几年所发表的著作，如《军国主义与工业》等，就是宣扬现代修正主义的作品。这些作品的特点就是，它们反驳了或者说批评了美国统治者的扩军备战政策，但却不敢触动产生这一政策的经济基础。这就在实际上代美国的统治者在人民中间散布了一种幻想，幻想有一天美国的统治者会自动裁军，自动停止扩军备战，并把一切裁军所节省下来的钱用在人民的福利事业上。现代修正主义者的这一把戏，实际上是从老牌修正主义者考茨基那里继承而来的。列宁曾在《帝国主义是资本主义的最高阶段》一文中批判过考茨基的只把帝国主义当做政策来批驳的反动观点。列宁说：

> 这种反驳看起来好像很有道理，实际上却等于更巧妙更隐蔽地（因此是更危险地）宣传同帝国主义妥协，因为"反对"托拉斯和银行的政策而不触动托拉斯和银行的经济基础，那就不过是资产阶级的改良主义与和平主义，不过是一种善良而幼稚的愿望而已。[16]

当前美国现代修正主义分子在对待美国的扩军备战的问题上、福利国家的问题上，所起的反动作用实际上就正是这样。也正因此，所以我们在研究五十年来的美国经济变化问题时，在一开始就强调了美国的统治者，不论是威尔逊、罗斯福，或是战后的从杜鲁门到约翰逊，都只是美国垄断资本集团的统治工具，他们所代表的是一小撮垄断资本集团的利益。从第一次

261

大战起，一直到现在，为什么美国会越来越反动，越来越好战，这是由美国垄断资本集团的发展情况所决定的。因此，下面我们将要进一步来研究一下五十年来美国垄断资本集团的变化。

三、五十年来美国经济的主要变化（一）

列宁在《帝国主义是资本主义的最高阶段》一文中曾经指出：

> 垄断制，寡头制，代替了自由趋向的统治趋向，极少数最富强的国家剥削愈来愈多的弱小国家，——这一切造成了帝国主义的一些特点，使人不得不把帝国主义看成是寄生的或腐朽的资本主义。帝国主义的趋向之一，即形成为"食利国"或放债国的趋向愈来愈明显了，也就是这种国家的资产阶级愈来愈依靠输出资本和"剪息票"为生了。如果以为这一腐朽趋向排除了资本主义迅速发展的可能，那就想错了。事实并不是这样。在帝国主义时代，个别工业部门，个别资产阶级阶层，个别国家，各以或多或少的强度时而表现着这种趋向，时而又表现着那种趋向。整个说来，现在资本主义发展的迅速是从前远不能相比的，但是这种发展不仅一般地更不平衡了，而且这种不平衡也特别表现在资本最雄厚的国家（英国）的腐朽上面。[17]

在列宁写这段话时，当时资本最雄厚的国家是英国。经过了五十年，现在资本主义国家中资本最雄厚的国家早已不是英国而是美国了。美国现在是资本主义世界中最大的食利国或放债国。1917—1967年这五十年，正是美国的垄断制愈来愈发展和帝国主义的寄生性、腐朽性表现得愈来愈明显的五十年。这种趋向，在第二次世界大战以后就尤其突出。所以毛主席也早在 1948 年 11 月就指出：

> 第二次世界大战胜利以后，代替法西斯德意日的地位而疯狂地准备着新的世界战争、威胁全世界的美国帝国主义及其在各国的走狗们，反映了资本主义世界的极端腐败及其濒于灭亡的恐怖情绪。……这个敌人的基础是虚弱的，它的内部分崩离析，它脱离人民，它有无法解脱的经济危机，因此，它是能够被战胜的。对于敌人力量的过高估计和对于革命力量的估计不足，将是一个极大的错误。[18]

现在我们且来具体地看一下，这五十年来美国的垄断制究竟是怎样愈来愈发展起来和它的寄生性、腐朽性又是如何在社会经济的各个方面愈来愈明显地表现出来的。

生产的进一步集中和垄断

五十年来，美国的生产有了进一步的集中和垄断，美国的垄断资本有了巨大的增长。列宁在他的著作中，曾根据《美国统计汇编（1912）》中的材料指出，在 1909 年，美国有 "3 060 个大企业（占企业总数 268 491 个的 1.1%），有 200 万工人（占工人总数 660 万的 30.5%），它们的产值有 90 亿美元（占产值总数 207 亿美元的 43.8%）"[19]。到了 1965 年，美国在工业中的 500 家大企业（占全部工业公司约 200 200 个的 0.25%）就有 1 127.9 万工人（占全部工业人员 1 861.2 万人中的 60% 以上），它们占了全国工业产品销售总额的 60% 和全部工业利润的 71.9%！在 500 家大工业公司中，1965 年销售额最大的一家是通用汽车公司，它一家的销售额即达 207 亿美元；其次为福特汽车公司，销售额为 115 亿美元；第三为美孚石油公司，销售额为 114 亿美元。通用汽车公司一家在 1965 年的利润额是 21 亿多美元，美孚石油公司的利润额是 10 亿多美元。[20] 仅仅根据这几个数字，就可以想见这五十年来美国的生产集中和垄断已经有了多大的发展！

这种生产的集中和垄断，不仅表现在工业上，也表现在农业上。列宁在《帝国主义是资本主义的最高阶段》一文中没有说到农业的情况，但他在同年出版的《关于农业中资本主义发展规律的新材料》一文中是专门研究这个问题的。他在该文中根据 1900 年和 1910 年的美国农户财产总值的材料，证明了农业中的大生产日益排挤小生产，并且得到了这样的结论：“尽管农业极端落后，然而工农业的进化规律是很一致的，工农业中的小生产都受到排挤”[21]。经过了五十年，美国农业中的这种大生产排挤小生产的现象就已表现得更加显著。列宁当时研究美国的农业问题时，曾将美国的农户按照土地数量来分类，即把有土地 100 英亩至 175 英亩的农户算做中等农户，因为列宁认为，“正是掌握这么多土地才能保证农民在使用雇佣劳动最少的情况下保持最大的‘独立性’”[22]。有土地 175 英亩以上的农户，列宁称之为大农户或资本主义农户，因为按照一般情况，这些农户不使用雇佣劳动是不行的，而农业中资本主义的主要特征和指标又正是雇佣劳动。列宁按照这个分类，算出了美国 1910 年在 6 361 000 农户中，小农户占 58％、中农户占 23.8％和大农户占 18.2％的比例数。小农户占总户数的 58％，但却只占当时农户土地的 17.9％；大农户只占总户数的 18.2％，但却占有了当时农户土地的 58.7％。现在我们根据《美国统计汇编 (1963)》中有关农户的材料，按照列宁的分类方法，把美国的农户重新分类，就可以看出，美国农户的绝对数字已自 1910 年的

6 361 000 户降为 1959 年的 3 703 894 户，其中小农总户占
46.2％，中农户占 20.8％，大农户则已一跃而为 33％。小农户
占总户数的 46.2％，但却只占农户土地的 6.3％，中农户也只占
农户土地的 9.4％，其余 84.3％ 的土地全为大农户。[23]可见大农
户在这五十年中已排挤了小农户而大大地发展了起来。

我们之所以要这样比较具体地说明农业中的大生产排挤小
生产，是由于一般谈美国的生产集中的材料中，总是只注意工
业而不注意农业。而农业中的大生产排挤小生产，使广大的小
农户因此破产、陷入贫困，从而流入城市，使城市人口增长的
过程，又恰好正是这五十年中美国经济的重要变化之一。列宁
在《关于农业中资本主义发展规律的新材料》一文中曾指出：
"所有资本主义国家的一般性材料都表明城市人口增长的过程
是依靠农村人口流入城市进行的，都表明居民正由农村逃入城
市。在美国，这个过程一往直前地进行着。城市人口在 1880
年占 29.5％，1890 年占 36.1％，1900 年占 40.5％，1910 年
占 46.3％。"[24]现在我们可以根据美国的较新统计，继续说明
美国的城市人口，在 1950 年占 64％，在 1960 年占
69.9％。[25]列宁在上述著作中还曾指出："'从 1900 年到 1910
年，农村人口从 59.5％ 下降到 53.7％。'研究者好像并没有猜
想到，在这些千篇一律的数字后面隐藏着多少穷困、压迫和破
产。资产阶级和小资产阶级的经济学家对于居民逃出农村和小
生产者遭到破产之间的十分明显的联系，往往连看都不愿意看
一下。"[26]而我们却必须重视这一联系。这五十年来，美国城
市人口的不断大量增加，正是反映了美国农村中大生产的发展
和中小农民的不断破产和贫困的悲惨过程。

在这五十年中，美国的工业和农业生产所以会不断地发生
生产集中和垄断，当然主要是由于竞争。这是资本主义社会中

"大鱼吃小鱼"的必然结果。在竞争中，技术的改进起了很重要的作用。在 20 世纪初期，工业和运输上的动力，基本上是同马克思时代的一样，是建立在蒸汽发动机的基础上的。现在已采用了内燃发动机能、电能和原子能。20 世纪初期，生产上由个别工人操纵的个别机器占多数，生产量首先取决于个别工人的技能。现在不是个别的机器而是采用了由流水作业法联合起来的复杂的机器体系，工作的速度是由机器来操纵的，使工人不得不在机器的操纵下工作。完全自动化的工厂，越来越普遍地推广。在这些完全自动化的工厂里，工人通常只照管机器，排除故障，进行小修理，从而减少了对普通工人的需要，增加了工人的就业困难。所有这些最新的技术设备，价格都是非常昂贵的。新的技术要求投入巨额的资本，要求大规模的生产组织，这是中、小企业所绝对办不到的。所以新的技术大大地巩固了垄断组织在现代资本主义经济中的统治地位，也大大地加强了垄断资本对工人群众的剥削与压迫。这在农业中也同样。目前美国大农场的田间工作已经 90％ 机械化，其中玉米和小麦的收割更是全部机械化。无力实行机械化的中、小农场，当然就只能被淘汰。

毛主席曾经指出："美国确实有科学，有技术，可惜抓在资本家手里，不抓在人民手里，其用处就是对内剥削和压迫，对外侵略和杀人。"[27]毛主席在这里不但指出了美国的科学技术是抓在什么人手里的重要问题，而且也指出了美国的科学和技术的发展是有限度的，即只有美国的资本家可以用来对内剥削和压迫以及对外侵略和杀人的科学和技术，才能在美国得到发展；如果是对劳动人民有利、对美帝国主义侵略和杀人不利的科学和技术，那就不可能在今天的美国得到发展。因此，归根结底地说来，在资本主义制度下，技术进步是始终受着限制的，生产力是不能得到最充分的发展的。

五十年来，美国的科学技术进步只是一种畸形的进步，正同美国的垄断资本发展也只是一种加强侵略和国民经济军事化推动下的畸形资本发展一样。这种垄断资本发展的结果，就会使资本主义社会中的生产社会化和私人资本主义占有之间的矛盾愈益尖锐。列宁说："竞争变为垄断。生产社会化的过程有了巨大的进展。特别是技术发明与改良的过程，也开始社会化了。"[28]列宁又说："……资本主义已经发展到很高的程度，结果是商品生产虽然依旧'占统治地位'，依旧是全部经济的基础，但是实际上已经被破坏了，绝大部分利润都被那些干财政勾当的'天才'拿去了。这种财政勾当和欺骗行为的基础就是生产社会化，但是达到这种社会化的人类所造成的巨大进步，却造福于……投机者。"[29]五十年来，美国垄断资本利用科学技术所取得的进展，正好证明了列宁所早已阐明了的这个真理。现在，这一生产集中和垄断的过程还远没有在美国结束。近几年来，美国的企业不断互相合并，所谓"merger"（合并）的情况正在不断增加，1964年为1 797起，1965年为1 842起，1966年估计达2 400起。在这大量的合并中，有约70%是所谓"conglomeratemerger"（集成合并），即是由性质完全不相同的企业合并起来成为一个公司的，它们的目标是追求"多样化"（diversification），由一个大公司生产各种性质不同的商品，以便在某种商品的销路发生问题时，可以由另一些性质完全不同的商品的销路来补充。这是资本主义世界市场问题尖锐化、垄断资本集团相互之间竞争尖锐化的又一具体表现。

下面我们再来看看近五十年来美国银行资本的发展情况。

银行新作用的加强

列宁在《帝国主义是资本主义的最高阶段》一文中说：

"银行原先的主要业务是在支付中起中介作用。这样，银行就把不活动的货币资本，变为活动的即生利的资本，把所有一切货币收入集合起来交给资本家阶级支配。随着银行业的发展及其集中于少数几个机构，银行就由简单的中介人变成万能的垄断者，几乎所有的资本家和小业主的全部货币资本，以及本国和许多国家的大部分生产资料和原料来源都处在它们支配之下。"[30]列宁所说的这种银行的新作用，在最近的五十年中的美国，有了新的加强。

美国的银行事业，和其他主要资本主义国家的银行事业比较起来，本来有一个特点，那就是在形式上被称为"独立"的小银行特别多。1917年，美国的银行总数是28 919家，资产总数是326亿美元。这些小银行在1929—1933年的经济大危机中，有很多都破了产。到1934年时，在1921年营业的商业银行中几乎有49％都已倒闭，但还剩下15 000家银行。第二次世界大战后，银行数才又逐步减少。到1964年初时，美国的银行数已降为13 570家，资产总数则已扩大为3 130亿美元，其中有50家最大的银行共有资产1 290亿美元，占了全部银行资产的41％。由此可见，在美国的银行业中，小银行也正在不断地被大银行所排挤。有许多在形式上是独立的小银行现在实际上也只是大银行的分支，因为美国的法律在许多州是禁止银行在银行所在州以外的其他地方成立分支行的，所以大银行就采取了这一使小银行在形式上独立而实际上为它作分支行的办法。

在美国的50家大商业银行中，又有3家银行特别大。这3家特大银行的资产合起来，约占50家大银行资产的四分之一强。它们在最近十年中的银行资产增长情况见表3。

表 3

	1955 年 12 月 31 日 银行共有资产数	1965 年 12 月 31 日 银行共有资产数
美洲银行	99	163
大通曼哈顿银行	75	151
第一花旗银行	72	139

资料来源：1955 年数字转引自维克托·佩洛《美国金融帝国》；1965 年数字见 1966 年 7 月 15 日《财富》杂志。

从这里，我们可以看出，在银行业中的集中和垄断的加强完全不亚于在工业和农业中的情况。但在促使美国的垄断资本集团在美国社会以及在整个资本主义世界中的统治力量比以前增强这一点上来说，银行所起的作用更要大得多。这是因为：

第一，美国自 1913 年建立联邦储备制度以后，美国的整个银行业就实际上由联邦储备制度组织了起来。联邦储备制度将全美国划作 12 个区，每区成立 1 个联邦储备银行。这 12 家联邦储备银行也就是美国实际上的中央银行。联邦储备银行的股东规定只能是银行，凡美国的国民银行（即按联邦法律登记的银行，约占全部银行总数的三分之一）都有义务成为本区联邦银行的会员银行，州银行（即按州的法律登记成立的银行）则要符合一定的条件才能成为会员银行。所有这些会员银行都受联邦储备银行的联邦储备局管理，而联邦储备局又实际上是由美国的一些大银行的代表人物所控制的。（在法律上，联邦储备局不一定要完全听从美国总统的命令。）所以美国的整个银行业是直接掌握在美国垄断资本集团头头的手中，为美国的垄断资本集团服务的。30 年代以后，垄断资本集团的头头的地位通过政府、通过联邦储备银行控制全国金融的方法（如提高或降低再贴现率，通过"公开市场业务"买进或卖出联邦政府的有价证券等）进一步加强。美国的垄断资本集团可以通过联邦储备银行控制全国的金融及信贷，这当然说明了银行在垄断资本统治中作用的加强。

第二，美国自实施 1933 年《银行法》以后，商业银行和投资银行之间就有了分工。美国商业银行的主要业务，已经变成向政府公债投资以及经营房地产抵押放款和消费信贷，其中向政府公债投资这一项，其作用尤为重大。自罗斯福实施"新政"起，银行就被利用作为政府大量发行公债的重要工具。政府公债投资在美国商业银行的放款和投资总额中所占的比重，在 1914 年只有 9.4％，1945 年曾激增至 73％，目前仍在 40％左右。由于 1933 年的《银行法》规定活期存款不再付息，又成立了所谓"存款保险公司"，使存款在 5 000 美元范围内的存户（战后已扩大为 10 000 美元）都有了保障，大大提高了银行的信用，银行的存款就激增起来。银行家只要把这些存款用来购买政府的公债，在一转手之间就可以取得很大的利润，同时又促进了美国的垄断资本集团实施扩军备战。列宁说："一个银行领导着这样的集团，同时又与五六个稍小一点的银行成立协定来经营国家公债之类的特别巨大特别有利的财政业务，那末很明显，这个银行已经由'中介人'变成极少数垄断者的联合组织了。"[31] 美国的整个银行业现在就在起着列宁所说的这一作用。

第三，美国的大银行与美国大公司的最为有利的国外业务有密切联系。美洲银行、大通曼哈顿银行以及第一花旗银行都是美国在国外建立分支行最多的大银行。第一花旗银行是原料商人的传统银行，大通曼哈顿银行是国际石油公司的银行。只有美洲银行，它并没有跟主要的输出工业资本的资本家有联系，它主要是资助在外国的当地人经营工业企业，同时在重要的美国军事基地开银行。这是特别适合第二次世界大战后美国的资本输出形式的，所以战后美洲银行的国外业务发展之迅速远远超过任何其他的美国银行。"要想称霸世界需要两件东西：美元和银行。美元我们是有的，我们要建立银行，我们将要称霸世界"，这是曾为列宁转引过的美国一家亿万富翁的指导性报纸的声明。列宁曾说过，美国这个高傲自大恬不知耻的亿万富翁说出来的这句厚颜无耻的话所包含的真理，要比资产阶级撒谎家的千百篇文章所包含的真理超过一千倍。五十年来，美国银行在国外的发展，证明了列宁所指出的这一点。美国的垄断资本集团确实是通过在资本主义世界各地建立银行网来称霸世界的。

　　根据以上所说的三点情况，五十年来，列宁所说的银行的新作用在加强这一点应该是没有疑问的了。但偏偏在这一点上，现代修正主义的"理论家们"竟然又对列宁的理论进行了无耻的攻击。在这方面担任进攻的很不光彩的代表人物之一是苏联的经济学家瓦尔加。大家知道，瓦尔加（E. Varga）在他的壮年时期，是曾经作为一个马克思列宁主义者对资本主义世界经济的研究工作有过一定的贡献的，但是到了他的晚年，竟完全堕落成为了一个现代修正主义分子。他在 1961 年出版的《二十世纪的资本主义》一书，就是一本在理论上宣传现代修正主义领导集团观点的坏书。他在书中曾经一再强调说："工业垄断组织已经在某种程度上脱离银行而独立了。现在，工业垄断资本一般地是用自己所有的资金来扩大固定资本。"又说："比起工业垄断组织来，现在银行只起着次要的作用。"[32] 这些言论，和美国、英国近年来一些资产阶级经济学家们的言论是完全一致的。他们无非是转了一个弯，说今天美国的银行已经不再能控制工业了，既然银行不再能控制工业，那么，财政资本的统治，当然也就消失了。所以这一说法就对列宁主义的进攻来说，是十分恶毒的。但是事实是否真是如此呢？显然完全不是这样的。事实是：在帝国主义阶段，银行资本早已和工业资本融合在一起，成为少数财政寡头操纵的财政资本。工业垄断资本利用内部积累而扩大固定资本，这正是财政寡头们利用国家财政来增加他们收入的一种办法，所以正好是财政资本——也就是大银行资本作用加强而绝不是削弱的表现。

由于这个问题很重要，所以我们还要多花一些笔墨来说明。原来，所谓工业自筹资金的办法，是早在第二次世界大战前就开始了的。那时美国政府曾规定凡公司的折旧提成和公司的未分配利润如用于扩大固定资本的投资，就可以在纳税方面享有特殊优惠的办法（也就是减税的优待）。这当然是鼓励垄断资本扩大固定资本投资的一种办法。因此在 30 年代后期，在工业中扩大固定资本投资时，垄断资本家们就不再主要依靠发行公司债或向银行举债，而主要依靠内部积累，也就是依靠折旧提成和公司的未分配利润。1950 年美国发动侵略朝鲜的战争后，在部分军事工业实施了快速折旧法。[33] 到 1954 年快速折旧法实施后，基本上所有美国的重要工业就都可以按快速折旧法来实行折旧提成，也就是都可以在五年之中，就把全部固定资本的折旧提完。由于折旧的开支是全部免纳所得税的，所以这一办法等于让扩大或更新固定资本的大资本家们借机合法地大量逃税。所以自快速折旧法实施后，美国公司的内部积累在厂房设备中所占的比例就逐年提高，在 1954 年占 77％，到 1960 年占 86％，到 1962 年占 98％。[34] 但就工业垄断组织和银行的关系说来，则正因为工业垄断组织要把所有的内部积累都用做扩大和更新固定资本的支出，所以它们的日常开支如支付工资、购买原料、清偿到期债务、维持经营管理开支等，就必须更加依靠银行的资金来周转解决。特别是近年来，银行对工商业的贷款一直以前所未有的速度在急剧增加着，股份公司的各种债务（它们不仅向银行告贷，还向保险公司、证券商号和其他投资者借债），根据美国商务部的资料，在 1964 年末，已高达 4 011 亿美元。所以工业垄断组织运用内部积累来扩大和更新固定资本，并不完全意味着工业垄断组织的脱离银行而独立，更不意味着"比起工业垄断组织来，现在银行只起着次要的作用"。瓦尔加的这些说法是完全错误的。

事实上，美国的大银行资本以及其他由财政寡头们所操纵的金融机构的资本（如保险公司的资本），它们的资本实力，即使在数量上来说，也比美国的工业垄断资本数为大。1966年 7 月 15 日出版的美国《财富》杂志，曾经列举了资产在 40 亿美元以上的美国的最大的公司共 29 家，其中就有 18 家是大银行和大保险公司，工业公司只有 9 家。其中像洛克菲勒的新泽西美孚石油公司，资产总数为 130 亿美元，但在全美国以资产总数的多寡排列的公司名次中只占到第 7 位；通用汽车公司资产总数为 125 亿美元，占到第 8 位；摩根的美国钢铁公司资产总数为 54 亿美元，列第 17 位。所有这些美国有名的大工业公司，除美国电话电报公司外，资产总数都低于 3 家美国的大银行（美洲银行、大通曼哈顿银行和第一花旗银行）。从这里也可以看出，美国大银行的资金力量要比大工业公司的资金力量大得多。而且除大银行外，从全部美国的金融机构来说，这五十年来，也已经比列宁的时代有了更大的发展。在列宁的时代，同银行竞争的还只有储金局和邮政机构，而现在则已有了保险公司和其他大规模的储蓄机构，其中，保险公司的迅速发展是一个值得注意的新现象。在保险公司中，占主要地位的是人寿保险，后者的资产约占所有保险公司资产的 65%。目前美国有四大人寿保险公司，它们在最近十年中的资产增长情况见表 4。

表4

单位：百万美元

公司名称	1955 年资产数	1965 年资产数
大都会人寿保险公司	13.936	22.485
美国保德信人寿保险公司	12.521	22.380
公平人寿保险公司	8.047	12.223
纽约人寿保险公司	6.051	8.856

资料来源：数字可参见历年的 *Survey of Current Business*。

从表4中可以看出，这些人寿保险公司的迅速发展反映了，在美国这样的资本主义社会中，一般人民家庭生活前途毫无保障，所以做家长的就不得不加入人寿保险，每月负担一定的保险费，以免一旦身故，家庭生活弄得完全无法维持。这完全是垄断资本集团加在广大人民身上的又一层剥削。美国的人寿保险公司，获利因此是十分巨大的，1965 年，美国 50 家最大人寿保险公司从保险费中收入了 183 亿美元，比 1964 年增长了 7.6%；从投资收入中收入了 59 亿美元，比 1964 年增长了 7.4%。所有这些属于垄断资本集团的人寿保险公司以及其他大规模的储蓄机构等，它们也和大银行一样，都把投资政府公债作为主要的投资对象之一。所以美国政府的公债实际上有将近三分之二的数额，是由美国的大银行、大保险公司和其他大的储蓄机构等金融组织所持有的。这些大银行、大保险公司、大储蓄机构把社会上大部分的货币收入都集中了起来，主要用于政府的公债投资，也就是说使大部分的借贷资本都基本上不再投入再生产过程，而只用在帮助政府进行扩军备战，用在制造毁灭财富、杀人的工具这一方面。这正是五十年来美帝国主义的垄断资本愈来愈发展，但也愈来愈腐朽的一个最好证明。而银行在这方面所起的作用是最主要的。保险公司等资产尽管再大，但是它代替不了银行的全部作用。

中国人民大学名家文丛

因此，我们认为列宁所说的银行的新作用加强了是完全正确的。

四、五十年来的美国经济的主要变化（二）

华尔街统治集团矛盾的尖锐化

由于生产集中和垄断的进一步发展，银行资本的扩大，财政寡头们的实力也就大大增加。由财政寡头们所组成的垄断资本集团（简称财团），是美国社会的真正统治者。这五十年来，美国各个垄断资本集团之间的力量对比的变化是很大的，它们彼此间的矛盾和斗争是十分尖锐的。我们要了解美国今天的军事、政治和经济，就必须了解美国的垄断资本集团。

过去美国政府的国家资源委员会曾在战前发布的一个研究报告中列举了8个垄断资本集团的名称：梅隆、杜邦、洛克菲勒、克利夫兰、芝加哥、摩根、波士顿和库恩-罗比，它们包括了全美国当时 250 个大公司中全部资金的 62％。到 1957 年，佩洛出版《美国金融帝国》一书时，沿用了国家资源委员会列举的"八大财团"的名称，但按照美国垄断资本集团在 1955 年时控制的资产规模，重新开列了一个名单。佩洛的名单见表 5。

表 5

垄断资本集团名称	控制资产总数（亿美元）
1. 摩根	653
2. 洛克菲勒	614
3. 芝加哥	220
4. 杜邦	160

垄断资本集团名称	控制资产总数（亿美元）
5. 克利夫兰	156
6. 美洲银行	144
7. 第一花旗银行	131
8. 梅隆	105

资料来源：〔美〕维克托·佩洛：《美国金融帝国》，北京，世界知识出版社，1958。

　　这个名单所用的对于垄断集团的分类方法是不科学的。这一点，我们以后再说。现在我们要指出的是，佩洛所开列的这个名单和国家资源委员会所列举的名单已经有所不同。战前的两个垄断资本集团——库恩-罗比财团和波士顿财团——已经下降为次要的垄断资本集团，而不列在名单中了；而第一花旗银行和加利福尼亚州的美洲银行集团则被上升到"八大财团"的行列中来。这一变化是反映了美国社会中的经济变化的。因为库恩-罗比财团主要是控制美国铁路业的财团；而波士顿财团则是控制轻工业的财团，它有一个联合果品公司，是控制拉丁美洲经济的重要垄断组织，但在今天的美国国际投资中，关键性的商品是石油和金属而不是香蕉和糖，所以联合果品公司的力量不能和石油的国际垄断组织的力量相提并论，也是很自然的。在战后的美国，汽车和飞机工业的重要性远远超过了铁路业，石油工业的重要性也远远超过了纺织工业和制鞋工业，其结果就是杜邦财团的力量代替了库恩-罗比财团的力量，洛克菲勒财团的力量吸收、包括了波士顿财团的力量。

　　现在距离佩洛出版《美国金融帝国》一书时，已经又过去了十年，在60年代初期，美国各垄断资本集团的资产总数又有了新的变化。1960年，各大垄断资本集团的资产情况见表6。

表6　　　　　　　　　　　　　　　　　　　　　　单位：亿美元

垄断资本集团名称	控制资产总数
1.　摩根	940
2.　洛克菲勒	826
3.　加利福尼亚（包括美洲银行）	411
4.　芝加哥	233
5.　杜邦	201
6.　第一花旗银行	180
7.　梅隆	144
8.　克利夫兰	140

这些资产总数的数字是很有用的，它们说明了美国垄断资本集团的最近实力。但在作进一步分析以前，我们还得先说一下为佩洛沿用的美国国家资源委员会的所谓"八大财团"的命名方法和排列方法。这一命名方法和排列方法有一个很大缺点，就是比较混乱。在所谓"八大财团"中，有以家族的姓名命名的摩根财团、洛克菲勒财团、梅隆财团和杜邦财团，也有以地方名称命名的芝加哥财团、克利夫兰财团，还有以银行名称为代表的财团，如第一花旗银行财团等，分类的方法显得十分混乱，同时也不容易看出美国垄断资本集团之间的主要矛盾和斗争。其实，美国的垄断资本集团基本上是两大类，即已经控制了整个美国政治、经济大权的属于华尔街的财团，和还没有能够控制整个美国政治、经济，正在和华尔街展开激烈斗争的新兴的地方性财团。属于前者的，主要是摩根财团和洛克菲勒财团。杜邦财团和梅隆财团的中心地虽然不在纽约，但它们在金融关系上是隶属于华尔街的，杜邦财团依附摩根财团，梅隆财团依附洛克菲勒财团。第一花旗银行从所有者的家族关系来说，应当说是属于洛克菲勒财团的，它当然也是华尔街的重要财团。所有这些财团的大银行的总行行址，多数设在纽约的华尔街，所以华尔街是美国财政资本统治的象征，同时也是真正的美国权力中心。属于后者的有所谓中西部（或称芝加哥—

克利夫兰）财团、西部（或称加利福尼亚）财团、南部（或称得克萨斯）财团和包括犹他、怀俄明、爱达荷等州在内的所谓山区州财团。如果我们按这样的分类法把美国的垄断资本集团的资产实力重新排列，那么，就可以排成表7。

表7

财团名称	控制资产总数（亿美元）
华尔街财团	2 291
其中：摩根财团	940
洛克菲勒财团	826
杜邦财团	201
第一花旗银行财团	180
梅隆财团	144
其他财团	（待查）
地方财团	784
其中：加利福尼亚财团	411
中西部财团	
（芝加哥财团和克利夫兰财团）	373
南部财团	（不明）
山区州财团	（不明）

这样的排列法有一个好处，就是可以打破所谓"八大财团"的框框，突出今天统治美帝国主义的中心是在华尔街，属于华尔街的各财团的资产总数占了全国垄断资本集团所控制的资产总数中的压倒优势，同时也可表明存在于美国今天各垄断资本集团之间的矛盾主要是两种：一种是属于华尔街财团内部的矛盾，主要是摩根和洛克菲勒财团之间的矛盾；还有一种就是各地方财团和华尔街财团之间的矛盾。现在我们且分别来说一下这两方面的情况。

先说第一种矛盾，即摩根和洛克菲勒财团之间的矛盾。首先，我们要指出和列宁时代同样，当前美国最大的垄断资本集团仍然是统治华尔街，也统治全美国，称霸全资本主义世界的摩根和洛克菲勒这两大垄断资本集团。这两大财团，由于在这五十年中，大量掠夺了资本主义世界人民的财富，加强了剥削，为它们所控制的资产总数已经大大增长。列宁在他的著作中，曾提到当时美国的巨富洛克菲勒和摩根的银行支配着 110 亿马克的资本，即约合当时 25 亿美元的资本。到 1960 年年初，洛克菲勒和摩根所控制的资本已高达 1 786 亿美元之巨。我们即使把在这五十年里美元几乎贬值了一半的因素考虑进去，它们的资产总数仍然增加了有三十多倍。这说明了在这五十年中，这两大财团剥削世界人民的罪恶的严重。在这五十年中，不但两大财团的财富有了空前巨大的增长，而且两大财团之间的力量对比也发生了很大的变化。在列宁时代，摩根的力量，特别是在操纵美国联邦政府的力量上是大大超过洛克菲勒财团的。这一点我们在前面已经说到过。摩根的这个优势一直保持到了第二次世界大战后。从 50 年代开始，摩根的力量就相对减弱，而洛克菲勒的力量则相对增强了。现在，摩根所控制的资产总数虽然还大于洛克菲勒，但由于摩根财团的力量组织得没有洛克菲勒财团严密，利益也不如洛克菲勒财团集中，再加上在政治活动方面没有洛克菲勒财团积极，所以相形之下，摩根财团在各方面的影响就反而不如洛克菲勒财团了。这也反映了这五十年来，特别是战后美国的经济变化。这是因为：（1）摩根财团在 20 世纪里的统治地位是和它在 1901 年创设了并在以后控制了美国钢铁公司有密切关联的。现在摩根仍然统治着美国钢铁公司，但是这个公司已经不是美国工业中的领导者了。正像钢铁是摩根的权力中心一样，石油是洛克菲勒财团的权力中心，而石油的规模超过钢铁已是既成的事实。1901—1953 年，钢的生产增加了 7.5 倍，石油却增加了 34 倍。这个工业变迁的结果，就使洛克菲勒财团的力量比摩根财团的力量相对地增强了。（2）在战后的美国国民经济军事化过程中，摩根所起的作用也不如洛克菲勒大。在第二次世界大战期间，兴起了成为军火生产中心的两种新的工业：飞机和它的原料——铝。洛克菲勒财团自第二次世界大战前夕就插手麦克唐纳飞机公司以来，它已经打入了十几个完全或主要属于军事性质的公司，获利非常巨大。至于铝，是由梅隆家族所完全控制的，而梅隆财团近年来又是依附洛克菲勒财团的。摩根财团中也有几个主要从事于军火生产的工业公司，如通用电气公司、IBM 公司（它大量研发、生产计算机和电子产品，实际上是属于电子工业的公司）等，但是总的说来，摩根财团的军火工业不如洛克菲勒财团强。（3）在国外投资中，摩根的主要力量是在西欧。三家摩根银行的所有国外分行都设在伦敦、巴黎和布鲁塞尔。现在摩根在海外的投资仍在增长，但不像洛克菲勒财团的海外投资增长得那样快，分布的地区也没有洛克菲勒财团那样广。美国目前在海外的最重要的投资就是石油方面的投资，不仅投资地区遍及全资本主义世界，而且投资数额也已接近整个美国在海外投资总数的三分之一。这就是战后美国的外交大权，为什么自艾奇逊以后（艾奇逊是属于摩根财团的政客）一直被操纵在洛克菲勒财团手中的最好说明。（4）就构成垄断资本集团最主要的金融业方面的力量来说，摩根原是美国最早的大银行家。在战前，摩根系统的几家华尔街银行的总资产要比洛克菲勒系统的大一倍左右。但是目前洛克菲勒的大通曼哈顿银行的资产总数早已超过了摩根的保证信托公司（1965年保证信托公司的资产总数为 69 亿美元），1965 年年底仅洛克菲勒的大通曼哈顿银行加上大都会及公平两大人寿保险公司的资产已高达 497 亿美元，超过了摩根系统的主要银行和保险公司的资产总数（摩根的保证信托公司加银行业信托公司，再加美国保德信人寿保险公司、纽约人寿保险公司的资产共 431 亿美元）。不过，尽管洛克菲勒财团的力量现在已在某些方面超过摩根财团，这一超过也还只是相对的。洛克菲勒财团和摩根财团仍是当前在美国的华尔街统治集团中竞争得最激烈的两个大财团。同时也应该注意到，它们相互之间，有竞争的一面，也有合作的一面。在某些工业公司中（如美国电话电报公司），它们是有着共同的投资利益的。在政治上，双方除互相争权夺利外，它们主张对外侵略和战争的反动立场是完全一致的。它们都是这五十年来美国历届反动政府的真正后台老板。

至于和华尔街财团相对立的一些地方性财团，其中以基安尼尼家族为首的加利福尼亚财团发展得最为迅速。在第二次世界大战前还挤不进所谓"八大财团"行列的加利福尼亚财团，现在已一跃而为仅次于摩根财团和洛克菲勒财团的第三个大财团。这是值得注意的一件大事。因为加利福尼亚财团的兴起，不仅反映了在美国实施国民经济军事化的过程中，加利福尼亚州的地位日趋重要（加利福尼亚州是美国制造军用飞机、导弹和其他原子武器的一个中心），而且也反映了这个集团的主要大银行——美洲银行在美国国内外力量的增长。美洲银行现在已是美国资产最大，同时也是在国外投资发展最快的一家银行。除加利福尼亚财团外，以麦考密克家族、马瑟家族等为代表的美国中西部财团和以马杰森家族为代表的得克萨斯石油财团，近几年来的发展也都很快。这些财团的共同特点是：除加利福尼亚财团中的美洲银行外，它们的基本经济利益都在美国国内或至多限于美洲大陆的范围，所以它们在美国的关税问题上是和华尔街的统治财团站在完全相反的地位，主张维持高关税，"保护"美国的市场而反对和西欧的共同市场等国一起将关税相互大幅降低的。这些财团在战后也很想向美洲大陆以外发展，但是受到了华尔街统治财团的排挤。例如战后实施的

"马歇尔计划",曾为美国的垄断组织带来不少好处,但是与这计划有关的金融业务的93%的份额,却为华尔街财团的银行所霸占,并且其中绝大部分为摩根的银行所占有——摩根银行控制了"马歇尔计划"全部业务的70%以上。[35]在朝鲜战争以及在当前的越南战争中,政府军火订单的分配也大部分落在与华尔街财团有关的大公司的手中。华尔街以外的财团对华尔街财团操纵美国内政、外交的霸权是十分不满的,因此这些财团和华尔街的统治集团之间是存在着十分尖锐的矛盾的。近几年来,这些垄断资本集团之间的尖锐冲突已在政治上公开地表现出来。例如在1960年大选时,共和党内部以加利福尼亚财团为背景的尼克松竟敢公然和奈尔逊·洛克菲勒相对抗,使奈尔逊·洛克菲勒终于放弃竞选,转而支持民主党的肯尼迪。这就说明了这两大财团之间的利害冲突之深。1963年肯尼迪的被刺事件也早有人怀疑是和新兴的得克萨斯石油财团有关。得克萨斯财团中的某些人想使他们的代表人物约翰逊上台,于是就不择手段地使人刺杀了主要代表洛克菲勒财团和波士顿财团利益的肯尼迪,这是很有可能的。[36]这是美国垄断资本集团之间相互火并,美国在政治上只会愈来愈黑暗、愈来愈法西斯化的一个极好的证明。

在这里,要特别强调指出的是:美国垄断资产阶级内部,尽管有不同的利益集团,这些集团之间尽管有激烈的利害冲突,它们在奴役国内外人民的根本利益上是完全一致的,它们统统都是反动派。毛主席教导我们说:"……美国帝国主义者、中国反动派和他们的朋友,虽然不能够巩固地团结一致,虽然会发生无穷的互相争吵,互相恶骂,互相埋怨,互相抛弃,但是在有一点上却会互相合作,这就是用各种方法力图破坏革命势力而保存反动势力。"[37]事实证明确实是这样。在今天美国的统治集团中，对于如何破坏全世界的革命势力和保存反动势力的方法问题上是有巨大分歧的。这个说这种反革命方法好，那个说那种反革命方法好，但是他们在维护国内外的反动统治和侵略世界各国的根本政策上是完全一致的。在美国的统治集团中完全不存在像现代修正主义者苏共新领导所说的"冷静的、明智的"和"好战的、侵略的"这样两个派别。因为世界上绝没有什么超阶级的"明智"。如果说美国的垄断资产阶级代表人物有什么"明智"的话，那不过是维护美国垄断资产阶级根本利益的"明智"，对内压迫本国人民，对外掠夺世界人民的"明智"，推行侵略政策和战争政策的"明智"罢了。作为现代修正主义的代表的苏共新领导，近年来热衷于在美国的统治集团中，也在垄断资本集团中划分什么"明智派"和"反动派"，他们的实际用意就是要替美帝国主义的当权头头们（如艾森豪威尔、肯尼迪、约翰逊之流）打掩护，帮助美帝国主义麻痹世界人民，同时也为他们自己和这些头头们进行勾搭的叛变行为找"理论"根据。但是他们的这些"理论"是完全没有事实根据的。事实是，战后美国的垄断组织通过军火合同和有关的军火生意，通过国外投资和有关的海外扩张，已经取得了远超过平均利润的大量垄断超额利润。对于 25 家美国最大的工业公司进行的专门研究表明，这些公司的军火生意和国外营业的利润约占总利润的 40% 以上，其中国外营业利润占 29%，军火生意的利润占 12%。对另外 30 家较小的一些工业公司进行的研究表明，军火生意和国外投资的利润也占总利润的 40% 以上，所不同的是，国外营业的利润仅仅略多于军火利润。在这两个例子中，军火生意和国外营业的利润比重相差很远，这说明了国外投资甚至比军事合同还要集中这样一个事实。如果再把未上报的利润考虑进去，那么，就可以得出下列的结论，即就全部大企业而言，国外营业和军火生意的利润要占它们总利润的一半或一半以上是完全可能的。[38]所有的美国垄断组织既然都在依靠军火生意，依靠国外投资而大发其财，那么，有什么理由可以相信这些垄断资本集团及其代表人物会突然愿意放弃他们的垄断超额利润，放弃他们的侵略政策和战争政策呢？显然是不可能的。佩洛在他的《军国主义与工业》一书中极力想证明垄断组织如果同意裁军，它们也可以从裁军后和社会主义国家从事贸易而同样获得利润。这真是白日做梦。毛主席教导我们说："我们说'帝国主义是很凶恶的'，就是说它的本性是不能改变的，帝国主义分子决不肯放下屠刀，他们也决不能成佛，直至他们的灭亡。"[39]我们现在要注意的倒是，美国垄断组织的垄断超额利润既然有绝大部分来自国外投资，因此就必须进一步来研究一下这五十年来美国的资本输出情况。

资本输出的空前增长

列宁说，资本输出是"……帝国主义压迫和剥削世界上大多数民族和国家的坚实基础，这就是少数最富国家的资本主义寄生性的坚实基础！"[40]在这五十年中，美国的资本输出有了空前的增长，使美国成为了有史以来最大的国际剥削者，但也同时使美国的资本主义寄生性有了空前的发展，正在成为促使它自己走向衰亡的一个重大因素。这是事物辩证发展的极好例子。现在我们且先来看一下，在这五十年中，美国资本输出的具体发展情况，见表8。

表8 单位：亿美元

年份	1914	1919	1927	1939	1946	1959	1965
总额	35	70	138	114	187	647	1 060
私人投资	35	70	138	114	135	447	809
长期投资	35	65	125	108	123	411	708

年份	1914	1919	1927	1939	1946	1959	1965
直接投资	27	39	66	70	72	297	492
证券投资	8	26	59	38	51	114	216
短期投资		5	13	6	12	36	101
政府投资					52	200	251
长期					50	176	203
短期					2	24	48

资料来源：本表根据《美国历史统计》及战后历年商务部出版的 *Survey of Current Business* 中所公布的数字整理制作。

表 8 中的数字均为官方数字，而且是按资本额的账面价值计算的，低于市价很多，这是这些数字的缺点。但尽管如此，我们根据上表中的这些数字还是可以看出下列的发展趋势来的，那就是美国在第一次世界大战前，对外的投资很少；经过第一次世界大战，美国成为资本主义世界中的主要"强国"以后，美国的对外投资数就成倍地增长起来，到 1927 年时已高达 138 亿美元；但 1929—1933 年的经济大危机使美国的对外投资也发生了重大的下降，所以 1939 年的美国对外投资数是小于 1927 年的；经过第二次世界大战，到 1946 年，才又达到 187 亿美元的数字；战后的二十年，由于美国取得了资本主义世界的最高霸权，美国的对外投资数额就增长了几乎近五倍。最近这五年，增长尤其大，到 1965 年已高达 1 060 亿美元。

为什么这五十年来，特别是战后的二十年来，美国的资本输出会如此激增？我们认为，这是美国社会内部资本主义矛盾加剧，形成了大量的过剩资本的结果。美国既然形成了大量的过剩资本，当然就要尽量想法向外输出，这是资本主义社会发展的必然规律，因为"只要资本主义还是资本主义，过剩的资本就不会用来提高本国民众的生活水平，因为这样会降低资本家的利润;他们只会把资本输到国外去,输到落后的国家去,以提高利润。"[41]据纽约第一花旗银行的报告,美国国外投资的利润要比国内投资的利润平均高出34%～68%。列宁估计20世纪初英国对外投资的收益率每年是5%,现在即使是根据美国官方显然压低了的数字也不得不承认,美国的对外投资收益率每年是在平均15%以上。在有些地区,如在亚、非、拉美地区,则收益率还要高,平均约为每年30%,比它整个对外投资的收益率高一倍以上。美国对中东产油国家的利润更是高得惊人,年收益率约为135%。[42]美国的垄断资本集团正是为了追求这种在国外的投资中的垄断高额利润,才拼命地运用了它所控制的国家机构的军事力量和财政力量,来向整个资本主义世界,特别是亚、非、拉美地区,扩大它的投资的。

美国对外投资的扩大,有赖于它的侵略军事力量。对此,佩洛在他的《军国主义与工业》一书中有过这样的叙述:"经过第二次世界大战,美国的军事力量取得了对其他西方大国的压倒优势。比起前几个时期美国政府的军事开支和武装部队增加了若干倍。同时发生的投资浪潮席卷了资本主义世界的一切地区,并且非常迅速地进入了美国在那里的地位一直最软弱的东半球。1953—1954年美国刚在伊朗取得决定性的军事影响,大批美国私人投资便接踵而至。在台湾于1950年被美国舰队控制以后,那里也渗入了大量美国投资。但是,这种投资并不一定紧跟在美国国旗后面。情况往往是,先要在美国军事力量的基础上建立起一套政治和经济关系,为美国私人投资者造成一种'有利的气候',例如在第二次世界大战后的西欧,事情是按照下列顺序发生的:(1)美国军队战后仍然分布在西欧各地。(2)1945—1947年间,美国(和英国)依靠军事和经济力量施加压力，在为英美军队所击败或解放的各国建立了资本主义的反共政府。（3）美国给予这些政府以财政援助，同时和它们达成关于给美国投资以优惠待遇的特殊协议。（4）签订北大西洋公约，从而为美国在西欧扩大其军事基地网以及在'一体化'的成员国武装力量中建立领导地位打下比较永久的基础。与此同时，美国军事力量的水平又在朝鲜战争中提高了两倍。一直等到走完了第四步，也就是在 1950 年以后，美国在欧洲的战后投资才真正开始迅速增长。"[43] 这一叙述是符合事实的。但也因此，佩洛就把他自己在《军国主义与工业》一书中宣扬的现代修正主义论点——美帝国主义可以自动裁军的论点驳倒了。人们不禁要问：既然美国的对外投资是依靠军事力量的扩大而发展起来的，那么，在美国的对外投资已经达到了如此巨大的规模并且还在继续发展的今天，美帝国主义又怎么可能会自动把它的军事力量缩小，或甚至完全取消呢？关于现代修正主义者在这一方面的错误，我们以后还要说。现在我们要进一步指出的是，战后美国的垄断资本集团，为了要扩大它的投资，不但要依靠美国的军事力量，也还要依靠美国的财政力量，特别是所谓"美援"。

我们在前面里曾经说到过，南斯拉夫的现代修正主义"理论家们"是曾经将"美援"看做可以证明列宁主义已经"过时的"了不起的"新现象"的，但其实，美国对外"援助"，根本就不是什么新现象。在第一次世界大战（1919—19213）以后，美国的对外"援助"每年平均就有 7.43 亿美元，到 30 年代末（1936—1938 年）才减少为 1.9 亿美元。不过，当时这种"援助"，主要是由私人和慈善机构发放的救济金（约占总额的86%～89%），而由国家出面发放的只占少数（约占总额的11%～14%）。第二次世界大战后，情况才发生变化，国家发放的"援助"占了绝大部分（90％以上）。美国政府每年都从国家预算中拨出巨款来对其他国家发放贷款，或给予"无偿"的"援助"。这实际上是美国社会内部矛盾加剧，美国垄断组织不得不利用国家预算资金来加强对外侵略的一种表现。这个援外计划是从1947年5月美国国会批准杜鲁门的《援助希、土法案》开始的，以后接着就有"马歇尔计划"、"第四点计划"等。1951年，又批准了《共同安全法案》，并根据这个法案把各种"援助"（军事的、经济的和技术的）都归并为一个计划。后来，这个法案每年都进行重审，并作了相当修改。肯尼迪上台后，更是花样翻新，提出了什么"争取进步联盟"，什么"粮食用于和平"等动听的名称。但不论这些"援助"打着什么招牌，其实质都是一样的，都是美国的垄断资本集团利用国家的预算资金来促使美国输出过剩商品、过剩资本，转嫁美国经济危机，掠夺其他国家人民，使这些国家沦为美国的经济附庸或新殖民地的一种重要侵略手段。例如，所谓"粮食用于和平"，就是利用美国政府本已收购的大量剩余农产品，以当地货币卖给"受援"国家，在当地银行设立所谓对等基金，用以控制"受援"国货币金融，收买代理人，干涉"受援"国内政的一种办法。美国在30年代，对剩余农产品是用放火烧掉、抛入大海等办法来加以处理的，现在则已改为由国家收购后用做侵略别国、收买代理人的"武器"。对于这种所谓"援助"的实质，毛主席是早在1949年就一眼看透了的。毛主席说："美国有很多钱，可惜只愿意送给极端腐败的蒋介石反动派。现在和将来据说很愿意送些给它在中国的第五纵队，但是不愿意送给一般的书生气十足的不识抬举的自由主义者，或民主个人主义者，当然更加不愿意送给共产党。送是可以的，要有条件。什么条件呢？就是跟我走。美国人在北平，在天津，在上海，都洒了些救济粉，看一看什么人愿意弯腰拾起来。太公钓鱼，愿者上钩。嗟来之食，吃下去肚子要痛的。"[44]这是何等一针见血的深刻描写。

但"美援"主要还不是用来推销过剩商品的。"美援"主要是用来扩大美国的对外资本输出，为美国的垄断组织的对外投资取得各种具体的政治保证的，特别是要保证不把美资企业收归国有。在美国参议院援外计划特别委员会的一份研究报告中曾经明确地指出，"援助"的主要好处之一就在于，私人企业很难要求一个外国政府调整外汇率，放宽对外资企业的管制等等，而美国"援外"机构和世界银行之类的组织，却可以这样做。在 1963 年的美国"援外"法上甚至明文规定，凡在 1965 年年底以前不同美国签订投资保证协定者，美国就不再予以"援助"。

美国利用军事力量、财政力量，为美国的垄断资本集团创造了投资的"有利气候"以后，于是美国的垄断资本集团就开始大量地向国外投资了。所以在战后美国增加的大量对外投资中，政府投资虽然也增加很多，但这些政府投资实际上只是为私人投资开路的，占主要地位的还是私人投资，特别是私人长期投资中的直接投资。这种直接投资大大超过证券投资的现象，是美国对外投资的一个重要特点（数字请参见表8）。这是因为直接投资是一种侵略性最大，可以由美国的垄断资本家直接掌握企业，从而操纵这个国家的经济命脉的一种投资，所以在对外投资中最为重要。战后美国在海外的私人直接投资到 1965 年已高达 492 亿美元，它在资本主义各国的分布情况以及所投资的部门的发展情况，和 1950 年相比见表9。

地区及国家	1950年投资数	1965年投资数	1965年行业分布数					
			采矿冶炼	石油	制造业	公用事业	商业	其他
各地区总数	11 657	47 779	3 484	14 218	19 009	2 090	4 101	4 206
加拿大总数	3 579	15 172	1 755	3 320	6 855	486	881	1 875
拉丁美洲各国总数	4 445	9 371	1 114	3 034	2 741	596	1 034	852
欧洲各国总数	1 733	13 893	55	2 828	7 499	60	1 716	1 065
共同市场各国	637	6 254	16	1 017	3 688	46	658	229
欧洲其他国家	1 096	7 639	39	1 811	3 811	14	1 058	836
非洲各国总数	287	1 904	361	1 020	292	*	114	117
亚洲各国总数	1 001	3 611	37	2 384	672	62	253	202
中东	692	1 590	3	1 491	43	4	13	36
远东	309	2 021	34	893	629	58	240	166
大洋洲总数	256	1 811	162	499	950	2	103	95
国际机构	356	2 017		1 133		884		

表9　　　　　　　　　　　　　　　　　　　　　　　单位：百万美元

* 少于50美元。

资料来源：本表根据 *Survey of Current Business* 1960年、1965年中的数字整理制作。

从表9中，我们可以看出很多重要的情况。（1）从美国私人直接投资最多的地区来说，原来是加拿大和拉丁美洲，这两个地区的投资额加起来，占美国私人对外直接投资总数的一半以上，但是经过战后十多年来的发展变化，美国在欧洲的私人直接投资数已大大超过拉丁美洲，甚至接近在加拿大的投资数字了。美国近年来在欧洲的私人直接投资，除在共同市场各国有很大的发展外，在欧洲其他国家的投资实际上大部分都集中在英国，到1965年为止，美国在英国的私人直接投资共达51亿美元，占欧洲共同市场以外各国投资总数76亿美元中的67％以上。美国在加拿大、在欧洲这些资本主义工业十分发达的国家增加了这么多的私人直接投资，并且又大部分都集中在制造业的投资中，这就不但证明了列宁的一个重要论点，即"帝国主义的特点恰好不只是力图兼并农业区域，它甚至还力图兼并工业极发达的区域"[45]，而且还证明了，像加拿大和欧洲这些世界上资本主义统治力量比较强大的地方，是美国的垄断资本集团认为投资比较"安全"的地方，所以它们才敢于大量投资。(2) 与此相比，战后美国在拉丁美洲、亚洲、非洲的私人直接投资虽然也已自 1950 年的 57 亿美元增加为 1965 年的 148 亿美元，增加了一倍多，但与加拿大和欧洲的增加率比起来就低了许多。这说明战后在亚、非、拉美地区兴起的民族解放运动，已经严重地威胁到了美帝国主义的对外投资。所以正是在这个地区，美帝国主义现在要进一步运用它的军事力量、财政力量来加强它的侵略，企图为垄断资本集团夺取更多的投资场所，获取更多的利润。这样，也就使这一个地区，成为了当前世界民族革命力量和美帝国主义直接搏斗的地区，成为了当前世界矛盾的集中点、世界政治斗争的集中点。

美国的资本输出，对于资本主义发达的国家和对于资本主义比较不发达的国家所起的侵略作用是并不相同的。从表 9 看，美国在亚、非、拉美地区的投资主要集中在石油与采矿、冶炼这两个方面，这就可以证明，美国在亚、非、拉美地区的投资尽管在表面上也高喊，是为了要帮助这个地区的民族主义国家发展民族工业，实际上发展的却还是对美国最有利的、能够供给美帝国主义以重要原料和燃料的采矿业和石油业，即目的在于把这些国家从经济上变为美国的新殖民地。美国在亚、非、拉美地区的资本输出，实际上是美国实施新殖民主义的一个重要方面。也正因为这样，所以凡是在战后接受美国的"援助"，接受美国的投资的所有亚、非、拉美地区的民族主义国家，它们的民族工业都不是较前更加发展了，而是较前更加衰落了；它们所处的经济环境也不是较前更加优越了，而是更加恶劣了。这些国家，由于接受了美国的投资，就不得不允许美国每年从它们本国汇回极多的利润，同时又让美国进行利润再投资，使美国垄断组织在这些国家的投资及利润，年复一年，就像雪球一样越滚越大。这些国家所受的剥削也就越来越重。美国每年通过和亚、非、拉美国家在贸易上的不等价交换，再加投资利润，从这些国家所取得的财富估计总数在百亿美元以上。这一剥削是极为残酷的。以美国投资最多的拉丁美洲地区的情况来说，我们可以听听《第二个哈瓦那宣言》里的控诉："在这块半殖民地的大陆上，饿死，并非由于不治之症而病死或未老先衰而死的人每分钟约有 4 个，每天有 5 500 个，每年有 200 万个，每五年有 1 000 万个……与此同时，金钱源源不断地从拉丁美洲流向美国：1 分钟约 4 000 美元，1 天 500 万美元，1 年 20 亿美元，5 年就 100 亿美元。每抢走我们的 1 000 美元，就给我们留下一具死尸。1 000 美元一具死尸，这就是所谓帝国主义的价格。"

对于这样残酷的、美国的新殖民主义的剥削，现代修正主义者却采取了为其辩护的立场。他们美化美帝的资本输出，经常散布好像在今天的世界上殖民主义已经消失或者说接近消失的论调；他们强调民族解放运动已经进入了以所谓经济任务为中心的"新的阶段"；他们反对自力更生，强调一切新独立的国家都要依靠"外援"，即接受美帝国主义和苏修的"外援"来从事建设；他们甚至还主张通过裁军，把裁军节省下来的经费，用来"援助"年轻的民族主义国家，即通过裁军来消灭殖民主义。所有这些谬论都不仅是幻想，而且是帮助美帝国主义麻醉世界人民的"鸦片"。最近，苏修为了反对亚、非、拉美国家对美帝国主义进行武装斗争，甚至已不惜公开和美帝国主义勾结起来，对越南人民的神圣革命战争搞阴谋活动施加压力，倡导"和平"，真是无耻到了极点。这是我们在毛泽东思想指导下研究美国的资本输出问题时，不能不起来对现代修正主义者加以揭露和批判的有关革命的重大原则问题。

美国社会的全面腐朽和美国垄断资本集团的铤而走险

根据上面的叙述，我们可以看出，在这五十年中，美帝国主义已经成为世界最大的食利国。列宁所指出的，为帝国主义所特有的寄生性和腐朽性，现在在美国是充分地暴露出来了。这表现在下列的几个方面。

第一，尽管有关军事生产方面的技术仍在发展，但在和军事生产无关的科学技术方面，"一种人为地阻碍技术进步的经济力量"[46]已经早已形成。美国现在已把越来越多的劳动者所创造的财富用在非生产性的方面，特别是用在扩军备战方面。这样就使美国社会的发展，产生了停滞和腐化的趋势。美国按人口计算的平均生产增长率在主要的资本主义国家中是最低的这一点（数字见前面），绝不是偶然的，这说明美国的腐朽生产关系已经严重地束缚着生产力的正常发展。

第二，在美国社会中，"以'剪息票'为生、根本不参加任何企业、终日游手好闲的食利者阶级，确切些说，食利者阶层，就大大地增长起来"[47]。据统计，美国的百万富翁数，在1948年为13 000人，在1953年为27 000人，在1962年为67 000人，到1965年已增加为90 000人。至于每年收入在百万美元以下、超过10万元以上的人就更多。依靠证券的息票为生的人，在美国共有多少，我们没有统计，但据1966年统计，美国在证券交易所内交易额共有1 460亿美元，为17％的美国家庭所有，其中90％的证券是为每年收入15 000美元以上的家庭所有的。所以可以估计约有 5％～10％的美国家庭是依靠"剪息票"过生活的。这些所谓"富豪"或"富人"，每天都在过着穷奢极侈、荒淫无耻的生活，影响所及，就使美国所谓"上层社会"的风气极端腐化堕落，所谓"美国生活方式"也就是寄生和堕落的生活方式。但这种寄生和堕落的生活方式之所以可能，是和美国每年能从海外不断取得许多超额垄断利润分不开的。美国"富豪"们的豪华生活是建立在受美帝国主义剥削的资本主义世界劳动人民，特别是亚、非、拉美地区的劳动人民的鲜血和白骨之上的！

第三，美国的这一寄生和腐化的情况，也正像列宁所指出的那样，"不能不反映到这种国家的一切社会政治条件上面来，尤其是反映到工人运动中的两个基本派别上面来"[48]。在美国的工人阶级中，战后有两个现象是值得注意的。一个现象是职员，即美国所谓"white-collar"（白领工人）的人数，已比普通工人，即美国所谓"blue-collar"（蓝领工人）人数多。1947—1962 年，美国的白领工人增加了 50％；在 1962 年，每一百个劳动者中，白领工人已占 44％，蓝领工人仅占 36％，余下的为农民占 7％，服务性行业的人占 13％。第二个现象是，就工人服务的部门来说，在生产性部门工作的工人（如制造业、矿业、农业）已越来越少，而在非生产性部门工作的工人（如商店、服务性行业、政府机关、公用事业等）已越来越多。在非生产性部门工作的工人，已从 1942 年占全部劳动力的 49％增加为 1962 年的 58％。[49]这些数字十分重要，它们反映了由于美国社会的日趋腐朽，连美国工人阶级的阶级结构都在发生变化，上层职员以及在非生产性部门工作的工人，都极易受资产阶级的腐蚀影响。这就是为什么在美国的工人阶级中，工人贵族特别多，黄色工会特别猖獗，现代修正主义能够特别流行的经济基础。列宁在《帝国主义是资本主义的最高阶段》一文中所说到的英国资产阶级如何分裂工人，加强工人中间的机会主义，使工人运动暂时趋向腐朽的种种论断，现在都完全适用于美国。所不同的是，美帝国主义在美国的工人运动中更特别着重运用经济主义这一手法。美国的一些黄色工会的头子们的薪金，比美国的总统和部长们还高。根据本文作者在美国长期居留时的体会考察，美国资本家在战后所推行的消费信贷的办法，即分期付款的办法，不仅是预支了社会的未来购买力，是用来推迟或减轻经济危机的一种方法，而且也是一种腐蚀工人阶级，使工人阶级长期陷于债务奴隶的地位而不敢起来反抗的一种重要方法。因为一个工人如果买了一辆旧的小汽车，他就要花很长的时间才能把他所欠的债务分期付清。而在这个时期内，他最怕的就是失业，因为一失业就要没有收入，他用分期付款办法购买来的一切东西就统统化为乌有了。为此，他就要尽可能地被迫忍受资本家的一切剥削。这种美国式的经济主义，是一种极为恶毒的毒药。但是，在美国的工人运动中，过去对此却揭露得很少。毛主席说："应当向工会同志和工人群众进行教育，使他们懂得，决不可只看到眼前的片面的福利而忘记了工人阶级的远大利益。"[50]这正是当前美国真正的进步工人运动所应该及时大力进行的工作。但当然，我们也并不是说，美国的垄断资本集团当前在美国的统治就十分成功了。完全不是这样。因为随着美国社会的全面腐朽，被美国垄断资本集团压迫在社会底层的真正广大劳动人民，特别是广大黑人中的劳动人民，他们的觉悟程度正在迅速地提高起来，有些还已开始接受和学习伟大的毛泽东思想。而且，随着美帝的不断扩大在越南的侵略战争，美帝国主义就不但要增税，而且要强迫美国青年为它去越南送死！这就不能不接触到了美国社会的一个极大矛盾，即一个腐朽了的社会能不能依靠武力来长期有效地控制一个"帝国"的问题。回答是否定的。一个腐朽了的社会，绝不能具有真正强有力的武装力量，它也绝不能长期有效地依靠它的武装力量来统治它的"帝国"，恰好相反，它的扩大侵略战争，扩大武装力量，正好是促成它更加早日走上衰亡道路的一个重要因素。现在美帝国主义已经在越南战争中遭到了越来越大的失败，但是，毛主席说：帝国主义者和国内反动派决不甘心于他们的失败，他们还要作最后的挣扎。[51]所以，我们估计，美国的垄断资本集团，在最近的将来，为了作最后的挣扎，它们还会铤而走险，和现代修正主义者勾结起来，玩弄更大的阴谋，挑起更大程度上的战争来。但美帝国主义也一定要在这场越来越扩大的侵略战争中使它的国内外矛盾越来越趋于尖锐，最后使它所控制的金融帝国彻底瓦解。这一切，我们将在下面再详细加以论述。

五、瓦解中的美国金融帝国

从前面的叙述中，我们可以看到最近五十年来美国经济的发展过程，实际上就是美国的垄断资本集团利用两次世界大战加强侵略、夺取资本主义世界经济霸权的发展过程。第二次世界大战后，美国帝国主义已经完完全全发展成为一手挥舞核武器，一手挥舞美元，在资本主义世界中称"王"称"霸"的最大的侵略者。在第二次世界大战结束的最初几年，美国帝国主义也确实不可一世，但是没有多久，它的外强中干的"纸老虎"本质就逐步暴露出来。到1957—1958年的经济危机之后，美国在战后所建立起来的资本主义世界霸权就开始发生动摇；

到美帝扩大侵略越南的战争遭到沉重打击后，美国的霸权就进一步发生严重动摇。现在美帝的军事力量、经济力量都正在随着越南战争的发展而不断恶化，一场新的经济大危机即将到来。只要这场新的经济大危机一旦爆发，美帝的金融帝国就会瓦解。一个依靠战争和侵略发展起来的帝国主义国家终将在战争和侵略的失败中倒下去，这也是事物辩证发展的必然规律。为了要说明这个问题，我们就不能不先来说一下维持美国金融帝国的军事力量中的几个致命弱点。

维持美国金融帝国的军事力量中的致命弱点

美国帝国主义也正和历史上所有的帝国主义国家一样，不得不把它的霸权首先建立在它的军事力量上。列宁说过："……帝国主义，即在 20 世纪才完全形成的垄断资本主义，由于它的根本的经济特点，则最不爱和平，最不爱自由，最主张到处发展军国主义。"[52] 战后美国帝国主义的行动更加证实了列宁的这一论点的正确。美国帝国主义统治资本主义世界（包括美国本国人民）的主要依仗是暴力，是杀人的刀。这一点，我们是必须首先认识清楚的。毛主席说："军阀、地主、土豪劣绅、帝国主义，手里都拿着刀，要杀人。"[53] 这是千真万确的。第二次世界大战后，美国帝国主义及其走狗们，都大大加强了它们的国家机器，特别是军队，用来镇压人民。美国帝国主义还通过签订各种军事政治条约的形式（如《美洲国家条约》、《北大西洋公约》、《美澳新条约》、《东南亚条约》、《巴格达条约》等），组织了一系列的军事侵略集团和在外国领土上建立了一系列的军事侵略基地。一方面支持了全世界各国的反动派，一方面也把它的军事、政治和经济的统治力量直接或间接地强加到了资本主义世界各国人民的头上，使它自己成为了镇压全世界一切被压迫人民的最凶恶的敌人。

美国这样做，表面上看来是它力量强大的表示，它支持了全世界各国的反动派，但实际上，这既说明了全世界各国反动派力量的薄弱，同时也促使美帝国主义支持这些反动派的军事力量的削弱。毛主席说："这种对于美国帝国主义的依赖，是第二次世界大战结束以后全世界各国反动势力的共同特点。这件事，反映了第二次世界大战给予世界资本主义的打击的严重性，反映了各国反动派力量的薄弱及其心理的恐慌和丧失信心，反映了全世界革命力量的强大，使得各国反动派除了依靠美国帝国主义的援助，就感到毫无出路。"[54]由于美国帝国主义不得不支持全世界反动派，美国的军事力量就大大削弱。美帝国主义的人力、军力、物力和财力，同美帝国主义独霸全球的野心比较起来是远远不足的。目前美帝国主义的霸权正在发生严重动摇的主要原因也正在这里。

当前的具体情况是：美帝国主义这个庞然大物，花了上百亿美元，出动了几十万军队，使用了各种残酷的新式武器，却在越南南方被越南人民的军队打得头破血流、狼狈不堪，不但在军事上胜利无望，而且在国内的经济上也已经引起了极大的恶劣影响，眼看就要为此而酿成一场空前的经济大危机。为什么美国帝国主义这么"强大"，竟连1 400万越南南方人民都奈何不得？这就充分证明了毛主席的理论正确。毛主席在《论持久战》这一光辉著作中，曾经指出过帝国主义战争的特性。毛主席说："由于日本社会经济的帝国主义性，就产生了日本战争的帝国主义性，它的战争是退步的和野蛮的。"[55]"从社会行程说来，日本已不是兴旺的国家，战争不能达到日本统治阶级所期求的兴旺，而将达到它所期求的反面——日本帝国主义的死亡。这就是所谓日本战争的退步性。"[56]毛主席又说：

"中国的战争是进步的，从这种进步性，就产生了中国战争的正义性。因为这个战争是正义的，就能唤起全国的团结，激起敌国人民的同情，争取世界多数国家的援助。"[57]毛主席在这里所说到的抗日战争时期有关日本和中国的情况，完全适用于今天越南战争中的美国帝国主义和越南人民的情况。美国帝国主义在越南所进行的是一场退步的、野蛮的战争；反之，越南人民所进行的则是一场进步的、正义的战争。正因为越南人民的战争是进步的、正义的，所以它就确实团结了全体越南人民，也确实唤起了美国人民的同情，并取得了世界多数国家的援助。而美国帝国主义的侵略战争则不但引起了越南人民的反抗，也引起了全世界人民，包括美国人民的反对。所以美国帝国主义的军队尽管在越南战争中拥有比较优良的武器和一切现代化的设备，但是没有用，仍然只能打败仗。

毛主席又曾指出："武器是战争的重要的因素，但不是决定的因素，决定的因素是人不是物。力量对比不但是军力和经济力的对比，而且是人力和人心的对比。军力和经济力是要人去掌握的。"[58]毛主席在这里所说的"人心"，据我们的体会，绝不是一个抽象的、唯心的因素，而是由于不同的战争性质而引起的不同的人们对战争的态度和战斗意志，所以是十分重要的一种战斗力量。美帝国主义目前就是因为所进行的战争是一场不得人心的侵略战争，所以搞得士无斗志，在人力上发生了严重的问题。美国帝国主义的人力问题，首先表现在兵源问题上。由于美国青年多数不愿意服兵役，统治者就只好用募兵的办法来补充，即用金钱来收买那些社会上失学、失业的青年去为它效死。美国平时的兵源实际上就是以募兵为主的。如1959 年，征兵 111 249 名，募兵 309 061 名，募兵数要比征兵数多得多。直到这次越南战争扩大后，才开始大量征兵，但按三军来分，目前只有陆军中的募兵是少数，约占30％，海、空两军则仍全靠募兵。这种募兵的结果，果然可以使社会上减少失学、失业的青年，使社会上的失业率大大降低（请参看前文所述：约翰逊的"伟大社会"和"充分就业"是最大的欺骗和谎言），但就士兵的斗志来说，是不可能高的。因为他们基本上是雇佣兵或少爷兵，服兵役是被迫的或是为了混饭吃的，绝不是为了什么爱国。这样的军队的作战能力，当然就很低，根本谈不上有什么勇敢、牺牲的精神。现在，就连美国政府中的谋士们，也已多少发觉美国军队士兵无斗志的致命弱点了。

但是，美国军事力量的致命弱点，并不只表现在人力上，也还表现在物力的供应和支持战争的财力不足上。先说物力。美国军队是全世界反动军队中消耗量最大的一支军队。据美国军方统计，1917第一次世界大战时，美国每名士兵的装备需要4吨半船位；1942年第二次世界大战时，美国每名士兵的装备需要7.5吨船位。可是在这次美国侵越战争中，海运一个旅（约2 200人）的兵力到南越，每个士兵所需要的物资装备量竟达13吨船位之多。为什么一个士兵竟需要这么多物资装备？原来，这也和战争的性质有关。因为美国打的是侵略战争，士兵贪生怕死，就不能不依靠大量的现代化装备来壮胆。另外，美国兵既然都是雇佣兵、少爷兵，物质生活上的享受是一点也不能差的。所以包括啤酒、火鸡等都得从国内运去。这样，就不但扩大了物质供应量，而且还使美国的军事运输发生了严重的困难。现在美帝国主义还远涉重洋去侵略南越，从后方到前线的距离竟有6 882海里或1.4万公里之遥（以美国的旧金山为起航点，南越的西贡为终航点），一般商船航行约需22天（以每小时29公里计），一般运输飞机（不包括装货、加油等时间）也要费时 3 天。现在美国由于船只缺乏，飞机不够用，再加上南越的港口、机场、仓库容量非常有限，所以美帝侵越的后勤供应工作已经发生了严重的问题，直接影响到了它在越南部队的作战能力。但以上这些情况还可以说是技术性的问题，还有足以严重影响美国军队全面作战能力的问题是，有些物资美国根本没有或极少。据美国军方统计，在 71 种不可缺少的战略性物资中，美国现在能充分供应的只有 11 种，完全没有的有 2 种，供应只及需要量的 40％以下的占了 38 种。[59]由于这些物资的缺少，就直接影响到了美国的军事生产和工业生产。例如，现在美国的许多公司就由于缺少铜而不得不推迟在南越前线急需的铜丝、电线、黄铜弹药的订货。除了铜之外，美国现在还特别缺少铬、锰和镍等金属物资，必须大量依靠进口。除这些物资外，就当前的越南战争来说，则甚至连军用的轻型武器、弹药、通讯器材、军用汽车、直升飞机，甚至丛林作战所需的军服、军鞋等，都一概有严重缺乏的现象。美国长期扩军备战，为什么一有战争，竟会连武器和军用品都缺少？这也和美国的资本主义生产制度有关。在资本主义社会中，生产的多少是决定于利润而并不是决定于需要的。在战后美国的军事生产中，由于生产战略轰炸机、洲际导弹和宇宙飞船等尖端武器比生产一般武器更能攫取丰厚的利润，因此美国的垄断资本集团就竞相生产尖端武器，美国政府也不得不大量采购尖端武器。对于实战所需要的常规武器则反而少人注意，结果就形成了目前这种常规武器缺乏的狼狈情况。所有这些美国军队的弱点都不是一般的弱点，而是足以造成美国侵略军队在一场侵略战争中被彻底打垮的致命弱点。美国的军事力量从这些方面看，可以说完完全全是纸老虎。至于美国供应侵略战争的财力不足这一点，这更牵涉到整个美国的经济力量，我们有必要来对此作进一步的分析。

美国的军事力量是纸老虎，美国的经济力量也是纸老虎

战后美国帝国主义为了扩军备战，特别是近几年来为了扩大对越南的侵略战争，它的军事费用在国家预算中所占的比重已越来越大。这一点，我们在前面的"战后美国的国民经济军事化及其引起的严重后果"部分中已经简单地说到过。现在，我们要研究的问题是，美国的军事费用究竟能不能长期地无限量地扩大下去？它有没有一个限度？这个问题，在美国统治集团内部也是一个争吵得很激烈而始终没有能得到解决的问题。美国的政府（包括联邦政府和地方政府）支出的最高限额不能超过国民总产值的一定比例，这是美国统治集团中所有的人都同意的。问题就在这个限度究竟是多少？美国统治集团中的通常看法是 25％，认为如果超过这个限度就很可能威胁到资本主义及其各种制度的稳固。目前美国政府的支出实际上已很接近这个限度。另外有些人则不同意这个意见，认为这个限额还低，还可以大大提高，可以一直提高到第二次世界大战时的40％左右。

由于美国的国民总产值数字相当大，1966 年的美国国民总产值，据约翰逊在 1967 年的《国情咨文》中宣告，已达到7 400亿美元的巨数，所以即使是其中的 25％，数字也相当大。这就在表面上常常使人感到美国帝国主义的财力似乎还很富足，还大有可以扩大侵略战争的余力的样子。但实际情况是怎样呢？实际情况根本并不是这样。因为美国的所谓国民总产值，它的虚假性是十分巨大的。按照美国资产阶级经济学者的算法，他们是把美国社会一切居民的货币收入都计算在国民总产值之内的。这样，就不但包括了劳动者在物质生产范围内所

产生的收入，而且还包括了在资本主义社会内通过财政系统、价格形成过程、服务费、交易所、投机等等由再分配所形成的派生收入。其结果当然就大大提高了美国的国民总产值。这是一种既混淆了剥削者的收入和劳动者的收入，又夸大了资本主义国家财富的一种反科学的计算方法。如果我们按照马克思主义经济学的科学算法，只计算美国每年由劳动者在物质生产领域里所新生产出来的价值（这些新的价值等于生产劳动者的工资总额加上剩余价值总额），那么美国的所谓国民总产值就得缩小大约三分之一。如果再把包含在美国国民总产值数字中的通货膨胀因素除去，其数字当然就还要小。所以美国的国民总产值表面上看来数字很大，从物质生产上看，真正可以用来从事战争的潜力是并不大的。

而且，造成美国从事侵略战争的财力不足的关键问题还不在这里，关键问题是在美国这样一个资本主义社会，它所创造的国民总产值是绝大部分分散在私人手中的，美国的垄断资产阶级要通过国家机构才能把国民总产值中的一部分集中起来供它使用。又由于资本主义社会是一个对抗性的社会，因此美国的统治阶级要想扩大政府的开支增加侵略战争的费用，它就不能不遭到人民的抵抗。在第二次世界大战时，美国政府可以把政府开支扩大到占国民总产值的 40% 左右，这是因为第二次世界大战就战争的性质来说是反对法西斯主义的，对于这一点，美国人民是拥护的，他们是愿意为此而付出牺牲的，所以美国垄断资产阶级就利用了这一点而大发其财。但现在的情况已完全不同了，美国对越南的战争是赤裸裸的帝国主义侵略战争，美国人民对此根本是反对的，美国人民反对美帝从事越南侵略战争的运动正在积极展开。因此，美国统治者正同朝鲜战争时一样，根本就没有敢把它作为正式的战争向国会提出，要求全国总动员来加以支持。美国帝国主义目前在越南的侵略战争，完全是和第二次世界大战前法西斯国家所进行的侵略战争同样，是一种不宣而战的战争。它根本没有动员全国人民起来加以支持的号召力和可能性。美国统治者既然不敢把它作为正式的战争向国会提出要求动员全国的力量来加以支持，因此美国反动派支持越南战争的经济力量，以至扩大征兵的力量就都要受到很大的限制。所以在现状下，美国的国民总产值尽管相对地来说，在资本主义社会中比较大，它并不能像第二次世界大战时那样，把全部的经济力量都动员起来用在侵越战争上。美国垄断资本集团所拥有的纸上财富十分巨大是一回事，美国垄断资本集团究竟有多大财力能够实际运用到战场上去完全是另一回事。第二次世界大战后，美帝从事侵略朝鲜战争和从事侵略越南战争都已不再能利用举国一致对外宣战的形式出现，绝不是一件偶然的小事。这是帝国主义的侵略战争发展到现阶段所必然会出现的一种表示帝国主义已即将失败的重要现象。

第二次世界大战后，从世界的全局来看，亚洲、非洲和拉丁美洲被压迫民族同以美国为首的帝国主义之间的矛盾已经变成当前世界各种基本矛盾中最突出、最尖锐的矛盾，是目前世界的主要矛盾。也正因此，亚洲、非洲和拉丁美洲的广大地区，目前就成为直接打击帝国主义的世界革命风暴的主要地区。战后的美帝国主义是世界反动势力的主要堡垒，是国际宪兵，所以它就必然要在亚洲、非洲和拉丁美洲，特别是在亚洲发动侵略战争。美帝国主义在现阶段把它的侵略力量主要集中在亚洲，也不是偶然的。毛主席说："美国侵略政策的对象有好几个部分。欧洲部分，亚洲部分，美洲部分，这三个是主要的部分。中国是亚洲的重心，是一个具有四亿七千五百万人口的大国，夺取了中国，整个亚洲都是它的了。"[60]中华人民共和国成立后，美帝国主义及其所有帮凶，当然就更把中国的存在看成它实现侵略和反革命计划的主要障碍。正因为这样，近几年来美帝国主义者在同苏联现代修正主义取得协议后，就把它们的侵略政策和侵略活动重心集中到了亚洲来。它们企图在中国周围建立一道"铁的包围圈"，使战火更加靠近中国。美帝国主义所建立的最危险、最疯狂的战争策源地就是在东南亚，就是在越南和老挝等地。美帝过去所发动的侵略朝鲜战争和当前所正在进行的侵略越南战争，就军事的全局观点来看，都是准备进攻中国的战争的一部分。但是美帝国主义者知道，要想在亚洲发动一场全面进攻中国的战争是完全不会得到美国人民的支持的。美帝国主义者害怕它本国人民的反对，于是就只好把它的罪恶目的伪装起来，陆陆续续地动员它部分的力量来到亚洲从事侵略战争。但这样它仍然不敢在国会里正式把朝鲜战争、越南战争提出来要求全国人民加以支持。这正是它所进行的侵略战争已经到了日暮途穷，不得人心到了极点的一种表示。

无论是军事力量也好，或是经济力量也好，都必须首先有人民的支持。得不到人民支持的美国侵略战争，它的支持战争的财力就必然会是十分有限的。从这个意义上说，不仅美国的军事力量是纸老虎，美国的经济力量也是纸老虎。

我们把美国帝国主义的军事力量和经济力量都看成是纸老虎，当然是完全依据了毛主席关于"纸老虎"的论断，从长远的观点和本质上来说的。毛主席说："同世界上一切事物无不具有两重性（即对立统一规律）一样，帝国主义和一切反动派也有两重性，它们是真老虎又是纸老虎。……中国人民为了消灭帝国主义、封建主义和官僚资本主义在中国的统治，花了一百多年的时间，死了大概几千万人之多，才取得一九四九年的胜利。你看，这不是活老虎，铁老虎，真老虎吗？但是，它们终究转化成了纸老虎，死老虎，豆腐老虎。这是历史的事实。人们难道没有看见听见过这些吗？真是成千成万！成千成万！所以，从本质上看，从长期上看，从战略上看，必须如实地把帝国主义和一切反动派，都看成纸老虎。从这点上，建立我们的战略思想。另一方面，它们又是活的铁的真的老虎，它们会吃人的。从这点上，建立我们的策略思想和战术思想。"[61] 美帝国主义的这一两重性，现在在越南的侵略战争中是表现得十分明显的。一方面美国侵略者在越南表现得十分嚣张，十分蛮横；可是另一方面它又不得不用轰炸越南北方的讹诈手段以及经常利用苏联现代修正主义者来推行"和谈"骗局。这不正说明了它在越南战场上的失败吗？美帝国主义者由于拥有现代化的武器，它所最希望的是能依靠恐吓就把殖民地的人民吓得屈服投降；其次是希望能打速决战，而最怕把战争拖下去，因为战争一持久，消耗就大，就要不断地补充人力、财力、物力，这就要得到它本国人民的支持，而它的本国人民不但不支持它，而且还反对它的侵略战争，这就会使它得不到足够的补充，使它的纸老虎原形完全暴露。

从经济上来说，目前美国支持越南战争的财力已经感到十分困难，但约翰逊政府还在作最后的挣扎。约翰逊不得不在1967 年年初的《国情咨文》中宣告增税，就是一个最好的例证。美国政府今后还可能进一步铤而走险，为了大规模地扩大战争而进一步在国内加强法西斯统治，采取更多地压榨劳动人民收入的办法来扩大战争，这是我们应该估计到的。但是，总的说来，在现状下，美国反动政府所能用以扩大战争的财力应该说已经到了一个接近最高点的临界点。如果过多地超过这个临界点，就将促使美国的整个经济发生重大的危机。这是因为，美国的反动政府所能用以增加战费的方法，不外三种：（1）增税；（2）发行公债；（3）实行通货膨胀。在过去的几年中，美国政府偏重用发行公债、实行通货膨胀的办法来取得军费，但由此而引起的通货膨胀危机已经使美国统治者感到不安，因此美国的反动统治者不得不用提高利率的办法来适当控制通货和信用的膨胀。这次美国政府为了增加战争经费，也没有敢立刻采用增发公债和通货膨胀的办法，而是采用了增税的办法。但我们在前面曾经说过，美国在过去几年是依靠减税、退税和增加折旧基金等办法，进一步刺激了投资，使企业的资本支出进一步上升，所以才造成了一种畸形的"战争景气"的。现在约翰逊政府由于战争的需要而不得不反其道而行之，开始增税，这就会开始缩小市场上的购买力，并可能由此而引起企业资本支出的缩减。如果是这样，那么，一场久已潜伏的严重经济危机就可能开始爆发。1967 年 2 月 17 日美联社华盛顿电说，美国联邦储备局 16 日宣布，美国工业生产量大跌，跌幅之巨是两年多以来最大的一次。这十分可能就是美国发生经济危机的重要信号。如果美国发生经济危机，那么美国支持侵略战争的财力当然就要更加发生问题。所以用增税来增加战费的办法，我们估计是不可能行之过久的。只要美国经济危机一爆发，美国政府为了挽救经济危机，也为了进一步扩大侵略越南战争，美国政府就会回到增发公债和通货膨胀的老路上，从而使美国的通货膨胀危机进一步恶化，直至引起一场整个资本主义世界的货币信用制度危机。这场资本主义世界的货币信用制度危机如果一旦发生，那么，一直到现在为止美帝还勉强维持着的世界经济霸权就会立刻垮台，所谓美国金融帝国也就会全部瓦解。这对美帝国主义经济的发展前途来说，实际上已是无可避免的命运。这个问题十分重要，但我们为了说清楚这个问题，就有必要先来简单地叙述一下，这五十年来资本主义世界中的货币制度的发展情况及其意义。

美国金融帝国的兴起、衰落、瓦解和黄金的关系

在第一次世界大战前，资本主义各国间所实行的货币制度乃是所谓金本位制。在这种制度下，各国货币单位之间按其所含黄金重量而有一定的比价，同时黄金又可在各国之间自由转移，这就保证了世界市场的统一与外汇行市的相对稳定。这种相对稳定的货币制度，对于当时的资本主义发展是起了一定的促进作用，也就是说对于资产阶级的国家是有利的。因为稳定的通货是扩展商品流通及促进信用制度发展的重要条件，它对促进国际贸易和资本输出的发展也有重大作用。但随着资本主义的发展，包含在资本主义社会中的内部矛盾也就日益尖锐化。这种矛盾反映到资本主义货币制度之中来，就使破坏此种货币制度稳定性的因素日益增长。这首先是由于某些资本主义国家发展成为帝国主义国家以后，这些国家的垄断资产阶级就不仅利用货币制度来剥削本国大多数人民，也利用货币制度，即把殖民地、半殖民地的通货按照一定比例与帝国主义国家的通货建立起固定的联系，使前者成为后者的附属品的办法（亦即殖民地附属国类型的金汇兑制），来奴役和掠夺这些国家的人民。这些国家由于丧失了货币制度的自主权，就在经济上更加依附于帝国主义国家。帝国主义国家也利用这一点，进一步对殖民地、半殖民地国家加强剥削，使殖民地、半殖民地国家的金银财富不断流入帝国主义国家。帝国主义国家之间当然也相互争夺黄金，这样就使资本主义世界的黄金存量的分配发生了极端的不平衡。1913年时，美、英、法、德、俄5个主要帝

国主义国家占有了世界货币黄金存量的 2/3，其中单美国即占有了黄金存量的 27％。世界黄金存量的极大部分既然为主要的帝国主义国家所掌握，作为其他国家货币流通的黄金基础自然就相应缩小。在帝国主义国家内部，为了准备战争，需用大量的黄金购置军用物资，也为了应付经济危机，巩固中央银行的金融基础，就把黄金流通也相对地缩小，增多发行银行券，而把大量黄金集中于中央银行。这些措施都使金币本位的稳定性开始遭到了破坏。

第一次世界大战爆发后，欧洲各参战国先后停止了银行券的兑现。其目的一方面是为防止金准备分散和搜刮黄金，以便把黄金输出国外，购买军火；另一方面则是为了创造用纸币发行来弥补战费的前提条件。所以，在战争期间，各参战国的通货发行量迅速地增长了起来。战后，参战各国为了偿还债务，支付赔款，复员和恢复被破坏地区等，更加需要大量的财政开支，从而形成了巨额的财政赤字。资产阶级国家为了把财政负担转嫁到劳动人民身上，继续执行通货膨胀政策。在这种情况下，巨额的纸币发行不能不造成货币流动的极端紊乱。最突出的例子是德国的通货膨胀。1923 年德国纸币流通量达到了天文数字，马克贬值达到了顶峰。其他国家，如英国、法国，纸币增发数量与纸币贬值程度也都非常猛烈。当时，只有美国的货币制度还是相对稳定的。世界的黄金继续集中到美国手中，到 1926 年，美国已占有资本主义世界黄金存量的 44％。正由于当时各国都缺少黄金，无法恢复正常的金本位，所以在1922 年举行的热那亚会议，决定向国际联盟提出一个建议：为了节省黄金的使用，要求各国以在外国结存的形式保持它们的储备。实际上也就是以外汇作为储备。当时多数国家都以英镑和美元作为储备，所以从那时起，英镑和美元这两种货币在国际支付中就自动具有和黄金相等价值的特权，而其他的货币却不是这样。这就是第一次世界大战后，资本主义各国进入相对稳定时期（1924—1928），为了使多数国家通货稳定建立了货币制度，即金汇兑本位制。当时，也有少数国家建立了所谓金块本位制，在这种本位制下，银行券仅以金块兑现，并且有一定的数量限制。例如，英国在1925年规定银行券兑现至少需1 700英镑，法国在1928年规定至少需215 000法郎才能兑现。无论是金汇兑本位制或金块本位制，名义上都还是金本位，但实际上已都不是典型的金本位，因为黄金实际上已不再自由流通。黄金失去了作为流通手段的作用，也就使黄金失去了自发地调节流通的货币金的作用，在资本主义社会中破坏了自发地调节货币流通的机构。这实际上是资本主义社会在第一次世界大战后进入了资本主义总危机阶段以后，在货币制度上的一种表现。

资本主义国家的不再能恢复典型的金本位制，说明了资本主义国家经济力量的削弱，它的货币制度的稳定性已经大不如前。但在新的制度下，美国和英国还是站在有利的地位上的。由于它们的货币取得了可以和黄金等用的特权，它们就可以利用这一特权，进一步控制和剥削其他的资本主义国家。1929—1933年的资本主义世界经济大危机发生后，英镑在1931年贬值，就使很多以英镑为储备的国家受到了重大损失。1933年美元也开始贬值。当时罗斯福宣告按照高于当时按金法郎计算的美元牌价购进黄金，人为地实行了美元贬值后，就不但减轻了美国债务人的负担，增加了美国在资本主义世界市场上进行商品倾销的力量，也同时转嫁了美国的经济危机的损失。这是我们在前面已经说到过的。美国当时提高金价，实际上还有一个目的，就是要把金价在当时对美国最有利的价格上固定下来，使黄金进一步集中到美国。这个目的，美国是达到了的。美国自 1934 年 1 月 30 日把收购黄金的价格定为 35 美元一盎司后，黄金就较前更多地流入美国。1934—1942 年，美国共进口黄金 160 亿美元，其中，60 亿美元的黄金是美国对外贸易发生顺差的结果，其余 100 亿美元的黄金则主要是 1938 年欧洲发生"慕尼黑事件"以后，欧洲的资产阶级惧怕战争爆发，将财产转移美国的结果。[62]美国收进了这么多黄金，就为美国的垄断资本主义经济发展创造了一些有利的条件：（1）增加了货币供应（活期存款）；（2）增加了额外的银行储备，使银行可以增加投资，实行低利政策。换句话说，黄金进口对美国 1929—1933 年经济大危机后的恢复是起了一定的促进作用的。1929—1933 年的世界经济危机结束了资本主义的相对稳定局面，也结束了资本主义国家货币流通的相对稳定局面。各国宣告废除名义上的金本位后，都开始走上了通货膨胀的道路。

随着第二次世界大战的爆发，整个资本主义世界都出现了更为剧烈的通货膨胀，货币流通极为紊乱。但美国在资本主义世界中，相对地说来，仍然保持着优越的地位。美帝国主义不但在战时就扩大了商品输出和对其他国家的经济控制能力，而且还通过布雷顿森林会议成立的机构——国际货币基金组织和国际复兴开发银行，企图在战后成为永远保持资本主义世界经济霸权的"霸主"。国际货币基金组织和国际复兴开发银行名义上为国际性组织，但支配权实际上是属于美国的。因为无论是在基金中还是在银行中，美国的投资份额都占第一位。再加上一些依赖于美国的国家，美国就在这两个组织中获得了决定性多数的投票权，并且通过多数票的表决权，华尔街垄断资本集团的代理人还占据了这两个组织的领导职位。因此美国的垄断组织是十分方便地利用了这两个组织来作为奴役其他资本主义国家和实现其扩张侵略政策的工具的。就这两个组织的本身作用来说，国际复兴开发银行实际上只是美国的进出口银行的一个补充，是帮助美国政府来对其他国家提供侵略性的长期资金的一个工具；国际货币基金组织则由于在章程中规定各会员国要将自己的通货平价以黄金或美元表示，各会员国不得在超过核准平价的百分之一上下以外和黄金、外币交易，并不得自由改变汇率等等条文，实际上美国就把其他资本主义国家的通货统统都钉住在美元上，从而剥夺了各资本主义国家利用通货贬值的办法来和美国竞争的自由。当然，通过国际货币基金组织的规定，美元在资本主义世界中和黄金等用的地位也就更加确定了。经过第二次世界大战，美国在资本主义世界中所占有的黄金存量达到了空前的高峰，在 1944 年时为 60％，1949 年时甚至高达 71％。美国在资本主义世界中集中了这么多的黄金，这确实是象征了当时美国在资本主义世界中的经济力量的。美国之所以能集中这么多黄金，主要是由于它的国际收支情况一直处在顺差的地位。因为当时战争刚结束，资本主义各国都依赖美国的物资进口解决战后的困难，在最后结算时就不得不将黄金运进美国。

黄金，原只是一种普通金属，它之所以能代表财富，完全是人类社会商品生产发展的结果，这是马克思在《资本论》第 1 卷里已经科学地论证过了的。在列宁所撰写的《论黄金在目前和在社会主义完全胜利后的作用》一文中，列宁就建议过："我们将来在世界范围内取得胜利以后，我想，我们会在世界几个最大城市的街道上用金子修建一些公共厕所。"但在现时，也就是当资本主义社会还存在的时候，黄金代表财富的作用就必然会存在。列宁对黄金在资本主义社会中的作用是十分重视的,他曾将第一次世界大战时使一千万人牺牲、三千万人残废的事都归因于"为了金子的缘故"。在资本主义社会里,黄金显然是财富与权力的象征。美国帝国主义利用两次世界大战发了横财,积聚了那么多黄金,这就使它有了称"王"称"霸"的经济基础。但这样的情况到1950年以后就开始发生根本性的变化。1950年以后,美国尽管还有大量的贸易顺差,但美国的国际收支则开始出现大量的逆差。这主要就是由于1950年以后,美国的战争政策和侵略政策大大加强,美国的海外军事开支,对外"援助"以及对外投资等三项支出都大量增加。1960—1961年,这一项支出更有进一步的增加。在1950—1955年,这三项支出合计约为平均每年64亿美元;1960—1961年,这三项支出已增加为平均每年100亿美元。这样,就使美国的国际收支逆差,从1950—1955年平均每年16亿美元增加到1960—1961年的35亿美元。美国自1950年开始发生大量的国际收支逆差后,若在别的国家,早已必须运用黄金来设法加以平衡了,但美国却可以不完全这样做,这就是因为美元是当前资本主义世界中的所谓储备货币,美国可以用由它自己发行的美元来支付它对外国的债务。据统计,自1951年到1963年年底,美国累计的国际收支逆差数约有250亿美元,但美国实际上用黄金支付的部分仅有75亿美元左右,其余的2/3以上部分是以其他国家或者个人接受储存美元这种形式支付的。这样,就等于美国向整个资本主义世界的货币体系输送了大量的美元,把它的海外军事开支等负担,用通货膨胀的形式转嫁给了其他资本主义国家,这实际上是对其他资本主义国家一种很重的剥削。

过去,当美国帝国主义的力量还十分强大时,其他资本主义国家的政府和私人，当然只能接受美元。但美国的经济力量，正如我们在前面所指出过的那样，自 1957—1958 年的经济危机发生后，就已经走下坡路了。在这种情况下，各国政府也就开始要把它们手中多余的一部分美元，要求美国政府兑换黄金。于是美国的黄金就开始大量外流，1960 年曾一度爆发了黄金价格猛涨的美元危机。据统计，美元的黄金储备已自 1957 年年底的 228 亿美元，减至目前的 131 亿美元左右，流失了已将近 43％。在 131 亿美元黄金中，还得扣除作为美国政府发行钞票的准备金 90 多亿美元黄金，剩下可以作为国际支付用的黄金因此就不到 40 亿美元。与此同时，美国对外所欠的短期债务——私人的和官方的——则仍在增加，已自 1957 年年底的 136 亿美元增加为 1966 年年中的 246 亿美元，即增加了约 110 亿美元。虽然，在这 246 亿美元对外短期债务中，其中约有 50 亿美元是属于国际金融机构的，属于私人的约 100 亿美元，属于欧洲各国中央银行的约 70 亿美元。由于美元兑换黄金一定要通过各国中央银行才能办理，而除法国外，各国中央银行在现阶段，一般还不至于去和美国政府为难，一定要索取黄金，所以美国政府的美元危机暂时还没有发生。但这种局面是不可能持久的，只要国际上稍有风吹草动，例如，美国出现经济危机，或越南战争进一步失利，美国的黄金就会禁不住要被挤兑。目前，欧洲各大国，特别是共同市场各国，在法国的带头下，已显然不愿意再将美元继续作为国际的储备货币，使美国得以不断转嫁它的对外负担。1965 年 2 月 4 日，法国总统戴高乐在记者招待会上发表谈话，公然攻击现行的国际货币制度，即以美元为储备货币的所谓金汇兑本位制。这是美国在资本主义世界的经济霸权受到严重挑战的一个十分有代表性的事件。这一方面是美国经济霸权已经衰落动摇的表现，同时也是 1957—1958 年后，毛主席所说的"东风压倒西风"，为社会主义所支持的民族民主革命运动风起云涌后，帝国主义阵营已经进一步四分五裂，帝国主义阵营内部矛盾更加尖锐化的一种表现。现在，美国已被迫同意在国际货币基金组织内部开始研究如何改进国际货币制度的具体办法，它自己也已在近几年中极力用抽取利息平衡税，限制美国银行对外贷款等办法，企图缩小美国的国际收支逆差。但美国黄金之所以外流，从表面上看是一个美国的国际收支逆差问题；从整个资本主义世界的全局来看，则是由于美帝国主义独霸全球的野心已经使它的人力、军力、物力和财力发生了严重消耗，无法再继续支持下去，从而使战后以美元为中心建立起来的国际货币制度已经发生动摇的问题。所以问题的性质，就资本主义世界来说，就美帝国主义的统治集团来说，都是十分严重的。它牵涉的国家也绝不仅仅是美国。如果美元一旦被迫贬值，那么资本主义其他各国的主要货币如英镑、法郎等等，实际上都会发生连锁反应，由此而产生整个资本主义世界货币信用制度的危机。这就是为什么我们在前文中说，只要美国再发生一次经济危机，就会引起一场资本主义世界货币信用制度危机的理由。资本主义制度现在已经是如此虚弱、腐朽，它的货币制度因此也再不能稳定下来，而只会越来越混乱。美国帝国主义是利用战争使各国的黄金流入美国而兴盛起来的，它也终将由于坚持发动侵略战争而使黄金流出美国而衰落、而瓦解。这是事物发展的辩证法。

就世界人民的立场上来看，我们认为，当前的世界经济形势是十分有利于世界人民的。因为美国这个"金元帝国"已即将成为无金的帝国。美元的纸老虎本质已经被拆穿。正像在越南战场上坚持打一天仗，在军事上就能多吃掉一部分美国的侵略军队一样，在经济上同样也能多吃掉一部分美帝的侵略力量的，那就是促使美国多流失一部分黄金。当然，当前摆在越南人民以及全世界人民面前的困难还是很多的，因为美帝及其帮凶还在作困兽犹斗的最后挣扎，但美帝及其帮凶所遭遇到的困难是更多的，而且是无法克服的。毛主席说："……反动势力的困难是不可能克服的，因为他们是接近于死亡的没有前途的势力。我们的困难是能够克服的，因为我们是新兴的有光明前途的势力。"[63] 当前世界的形势就正是这样。

反对美国帝国主义必须割治机会主义的脓疮

根据上面的分析，我们可以看到五十年来美国经济发展的事实，证明了列宁主义在《帝国主义是资本主义的最高阶段》一文中所提出的论点，都并没有像现代修正主义者的"理论家们"所说的那样已经"过时"，而是正相反，完全证明了它的正确。现代修正主义者们攻击列宁，歪曲列宁，正十足暴露了他们的叛徒面目。当然，由于时代的限制，列宁也并没有能完全看到在帝国主义走向崩溃，社会主义走向胜利的时代的每一个特点。例如，列宁就没有能够看到美国帝国主义会成为帝国主义阵营的头头、美国帝国主义的两重性等等。在帝国主义时代，战争是不可避免的，这是列宁的论点；但为了反对帝国主义，殖民地、半殖民地人民就要搞人民战争，搞持久战，这样一些特点就都是由毛泽东主席所阐明了的。所以我们说，毛泽东思想是发展了的马克思列宁主义。现在作为帝国主义阵营头头的美国帝国主义的经济已经十分虚弱，十分腐朽，纸老虎的本质已经完全暴露。如果全世界人民都能不再受现代工业修正主义者的欺骗，接受毛泽东思想，敢于在美国帝国主义及其走狗面前进行针锋相对的斗争，进行人民战争，那么，不但美国帝国主义及其走狗们分散在全世界的反革命武装力量会被打败、被消灭，美国帝国主义的经济力量也会进一步恶化，从而促使它发生各种危机，引起其国内的政治危机。正是在这样的情况下，美国帝国主义才加紧与苏联现代修正主义集团进行了联系，进行了勾结，使机会主义像脓疮一样在国际共产主义运动中蔓延了开来。这是列宁所早已预见到的。列宁在他的《帝国主义是资本主义的最高阶段》一文中指出，帝国主义必然会同国际共产主义运动中的机会主义发生联系，使机会主义特别迅速地发展起来。但是列宁随即指出："……机会主义特别迅速和特别讨厌的发展，并不能保证机会主义取得巩固的胜利，也正像一个健康身体上的脓疮的迅速发展，只能加速脓疮溃裂而使身体恢复健康一样。在这方面最危险的，倒是那些不愿意了解反对帝国主义的斗争如果不同反对机会主义的斗争密切联系起来就是一句骗人的空话的人。"[64]列宁还说："……私有经济关系和私有权关系显然已经变成一种与内容不相适应的外壳。如果人为地拖延这个外壳的消灭的日子，那它就必然要腐化起来，也许它还能在腐化状态中存留一个比较长久的时期（如果割治机会主义脓疮的手术不幸竟拖延下去的话），但是终究是必然会被消灭的。"[65]在当前的资本主义世界里，帝国主义，特别是美帝国主义的为什么还能进行垂死的挣扎？"外壳"为什么还不消灭？这和现代修正主义的帮凶行为是完全分不开的。因此，要反对美国帝国主义，就必须同时反对现代修正主义。

（原载《香港经济导报》，1967）

【注释】

[1]《列宁全集》，中文 1 版，第 28 卷，44 页，北京，人民出版社，1956。

[2]《列宁全集》，中文 1 版，第 24 卷，385～386 页，北京，人民出版社，1957。

[3]《列宁全集》，中文 1 版，第 22 卷，212 页，北京，人民出版社，1958。

[4] 参见《斯大林选集》。

[5] 美国共产党全国委员会主办：《政治月刊》，1949（1）。

[6] 美国共产党全国委员会主办：《政治月刊》，1956（8）。

[7] 毛泽东：《就巴拿马人民反对美帝国主义的爱国斗争对人民日报记者发表的谈话》，载《人民日报》，1964-01-13。

[8]《毛泽东选集》，第 4 卷，1203 页，北京，人民出版社，1966。

[9]［10］［11］［美］杜鲁门：《杜鲁门回忆录》，第 1 卷，北京，三联书店，1974。

[12] Alvin Hansen, *The American Economy*, McGraw Hill Book Co., 1957.

[13] 这是和"小经济学"（microeconomics）相对立的一个名词。"小经济学"研究个别工业、个别公司的生产、个别商品的价格或个别工人的工资率等。

[14] 恩格斯：《反杜林论》，中文版，第 4 册，201 页。

[15]《列宁全集》，中文 1 版，第 22 卷，201 页。

[16] 同上书，263 页。

[17] 同上书，293～394 页。

[18]《毛泽东选集》，第 4 卷，1298 页。

[19]《列宁全集》，中文 1 版，第 22 卷，189 页。

[20] 以上数字参见美国《财富》，1966-07-15。

[21]《列宁全集》，中文 1 版，第 22 卷，92 页。

[22] 同上书，37 页。

[23] 见《美国统计汇编（1963）》，613 页。

[24]《列宁全集》，中文 1 版，第 22 卷，74 页。

［25］见《美国统计汇编（1963）》，20 页。

［26］《列宁全集》，中文 1 版，第 22 卷，75 页。

［27］《毛泽东选集》，第 4 卷，1432 页。

［28］《列宁全集》，中文 1 版，第 22 卷，197 页。

［29］同上书，199 页。

［30］同上书，202 页。

［31］同上书，205 页。

［32］［苏］瓦尔加：《二十世纪的资本主义》，中译本，北京，三联书店，1962。

［33］关于 1954 年的快速折旧法，可参看 Walter Adams & Horace M. Gray, *Monopoly in America*, *The Government as Pro-motor*, New York, 1955。

［34］数字可参见历年的 *Survey of Current Business*.

［35］参见美国共产党全国委员会主办：《政治月刊》，1951（7）。

［36］美国最近出版了两本书：Harold Weisberg, *White-wash* 和 E. j. Epsteim, *Inguest*，都正式怀疑肯尼迪被刺的官方结论。

［37］《毛泽东选集》，第 4 卷，1318 页。

［38］参见维克托·佩洛：《军国主义与工业》，第 12 章，纽约，纽约国际公司出版，1963。

［39］《毛泽东选集》，第 4 卷，1423～1424 页。

［40］《列宁全集》，中文 1 版，第 22 卷，235 页。

［41］同上书，233 页。

［42］参见 *Survey of Current Business*，1963（8）、1964（8）。

［43］维克托·佩洛：《军国主义与工业》，第 4 章。

［44］《毛泽东选集》，第 4 卷，1432 页。

［45］《列宁全集》，中文 1 版，第 22 卷，261 页。

［46］同上书，268～269 页。

［47］同上书，269 页。

［48］同上书，271 页。

［49］以上数字参见 *U. S. A. and Its Economic Future*，1964。

［50］《毛泽东选集》，第 4 卷，1228 页。

［51］见《人民日报》，1949-09-22。

［52］《列宁全集》，中文1版，第28卷，221页。

［53］《毛泽东选集》，第4卷，1073页。

［54］同上书，1202页。

［55］［56］《毛泽东选集》，第2卷，410页，北京，人民出版社，1966。

［57］同上书，411页。

［58］同上书，432页。

［59］参见 Robert Bird and Ogden Reid，*How Strong is America?*

［60］《毛泽东选集》，第4卷，1428页。

［61］同上书，1136页。

［62］参见 Hansen，*American's Role in the World Economy*，ch. 17。

［63］《毛泽东选集》，第4卷，1161页。

［64］《列宁全集》，中文1版，第22卷，295页。

［65］同上书，296页。

世界经济危机的过去和现在

世界经济危机或称世界性经济危机是在世界范围内发生的资本主义生产过剩危机，或者说是几个主要资本主义国家同时发生生产过剩危机，其影响又波及整个世界的一种经济危机。

一、世界经济危机的形成

资本主义国家由于存在着生产的社会性和生产成果的资本主义占有之间的矛盾，所以当它的机器大工业发展到一定程度时就会产生周期性的生产过剩危机。但这样的生产过剩危机，最初还只能在资本主义最发达的国家内产生。英国是世界上资本主义发展得最早的国家，所以，周期性的生产过剩危机也最早在英国发生。1825 年英国发生第一次周期性的生产过剩危机时，当时的生产过剩危机还并不具有世界性。在法国和美国，发生生产过剩危机成熟的条件要比英国迟十到二十年。德国在 19 世纪 50 年代初，俄国在 70 年代初，日本在 19 世纪末才分别达到各自可以产生生产过剩危机的阶段。由此可见，世界经济危机的形成是需要一定的条件的，它是同世界市场和世界经济的形成分不开的。资本主义生产过剩危机发展成为世界性的时候，不仅需要每个主要资本主义国家的经济发展都必须达到一定的阶段，而且它们之间还必须建立足够发达的贸易联系、信贷联系和其他联系，首先是必须展开争夺世界市场的斗争。用马克思的话来说，就是只有"当机器工业如此根深蒂固，以致对整个国民生产产生了绝对的影响时；当对外贸易由于机器工业而开始超过国内贸易时；当世界市场逐渐侵占了新世界即亚洲和澳洲的广阔地区时；最后，当走上竞赛场的工业国家为数众多时；——只是从这个时候起，才开始出现不断重复的周期，它们的各个相继的阶段都为时数年，而且它们总是以一场普遍危机的爆发而告终，这场危机既是一个周期的终点，也是另一个新周期的起点。"[1]马克思在这里所说的经济周期，就是由世界经济危机而形成世界经济周期。世界经济危机是从 1857 年当英、法、德、美都同时发生生产过剩的危机时才开始的。

二、历史上的世界经济危机和世界经济周期

从资本主义国家的历史上来看，自 1857 年发生第一次世界经济危机以后，到第二次世界大战爆发前为止，共计发生了11 次世界性经济危机。这 11 次世界经济危机发生的时间是：1857 年，1866 年，1873 年，1882 年，1890 年，1900 年，1907 年，1913 年，1920 年，1929—1933 年和 1937 年。在这 11 次周期性的世界经济危机中，发生在 19 世纪的计有 5 次，发生在20 世纪的是 6 次。发生在 19 世纪的世界经济危机是属于资本

主义自由竞争阶段的世界经济危机，发生在 20 世纪的世界经济危机则是属于垄断资本主义阶段的世界经济危机。这两者在性质上是有所区别的。

1857 年的世界经济危机

1857 年经济危机之所以重要，是因为危机在资本主义的历史上第一次具有真正的世界性。危机的这个最重要特点之所以形成，是由于在 1847—1857 年这一段时间里，英国、美国、法国、德国的资本主义工厂工业都获得了迅速的发展。英、法、美、德四国当时集中了世界工厂工业的五分之四左右，这四国社会再生产过程的中断，就足以使 1857 年的危机具有世界性了。何况这次危机的影响范围要广阔得多，它波及的国家数目超过以前各次危机。1857 年危机的世界性证明：

1. 和以前不一样，不仅在英国，而且在美、德、法等许多国家，资本主义都已经发展到这样一个阶段，在这个阶段上，这些国家的资本主义固有矛盾已使得周期性普遍生产过剩危机，不可避免地要发生和重演。

2. 世界市场高度发展，各国（包括经济落后国家）广泛卷入世界资本主义贸易。

3. 各国再生产过程的相互联系大大加强，以致它们的周期性动荡融合为统一的世界工业周期。

对于加强这种联系起了重要作用的，除了对外贸易以外，还有资本输出。外国资本，主要是英国资本大量参与美国兴起的铁路热潮，不仅扩大其规模和增强其崩溃的破坏力，而且加强了美国和其他国家周期各阶段更替的相互联系。

1857 年的危机是资本主义历史上首次不在英国开始而在美国开始的危机。1847—1857 年，是资本主义在欧洲和美国

323

有了重大发展而资本主义的矛盾也迅速加剧的时期。危机的巨大规模、危机的世界性、危机的严重程度，反映了这些矛盾十分深刻。危机也暴露和加强了这样一种矛盾，即在一些国家里，资本主义要求发展，而这些国家中的前资本主义的关系，如美国的奴隶制度和奴隶主在国家机关中的权力都阻挠着资本主义的发展。危机激化了这一矛盾，这在美国表现得特别明显。在工业的北方和蓄奴的南方之间的斗争中，关税政策问题占据关键性的地位绝不是偶然的。危机使工业家们更加致力于大大提高关税来保护国内市场以防英国的竞争，但这种努力遭到奴隶主们的坚决反对。直到 1861 年 3 月，林肯就任总统和内战爆发之后，工业家们才得以达到目的，毅然采用保护关税政策。后来保护关税政策就一直随着垄断组织的成长及其在美国经济中的势力的扩大而不断加强。从这一意义上说，1857年的世界经济危机是促使美国发生南北战争的一个重要因素。

1866 年的世界经济危机

在 1857 年的世界经济危机之后，自 1860 年开始的世界周期性高涨中的一个特点是由于美国南北战争所造成的棉荒。1860 年，欧洲所需要的棉花，约有 85％是美国供应的。在美国内战期间，输入欧洲的美棉数量剧减，以致欧洲棉纺织工业大部分陷于瘫痪。但尽管如此，由于棉荒年代促进发展了毛纺织工业和亚麻纺织工业的繁荣，所以总的说来，仍然是资本主义工业的周期性高涨时期。在棉纺织工业严重衰退的条件下，出现高涨，主要是由于在这一段时期内各发达资本主义国家都大大发展了重工业。由于铁路建设的大规模展开，由此而引起的冶金、煤炭、机器制造业、造船业等一系列工业部门的扩展，各国的固定资本都得到了大规模的扩大。高涨时期固定资本的大规模扩大，带来创业兴隆、投机猖獗和物价上涨的后果。这样也就为危机的爆发打下了"物质基础"。

1865 年 5 月美国南北战争的军事行动一结束，便立刻影响了靠军事订货膨胀起来的工业而爆发危机。1866 年 5 月以伦敦一家大银行的破产为信号，接着英国许多投机性的大金融公司纷纷倒闭；1867 年，法国也发生了危机。这次危机在信贷金融领域表现得特别突出，所以，马克思也认为危机"主要带有金融的性质"[2]，但历史资料证明，各主要资本主义国家生产领域内的生产过剩情况，还是相当严重的，它仍然是一场被恩格斯称为的"最出色的生产过剩危机"[3]。

当然，无论是 1857 年的危机，或是 1866 年的危机，都是不很深刻不很持久的危机。这是因为当时各国的国内市场还都正在扩大，它们帮助了这些危机的迅速克服。

1873 年的世界经济危机

1873 年 5 月，在奥地利开始爆发的世界经济危机是 19 世纪中所发生的资本主义生产过剩危机中最严重也是最持久的一次。这次危机的主要舞台是几个较年轻的资本主义国家，即德国、奥地利、匈牙利和美国，特别是德国和美国。英国的经济情况虽也开始恶化，但由于当时它的内部矛盾还未达到必定发生危机的尖锐程度，所以一直拖延到了五年之后，即 1878 年才开始发生真正的危机的。这是一个十分特殊的现象。马克思说："在英国的危机发生以前，在美国、南美洲、德国和奥地利等地就出现这样严重的、几乎持续五年之久的危机，还是从来没有过的事。"[4]这除了说明国内市场的状况对于各重要资本主义国家中爆发危机的时机来说，具有决定性的意义外，同时也说明了在 1868—1873 年的周期高涨阶段中，美国和德国的工业发展速度都远比英国要高，它们的国内市场矛盾因此也比英国尖锐。英国的工业垄断地位到 60 年代末达到了顶点后，从 70 年代开始就逐步丧失它的工业垄断地位。1873 年的世界经济危机在一定程度上反映了这一情况。1873 年世界经济危机的另一个最大特点就是它是自由竞争的工业资本主义时期的最末一次典型的危机。自从这次危机以后，资本主义发展中就开始有了新的现象。垄断资本主义即帝国主义的时代开始了。1873 年的危机标志着自由竞争的资本主义开始向垄断资本主义的过渡。

1882 年的世界经济危机

1873 年危机之后的周期性高涨阶段是很短暂的。但 1873 年危机前各国达到的工业生产量的最高点还是被大大地超过了，当时在资本主义扩大再生产过程中起过最重要作用的资本主义世界的铁路建设，同 1873 年的危机以前相比，是在更大的规模上进行的。然而这一高涨期为时不久就又开始遭受到了一场新的世界经济危机的打击。1882 年以美国铁路热潮和法国交易所热潮的破产而开始的危机，到了 1883 年取得了世界性质。危机的主要发源地是美国。英国的重工业是在美国需求减少的直接影响下被卷入危机的，英国也是危机的主要策源地之一。这次危机的另一个特点在于它是一场与农业危机相结合的工业生产过剩危机。当时的农业危机有着它的特殊原因，主要是由于美国、俄国和印度的铁路网的迅速发展以及航海术的革新，致使几个农业国家的农产品都挤到了欧洲市场上去，使谷物价格很快的跌落。这种农产品价格上的暴落，农业人口收入的急剧减少，自不会不影响到工业制造品的销售，从而影响到经济危机的发展。

1890—1893 年的世界经济危机

1882 年后的萧条时期，大约拖延到 1886 年才开始复苏。首先是在美国复苏，随后在欧洲扩展，在 1888 年和 1890 年形成危机前的高涨，然后在 1890 年又再次发生经济危机。这次周期性的世界经济危机是在欧洲开始的，在美国则爆发得较晚，直到 1893 年才开始。危机首先袭击了西欧，而且首先在交易所和信用领域中爆发，然后金融危机就从主要策源地德国转移到了南美洲。在美国 1890 年的金融危机的顶点，正像在伦敦一样，是在 11 月达到的。但危机并不仅限于金融领域，还同时袭击了各国的主要工商部门。金融危机在实质上仅是生产过剩危机的表现。1893 年的危机是美国在 19 世纪中最严重的一次。这主要是由于这时的美国垄断组织已在美国的经济生活中起到巨大的作用。在高涨年代，垄断组织促进了生产的特别膨胀；在危机年代，垄断组织也加大了生产过剩的严重性。危机在美国，摧毁了许多垄断组织，同时又成为垄断组织数量的新扩大的出发点，垄断组织的力量及其在国家经济中的作用的增长的出发点。

1890 年的危机的重要特点是，它是从 1873 年开始的由自由竞争统治向垄断统治过渡时期中的第三次周期性危机，也是在 19 世纪最后 25 年中与持久的农业危机相交错的第三次周期性危机。作为向帝国主义过渡时期的最重要的特点之一，就是殖民主义强国和所有其他发达的资本主义国家都力图把经济危机的损失转嫁到被奴役的国家和附属国中去，转嫁到一切经济落后的国家中去，这样就使世界经济危机的打击，不仅限于资本主义发达的国家，而且也在许多落后国家中强烈地表现出来了。

1900—1903 年的世界经济危机

1900—1903 年的危机，不仅是两次工业周期的分界线，而且也是资本主义发展的两个时代的分界线。它完成了持续近三十年从自由竞争向垄断统治过渡的时期，它被列宁称为"是现代垄断组织史上的转折点"[5]。从 90 年代的周期的全部发展过程中（包括 1900 年的危机）可以看到过渡时期的烙印，它最明显地表现在危机大大加剧了竞争，促使中小企业破产，并有力地促进了资本积聚和垄断组织增长的加速；同时它也显示了资本主义经济发展不平衡性的巨大的和全面的加深，不仅世界工业各部门发展的不平衡性大大加剧了，重工业和轻工业在增长速度上的差别更加扩大了，消费资料生产落后于生产资料生产日益严重，而且各主要资本主义国家之间的不平衡性也大大加剧。在这个时期中，总的说来，资本主义的一般发展特别是重工业的发展是加速了，促成加速的重要因素是技术上的重大改革、电气化的进展以及新产品的发展等。1900 年世界经济危机的突出特点是俄国在这次危机的成熟和开展中所起到的巨大作用，在历史上，世界危机第一次从俄国开始，日本也是在这次危机中发展成为成熟的资本主义社会的。但当俄国、日本、美国和德国的工业加速发展时，英国的工业发展却明显地缓慢下来了。英、德之间的矛盾尖锐了起来，它加速了成立国家集团以进行重新瓜分世界的未来世界大战的趋势。美国和西班牙重新分割殖民地的战争、英布战争，标志着 20 世纪的开始。

1907 年的世界经济危机

从 1900 年的世界经济危机到 1907 年的世界经济危机是帝国主义时代的第一个周期。在垄断组织已经在主要资本主义国家的经济中占据地位的条件下发展起来的 1900—1907 年的经济周期，完全证实了列宁的理论，即证实了为资产阶级所宣扬的认为垄断组织能够削弱甚至完全消除经济危机的说法是无稽的。列宁说："个别危机的形式、次序和情景是改变了，但是危机仍然是资本主义制度的不可避免的组成部分。卡特尔和托拉斯把生产统一起来了，但是大家都看到，它们同时又使生产的无政府状态变本加厉，使无产阶级的生活更加没有保障，资本的压迫更加严重，从而使阶级矛盾尖锐到空前的程度。"[6]
进入帝国主义时代后的这一周期和危机的主要特点是：

1. 周期已经缩短，即各次危机的间隔期缩短了。在美国这个具有实力最强的垄断组织的国家里，这种间隔期尤其短。

2. 在欧洲一些主要国家里，生产力的增长速度减慢了，在美国则出现了企业经常开工不足的现象。

3. 1907 年的危机比 1900 年的危机更深刻和更具有破坏力，而 1900 年的危机的严重性又早超过了 19 世纪以来的历次世界经济危机。

4. 危机按其波及国家的数量来说，是超过以前历次危机的。危机更多地波及殖民地、半殖民地的许多经济落后国家，乃是帝国主义时代经济危机的重要特点。

5. 周期中明显地表现出了战争和军国主义对再生产进程的影响。军事订货刺激了一些工业部门的高涨，同时也导致了危机爆发的矛盾更快地成熟。

6. 1907 年的危机对于推动帝国主义列强加紧对殖民地、半殖民地实行扩张政策，以及对于未来世界大战的各个集团的加速形成起了比 1900 年危机更大的作用。

1913 年的世界经济危机

1913 年的世界经济危机是一场在马克思主义学者中间对

它的存在有争论的危机。苏联的瓦尔加院士在他所主编的《世界经济危机》一书中，就没有将 1913 年的危机作为世界经济危机而列入该书，苏联的列·阿·门德尔逊院士则正相反，是主张把 1913 年的危机作为一次世界经济危机来对待的。我查了当时的统计材料，并查了列宁的《关于帝国主义的笔记》，由于列宁在笔记中提到过 1914 年的危机[7]，所以，把 1913 年开始的危机作为一场世界经济危机来对待的理由似乎要更充分一些。这样，也就确实证明，在进入帝国主义时代以后，帝国主义国家的经济周期是较前缩短了。

从 1907 年危机到 1913 年危机的经济周期是帝国主义时代的第二个周期。这是一个在第一次世界大战爆发前夕，在国际关系紧张形势非常严重并且日益加剧的条件下展开的一个周期。1913 年，世界周期性高涨的时期已经结束，危机就以最尖锐的形式最先在美国爆发，随后在德国和英国爆发。就这三个国家当时在世界经济中所占的比重来说，这是世界危机，尽管 1913 年的危机在一些国家如法国、日本、俄国等没有得到充分发展。美国的危机到大战开始时已经达到了一定的深度。危机是在大战的环境中终结的。

1920 年的世界经济危机

这是第一次世界大战后的第一次世界经济危机，1913—1920 年的经济周期中，由于经历了第一次世界大战，所以，无论是周期和 1920 年所发生的危机本身都由于受到了强烈的战争影响而发生了变形。由于战争的关系，在原来的帝国主义和经济发达国家中，形成了两种不同类型的国家，即在战争中受到了极大破坏的国家和在战争中没有受到多少破坏，反而利用战争发生过"战时景气"的国家，前一类国家（欧洲的一些主要国家，特别是德国）当时的危机主要不是由于生产过剩而是由于生产不足，是由于严重的军事性通货膨胀所发生的危机，发生生产过剩经济危机的国家则有美国、英国、加拿大和欧洲的一些在战争中保持中立的国家。正因为这样，所以有些学者就认为1920年的危机，不是普遍的周期性生产过剩危机，而只是一场局部危机。值得注意的是列宁在1921年的报告中，他是把1920年后所发生的各国的经济危机看成是一场世界性的经济危机的。列宁说："战争期间，有钱的国家发了财（当然是它们的资本家发了财），但是，由于遭到彻底破产的不仅有俄国，而且还有德国这样的国家，由于受到压制，由于货币贬值，欧洲大多数国家的贸易关系中断了，破坏了；就连最富有的国家也喘不过气来，没有办法出卖本国的工业品，因为货币贬值，各国失业现象急剧增长，全世界都在发生空前的经济危机。"[8]

由于1920年的危机牵涉到战争对于经济周期的影响问题，牵涉到生产不足的经济危机能不能同时也包括在以生产过剩为特征的世界经济危机的概念之中的问题，所以对于这一危机的研究，在理论上是有其重要意义的。

1929—1933年的世界经济危机

进入帝国主义时代以后的世界经济周期和经济危机，一般说来，其特点是，周期趋于缩短，而经济危机则愈来愈严重。以上所说的进入帝国主义以后所发生的4次危机就比19世纪所发生的所有各次经济危机都严重，这是由于进入帝国主义时代以后，随着生产的大规模发展，垄断组织统治的加强，包含在资本主义社会内部的矛盾也已经愈来愈趋于尖锐化的关系。这一危机发展愈来愈严重化的顶点是1929—1933年的经济危机竟长达四年之久，在资本主义国家的历史上是空前的，斯大林曾经为这一次危机的空前持久作了解释：

现在的工业危机为什么会空前持久呢？

首先，因为工业危机席卷了所有一切资本主义国家，使一些国家很难靠牺牲另一些国家来摆脱危机。

第二，因为工业危机和席卷了所有一切农业国和半农业国的农业危机交织在一起，结果不能不使工业危机复杂和加深。

第三，因为农业危机在这期间加剧了，笼罩了所有一切农业部门（包括畜牧业在内），使农业退化……结果使工业危机更加持久。

第四，因为工业中占统治地位的垄断的卡特尔竭力保持高昂的商品价格，结果使危机特别严重，使积存商品的销售受到阻碍。

最后，这是主要的，因为这次工业危机是在资本主义总危机的条件下爆发的。这时候，不论在各主要国家里，或者在殖民地和附属国里，资本主义已经没有而且不可能有它在战前和十月革命前有过的那种力量和巩固性；这时候，资本主义国家的工业承受了帝国主义战争遗留下来的企业经常开工不足的现象和千百万人的失业大军，再也无力摆脱它们。[9]

1929年爆发的世界经济危机，不仅在持久性上说是空前的，在生产下降的幅度之大上来说，也是空前的，整个资本主义世界生产下降了44%，使生产水平大约后退了有二三十年之久。危机给全世界的人民带来了空前的灾难，总失业人数达3 500万~4 000万人。不仅消费资料，如咖啡、牛奶、小麦、棉花等被破坏，生产资料也遭到了严重的破坏，如高炉被破坏，矿坑被淹没，果树被砍伐等。为马克思在《共产党宣言》中所称之为在一切时代看来都好像是荒唐现象的社会瘟疫，即生产过剩的瘟疫，在 1929—1933 年的经济危机中可说是完全地、充分地表现出来了。这次危机导致了全世界法西斯主义的猖獗，并且最终导致了第二次世界大战的爆发。

1937 年的世界经济危机

在 1929—1937 年的经济周期中，最大的特点是没有出现复苏与高涨的阶段。紧接着的萧条是斯大林所说的特种的萧条，即不会导致工业的新的高涨和繁荣，但也不会使工业回到最低点的萧条。[10]这一萧条阶段也拖了四年之久，不但没有出现通常的复苏与繁荣，反而在 1937 年又爆发了一场周期性经济危机。危机首先在美国发生，随后蔓延到英国、法国和其他资本主义国家。德国和日本则由于走上了法西斯主义的道路，由于准备和发动帝国主义的侵略战争，危机被推迟了，未产生生产下降的现象。1939 年，第二次世界大战爆发。其他国家的经济危机的发展过程，也就被大战所改变了。

以上是第二次世界大战前的 11 次世界经济危机及其所形成的经济周期的特点的简单的叙述。通过这一叙述，我们可以看到，在资本主义社会中，自从个别国家的周期性生产过剩危机发展成为世界性的生产过剩危机以来，是经历了很多变化的。主要的变化是发生在进入帝国主义阶段以后。总的说来，当资本主义社会还处在垄断前的时期，也就是自由竞争时代的资本主义时期，危机大概平均每隔十年左右才发生一次。那时危机和萧条所经历的时期比较短，复苏和高涨的时期则比较长，后一个周期的生产发展水平超过前一个周期的生产发展水平较高，可是，资本主义社会进入了帝国主义即垄断的资本主义阶段之后，资本主义经济危机的情况就与前大不相同了。首先，由于周期的时间较前缩短了，由过去的平均十年发生一次，变成平均不到十年就发生一次。其次，在周期中的危机与萧条阶段也较前延长，危机已变成愈来愈不易克服。再其次，危机的深度和广度，危机的严重性与破坏性也较前大大增加。世界经济危机确实已愈来愈变成了一种经济上的大风暴，和这种大风暴比起来，有人说 19 世纪的那些最大的经济危机，就只能算是"一场春雨而已"[11]。在这种情况下，已经进入了垄断资本主义社会的资产阶级，就感到国家已不能再相信"自由放任"的学说而对所有的经济活动不加干涉。资产阶级开始相信应运而生的凯恩斯主义，并提倡凯恩斯主义，主张对国家的经济活动作出全面的干预。这一全面的"干预"，以美国来说，开始于 1933 年美国的罗斯福总统的"新政"时期，但真正全面展开则在第二次世界大战后 1946 年美国国会通过《充分就业法案》以后，由于有了国家的全面干预，第二次世界大战后所发生的世界经济危机和经济周期，与战前比，就又一次发生了很大的变化。这一变化将在下面加以叙述。

三、第二次世界大战后的世界经济危机和经济周期

从世界经济危机的发展史上来看，第二次世界大战后的世界经济危机和经济周期是确实自成一个段落的。这是因为第二次世界大战前的世界经济危机，不管是发生在自由竞争阶段的也好，或发生在垄断阶段的也好，国家都还没有对经济活动进

行过直接的全面干预（局部的干预、间接的干预是有过的）。一般说来，国家对经济危机的发生是采取"自由放任"的政策的。第二次世界大战后的情况就不一样了。

由于国家垄断资本主义的发展，垄断资本已利用所控制的国家政权来对国家的经济生活进行全面的直接的干预。这些干预，除了实行战时经济管制外，主要是平时采取了"反危机"的政策措施来对经济进行调节，以图"消除"经济危机。但是，这些"干预"并没有能消除经济危机，而只是使经济危机发生了一定的变形，形成了一些特点。这些特点，大致说来，主要有如下四项：

1. 各主要帝国主义国家的经济危机都已频繁发生，但是发生的时间、情况各有不同，参差不齐。世界经济危机的周期性在战后初期曾一度消失。50 年代后期有所恢复，到 70 年代时才基本恢复。截至 1983 年，各主要帝国主义国家，发生经济危机的具体次数和时间是：美国 7 次，其时间是：1948—1949 年，1953—1954 年，1957—1958 年，1960—1961 年，1969—1970 年，1974—1975 年，1979—1982 年；英国 7 次，其时间是：1951—1952 年，1957—1958 年，1961—1962 年，1966 年，1971—1972 年，1973—1975 年，1979—1982 年；联邦德国 7 次，其时间是：1952—1955 年，1958 年，1961 年，1966—1967 年，1971 年，1973—1975 年，1980—1982 年；日本 7 次，其时间是：1954 年，1957—1958 年，1962 年，1965 年，1970—1971 年，1974—1975 年，1980—1982 年；意大利 6 次，其时间是：1951 年，1957—1958 年，1964 年，1970—1971 年，1974—1978 年，1980—1982 年；法国 5 次，其时间是：1952—1953 年，1958—1959 年，1964—1965 年，1974—1975 年，1980—1982 年。其中真正形成世界性经济危机的只有 5

次：第一次是 1948—1952 年，第二次是 1957—1958 年，第三次是 1964—1969 年，第四次是 1973—1975 年，第五次是 1979—1982 年。从各主要帝国主义国家的各自经济周期来说，由于危机较之战前发生得频繁，所以，各自的周期较之战前有所缩短。就整个世界经济危机的周期来说，则较之战前的垄断阶段相差不大，较之自由竞争阶段的平均十年一次的经济周期时间来说，则是缩短了。

所以会出现这样一个特点，主要原因是由于大战的结果，各帝国主义国家之间的经济发展不平衡已经更加加剧，战时美国，不仅没有遭到破坏，反而在战争中成了暴发户，日本、西欧各国则受到了战争的破坏，所以，当美国国内矛盾加剧，发生 1948—1949 年的战后第一次生产过剩经济危机时，日本和西欧各国还没有从第二次世界大战中恢复过来，不具备发生周期性危机的条件。危机的同期性规律在战后初期一度消失是完全可以理解的。战后，美国又是第一个进入第三次科技革命时代的国家，它是第三次科技革命的主要发源地。西欧和日本都是通过美国的道路，才进入第三次科技革命的时代的。这也就是说，当美国在 50 年代应用第三次科技革命的新发明、新技术，创建了一系列新工业部门，形成固定资本更新与扩大高潮时，这种高潮，在西欧和日本是在 60 年代才出现的。这一科技革命成果的应用，在主要资本主义国家间产生的不平衡也同样使危机的同期性规律受到了干扰，但后来，随着西欧、日本的经济恢复，以及科技革命成果在主要资本主义国家之间的普及，世界经济危机的同期性就又逐步恢复了。

2. 战后世界经济危机及其所形成的经济周期的第二个特点是：经济周期的四个阶段，较之战前已经变得不十分明显。一个典型的经济周期，一般都包括很明显的四个阶段，即危机、萧条、复苏与高涨，战后萧条与复苏阶段已很难区别，因而常常只把它看成是一个阶段，即回升或恢复的阶段，这样，从高涨到危机到回升，实际上就变成是一个只有三个明显阶段的经济周期了。

这一特点形成的原因是和垄断资本在战后统治力量的加强分不开的。战后的工业垄断组织即使在危机期间，破产倒闭的也还是比较少，一般都只采取停工、减产的办法来应付危机。垄断组织的生产力，在物质形态上并未遭到破坏，因此，只要危机的时期一过去，所有的工业垄断组织就都可以立刻恢复生产，达到危机前的水平。这是萧条和复苏阶段在战后为什么能合二为一的一个主要原因。

3. 战后世界经济危机和经济周期的第三个特点是：危机的深度都不如战前的垄断阶段严重，但 70 年代后呈现出逐步趋于深化的趋势。在战后初期至 60 年代末期的世界经济危机中，除美国以外，其他各主要帝国主义国家的工业生产下降幅度，一般都在 10% 以下，失业率也同样，战后也尚未达到战前 30 年代大危机时的严重程度。大危机时，各国的全失业率一般达到 15%～20%，战后则最高也仅达到 10% 左右。战后危机延续时间一般在一年左右，但进入 70 年代，危机的严重性加重了。在 1974—1975 年的世界经济危机中，各主要帝国主义国家的工业下降幅度都超过 10%，最高的是美国，已达到 15.3%。危机的延续时间也已加长，一般都在一年以上，最长的美国已达到 18 个月。1979—1982 年的世界经济危机是战后所发生的最严重的一次经济危机。各国的工业生产下降幅度，再一次超过 10%，危机延续时间超过两年，其中的美国由于有两次生产下降，危机的延续时间竟长达 44 个月。各国的失业率也超过战后历次危机。1982 年各主要资本主义国家的失业率已超过 10％，最高的英国、比利时、爱尔兰已达 15％。"经济合作与发展组织"国家失业总人数已高达 3 200 万，其中美国一国，全失业人数就超过 1 000 多万。

形成这一特点的主要原因是：各国政府都发展了国家垄断资本主义，采取了"反危机"的政策措施，运用各种办法，既刺激消费，也刺激投资，刺激固定资本的更新与扩大，即使在危机期间，也尽量不使固定资本的投资下降太大，从而在一定程度上"缓和"了危机的严重性。但这一"缓和"，只是形式上的"缓和"，是虚假的。"反危机"政策并不能解除资本主义社会的基本矛盾，而只能改变危机出现的形式（这在第四个特点里就要讲到），所以，发展到一定阶段，危机又逐步趋向严重了。

4. 战后世界经济危机与经济周期的第四个特点是：战前发生生产过剩的经济危机时，无论在自由竞争阶段，或是在战前的垄断阶段都常常同时发生以通货紧缩为主要特征的货币信用危机，即常常发生以银根奇紧，利率猛升，股票价格暴跌，银行挤兑和大批银行倒闭的货币信用危机。战后，这样的货币信用危机没有发生过，相反，倒出现了以通货膨胀为主要内容的财政金融危机。由于经济危机和通货膨胀交织在一起，所以，除 40 年代的危机外，商品价格就不但不像战前那样发生下跌，而是反而逐步上升。进入 60 年代后，危机与物价上涨并存已成为普遍现象。1974—1975 年世界经济危机期间，各主要资本主义国家的消费物价指数上升幅度最低的为联邦德国，上升 11.1％ 以上。英国最高上升竟达 43.9％。1979—1982 年世界经济危机期间，在某些国家，甚至出现了物价比危机前上涨得还快的现象。这一经济危机期间，物价不跌反而上涨的现象，实是战后经济危机与战前一切时期的经济危机都不相同的重要特点。造成这一特点的主要原因是：战后各主要资本主义国家所实施的"反危机"措施，在实质上都是膨胀性的财政金融政策，即在实质上都是信用膨胀政策和通货膨胀政策。这样，就使危机和通货膨胀结合到了一起，危机时虽然避免了发生马克思时代的"货币信用危机"，但却另外创造了一种会在危机时期加速发展的财政危机（主要是赤字财政）和金融危机（主要是通货膨胀）。这样，当然也就只会使物价在危机时期继续上涨而不会下跌了。

根据以上四个重要特点，我们认为，战后的世界经济危机确实是在世界经济的危机史上自成一个段落，具有了不少新的特点的世界经济危机。现在需要再简单说明一下，具有这些特点的世界经济危机对整个世界经济发展的影响和意义。

资本主义经济的发展，原是一种要不断发生周期性生产过剩危机的曲折的发展。第二次世界大战后，由于进入了第三次科技革命的时代，各主要资本主义国家都创建了不少新的产业部门，大量地增加了固定资本的投资，再加国家垄断资本主义的发展，在生产关系上为了适合生产力的发展，也有了一定程度的调整，如发展了跨国公司、跨国银行和"多元化公司"（conglomerate）等。所以，无论在美国，或是在西欧、日本，都曾一度在 50 年代和 60 年代先后出现过一个经济比较迅速发展的时期。在这一时期里，由于资本主义社会的基本矛盾仍然在加深，因此，经济危机也还是不可避免地要周期地爆发，但由于上述经济危机的四种特点，危机已不能再像战前那样使资本主义社会中积累起来的矛盾得到一次暂时性的暴力的解决（马克思认为："危机永远只是现有矛盾的暂时的暴力的解决，永远只是使已经破坏的平衡得到瞬间恢复的暴力的爆发"[12]），而只能使矛盾在更加深入了的情况下推迟下去。这样就不但使资本主义社会中各方面的矛盾越积累越深，同时也使本想用来解决矛盾的一切"反危机"措施的本身，逐步发生了危机，即对于解决矛盾的能力越来越趋于缩小，甚至发展成为一种促进危机的力量。由于前面讲过，一切"反危机"措施的实质不过是利用信用膨胀和通货膨胀，所以，战后各主要资本主义国家采取"反危机"措施的情况虽各有不同，但都不同程度地走上了信用膨胀和通货膨胀的道路。到了70年代，由于第三次科技革命促进生产上升的力量已经减弱，所以尽管通货膨胀已经发展为各国的一种威胁，但社会的生产力却还是刺激不上去，出现了停滞的现象。这种一方面社会的生产力发展出现停滞，一方面社会又同时出现通货膨胀危机的现象，在资本主义各国的历史上是空前的。资产阶级的学者为此给这种新现象起了一个新名词，叫做"滞胀"（stagflation），即既有"经济发展停滞"（stagnation），又有"通货膨胀"（inflation）的意思。我们认为，这种"滞胀"现象的出现，并非偶然，它是战后各国实施"反危机"措施的必然后果，它是资本主义基本矛盾加深后的必然产物。由于这一"滞胀"情况的出现，表明了战后资产阶级所信奉的想用来克服经济危机的经济学说——凯恩斯主义已经在理论上破产，也表明了各国资产阶级政府所实施的一系列"反危机"措施已经失败。现在资产阶级政府对于解决周期性的经济危机，已经处在一种"两难"的境地，即一方面既不敢对生产的下降放手采取刺激的措施，怕引起通货膨胀；另一方面也不敢对通货膨胀真正认真地采取紧缩的措施，以免引起经济的进一步衰退。

现在战后最严重的一次经济危机（1979—1982）虽已过去，世界经济周期进入了恢复和高涨的阶段，但是由于资本主义基本矛盾已经更加深入发展，各国的信用膨胀已发展成为严重的债务危机。所以，当前的恢复和高涨实际上是建立在非常不稳固的基础上，随时都有因为各种矛盾的爆发而再度发生一场更加严重的经济危机的可能性的。"滞胀"情况的出现，说明了资本主义经济危机的痼疾已经发展到了很难医治的地步，证明了垄断资本家们利用国家权力"干预"国家发生经济危机的失败。尽管各发达国家的资产阶级政府今后还可能在一段时间内用较高的通货膨胀率来推动一下经济发展，缓和一下失业的严重性，或者像当前的美国里根政府那样，用较高的失业率来换取一段时间通货膨胀率的下降，但要使经济停滞和通货膨胀问题同时得到解决，在客观上已无此可能。经济停滞和通货膨胀两者将在今后的经济周期发展过程中，互相促进而不断恶化下去。我们对战后世界经济危机的研究，进一步使我们了解到资本主义制度在历史上的暂时性和最后会被社会主义制度所代替的必然性。

（摘自吴大琨：《资本主义经济危机与经济周期》，

沈阳，辽宁人民出版社，1986）

【注释】

[1]《马克思恩格斯全集》，第 23 卷，695 页，北京，人民出版社，1972。

[2] 同上书，733 页。

[3]《马克思恩格斯全集》，第 31 卷，282 页，北京，人民出版社，1972。

[4]《马克思恩格斯全集》，第 34 卷，345 页，北京，人民出版社，1972。

[5]《列宁全集》，中文 1 版，第 22 卷，201 页。

[6]《列宁全集》，中文 1 版，第 15 卷，17 页，北京，人民出版社，1959。

[7] 参见《列宁全集》，中文 1 版，第 39 卷，70 页，北京，人民出版社，1963。

341

[8]《列宁全集》，中文 1 版，第 32 卷，107 页，北京，人民出版社，1958。

[9]《斯大林全集》，中文 1 版，第 13 卷，253～254 页，北京，人民出版社，1956。

[10] 参见上书，258 页。

[11][德] 厄斯纳：《经济危机》，中译本，第 1 卷，262 页，北京，人民出版社，1956。

[12]《马克思恩格斯全集》，第 25 卷，277～278 页。

【参考文献】

1. 于光远主编. 马克思恩格斯列宁斯大林论资本主义经济危机. 北京：人民出版社，1978

2. ［苏］门德尔逊. 经济危机和周期的理论与历史. 北京：三联书店，1975

3. ［苏］瓦尔加. 世界经济危机（1848—1935）. 北京：世界知识出版社，1958

4. ［苏］瓦尔加. 现代资本主义和经济危机. 北京：三联书店，1975

5. 钱俊瑞主编. 世界经济概论. 上册. 北京：人民出版社，1983

6. 《经济研究》编辑部编. 论当代帝国主义. 上海：上海人民出版社，1984

战后资本主义世界的经济危机
与经济周期的物质基础

　　研究第二次世界大战后资本主义世界的经济危机与经济周期的有关理论，最值得重视并加以进一步研究的，是如何运用马克思阐明的固定资本更新是周期性经济危机的物质基础原理，对战后资本主义国家的具体情况进行研究，并通过这一研究来掌握战后资本主义国家发生经济危机的客观规律。但是，这一问题，理论界的同志们重视得很不够，认识上也还有一些问题没有解决。本文拟谈谈对这一问题的体会。

　　我在 60 年代初开始运用马克思在《资本论》第 2 卷中所阐明的固定资本更新是周期性经济危机的物质基础原理来对战后美国的固定资本发展情况进行研究。目的是为了解决为什么美国在历史上是平均十年左右发生一次经济危机，到了第二次世界大战后就变成了平均三四年左右就发生一次的问题。通过固定资本更新的平均时间来研究经济周期，这是马克思的重大发明。马克思研究这一问题时，曾在 1858 年 3 月 2 日写信给恩格斯，指出拜比吉断言的在曼彻斯特大多数机器设备平均每隔五年更新一次这个说法的不可信，提出讨论隔多少时间更新一次机器设备的问题，并指出："机器设备更新的平均时间，是说明大工业巩固以来工业发展所经过的多年周期的重要因素之一。"[1]恩格斯在回信中也指出了拜比吉的错误，提出，"关于机器设备问题很难说出确切的数字，但无论如何拜比吉是十分错误的。最可靠的标准是每个厂主每年在自己机器设备的折旧和修理上扣除的百分率，这样，厂主在一定时期内就全部补偿了他的机器费用。这一百分率通常为百分之七点五，因此，机器设备的费用在十三年零四个月内就可以由每年收入中的扣除部分而得到补偿，这样，也可以没有亏损地使机器设备完全得到更新。"[2]马克思感谢恩格斯对机器设备的这个说明，认为："十三年这个数字，就其必要性说来，与理论也相符，因为它为多少与大危机重现的周期相一致的工业再生产的周期规定了一个计量单位，而危机的过程从它们间断的时间来看，当然还是由绝然不同的另一些因素所决定的。在大工业直接的物质先决条件中找到一个决定再生产周期的因素对我是很重要的。"[3]后来，过了整整九年，当马克思写作《资本论》第2卷快结束时，他又写信给恩格斯，讨论在以实物的形式去补偿固定资本以前，"怎样处理那些为补偿固定资本而流回的货币"[4]的问题。恩格斯接到信后，就为马克思写了两个机器更新的计算表寄给马克思参考。[5]从这些材料里，我们可以看出，马克思在研究资本主义经济危机的周期年限问题时，是主要根据了固定资本更新的平均时间来解释的。这样，我们也就可以明白，马克思在《资本论》第2卷中所说的下列一段话的真正意义。马克思说："随着资本主义生产方式的发展，生产资料的变换加快了，它们因无形损耗而远在自己有形寿命终结之前就要不断补偿的必要性也增加了。可以认为，大工业中最有决定意义的部门的这个生命周期现在平均为十年。但是这里的问题不在于确定的数字。无论如何下面一点是很清楚的：这种由若干互相联系的周转组成的包括若干年的周期（资本被它的固定组成部分束缚在这种周期之内），为周期性的危机造成了物质基础。在周期性的危机中，营业要依次通过松弛、中等活跃、急剧上升和危机这几个时期。虽然资本投下的时期是极不相同和极不一致的，但危机总是大规模新投资的起点。因此，就整个社会考察，危机又或多或少地是下一个周转周期的新的物质基础。"[6] 从马克思的这一段文字中，我们可以看出，十年的周期既然与固定资本的更新周期有关，因此，我们也可以说周期性的经济危机就是与周期性的固定资本更新有关的经济危机。我曾根据这一标准去检查了历史上所有有统计资料可查的经济危机，发现凡是周期性的经济危机发生时，当时社会的固定资本投资额一定都是下降的；危机越严重，投资额就下降得越厉害。例如美国在 1929—1933 年的经济危机时，制造业的固定资本投资额就下降了 79%。而凡是非周期性的经济危机发生时，就和固定资本的投资额不发生关系。拿战后的美国情况来说，1946 年的美国工业生产指数比 1945 年是下降的（以 1967 为 100，1945 年为 40.7，1946 年为 35.0），但 1946 年的美国固定资本投资额，以美国的企业资本投资作代表，并未比 1945 年减少，反而增加了 61 亿美元之多。这就说明在当时的美国社会中，固定资本的投资还正在大量增加，社会总资本的周转也正在扩大，真正的社会扩大再生产规模并未缩小；工业生产指数的下降，只是从 1943 年开始的大量军事生产停止的结果。所以美国 1946 年的工业生产下降所形成的经济危机就不能算是周期性的生产过剩危机，而美国在战后所发生的其他几次工业生产下降所形成的经济危机，即 1948—1949 年、1953—1954 年、1957—1958 年、1960—1961 年的经济危机，却因为在危机的过程中，固定资本的投资额都是下降的，是和周转的社会固定资本减少相结合的，因此就都是周期性的生产过剩危机。按照马克思在《资本论》第2卷中所阐明的固定资本更新是周期性经济危机的物质基础这一原理，我曾研究战后美国固定资本的具体发展情况，所得到的第一个结果就是证明战后美国所发生的经济危机都是周期性的生产过剩危机，从而证明战后美国的经济周期确实已缩短为平均三四年，而不再是像过去那样是十年左右一次。对于战后美国的经济周期为什么会缩短为平均三四年，我研究得到的第二个结果是，发现在马克思、恩格斯时代认为不可能在五年之内更换新机器的情况，在第二次世界大战后的美国已经成为可能的事实。这主要因为，在马克思、恩格斯时代，一个工厂主要收回它所垫支的固定资本，只能完全依靠它所规定的折旧率。而到了第二次世界大战后的美国，垄断资本家们却可以改为以"加速折旧"的办法从它所应该缴纳的税额中去取回。这是因为美国在1950年所实施的鼓励军火生产的"加速度摊提费"以及自1954年起所实施的"快速折旧法"，都是以大量减免垄断组织的税额来奖励垄断组织加速固定资本更新的（美国在1950年9月23日施行的《国内税法案》第124节A款中规定，凡证明为国家所必需的私营设备成本，可以在五年期间自净所得中扣除，这种特权追溯自1950年1月1日起生效）。"加速度摊提费"的做法是在五年的划销（write off）期间大量减少这一特权公司的所得税负担。例如，假定一家大钢铁公司作了1亿美元的扩充，被批准有60%的快速划销（rapid write off），这就等于说可以有6 000万美元按每年1 200万美元的速度进行划销。假定所扩充设备的使用寿命预计为25年，这家公司按正常的折旧率只能在应纳税的所得中扣除这部分投资的4%，即每年240万美元，而现在则可以扣除1 200万美元，即应纳税所得减少了 960 万美元，这就是它的"额外摊提费"。如果当时的公司税税率是 52%，则它所节约的税款将为 499.2 万美元。但"加速度摊提费"是暂时的，在"国防建设"完成以后就无效了，而且它也并不适用于一切投资，只限于被批准的"国防企业投资"。1954 年后所施行的"快速折旧法"就与此不同了，它规定从 1954 年 1 月 1 日起投入生产或建成的一切大公司的新设备和新企业都可以适用"快速折旧"。它可以让大公司（纳税人）或者是选择"下降差额法"（declining-balance-depreciation），或者是选择"历年数字总和方法"（sum-of-the-year digit method）以代替惯用的"直线税率法"（straight line rate）。这些新核准的办法不同于"直线税率法"（即年平均划销法）的是，在早期的使用年限中可以有远为巨大的划销数额。以"历年数字总和方法"为例，如扩充固定资本 1 000 万美元，在 5 年期间，第一年即可划销 334 万美元，第二年划销 266 万美元，第三年划销 200 万美元，头三年即已可划销 4/5 的固定资本投资。然后在余下的两年，第四年划销 133 万美元，第五年划销 67 万美元。由于划销的资本愈多，在公司的收入中可以扣去免付所得税的部分也愈多，所以如这 1 000 万美元资本取得了每年 400 万美元所得的话，则第一年公司需付的所得税就只有 33 万美元（依所得税率 50% 计算），较之用"直线税率法"计算，第一年要付 100 万美元的所得税相差就有 67 万美元之多。自从美国实施"快速折旧法"后，许多大公司为了避免在"快速折旧"满期以后缴纳更多的重税，唯一的办法就是在 5 年之内尽量地使固定资本更新与扩大，某些设备即使还没有达到有形损耗与无形损耗，也要更换或扩充。从这一情况看，我们可以说，1950 年后美国固定资本的加速增长完全是由于美国的垄断资本财团利用国家的财政机构加紧掠夺劳动人民，用人为的力量缩短了固定资本的周转过程而造成的。这种固定资本的周转过程和马克思在《资本论》中所描述的那种要十年，或十年以上才使固定资本周转一次的情况比较起来，当然是根本不相同的。在这里，我要强调说明，战后美国这种因固定资本的周转过程缩短而引起的经济周期缩短，主要指的是价值形态上固定资本的更新周转时间，而不是物质形态上固定资本的更新时间。大家知道，马克思在《资本论》第2卷中是十分重视生产资本中的固定成分与流动成分对于资本周转所起的不同作用的，按照马克思的研究，这一固定资本在价值上的补偿及其在自然形态上的补偿不一致（矛盾）就是资本主义社会社会总资本的再生产过程中必然会发生生产过剩的矛盾之一。因为社会资本的简单再生产只有在这种条件下才有可能：即在一批资本家那里所有的应当从自然形态上恢复起来的固定资本总额，等于在另一批资本家那里所有的货币形态的固定资本折旧总额。破坏固定资本的这一补偿条件就将使社会资本的简单再生产成为不可能。但在现实的资本主义社会中，这个条件，如资本主义再生产的其他条件一样，是经常要遭到破坏的。因而在资本主义社会中就不能不永远存在着：一方面是无法用于生产的剩余的固定资本要素，而另一方面是找不到销路的消费品。[7]马克思所指出的固定资本价值形态补偿和自然形态补偿不一致所造成的整个资本主义社会再生产过程中的困难与矛盾，在第二次世界大战后的美国社会中，发展到了顶点，以致使固定资本在价值形态上的更新与自然形态上的更新完全脱节。使用"加速折旧"的垄断资本家们，他们所垫支的固定资本在 5 年之内就可以全部收回了，但所有的自然形态（即实物形态）上的固定资本肯定在 5 年之后，绝大多数还会继续使用下去。据一位美国经济学家提供的资料，美国在 60

年代初期，除住宅以外的固定资本投资（实物形态）的平均使用期限为 21 年，其中厂房为 32 年，机器设备为 13 年。而马克思在整个《资本论》第 2 卷中着重要阐明的原理是有关资本的循环与周转的原理。所以我认为，我在 60 年代初期研究发现的战后美国固定资本在价值形态上更新与实物形态上更新的全部脱节，是抓住了战后美国社会再生产过程中的主要特点。战后美国所以会危机频繁，周期缩短，是和这一主要特点有密切关系的。有些同志由于看到战后美国在实物形态上的固定资本更新并未缩短到 5 年，就不顾其大工业最有决定意义部门的固定资本更新在价值形态上已经缩短为 5 年这一客观事实，而否定战后美国的危机频繁与周期缩短，这实际上是并未真正理解马克思在《资本论》第 2 卷中所阐明的固定资本更新是周期性经济危机的物质基础这一原理的真意。当然也就无从应用这一原理去研究战后美国固定资本更新发展的具体情况。

那么，为什么在战后美国的大工业中，最有决定意义的部门的固定资本更新在价值形态上时间缩短为 5 年后，经济周期的时间也会相应地缩短成三四年了呢？要解释清楚这个问题，就还得从资本主义社会为什么会发生生产过剩的经济危机的原因说起。大家知道，资本主义社会之所以会不断发生生产过剩的经济危机，就因为在资本主义社会里，存在着生产的社会性和资本主义私人占有之间的矛盾。但这一矛盾的本身只能用来说明为什么只有在资本主义社会里才会发生生产过剩的经济危机，而在资本主义以前的社会里（例如封建社会）和资本主义以后的社会里（如社会主义社会）就不可能发生生产过剩的经济危机。而单单用这一矛盾本身来解释为什么在资本主义社会里生产过剩的经济危机会在一定的年限内周期性的发生是有困难的。要解释清楚这个问题，就需要再进一步把生产的社会性和私人资本主义占有之间矛盾的具体表现形式考虑在内。按照恩格斯在《反杜林论》中的权威解释，这一矛盾的具体表现形式之一，就是"社会化生产和资本主义占有之间的矛盾表现为个别工厂中的生产的组织性和整个社会的生产的无政府状态之间的对立"。正因为资本主义社会的生产，是无政府状态的生产，所以如马克思在《资本论》第 2 卷里所阐明了的，社会总生产分为两大部类来进行时，两大部类之间的固定资本更新的条件就一定会周期性地遭到破坏。由于大工业中，最有决定意义的部门的固定资本周转的年限是一定的（在马克思的时代是十多年，在战后美国实施"加速折旧"的大公司里，已缩短为 5 年），所以经济危机发生的年份，在其他条件都不变的前提下，单以固定资本周转的年限来计算也是大体上一定的，是被制约在这一固定资本更新周转时间的年限范围之内的。由于战后美国的大工业中，最有决定意义部门的固定资本周转时间已经缩短为 5 年，所以在 5 年的时间内，美国的两大部类的固定资本更新的条件就一定会由于资本主义社会基本矛盾的发展而被大破坏一次（小破坏是年年发生的），这被大破坏的一年，也就是经济危机发生的一年。这就是战后美国为什么经济危机会频繁发生，周期缩短的根本原因。那么，用这样的理论来解释资本主义社会中的周期性生产过剩危机及其所形成的经济周期，是不是就像某些同志所说的那样，是不符合马克思主义的经济危机理论了呢？我认为不是这样。正好相反，这不但正是马克思在《资本论》第 2 卷里用了很多篇幅来阐明了的理论，而且也正是列宁在《评经济浪漫主义》一文中所特别强调了的理论。列宁说："我们所谈到的两种危机理论，对危机的解释完全不同。第一种理论用生产和工人阶级的消费之间的矛盾来解释危机，第二种理论用生产的社会性和占有的私人性之间的矛盾来解释危机。……简言之，第一种理论用消费不足（Underconsumption）来解释危机，第二种理论则用生产的混乱的状态来解释危机。……试问，第二种理论是不是否认生产和消费矛盾的事实、消费不足的事实呢？当然不否认。它完全承认这种事实，但是把这个事实放在应有的从属的地位，并且看做只是和资本主义总生产的一个部类有关的事实。它认为这种事实不能解释危机，因为危机是由现代经济制度中的另一个更深刻的基本矛盾，即生产的社会性和占有的私人性之间的矛盾引起的。"[8]列宁还在同一书中明确指出："生产的无政府状态"、"生产的无计划性"这些术语的含意是指"生产的社会性和占有的个人性之间的矛盾"[9]。换句话说，在列宁的心目中，说生产的社会性和占有的个人性之间的矛盾指的就是恩格斯所首先指出的"生产的无政府状态"和"生产的无计划性"。但是这一为列宁所强调了的经济危机理论，后来却为斯大林所忽略了。斯大林在联共（布）中央委员会向第十六次代表大会的政治报告中讲到危机的根源在于生产的社会性和生产成果的资本主义占有形式之间的矛盾时，他把这一矛盾的表现形式仅仅确定为"资本主义生产能力的巨大增长和千百万劳动群众的有支付能力的需求相对缩小之间的矛盾"[10]，他对恩格斯所指出的为列宁所强调了的这一矛盾的另一些表现形式根本没有提及。因此斯大林的这一认识是片面的。正因为斯大林对资本主义社会中的这一基本矛盾有这样的认识，所以后来，他对第二次世界大战后资本主义社会的经济发展情况就作出了错误的判断。他在《苏联社会主义经济问题》一书中认为，战后由于各主要资本主义国家（美、英、法）夺取世界资源的范围已经缩小，世界销售市场的条件对于这些国家将会恶化等原因，就断言："列宁在1916年春天所提出的大家知道的论点，即资本主义虽

吴大琨自选集

然腐朽，但'整个说来，资本主义的发展比从前要快得多'"的论点"已经失效"。现在，战后主要资本主义国家经济发展的事实已经证明，列宁的论断并没有失效。斯大林完全没有估计到战后主要资本主义国家会由于生产力的发展，固定资本的大量增长，而在战后的一定时期内发生了资本主义历史上少有的迅速发展。他也没有估计到由于战后国家垄断资本主义的发展，各主要资本主义国家的垄断财团可以利用国家机构来全面干预社会的再生产过程（包括利用税法来对社会固定资本的周转发生影响），从而促使了战后主要资本主义国家所发生的经济危机和由此而形成的经济周期都发生了变化。但斯大林的这一片面性的经济危机理论的影响却是极大的，它使得国内许多同志在研究战后的资本主义经济危机理论问题时，就只强调生产与消费之间的矛盾，而把其他的矛盾，特别是生产的无政府状态的矛盾完全忽视了。许多同志至今还不重视研究经济周期的年限问题（似乎周期是可以没有年限的），不重视根据马克思在《资本论》第2卷中所阐明了的固定资本更新是周期性经济危机的物质基础这一原理来对战后资本主义国家的固定资本的具体发展情况进行研究，其根源都在这里。因为这些同志根据斯大林的这一理论，对战后资本主义国家经济危机的研究是很简单的，认为是用不着去研究固定资本更新时间的变化的，只要笼统地说一下战后资本主义生产扩大和消费落后的矛盾在加剧，所以周期性危机的间隔时间也将缩短就行了。实际上这样的研究是远远不够的。马克思在《资本论》第1卷第23章讨论资本主义积累的一般规律时，曾预言过，在资本主义社会中，"周期的时间将逐渐缩短"[11]。他所根据的经济规律就是资本主义积累的一般规律，即资本的有机构成将不断提高，不变资本部分将不断增加，而可变资本部分将相对递减。为了进一步阐明这一规律，马克思又在《资本论》第2卷第3篇中详细讲了积累和扩大再生产的关系，讲了两大部类的积累之间的相互关系等等。马克思在《资本论》第2卷第20章中曾经批评了那些想把危机的起因归之于"工人阶级从他们自己的产品中得到的那一部分太小了"[12]的人，即批评了洛贝尔图斯的经济危机学说。洛贝尔图斯和西斯蒙第一样，都是把经济危机的原因解释为工人阶级的消费不足。我认为，一些同志至今还相信斯大林的片面性的经济危机理论，不愿意重视马克思在《资本论》第2卷中所阐明了的有关固定资本更新是经济周期物质基础的理论，是和这一点有些关系的。总之，我认为，马克思所阐明了的经济周期的物质基础的原理，是马克思主义经济危机学说的一个重要组成部分。解释周期性的经济危机是不能离开解释周期性经济危机的物质基础来进行的。

（原载《经济研究》，1983（1））

【注释】

[1] [2]《马克思恩格斯全集》，第29卷，280、281页。

[3] 同上书，284页。

[4]《马克思恩格斯全集》，第31卷，332页，北京，人民出版社，1972。

[5] 参见上书，334页。

[6] 马克思：《资本论》，第2卷，206～207页，人民出版社。1975。

[7] 马克思曾在《资本论》第2卷第3篇第20章的第Ⅺ节"固定资本的补偿"中详细地论述了这一问题。本文因限于篇幅，不再多加引述。

[8] [9]《列宁全集》，中文1版，第2卷，133、137页，北京，人民出版社，1959。

［10］《斯大林全集》，中文 1 版，第 12 卷，214 页，北京，人民出版社，1955。

［11］马克思：《资本论》，第 1 卷，695 页。

［12］马克思：《资本论》，第 2 卷，457 页。

从马克思的经济危机理论
看今日美国的经济危机

今年 5 月 5 日，是我们伟大的革命导师马克思诞生 140 周年纪念日。在这个值得纪念的日子里，在太平洋的彼岸，美帝国主义的国家里恰巧传来了经济危机已愈来愈趋于严重的消息，这就不能不使人更深切地体会到马克思主义的再生产和危机理论的无比正确性。大家都知道，马克思主义的再生产和危机理论乃是我们无产阶级革命学说中间的一个极重要的组成部分。也正因为如此，所以马克思主义的这一部分理论是长期以来，较多受到一切反动的资产阶级的"学者"以及各色各样的修正主义者的攻击的。第二次世界大战后，由于美帝国主义较长期地维持了它的一些表面上的"繁荣"，资产阶级的"学者"与修正主义者更曾因此大喊马克思主义的危机理论已经"过时"。现在事实证明真正"过时"乃至破产了的"理论"，实际上正是这些资产阶级"学者"以及修正主义者的"理论"，而并不是马克思主义的再生产和危机理论。但马克思主义的再生产和危机理论也确实不易于完全掌握的。因为马克思主义的这一组成部分，也正与其他的组成部分一样，它不是一种教条，例如我们在对待垄断阶段的资本主义经济危机时，当然就不能把它看做相同于垄断前阶段的资本主义经济危机。现在我想就乘这个机会，把我学习马克思主义经济危机理论，以及对当前的美国经济危机发展情况的体会，简单地概括如下，以供同志们参考，并即以此作为我个人今年对这位伟大的革命导师诞生140周年的一个小小的纪念。

一

我们要结合目前的美国经济危机来研究马克思主义的经济危机理论，我认为，有三个问题值得特别注意。一是究竟什么是马克思所说的经济危机？二是它的表现形式，三是它的后果。

我认为马克思所说的经济危机，并不是什么普通的资本主义社会内的生产下降，而是要在资本主义社会里周期性地出现的一种生产过剩的危机。马克思早在1848年的《共产党宣言》里就曾经这样明确地指出："现代的资产阶级社会，连同它的资产阶级的生产和交换关系，连同它的资产阶级的所有制关系，曾经像魔术一样造成了极其庞大的生产和交换资料，现在它却像一个魔术士那样不能再对付他自己用符咒呼唤出来的魔鬼了。所以，几十年来的工商业历史，只不过是现代生产力反抗现代生产关系的历史，即反抗那作为资产阶级及其统治的存在条件的所有制关系的历史。要证明这一点，只要指出周期性的而且愈来愈凶猛地危及整个资产阶级社会生存的商业危机就够了。在商业危机期间，每次不仅有很大一部分制成的产品被毁灭掉，而且有很大一部分已经造成的生产力也被毁灭掉了。在危机期间，发作了一种在过去一切时代看来好像是荒唐现象的社会瘟疫，即生产过剩的瘟疫。社会转瞬间回复到突如其来的野蛮状态，仿佛是一次大饥荒、一场毁灭性的大战争，完全吞噬了社会的全部生活资料；仿佛是工商业全被毁灭了，——这是什么缘故呢？就因为社会文明过度，生活资料太多，工商业规模太大。社会所拥有的生产力已经不能再促进资产阶级的所有制关系的发展；相反，生产力已经增长到这种关系所不能容纳的地步，资产阶级的关系已经阻碍生产力的发展；而当生产力一开始突破这种障碍的时候，就使整个资产阶级社会陷入混乱状态，就使资产阶级的所有制的存在受到威胁。资产阶级的关系已经太狭窄了，再容纳不了它们本身所造成的财富了。——资产阶级是用什么办法来克服这种危机的呢？一方面是破坏大量生产力，另一方面是夺取新的市场，更加彻底地榨取旧的市场。这究竟是怎样的一种办法呢？这不过是资产阶级在准备更全面更猛烈的危机的一种办法，不过是使防止危机的手段愈来愈少的一种办法。"[1] *

这段文字之所以值得全引，就因为我们可以在这段文字中看出，早在马克思与恩格斯共同起草《共产党宣言》时，马克思就已经把资本主义社会中的经济危机的性质肯定为"生产过剩"的危机，并且是把这种危机的产生原因归之于存在于这一制度中的矛盾的本身，即生产力与生产关系之间的矛盾的本身的。这种矛盾，实际上也就是现在我们经常所说的"资本主义生产能力巨大增长和广大劳动人民有支付能力的需求相对缩小之间的矛盾"。

这一矛盾，在资本主义社会的限度内，实际上是无法克服的，因此在资本主义社会内生产过剩的经济危机也是无法避免的。要消灭危机就必须消灭资本主义。我们与一切修正主义者的根本分歧点也就在这里，因为一切修正主义者的论点，归根

---

* 由于作者所选引文与通用版本有出入，故选用《马克思恩格斯全集》第 4 卷。

结底就是要使我们相信，在资本主义社会内还是有可能避免经济危机或是消除经济危机的产生的。

但马克思所说的经济危机即是整个社会的生产过剩的危机，因此也并不可能经常在资本主义社会内出现，而只可能在间隔一定时期后，周期性的出现。换句话说，即必须等资本主义社会中的生产力发展到一定程度，它所创造的商品绝大部分再也不能在当时所固有的市场上得到足够的销路时，然后才会爆发全社会的"生产过剩"的危机。这种危机在爆发前是需要一定时期的危机因素的积累的。造成危机的具体因素的积累时期如果愈长，愈复杂，危机爆发后的情况也就愈严重，而绝不是相反。

根据这种理论我们来看战后美国的经济发展情况，则我们可以看出由于美国在战后实施了国民经济军事化以及加强了对外经济扩张等理由，虽然在战后的生产上已经有过三次比较严重的下降（如不算 1945—1946 年的带有复员性的生产下降，则有 1948—1949 年和 1953—1954 年两次的生产下降），但只有目前这一次的生产下降，可称已是接近属于周期性的生产过剩经济危机中的生产下降。因为美国在过去两次的生产下降时，由于其他的资本主义国家在生产上还在上升，美国的出口贸易也在上升，再加美国国内的某些工业（如汽车工业）也在上升，所以严格说来是不能认为美国当时已经具备了产生全面的生产过剩的经济危机的成熟条件的。目前的情况，就不同了。目前的美国，不但自 1957 年 8 月起，工业生产指数已经连续下降了 7 个月，失业人数不断增加，而且出口贸易也已在开始较前衰退，再加英国、联邦德国等资本主义国家目前也出现了经济衰退的现象，所以作为美国社会的全面的生产过剩性的经济危机的产生条件应该说是较前成熟了。目前美国的生产减退是由于生产过剩，而这种生产过剩又是由于生产力超过了为生产关系所能适应的市场吸收能力是很明显的。拿美国的汽车工业为例，这是美国战后支持美国经济表面"繁荣"的强有力的因素之一。可是目前美国的汽车工业虽早已达到可以年产1 100万辆汽车和卡车的生产能力，但因美国每年即在汽车销路最好的一年（1955年），也只销了720万辆左右，所以美国的汽车工业平时也还是开工不足的。目前美国的汽车销路已经大大下降，今年估计不会超过500万辆，在这种情况下，汽车工厂当然就只能大批地停工裁员了。

二

我们既然明确了马克思所说的经济危机乃是在资本主义社会里周期性出现的一种生产过剩的危机，但这种危机在出现时的情况究竟怎样，也还是值得研究的。

苏联的著名经济学家瓦尔加院士曾在他所写的《美国经济危机的征象及其对各资本主义国家的影响》一文中指出，商品生产过剩、生产缩减、失业人数增加和物价跌落是经济危机的主要标准。有些苏联的经济专家，如现在中国的马斯连尼科夫同志就对这意见表示不同意。因为瓦尔加院士在分析这个问题时，并没有把信贷货币流通、国际贸易和资本输出等方面的情况加以分析，在这一点上，我认为马斯连尼科夫同志的意见是正确的。因为生产过剩的经济危机会在资本主义社会的生产领域内爆发出来，那是没有疑问的，但它一定也会出现在流通领域内，尤其是出现在信用和货币领域内，所以不注意信用和货币领域内的情况当然是不对的。在国家垄断资本主义极端发达了的条件下，爆发生产过剩的经济危机时，则我个人更认为一定还会并发以通货膨胀为主要内容的财政信用危机。我之所以要这样主张的理由，是因为自从 1929 年那次的"大危机"之后，目前资本主义社会中的垄断资产阶级已经在尽量地利用为他们所操纵着的国家机构而实施种种为凯恩斯所提倡的措施，企图避免经济危机的到来。这种垄断资产阶级想利用凯恩斯所提倡的那些措施来避免经济危机到来的意图，当然是永远不会成功的。但这些垄断资本主义国家却很可能由于它们的统治阶级采取了这些凯恩斯主义的措施而从此走上了通货膨胀的道路。因为一切为凯恩斯主义所提倡的那些方法，归根结底，也就只是利用国家预算与信贷系统来实施带有军事性的通货膨胀政策而已。

目前美国的情况就是这样。它的政府开支已经愈来愈庞大（各级政府的开支将达 1 000 余亿美元），所负的债务也愈来愈多（1956 年估计已达 3 382 亿美元），通货的发行数字因此也愈来愈增多（已超出 300 亿美元以上）。在这种情况下，美元的国内购买力，自必愈来愈下降。物价因此也不会在发生生产过剩的经济危机时有太多的跌落，有时甚至还可以反而上涨。这样的一些新的情况，当我们研究当前的美国经济危机问题的时候，应不应该予以注意呢？显然是应该予以注意的。但我在过去研究这个问题时也曾经有过一些不正确的提法。例如，我在 1957 年 5 月 20 日发表在《光明日报》上的一篇题作《关于当前美国经济的研究》的专文中就曾经说过这样的话："从目前的情况判断，估计美国政府的军事性通货膨胀政策是还要在基本上维持下去的，在这种情况下，即使美国的生产今年、明年会减退，失业会增加，也并不即等于'经济危机'的爆发。我个人估计，美国在今后几年所将遭受到的危机在实质上将是一个以通货膨胀为主的财政信用危机而不是一个像 1929 年那样的'经济危机'。"果然，我这里所说的经济危机，乃是带引号的"经济危机"，即像 1929 年那样的"经济危机"，但由于我把财政信用危机与"经济危机"相提并论了，这就很容易使人造成一种错觉，认为美国今后将不发生经济危机而只发生财政信用危机了，这当然绝非我写那篇文章时的原来用意。

大家知道，在资本主义社会里，一切货币信用危机，乃至财政信用危机，归根结底都还是要受根本性的生产过剩的经济危机的支配的。生产过剩的经济危机乃是这一切危机的基础，所以我把"经济危机"与财政信用危机相提并论的提法是不正确的。但如果在纠正了我的这一论点中提法上的错误之后，我认为我的这一论点的主要内容仍然是正确的。即目前的美国经济危机，如果再继续发展下去的话，它的表现形式仍将不同于 1929 年时的那一次"大危机"，而将会以严重的通货膨胀为主的财政信用危机的姿态与生产上的经济危机同时出现。

从目前美国反动政府所采取的一些所谓"反衰退"的措施来看，美国将走上恶性通货膨胀的道路的倾向也是十分明显的。因为目前美国政府所采取的那一系列的措施，如降低联邦储备银行的贴现率（1957 年 11 月的贴现率由 3.5％降到 3％，1958 年 1 月进一步降低到 2.75％），降低商业银行准备金（1958 年 2 月将活期存款准备金降低 5‰，据估计可增加放款能力 30 亿美元），放宽住宅贷款（1957 年 8 月将建造住宅的定金降低，例如建造价值 12 000 美元的住宅，过去最低的必要定金是 1 200 美元，现时已减到 600 美元），以及增加政府开支，包括所谓"防御订货"，公路建筑等项办法在内，都无非是增加通货膨胀的一些办法而已。因此，我是十分相信，今后美国经济危机的表现形式将是不同于过去的 1929 年式的一种通货膨胀状态下的经济危机的。

三

现在我们且再来研究一下，经济危机的后果。大家知道，危机在资本主义社会内原是有着以暴力暂时解决生产与消费之间的矛盾的功用的。马克思说："危机常常只是现有矛盾的暂时的强力解决，只是已破坏的均衡暂时借以恢复的强烈的爆发。"但马克思所研究的，实际上还是垄断前的资本主义社会中的经济危机。在国家垄断资本主义极端发达条件下所发生的经济危机，它的后果又将是怎样呢？这显然又是一个新的课题。

我个人的体会是由于在国家垄断资本主义的条件下，垄断资本家们已经在充分地运用着国家这一工具加强他们的剥削，所以经济危机如果一旦爆发，它的后果也就将不仅限于经济上，而是将会在政治上也发生严重的后果的。如结合美国的具体情况来说，则这种政治上、经济上的后果我认为将在这样的三个方面表现出来。

首先是，它将在美国的一切垄断资本集团与非垄断的广大中、小资产阶级中间，以及垄断集团与垄断集团之间的尖锐斗争中表现出来。大家知道，在经济危机爆发的时期里，实际上正是资本主义的企业互相吞并（所谓"大鱼吃小鱼"）的紧张时期。真正的大垄断资本集团，在主观上它是并不十分惧怕经济危机的发生的。真正在经济危机中将大量遭受损失，甚至破产的，实际上将是广大的中、小资产阶级，特别是这次美国的经济危机，在通货膨胀的过程中，显然，广大的中、小资产阶级的一些积蓄等是会因此而完全被吞并的。所以我们估计，在这次的美国经济危机发展的过程中（这个过程将是相当长的一个时期），广大的中、小资产阶级将会与当权的垄断资产阶级集团完全冲突起来。我们知道，美国的垄断资本统治，实际上是依靠中、小资产阶级（即所谓"中间阶层"）的支持的，如果在这一次的经济危机发展过程中，中、小资产阶级的成员竟能离开垄断资本的统治而向左转一大步的话，那么美国社会的进步力量就一定会很快地抬头了。与此同时，当然存在于美国垄断资本集团内部本身的矛盾，一定也还会加速尖锐化。我们估计，以共和党与民主党为代表的美国垄断资本集团，就一定会在 1958 年 11 月的国会选举中以如何克服经济危机的问题，首先彼此互相攻击，把它们的内部矛盾赤裸裸地暴露出来的。

其次，我认为，在这次的经济危机的发展过程中，美帝国主义本身与其同盟国英法帝国主义国家、联邦德国与日本之间以及为美帝所控制的其他仆从国家的矛盾，也将充分地尖锐起来，而首先要成为冲突的主要问题的则恐将是"禁运"问题。美帝目前是一面高筑关税堡垒，不让其他国家的货物进入它自己的国家，一面又想加强控制其他国家的财政、经济以便于转嫁它自己的经济危机。但这样的一个"如意算盘"，显然是不会被其他的资本主义国家，特别是英国所甘心愿意接受的。因此，我们估计，随着美国国内经济危机的日益深刻化，美帝国主义在资本主义世界中的霸权也就将日益被削弱，美帝与其他资本主义国家的冲突也将更趋尖锐。

最后，最主要的，则恐怕将是美帝统治者与广大劳动人民，特别是工人阶级之间的矛盾。

作为垄断资产阶级来说，经济危机一开始总是首先企图削减工人阶级的工资，并把一切经济恐慌的负担转嫁给全国的工人阶级与劳动人民的。目前美国的情况也是如此。在通货不断膨胀、物价继续高涨的情况下，我们可以想象在美国的工人阶级中即使是有工作的，他们的实际工资也一定会因此而不断降低，受到各种物质生活上的压迫；至于失业者的痛苦，那当然就更不用说了。我在前面曾经主张过，美帝这次的经济危机的表现形式将不同于 1929 年时的经济危机的形式。但这当然仅仅是就危机表现的形式来看问题。如果从危机的实质来说，则当然目前的美国经济危机也还是资本主义总危机时代的经济危机，所以它的严重性对于工人阶级的危害性来说是一定不会在发展到极顶时，小于 1929 年的经济危机的。

所不同的，就是我们深信，随着美国经济危机的日趋深化，美国的广大工人阶级、劳动人民，加上"左倾化"了的中、小资产阶层中的人员一定会日益明显地看到美国统治垄断集团的真面目；觉悟到在这目前的世界中，究竟谁是在主张和平，谁是在挑拨战争；谁是在把美国的人民乃至整个资本主义世界的人民用"禁运"等等办法加速拖入经济危机的泥潭，而谁又是在主张互通贸易，加强经济、文化的交流，使得资本主义世界的人民能够得到比较正常的生活。

通过这次美国的经济危机，生活在资本主义世界中的劳动人民，我们深信，不会不进一步地看到社会主义世界的进步性、优越性以及他们自己所生活的世界的腐朽性与反动性的。而只要当资本主义世界中的广大劳动人民能够对这个问题有更进一步的认识的时候，目前统治资本主义世界的那些垄断资本家们所将遭受到的危机，恐怕就将不只是一次自资本主义世界成立以来最深刻的经济危机，而且将是一次足以促使他们的统治最后灭亡的政治上的危机了。

在马克思诞生 140 周年之际，我们通过美国经济危机发展的具体情况与目前我们社会主义世界的轰轰烈烈的发展一对比，我们实在不能不又一次地感觉到马克思主义的伟大正确。

马克思主义万岁！

〔本文因限于写作时间，对目前美国经济危机的论述十分简略，作者今后将另作专文论述美国的经济危机，本文只能就此结束，请读者原谅。——作者注〕

（原载《新建设》，1958（5））

【注释】

[1]《马克思恩格斯全集》，第 4 卷，471～472 页，北京，人民出版社，1958。

吴大琨自选集

论战后美国的经济周期
与通货膨胀

  战后的美国生产在大约十二年内，已经发生了 3 次危机式的下降，也就是 1948—1949 年，1953—1954 年，1957—1958年这 3 次。其中除在 1948—1949 年那一次危机中通货略有收缩，物价曾轻微下降外[1]，其余的两次，也就是在美国侵略朝鲜战争以后所发生的那两次危机的时期内，通货就都是不但没有收缩，反而趋于膨胀，物价因而也没有下跌，反而是上涨的。在经济危机的发展过程中，出现通货膨胀与物价上升的现象，这是战后美国经济危机发展过程中的一个新的特点，也可以说是战后美国资本主义发展过程中的一个新的腐朽现象。它表明了美国这一资本主义社会内部的矛盾发展已经较前愈益尖锐，愈益"不可救药"，而绝不是像某些反动的资产阶级经济学者或现代修正主义者所要我们相信的那样，是什么美国经济危机在发展程度上的"减轻"，或者甚至是经济危机的"消灭"。但也正因为这是一个新的资本主义社会中的腐朽现象，所以在我们马克思主义者的同志中间，对这一问题的认识上，也还是存在分歧的。有些同志目前对这一现象产生的必然性、重要性，都认识不足，对它所给予美国人民的危害性也估计不够，这对于我们理解美帝国主义今后的经济发展是很不利的。因此，我认为我们还必须对这一问题展开进一步的讨论与研究。[2]

一

首先，我要说明的，就是在战后美国的经济危机发展过程中出现通货膨胀与物价上升的现象，绝不是偶然的，而是必然的。它是美国进入了战后资本主义总危机第二阶段，在国家垄断资本主义进一步发展了的条件下，在经济周期的发展过程中所必然要出现的一种腐朽现象。为什么我要这样说，这是因为战后美国的再生产过程，特别是在朝鲜战争以后的再生产过程已经是一种国民经济军事化条件下的再生产过程。在国民经济军事化条件下的再生产过程中，垄断组织虽然可以通过军火生产，取得极高额的利润（这是因为国家已为这些垄断组织以军事订货的形式保证了极有利的销售市场，并且给予了这些垄断组织以种种的优待条件，如供给它们资金、劳动力和所缺的原料并使它们的商品能保持垄断高价的缘故），但从整个社会资本的再生产来看，这种国民经济军事化条件下的再生产却是一种包含巨额非生产性支出的畸形的再生产。军事生产所生产出来的军用物品，无论在价值形态上或是在实物形态上来说，都是无法用来再继续进行扩大再生产的。因此生产资料的扩大再生产会使社会的现有资本增加，军备的扩大再生产，事实上却只意味着这一部分资本的消失。再加上由于在军火生产的过程中，制造武器和军用品所耗费的物质财富虽然已经退出了经济周转的过程，但是政府支出的军费却仍停留在货币流通领域内，因此，在大部分国家预算用于非生产性的军事目的的情况下，在流通中的货币就一定会超过经济周转中的正常需求而在客观上形成通货膨胀。所以实施经济军事化一定会同时发生通货膨胀，这除了由于国家为了要支出日益增长的军费，不得不发行大量的公债，从而引起通货膨胀这一原因外，上述存在于再生产过程中的原因更是一个十分重要的原因。也正因此，所以我认为在垄断资本主义社会中实施国民经济军事化，不但不能消灭经济危机，反而还能使得在经济危机的发生时更加加剧地发生通货膨胀，从而使得劳动人民遭受更大的灾难。

在实施国民经济军事化条件下的再生产过程中发生周期性的生产过剩危机时，通货膨胀不但不会停止，反而还会发展的道理，实际上也不是十分难于理解的。这主要就是因为当前美国的垄断资产阶级，在经济危机爆发后，它不可能不利用为它所操纵的国家机构来从事进一步地扩军备战，扩大政府开支，购买各种产品——主要是军事物资和进行公共工程所需的物资，来企图挽救它的经济危机。垄断资产阶级所采取的这些措施，在客观上完全不能真正地挽救经济危机，这是可以肯定的。但这些措施的结果可以促使通货膨胀的危机更加加深给美国的劳动人民带来更大的灾难却也是事实。例如，拿这一次 1957 年 8 月发生的经济危机后的情况来说，美国的垄断资产阶级政府就曾大大地增高了购买物资与劳务的支出，其具体数字如表 1。

表 1　　　　美国政府最近三年来购买物资与劳务的费用
及其在国民生产总值中所占的比重表

年份	国民生产总值（亿美元）	政府（包括联邦、州、及地方政府）购买物资与劳务支出（亿美元）	占国民生产总值比重
1956	4 192	803	19.2%
1957	4 403	871	19.8%
1958（第三季度）	4 390	933	21.2%

资料来源：据《联邦储备银行公报》，75 页，1959（1）的数字计算而得。

在这种情况下，美国社会中的整个通货数量当然是不会不增加的。其增加情况如表 2。

表 2　最近三年的美国银行存款及通货增加数量表　单位：百万美元

年份	银行中的定期存款数	银行中的活期存款数	银行外的通货数	总数
1956	82 224	111 391	28 335	221 950
1957	89 126	110 254	28 301	227 681
1958（11 月）	96 700	111 600	28 800	237 100

资料来源：《联邦储备银行公报》，32 页，1959（1）。

在这种情况下，美国的消费者物价指数与批发物价指数就都同时上涨了。上涨的情况如表 3。

表 3

年份	消费者物价指数	批发物价指数
1956	116.2	114.3
1957	120.2	117.6
1958（11 月）	123.9	119.2

注：以 1947—1949 年的指数为 100。
资料来源：《联邦储备银行公报》，72 页，1959（1）。

因此，在最近的这一次美国经济危机的发展过程中，由于美国政府所采取的一切措施，在客观上已经加剧了通货膨胀的发展，物价不但没有下跌，而且还相反地上涨了，这已经是一个无可争辩的事实。

那么，在现在这样的情况下，美国是不是还会出现那种为某些同志认为必然会出现的"周期性货币信用危机"的现象，也就是那种由于在危机中物价下跌，企业倒闭而引起的货币紧迫、信贷资本极端缺乏、有价证券行市猛跌、利息率急剧上升、存户纷纷提存、甚至大批银行倒闭等现象呢？根据研究，我认为是不可能的。美国在过去的经济危机中，特别是在

369

1929—1933 年的经济危机中出现过这些现象，这是因为当时美国的再生产过程还不是一种国家垄断资本主义充分发展后国民经济军事化条件下的再生产过程的缘故。在今天的美国出现经济危机时由于本来就存在的军事通货膨胀过程不可能中止而只会加剧，因此，虽然生产会下降，失业人数会增多，但物价却不一定下跌，银行也不一定倒闭。产生经济危机的历史条件改变了，经济危机的出现形式当然也随着改变了，这是真正的历史唯物主义，事实上是并没有什么可以值得奇怪的地方的。

二

现在我要再进一步说明的，就是在今天美国的经济危机发展过程中出现了通货膨胀与物价上升的现象，这是不是就意味着美国经济危机的严重性较前已有任何程度的减低了呢？我的回答是"不是的"。我在前边曾经说过，目前美国的垄断资产阶级，在经济危机爆发后，不可能不利用为它所操纵的国家机构来从事进一步地扩军备战，扩大政府开支，购买各种产品——主要是军事物资和公共工程所需的物资——来企图挽救它的经济危机的。但这些措施实际上并不能挽救它的经济危机。如仍以最近这一次美国的经济危机为例，美国在 1957 年 8 月经济危机爆发后所实施的那一套措施，虽然在表面上似也收到了一些效果，美国的工业生产指数自 1958 年 4 月以后就逐步回升，直到最近已回升到了危机发生前的最高水平（1959 年 3 月份的指数是 147），与此相应，美国的国民生产总值也已经逐步有所提高，如以季度计，其提高的情况如表 4。

表 4

年份	第一季度	第二季度	第三季度	第四季度
1955	3 843	3 930	4 034	4 089
1956	4 108	4 149	4 205	4 305
1957	4 363	4 412	4 456	4 389
1958	4 258	4 290	4 390	—

资料来源：美国商务部：*Survey of Current Business*，1958（12），p. 13.

但这些提高，实际上就都是虚假的，是通货膨胀后的数字。例如从表 4 中，我们可以看出，美国的国民生产总值，1957 年的第四季度与 1958 年的第一季度虽是下降的，1958 年的第二季度、第三季度则已开始上升，其上升后的数字并已超过 1955 年与 1956 年的数字，但实际上的情况就并不是如此。我们如以 1957 年的美元价值作为标准来重新计算这些数字时，则情况就变化如表 5。

表 5   单位：亿美元

年份	第一季度	第二季度	第三季度	第四季度
1955	4 139	4 220	4 305	4 347
1956	4 332	4 341	4 352	4 409
1957	4 416	4 428	4 424	4 341
1958	4 180	4 190	4 283	—

资料来源：美国商务部：*Survey of Current Business*，1958（12），p. 14.

从表 5 中，我们可以看出，美国当前的国民生产总值，1958 年第三季度的数字，虽然略高于第一季度与第二季度的数字，可是却还远低于 1955 年第三季度以后的各季度数字。1958 年第三季度的数字只比 1955 年的第二季度的数字略高，这就说明，这整整三年来的美国生产并没有得到任何提高，如再把这三年来，美国人口数已从 1.65 亿增加为 1.74 亿，以及美国的劳动生产率也已提高的情况考虑在内，我们就更可以看出美国当前的生产，实际上增加得极微，可以说是在一种停滞的状态中的[3]，因此，美国距离要在生产上真正脱离经济危机的境地而走上生产高涨的道路，实在还遥远得很。

从这一点上也可以证明，在研究战后美国的经济周期时，通货膨胀的情况是必须加以重视的，否则的话我们就很容易为美国的反动垄断资产阶级利用通货膨胀后的虚假美元数字蒙混过去。这不但在国民生产总值的数字上表现为如此，在其他一切以美元为单位的数字上也都表现为如此。例如 1958 年的美国全国个人收入虽然在第三季度已经达到 3 575 亿美元[4] 的数字，表面上超过了 1957 年全年的 3 479 亿美元的数字，但在实际上，美国 1958 年第三季度的全国个人收入比 1957 年的数字平均低了 2%，美国的生产数字、个人收入数字等等，既然扣去了通货膨胀的因素后，都还并没有真正地上升起来，我们就当然很难认为当前美国经济危机的严重已经完全减除。至于美国广大劳动人民，以及一切依靠固定收入为生的美国人民，处在当前美国的经济危机的过程中，由于通货膨胀的关系，他们的支出（生活费用以及捐税等等）正在增长，他们的实际收入正在减少，他们生活上的困难因此也正在增加则当然更是明显的事实。美国广大人民的收入，既然在实际上还正在减少，因此，我们不但认为目前美国的生产上升，在实际上是虚假的，而且即使这样的虚假上升，也是不能维持长久的，是会在不久的将来，即行再度下降的。而且十分可能，当它再度下降时，会因此引起比 1957—1958 年的下降时更为严重的经济危机来的。

美国的垄断资产阶级利用国家机构加强实施国民经济军事化设法挽救经济危机的结果，既然在实质上并不能够真正解除经济危机而只是在危机的发展过程中加强了通货膨胀的发展，因此，我们当然有理由可以认为在战后美国的经济危机发展过程中，出现了通货膨胀与物价上升的现象对于广大的美国人民来说，绝不意味着美国的经济危机已比战前有任何程度的改

善，而是正相反，是进一步的恶化。它已经比战前的经济危机
给更多的美国人民——不管是失业的，还是在业的，只要是大
垄断资产阶级以外的人——带来了更深一层的物价飞涨的
灾难。

三

现在要研究的问题是，像目前美国这样的通货膨胀是否还
会继续发展下去？我的回答是不但会发展下去，而且还会随着
今后美国在工业生产上的周期下降或上升而周期地恶化发展下
去。理由是，在当前的情况下，作为美国的占统治地位的垄断
资产阶级，它是绝不会放弃它的扩军备战的政策来以此取得它
的高额利润的。而只要美国占统治地位的垄断资产阶级一天不
放弃扩军备战的政策，特别是不放弃用加强扩军备战的政策来
挽救经济危机的政策，那么美国的通货膨胀就一定一天也不会
停止。这一理由，我们在前边已经讲过了。美国目前的通货膨
胀虽然已经有所发展，但距离恶性通货膨胀的程度还很远。这
说明美国的反动垄断资产阶级政府如果今后还要用进一步的扩
大政府开支，实施军事通货膨胀经济的办法来刺激美国生产的
话，它的客观可能性是还存在的。目前美国反动垄断资产阶级
内部的一些"争论"也反映了这一情况。

目前在美国的反动垄断资产阶级内部，正在展开着一场从
我们的角度看，十分滑稽的"争论"。当政的艾森豪威尔共和
党政府，在加紧实施军事通货膨胀经济企图挽救经济危机以
后，由于经济危机虽未能真正克服，可是通货膨胀的恶果却已
显著增加。所以它已在大喊要防止"通货膨胀"，并已经坚决

主张不让政府的开支再有任何大规模的增加，在此情况下所谓"在野"的民主党，就对此大加攻击。与民主党有关的，美国著名的凯恩斯派"学者"凯塞林（Leon Keyserling）最近并曾发表题为《通货膨胀真是问题吗？》[5]的论文，从"理论"上对艾森豪威尔政府的"紧缩"政策提出了批评，并积极主张美国还必须大大增加联邦政府的开支。凯塞林的意见是这样的：美国在过去的 6 年中（1953—1958 年）生产上的增长速度平均每年只有 1.3％，而美国在客观上所需要的增长率，却是每年4.5％。美国目前之所以会如此在生产上增长缓慢，主要就是因为政府并没有放手增加在公共工程等方面的开支，从而对整个私人经济方面的投资与消费造成了影响，为数共达 1 500 亿美元。他的意见是只要政府在过去的 6 年中再增加 175 亿美元的有关公共工程方面的开支，那么私人方面的投资与消费就一定也会相应增加，并使整个的美国经济都从而发展起来的。凯塞林因此认为，目前美国的联邦政府的开支还必须大大增加。他认为只要政府放手增加公共工程等方面的开支，就一定可以繁荣经济，完全用不着担心通货膨胀，这当然正是最典型的凯恩斯派的反动"经济理论"。

应该说目前在美国相信这样的一种"经济理论"的资产阶级中人是很多的，它也包括共和党中的一些"领导"人士在内（例如，共和党中的尼尔逊·洛克菲勒就是相信这种"理论"的，他所提出的一些美国"经济发展计划"就也是与凯塞林的意见基本上一致），而且目前的艾森豪威尔政府在客观上所执行的政策实际上也正是这样的政策，只是在当前还没有像他的批评者所说那样，十分放手地来进行军事通货膨胀而已。所以这一美国反动垄断资产阶级内部的"争论"，就在实质上变成只是孟子所说的"五十步"与"百步"之间的"争论"，而并不是什么真正"反对通货膨胀"与主张通货膨胀之间的"争论"。

美国的垄断资产阶级的代言人既然还在争着要发展通货膨胀，所以总的说来，我认为在今后的美国的若干时期内，不管是共和党执政也好，还是民主党执政也好，会再进一步扩大政府的预算，增加政府的开支，特别是增加政府购置物资与劳务的开支，从而加深通货膨胀的趋势是完全可以肯定的。

而且这一趋势现在也可以说是已经变成如此的明显，以致在客观上，在美国已经出现了所谓"逃避美元"（Flight From The Dollar）的情况，这种逃避美元的情况表现在这样的几个方面[6]：

1. 许多有钱的人已经在尽量购买股票、房地产等物资，预防通货膨胀的进一步加剧。

2. 股票的价格已经上升至与股票的利益和红利所不相适应的水平。

3. 农场的土地也正以与土地的收益极少关联的高价出售。

4. 公债票以及其他有固定收入的证券都已在市场上跌价，形成了近几年来最低的市价。

5. 黄金现在也正在加速度地从国内流出。据最近的估计，去年全年美国流出的黄金共计 22.47 亿美元，本年以来流出的黄金则已共达 2.79 亿美元。目前美国的黄金库存是 202.55 亿美元，为 1946 年以来的最低额。在这 202.55 亿的黄金库存中除了货币发行量的准备金 119 亿外，属于外国政府、公民可以随时提取的黄金有 117 亿，所以事实上美国目前的黄金库存已不足应付外国政府、公民的全部提存。在这种情况下，自然难免在美国的国内外有美元要正式贬值的传说了。[7]

以上这些情况的形成，原因当然很复杂，并不仅仅由于通货膨胀，但这些情况的形成也确实是与通货膨胀有着密切的关系的。这些情况的发展，总的说来，是对于美国的经济发展十分有害的，所以美国的统治阶级也就不能不一面实施通货膨胀，一面又假装着站出来要防止通货膨胀了。

当然美国的某些反动垄断资产阶级今天站出来要提倡防止通货膨胀也还是有着它的政治上的阴谋的，因为造成今天美国通货膨胀的客观原因事实上很明显乃是反动政府实施扩军备战的必然后果，而这种扩军备战的反动政策又是与当前美国的整个腐朽的资本主义制度分不开的。美国的反动政府在实质上无法避免通货膨胀，于是就设法把造成这一通货膨胀的罪责加之于美国的工人阶级。今天美国的反动垄断资产阶级已经在大规模地进行宣传，仿佛目前美国的通货膨胀之所以会严重，物价之所以会高涨，主要就是由于工人阶级在此期间要求提高了工资的结果。其实，大家知道在通货膨胀、物价上升的期间，工人阶级的名义工资即使有所提高，实际工资也还是在降低的。可是目前美国的反动垄断资产阶级却偏偏要"倒果为因"地主张正是由于美国的工人阶级要求提高了工资所以才提高了工业生产上的成本，从而提高了物价，引起了通货膨胀。美国的反动垄断资产阶级，显然是想乘此机会，不但把造成通货膨胀的罪责加之于美国工人阶级，同时也把美国工人阶级的工资水平在今后冻结起来，以便于对工人阶级进行更加无耻的残酷剥削。

美国的广大工人阶级，在此情况下会不会束手听凭美国的反动垄断资产阶级来对它们加强剥削呢？显然不会的。因此，我们还可以预料，随着美国当前的通货膨胀的加剧，环绕着工资问题，美国工人阶级的罢工运动以及其他形式的阶级斗争就一定也会激烈地开展起来的。

我在前边曾经说过，美国目前的通货膨胀，虽已有所发展，但距离恶性通货膨胀的程度还很远。但目前美国的通货膨胀只要不停止，它是会加速向前发展的。我估计，只要在今后的十几年内，美国再发生一两次规模比较重大的危机式的生产下降，那时的美国通货膨胀情况就一定会比现在再大大的恶化。

以上就是我对战后美国经济周期与通货膨胀之间有关的一些问题的看法。由于目前美国的经济制度，不可避免地一定要周期性地发生经济危机，从而也不可避免地周期性地加速通货膨胀的发展，经济危机与通货膨胀，就目前的美国来说已经成为一对不可分离的孪生兄弟。美国的资本主义制度经济，正因为目前有了这一对孪生兄弟，所以它的发展已经大大地落后于社会主义制度经济的发展。赫鲁晓夫同志曾经在今年苏共第二十一次代表大会的报告中指出说："生产增长的速度起着决定性的作用，而速度上的优势是在社会主义经济体系方面的。在苏维埃政权成立后的年代中，工业增长的每年平均速度要超过发达的资本主义国家工业增长的速度二倍至四倍。毫无疑问，七年计划中规定的工业品平均每年增长 8.6%。这一指标，不仅保证可以达到，而且可以超过。看来，资本主义国家也不会停步不前。可以预计，在最近时期美国的工业生产可以每年提高约 2%。美国工业最近几年的发展速度就是这样。……因此，在这方面也展开了一个全新的竞赛阶段；现在我们的国家在增产的速度方面和产品每年的绝对增产量方面都超过了美国。我们以比美国快三倍的速度前进，我们每年的增产量比它多。因此，赶上美国人现在是容易得多了。"[8] 当然，社会主义制度的优越性，并不仅仅在生产增长的速度快这一点上，赫鲁晓夫同志还同时指出说："生产的增长对社会主义战胜资本主义具有重大的意义。但是要判断一个制度是否比另一个制度优越，首先应该注意，这种生产的增长给予社会，给予人的是什么。比如说在美国，按人口平均计算生产了许多肉类、油类、电视机和汽车。但是这对美国的失业工人究竟有什么好处呢？……应当着重指出，虽然社会主义国家和资本主义国家（比如说苏联和美国）的生产水平可能相同。但由此所造成的社会后果却会有天壤之别。这里正好显示了社会主义的优越性，在社会主义制度下，生产不是服从于榨取利润的目的，而是服从于最大限度地满足全体社会成员的需要。"[9] 像这样的一些显著的社会主义优越性，美国的广大劳动人民能不能长期地为反动的垄断资产阶级的恶意宣传所蒙蔽而看不清呢？显然是不可能的。我认为，美国广大的劳动人民都能看清社会主义的优越性，同时，也能看清经济危机与通货膨胀的真正原因是在于资本主义制度本身，因此会起来要求用行动结束美国的经济周期与通货膨胀的时候也不会太远了。

（摘自吴大琨：《资本主义经济危机与经济周期》，

沈阳，辽宁人民出版社，1986）

【注释】

[1] 美国 1948 年的通货供应总量（包括银行存款）是 1 728.054 7 亿美元，1949 年的通货供应总量是 1 716.02 亿美元，见《联邦储备银行公报》各年统计数字。

[2] 本文仅就美国的经济周期与通货膨胀之间的若干问题作了一些说明。关于美国战后经济周期的总的变化，请同志们参看拙著《关于研究美国经济危机的几个问题》，载《经济研究》，1959（3）。

[3] 参见 Paul M. Sweezy, *The Dilemma of Inflation*，1957-03-07。

［4］参见《联邦储备银行公报》，74 页，1959（1）。

［5］美国《新共和》周刊，1959-02-09。

［6］参见 *Is The Dollar in Trouble*？，载《美国新闻与世界报道》，1958-12-16。

［7］参见《国外商情》，1959-05-11；*Why is U. S. Losing Gold*？载《美国新闻与世界报道》，1958-12-05。

［8］《苏联共产党第二十一次代表大会主要文件》，90 页，人民出版社，1959。

［9］同上书，92～93 页。

再论战后美国的经济周期
与通货膨胀

　　我在 1959 年第 6 期的《教学与研究》上曾经发表过一篇题为《论战后美国的经济周期与通货膨胀》的文章。在那篇文章中，我曾提出了这么几个论点：（1）在战后美国的经济危机发展过程中会出现通货膨胀与物价上升的现象，这是战后美国经济危机发展过程中的一个新的特点，也可以说是战后美国资本主义发展过程中的一个新的腐朽现象，这一现象的出现，绝不是偶然的，而是必然的。（2）美国的通货膨胀，今后会随着美国经济危机的不断发生而不断的加深和恶化下去，经济危机与通货膨胀，就目前的美国来说已经成为一对不可分离的孪生兄弟。（3）在美国目前的情况下已不可能再发生那种由于在危机中物价下跌、企业倒闭而引起的货币紧迫、信贷资本极端缺乏、有价证券行市猛跌、利息率急剧上升、存户纷纷提存，甚至大批银行倒闭等现象。美国在第二次世界大战前的经济危机中，特别是 1929—1933 年的经济危机中出现过这些现象，这是因为当时美国的再生产过程还不是一种国家垄断资本主义充分发展后国民经济军事化条件下的再生产过程的缘故。在今天的美国出现经济危机时，由于本来就存在的军事通货膨胀过程不可能中止而只会加剧，因此，虽然生产会下降，失业人数会增多，但物价却不一定下跌，银行也不一定倒闭。我曾经极力强调："产生经济危机的历史条件改变了，经济危机的出现形式当然也随着改变了，这是真正的历史唯物主义，事实上是并没有什么可以值得奇怪的地方的"。

现在时间已经过去了两年多，不但 1957—1958 年的美国经济危机早已过去，即 1960 年发生的美国战后第四次经济危机也已在 1961 年的 2 月份发展到危机的最低点后，工业生产指数在 1961 年的 4 月份起开始上升，因此，我们很可以回过头来看看这两次美国经济危机发展过程中的实际情况究竟如何。这两次美国经济危机发展过程中的实际情况是：

第一，物价确实并没有下跌，这是有数字可以证明的（见表1）。

表 1

项目 ＼ 年份	1957	1958	1959	1960
美国的消费者物价指数	120.2	123.5	124.6	126.5
美国的批发物价指数	117.6	119.2	119.5	119.6

注：以 1947—1949 的指数为 100。
资料来源：*Survey of Business*，1961（2）.

其次，通货膨胀与信用也确实并没有收缩，这也是有数字可以证明的（见表2）。

表 2 单位：亿美元

项目 ＼ 年份	1957	1958	1959	1960
美国的货币流通量	318	322	326	329
美国的银行存款（调整后）与货币流通量总数	2 277	2 426	2 466	2 514
美国的活期存款周转年率	23.0	22.9	24.5	25.7

资料来源：*Survey of Business*，1961（2）；活期存款周转年率参见《联邦储备银行公报》，1961（2）。

由于在两次危机中通货与信用都没有紧缩，物价也没有下跌，因此，那些所谓信贷资本极端缺乏、有价证券行市猛跌、利息率急剧上升、存户纷纷提存，甚至大批银行倒闭的现象，当然也都没有发生，而只加深了我所说的以通货膨胀为主要内容的财政金融危机，这就证明我原来的看法是正确的。而尤其重要的是，它确实证明战后美国的再生产过程，是在国家垄断资本主义充分发展后国民经济军事化条件下的再生产过程，它与战前的再生产过程有了显著的不同，从而使它的经济周期发展过程，也与过去不同了。在这样的情况下，如果我们研究战后的美国经济危机，再不依据它当前的历史特点来进行研究，那就不但会使我们对美国的经济危机的发展情况经常估计错误，同时，尤其重要的，它会使我们对当前美国经济发展过程中所表现出来的美国经济内部的深刻腐朽性熟视无睹。因为按照我的看法，在战后美国的经济危机发展过程中，产生物价上升与通货膨胀的现象，绝不意味着美国经济危机的严重性比战前轻，而是比战前重。由于目前有些同志对这一现象出现的重要意义认识还是不足的，因此，我愿意再来对这个问题作一些简单的补充说明。但凡是我在 1959 年的那篇文章中已经讲清楚的问题，就不在这里重复了。

我所要补充说明的共有三点：

第一，在垄断前的资本主义社会中，发生经济危机时，物价确是必然要下跌，信用也必然要"强制性的紧缩"，从而引起大批企业、银行倒闭等现象的。这个道理，马克思在《资本论》中已为我们解释得很清楚，因为当时的资本主义社会还没有产生垄断组织。经济危机一旦发生，资本家就急着要脱货求现，从而使物价暴跌；物价愈跌，资本家所受的损失也愈重，从而引起企业倒闭。银行是以企业为投资对象的，企业倒闭，银行当然也就会跟着倒闭，这是很自然的。但现在的情况怎样呢？现在的情况是美国的资本主义已发展成了国家垄断资本主义。在国家垄断资本主义的情况下，发生经济危机时，垄断组织就首先要设法用停工减产的方法维持它的垄断价格，然后再通过为垄断组织所操纵的国家机构进一步用扩大政府开支、扩军备战、增加固定资本投资等办法来刺激生产。在这样的情况下，通货与信用当然不会紧缩，物价当然不会暴跌，垄断组织的企业也不会大量倒闭。但正因为物价不暴跌，垄断组织的企业也不会大量倒闭（它的固定资本还会通过经济危机而有所增加），所以，美国社会中的过剩商品与过剩生产力也就不可能像过去那样通过经济危机而得到破坏。马克思说："危机常常只是现有矛盾的暂时的暴力的解决，暴力的爆裂，由此暂时地，把已经破坏的均衡再形成起来。"[1]危机原是可以破坏资本主义社会中的过剩生产力暂时解决一下生产过剩的矛盾的，可是今天的美国经济却已经腐朽到即便发生了危机也不能暂时解决它的过剩生产的矛盾的地步了。由于战后的美国垄断组织在国民经济军事化的条件下，主要是用加速固定资本更新的办法来企图避免经济危机的，结果就使得它非但不能避免经济危机，并且还使得它发生经济危机的周期，随着固定资本更新的周期的缩短而缩短。现在，危机在战后的美国是已经更加频繁地出现了。[2]但在现状下，危机每出现一次，美国的过剩生产力就会更增加一次，从而使美国社会的生产力与生产关系的矛盾也变得更加尖锐一次。从这意义上说来，经济危机的过程中没有出现物价下跌与大量企业倒闭的现象，显然是意味着危机的性质的严重性在加重，而绝不是减轻。

第二，谈谈通货膨胀。美国的通货膨胀并非战后才有，也并非由经济危机所引起，这是大家都知道的。现在有些同志认为："通货膨胀是资本主义总危机阶段国民经济军事化所带来的必然结果，是资本主义总危机在财政金融领域方面的一个表现。……因此，尽管它和经济危机有着密切的关系，然而它不是在经济危机阶段中才'爆发'出来，而是在资本主义总危机的基础上产生与发展的。对于这种现象，我们称为金融制度或体系的危机（或货币信用制度的危机），以区别于马克思所讲的'周期性金融危机'。"[3]这些同志在这里所没有注意到的问题是，我们现在所要讨论的问题不是一般的通货膨胀的起因问题，在这个问题上，是没有什么可争论的，因为谁也没有主张过美国的通货膨胀与资本主义总危机无关，是由经济危机所引起的等等。我们现在所要讨论的乃是通货膨胀在经济危机发展过程中不断加深的这一历史特点。这是不同的两个问题，但并不彼此排斥，承认前者并不一定要排斥后者，反过来，也同样。依我的解释，如果我们能从实际出发，运用辩证唯物主义的观点来研究问题，那么我们是既应当把当前美国的通货膨胀看成是一个资本主义总危机在财政金融领域内的反映，是一种资本主义金融体系发生危机的表现，同时也应当把它看成是一种与周期性经济危机密切结合在一起的周期性财政金融危机的表现形态的。这两者在今天的美国是辩证统一的，而不是可以机械地分开的。至于马克思在《资本论》中所说的原理，当然一点也没有错，但问题是，当前美国的再生产过程已经与马克思的时代有了很大的不同。因此，在经济危机过程中所出现的"周期性金融危机"的形态，也就不能不随着有所改变了。今天的美国比马克思写作《资本论》时代的美国，已经变得更加腐朽与危机重重了。在经济危机的发展过程中并发财政金融危机，正好是它的危机更加深刻化的证明。所以，当最近这一次美国的经济危机与财政金融危机并发时，《人民日报》的社论（1960 年 11 月 19 日）中立即指出"由于这次危机是在美国财政连年出现巨额赤字，出口减少，进口增加，国际支付逆差日益增长，国债已超过 2 900 亿美元，美元的实际购买力仅达 1935 年时的 1/3 的情况下爆发的。这就使危机一开始就带有生产过剩和财政金融危机同时并发的险恶情况。"我认为社论中的这个论断是完全正确的。我们要认真学习《人民日报》的这一社论才对。

第三，也是我认为最重要的一点，那就是，我们绝不能把战后在美国的经济危机的发展过程中没有出现那种以通货及信用紧缩为特征的"货币信用危机"，归因于生产过剩危机的没有"深刻化"。现在确实有很多人认为，战后美国的经济危机与战前的 1929—1933 年时的经济危机比较起来，仅仅是一种轻微的"衰退"或是"中间性危机"，而并不是什么深刻的周期性经济危机的。但事实显然并不是这样。因为战后的美国的历次经济危机，不但都是周期性的经济危机，而且是极为深刻的周期性经济危机。因为危机的"深刻"与否，显然不能仅仅从生产下降的幅度与失业人数的多寡来衡量，而必须从危机对整个资本主义社会的发展影响以及对劳动人民的危害程度方面来衡量的。

在战后美国的经济危机发展过程中，生产指数的下降幅度虽然与战前 1929—1933 年时的危机比较起来都并不太大，但我们应当记得今天美国的再生产过程已经是一种国民经济军事化后的再生产过程。在这个再生产过程中，即便发生了经济危机，军事工业也是非但不会停止反而只会加强的。例如以 1960 年度来说，据估计，美国在军事方面所花的钱与所动员的人力，就有表 3 所列的那么多。

表 3

项目	金额（亿美元）	雇用人员数（千人）
1. 各种部队薪给	94	2 520
2. 军火与军事建筑	212	2 360
3. 各种军事供应	68	760
4. 军用文职人员	40	800
5. 驻外军费及对外军事援助	41	
6. 各种原料存储及其他杂项开支	3	
共计	458	6 440

资料来源：Carl Marzani，Victora Pero，*Dollars & Senses of Desanmanent*，1960，p. 37.

　　美国现在有近 460 亿美元的大量经费及 640 多万人在从事各项军事工作，这在美国的经济危机发展过程中，虽然是一个可以暂时支持生产不使生产指数大量下降的力量，但正因为如此，我们也就不能把国民经济军事化后的生产下降数字与国民经济军事化前的生产下降数字同等看待。由于军事生产的本身从再生产的意义上说来实际上就是一种生产力的浪费与破坏，所以，战后美国在经济危机过程中所表现出来的生产下降数字，其严重意义要比表面上的大得多。在此我们尤其要特别指出的，就是战后美国的生产下降数字虽比较小，垄断组织为此而花费的代价却是不小的。这一代价充分地表现在今天美国的"公私债务"上，我们只要比较一下 1929—1933 年的美国公私债总数与今天的美国公私债务总数就可以立刻明白的。美国在1930 年时的公共债务（包括联邦政府的债务及各州与地方政府的债务）仅有 366 亿美元，私人债务则仅有 1 608 亿美元，公私债务合计共有 1 974 亿美元。经过了 1929—1933 年的经济危机，到 1935 年，美国的公共债务虽然增加为 505 亿美元，但私人债务却减少为 1 254 亿美元，所以公私债务的总额也就减少为 1 759 亿美元。[4] 这与战后的美国经济发展情况就完全不一样。战后，美国的公私债务每经过一次经济危机，就总是增加一次。所以到 1959 年时,美国的公共债务已达到 2 988 亿美元,私人债务也已达到 5 475 亿美元,公私债务合计已达到 8 463 亿美元的空前高峰。[5] 在战后的美国,每经过一次经济危机,它的公私债务就大大地增加一次,这当然也就表明了在战后美国的经济危机发展过程中,虽然没有出现那种像 1929—1933 年危机时的大量"破产"现象,可是实际上它的危机内容是更加深刻的。另外,在战后的经济危机发展过程中,物价不是下跌,而是上升的,所以,不但对于失业的劳动者来说要遭受双重的痛苦(既是失业的痛苦,又是物价高涨的痛苦),即对于在业的劳动者,乃至广大平民阶层的生活来说也都是有深刻的不利影响的。有此种种事实,所以我们实在很难说战后美国的经济危机其深刻性不如战前的经济危机。当然,更不应当把战后美国的没有出现那种以通货及信用紧缩为特征的"货币信用危机",归因于战后美国经济危机的没有深刻化了。

总起来说,我认为,战后的美国经济危机乃是国家垄断资本主义充分发展后国民经济军事化条件下的经济危机,这是一种在形式上与战前的美国经济危机很不相同但在实质上却比战前的美国经济危机要更加严重得多的经济危机,这种经济危机每发生一次,美国的通货膨胀程度就会加深一次,这又恰好正是当前美国社会内部的矛盾,生产的社会性与私人占有形式之间的矛盾更加深刻化的一种标志。我在 1959 年的文章的最后曾经指出,美国目前的通货膨胀,虽已有所发展,但距恶性通货膨胀的程度还很远。但目前美国的通货膨胀只要不停止,它是会加速向前发展的。我估计,只要在今后的十几年内,美国再发生一两次规模比较重大的经济危机,那时的美国通货膨胀情况和债务情况就一定会比现在再大大地恶化。这两年多来的美国客观事实的发展,证明我的看法没有错。

因此，我也仍然深信，我当时的这一结论是继续适用于今天的美国的。

（原载《教学与研究》，1961（2））

【注释】

［1］马克思：《资本论》，第 3 卷，296 页。

［2］参见吴大琨：《论关于固定资本更新和战后美国经济周期缩短的原因》，载《光明日报》"经济学"专刊，1961-06-26。

［3］项冲：《对于〈有关当前美国经济危机的几个争论问题〉的两点意见》，载《光明日报》，1961-04-24。

［4］The 1950 *Information Please Almanac*，p. 344.

［5］数字转引自 A. Kirsanoy，*The Dollar-Aviction ot the coldwar*，载《国际生活》，1961（2）。

论关于固定资本更新和战后
美国经济周期缩短的原因

战后的美国，已发生了四次周期性的经济危机。危机发生的年月见表1。

表1

危机开始的年月	当时的工业生产指数	危机结束的年月	当时的工业生产指数
1. 1948 年 10 月	69	1949 年 10 月	62
2. 1953 年 7 月	94	1954 年 8 月	84
3. 1957 年 8 月	102	1958 年 4 月	87
4. 1960 年 1 月	111	1961 年 2 月	101.9

注：以 1957 的指数为 100。

从表1我们可以看出，战后美国的经济周期，即从一次经济危机到另一次经济危机中间的距离，确已平均缩短为三四年，而不是像战前那样平均为十年八年一次了。对于这一战后美国经济危机的周期缩短为三四年的现象，我认为正同过去的资本主义经济危机平均表现为十年八年一次一样，绝不是偶然的。最近有些同志写文章研究战后美国的经济周期为什么会缩短的原因，虽然原因说了很多，但却根本没有触及这一年限的问题（即为什么是三四年发生一次经济危机，而并不是一两年，或五六年发生一次），我认为是不对的。[1]我在过去所写的一些研究美国经济危机的文章中，为什么主张要从固定资本更新的这一角度上来研究这个问题，也就是为了要从年限上来说明这一个问题。现在，我想把我的有关这一问题一些看法，简单地叙述如下，请求同志们的指正。

一、马克思是怎样解释固定资本更新
对经济周期形成的影响的

我认为，要搞清楚战后美国固定资本的更新与扩大对经济周期缩短为三四年的影响问题，有必要先弄明白马克思在《资本论》第 2 卷中究竟怎样解释固定资本的更新对经济周期的形成的影响问题。大家知道，马克思在《资本论》的第 2 卷中是十分重视生产资本中的固定成分与流动成分对于资本的周转所起的不同作用的。马克思说："加入生产过程的流动资本，会以其全部价值移转到生产物去……加入生产过程的固定资本，却仅以其价值的一部分（磨损）移转到生产物去……所以，固定资本必须经过一个或长或短的时间，方才要在自然形态上替换，至少，替换的次数不像流动资本那样频繁。"[2] 原来，固定资本的价值上的补偿是以折旧来实现的，转移到生产物上去的固定资本价值，在生产物售出后，便构成折旧基金的一定货币额。由于固定资本可以在许多年中不断发挥职能，所以这一资本，只有当它在物质上已消耗得不堪使用时，才借折旧基金在自然形态上被补偿起来。这一固定资本的价值上的补偿及其在自然形态上的补偿的不一致（矛盾），根据马克思的研究，也就是资本主义社会中社会总资本的再生产过程中必然会发生生产过剩的矛盾之一。因为按照马克思的研究，社会资本的简

单再生产只有在这种条件下才有可能，即在一批资本家那里所有的应当从自然形态上恢复起来的固定资本总额，等于在另一批资本家那里所有的货币形态的固定资本折旧总额。破坏固定资本的这一补偿条件就将使社会资本的简单再生产成为不可能的事情。[3]但在现实生活中，这个条件，一如资本主义再生产的其他条件一样，是经常遭到破坏的，因而在资本主义社会中就不能不永远存在着一方面是无法用于生产上的剩余的固定资本要素，而另一方面是找不到销路的消费品。

　　从固定资本更新的这一角度上来指出资本主义再生产过程中所存在的困难矛盾，这是在马克思以前的经济学家所从来没有考察过的问题，因而也可以说是马克思对经济科学上的重大贡献之一。马克思研究了固定资本更新对于资本主义社会中发生生产过剩经济危机的内在联系，从而得到了这样的一个结论："死灭掉的从而必须在自然形态上替换的固定资本部分……会逐年发生变动。如果它在某年极其大（像人一样超过平均死亡率），它在以后诸年就一定会依比例较小。消费资料年生产上必要的原料，半制品，和辅助材料的量——在其他各种条件不变的场合——却不会因此减少；所以，生产资料的总生产，在一个场合必须增加，在别一个场合必须减少。这个情形，只能由不断的相对的过剩生产来救治；那就是，一方面必须有一定量的固定资本，比直接需要的更多；别一方面，并且特别是原料等物品的储存，也要比直接的常年的需要更大。……这种过剩生产，等于是社会对于它自己的再生产所需各种物质资料的控制器。但在资本主义社会内，这种过剩是一个无政府的要素。"[4]

　　我个人体会，马克思在这里所指出的固定资本更新极其大的年份，实际上也就是经济危机发生的年份。因为马克思曾经在《资本论》第 2 卷的另外一处指出过："不错的，资本投下的时期，是极相异的，分散的。但危机往往是大规模新投资的始点。"[5]危机既是"大规模新投资的始点"，危机以后的年份，当然也就是固定资本的投资"依比例较小"的年份。如果其他的情况不变，单就固定资本的投资缩小这一点来说，缩小到一定的限度，是会促使产生生产过剩的危机的。所以在若干年内，由于固定资本的周转所引起的固定资本投资的大、小波动，就正如马克思所指出的那样，这种"若干互相联系的周转在若干年内形成的循环（资本因有固定成分，才被拘束在这个循环内），曾为周期的危机，给予一个物质基础。"[6]为此，马克思是十分重视当时机器更新的平均时间的。他在 1858 年的 3 月 1 日曾经给恩格斯写了一封信，指出："自大工业巩固以来，机器更新的平均时间在解释工业运动所经历的多年的周期中，是一种重要的因素。"[7]后来恩格斯回信告诉马克思当时机器的更新的平均时间是十三年以后，马克思就又写信告诉恩格斯说："就十三年数字的必要性讲，和理论相符，因为它对工业再生产的一个时期规定一个单位，多少和大危机重现的时期相同，这种危机的经过自然还是由完全不同的因素，按照工业的再生产时期决定的。我所视为重要的是在大工业直接的物质前提上找着决定周期的一个因素。"[8]过了五年，当马克思在写作《资本论》第 2 卷快结束时，他就又写信问恩格斯，"在固定资本要在自然形态上替换以前一个时期内，你们是怎样处置固定资本的归流的"[9]。后来，恩格斯就为马克思列了两个关于机器更新的表寄给马克思参考。[10]根据这些情况，所以我们可以肯定地说：马克思在研究资本主义经济危机的周期年限问题时，是主要根据了固定资本更新的平均时间来解释的。这样的解释，是符合历史实际的，因此，我认为也是对过去的经济周期为什么平均是十年八年出现一次的唯一正确的科学的解释。

二、为什么战后美国经济周期的缩短为三四年，只能用固定资本更新的周期缩短来解释

如果我们所理解的，为马克思所创造性地指出了的固定资本更新对经济周期形成的影响是正确的话，那么，我认为，要解释战后美国的经济周期为什么会缩短成三四年的原因，也就只能从战后美国固定资本更新周期的缩短来解释。我们这样主张是既有理论上的根据，也有事实上的根据的。现在先说理论上的根据。

根据马克思在《资本论》第2卷中所作的整个分析，我们可以看出，一个社会的所谓固定资本更新的过程，实际上也就是一个社会的总资本的再生产过程与流通过程。因为马克思在《资本论》中指出了这样的一个法则，即"一定量的资本，必须依照周转的条件，将大小不等的部分，不断在货币资本形态上垫支下去并且更新；必须如此，一个有一定量的生产资本，方才能不断保持在机能中。……但个别诸资本的循环是互相交错的，是互为前提互为条件的，且也就在这种交错中，形成社会总资本的运动。"[11]所以研究战后美国的固定资本更新过程，实际上也就等于研究整个战后美国社会资本的再生产过程与流通过程。我们只有通过这一方面的研究，才能不但找出促使美国在战后不断发生经济危机的真正根源，而且能够具体地说明为什么战后美国的经济周期已经缩短成恰是三四年，而不是一两年，也不是五六年的理由。

现在有些同志（例如孙执中同志）却要离开了固定资本更新的这一方面来研究战后美国的经济周期缩短的原因，这就不但使他们在解释周期缩短成三四年的具体问题上表现得无能为力，而且使他们整个研究美国经济周期的方向也与马克思在《资本论》第 2 卷中所强调的方向不相符合。

大家知道，资本主义社会之所以会不断发生经济危机，是由于生产的社会性和私人的个人的占有方式之间的矛盾。这个资本主义的生产方式所固有的矛盾，按照恩格斯的权威解释，表现在两种形式中，即表现为无产阶级和资产阶级之间的对抗和表现为个别工厂中生产的组织化和全社会生产的无政府状态之间的对立。[12]

马克思在《资本论》第 2 卷中把社会总生产分为两大部类：（1）生产资料的生产，（2）消费资料的生产，并极力强调了简单再生产的条件就是第一部类的可变资本加额外价值等于第二部类的不变资本：$I(v+m)=IIc$。马克思指出："资本主义积累的事实，不许 IIc 与 $I(v+m)$ 相等。不过，在资本主义的积累中，这样的情形仍然会发生：过去若干生产期间进行积累的结果，IIc 不仅与 $I(v+m)$ 相等，甚至相较为大。这便是第 II 部类的生产过剩，那只有由一次大破裂来平衡，结果是使资本由第 II 部类移转到第 I 部类来。"[13] 由此可见，马克思是把生产过剩的原因求之于整个社会资本再生产过程中所表现出来的生产的无政府状态的矛盾。马克思曾在《资本论》第 2 卷中批评了那些想把危机的起因归之于"劳动者阶级在他们自己的生产物中所受的部分过小"[14] 的那些人。这一点，我们在列宁有关经济危机的著作中，也可以得到十分明确的指示，列宁曾在《评经济浪漫主义》这本著作中批判了西斯蒙第的"用生产和消费的不协调来解释危机的学说"，即认为"危机的所以产生，是因为生产增长而工人所获得的产品份额却日益减少"的学说。列宁指出："对于资本主义社会的积累和产品实现所作的科学分析，粉碎了上述理论的全部根据，并且指明工人的消费正是在危机发生以前的时期有所增加，消费不足（似乎这能解释危机）在各种不同的经济制度中都存在，而危机则只是资本主义制度的显著特征。这种理论认为危机所以发生，是由于另外的矛盾，即生产的社会性（资本主义使生产社会化）和私人的即个人的占有方式之间的矛盾。……我们所谈到的两种危论，对危机的解释完全不同。……简言之，第一种理论用消费不足（Underconsumption）来解释危机，第二种理论则用生产的混乱状态来解释危机。……试问，第二种理论是不是否认生产和消费存在矛盾的事实，即消费不足的事实呢？当然不否认。它完全承认这种事实，但是把这个事实放在应有的从属的地位，并且看做只是和资本主义总生产的一个部类有关的事实。它认为这种事实不能解释危机，因为危机是由现代经济制度中的另一个更深刻的基本矛盾，即生产的社会性和占有的私人性之间的矛盾引起的。"[15]列宁的这一批判和解释是十分正确的。所以要研究战后美国的经济周期为什么缩短的原因，我认为，还是应当主要从战后美国固定资本更新过程中所表现出来的生产混乱这一矛盾中去找，而不能简单地从"生产能力的盲目扩张"和"广大劳动人民的购买力受到惨重的掠夺"[16]这一矛盾中去找。

三、战后美国的固定资本更新是怎样影响经济周期的缩短的

以上所说，还只是理论上的根据，现在我们再来看一下战

后美国固定资本更新的具体情况。战后美国的再生产过程，特别是 1950 年以后的美国再生产过程已经基本上是一种由垄断资本集团利用国家机构来进行军事生产的再生产过程，它与战前的美国的再生产过程是有很大的区别的，主要的区别之一就在固定资本的更新过程已经大大缩短。这是只要一比较战前美国的企业资本支出数字与战后美国的企业资本支出数字就可以明白的。例如，1939 年的美国企业支出就只有 55 亿美元，第二次世界大战结束的一年（1945 年）也只增加到 87 亿美元。但 1950 年后，美国的企业资本支出数字就大量增加，其具体数字[17]如下：

1950 年 206 亿美元	1956 年 350 亿美元
1951 年 256 亿美元	1957 年 369 亿美元
1952 年 265 亿美元	1958 年 305 亿美元
1953 年 283 亿美元	1959 年 325 亿美元
1954 年 268 亿美元	1960 年 357 亿美元
1955 年 287 亿美元	1961 年 345 亿美元（估计数）

在这里，首先值得我们研究的，乃是战后美国的大量企业资本支出数字的资金来源。根据美国商务部的统计，美国 1946—1959 年，仅制造业公司就新投资了 3 130 亿美元。但其中只有 340 亿美元是在这 14 年内依靠增发股票取得的资金，其余的资金都是从企业的内部取得的。所谓企业的内部资金，又包括两个部分：企业的未分配利润与折旧，其中折旧的比重，自 1950 年以后又已大大地超过了未分配利润。例如在 1954 年，来自企业内部的资金总数共 188 亿美元，其中折旧就占 126 亿美元，未分配利润仅为 62 亿美元；1958 年也同样，企业内部的资金总数共为 262 亿美元，其中折旧为 206 亿美元，未分配利润仅为 56 亿美元（这些数字是每年都有的，这

里限于篇幅，就不再一一列举了）。[18] 从这些数字中，我们可以十分明显地看出一个事实，那就是战后美国的垄断组织由于国民经济军事化的刺激及垄断组织之间的竞争尖锐化已在充分地利用它的折旧基金加速从事固定资本的更新与扩大了。美国的垄断组织为什么在 1950 年后可能如此大量地利用折旧基金来加速从事固定资本的更新与扩大？这与美国在 1950 年所实施的鼓励军火生产的"加速度摊提费"以及自 1954 年起所实施的"快速折旧法"，当然密切相关，因为这两者都是以减免垄断组织的所得税额来作为对垄断组织加速固定资本更新的奖励办法。鉴于目前有些同志[19]对美国的税法还不很清楚，所以我们只能在这里再稍微占些篇幅作一简单的叙述。

先说"加速度摊提费"（accelerated amortiration），这一办法是在五年的划销（write off）期间大量减少取得这一特权的公司的所得税负担。例如，假定一家大钢铁公司作了 1 亿美元的扩充，被批准有 60% 的快速划销（rapid write off），这就等于说可以有 6 000 万美元按每年 1 200 万美元的速度进行划销。假定所扩充的生产寿命预计为 25 年，则这家公司，按正常的折旧率只能有资格在应纳税所得（taxable income）中扣除它这部分投资的 4%，即每年 240 万美元。现在，在"加速度摊提费"之下，它可以在所得中扣除 1 200 万美元，就把它的应纳税所得减少了 960 万美元，这就是它的"额外摊提费"（excess amortization）。如果，当时的公司税税率是 52%，则它所节约的税款将为 499.2 万美元，也就是额外摊提费数字的 52%。如果这家公司尚须交付过分利得税，则它所节约的税款当然就一定更为巨大。但"加速度摊提费"是暂时的，在"国防建设"完成以后就无效了，而且它也并不适用于一切投资，只限于被批准的"国防企业投资"。1954 年后所施行的"快速折旧法"就与此不同了，它规定从 1954 年 1 月 1 日起投入生产或建成的一切新设备和新企业都可以适用"快速折旧"。它可以让纳税人或者是挑选"下降差额折旧"（declining-balance depreciation）法，或者是挑选"历年数字总和方法"（sum-of-the-year digits method）以代替惯用的"直线税率"（straight line rate）方法，这些新核准的办法不同于"直线式方法"（也就是按年平均划销的方法）的是：在早期的使用年限中可以有远为巨大的划销数额。如以"历年数字总和方法"为例，则扩充固定资本 1 000 万美元，在五年期间，第一年即可划销 334 万美元，第二年划销 266 万美元，第三年划销 200 万美元，在整个头三年期间即已可划销 4/5 的固定资本投资，然后在余下的两年，第四年划销 133 万美元，第五年划销 67 万美元。由于划销的资本愈多，在公司的收入中可以扣去免付所得税的部分也愈多，所以如这 1 000 万美元资本取得了每年 400 万美元所得的话，则第一年公司需付的所得税就只有 33 万美元（以所得税率 50％计算），较之用"直线式方法"计算，第一年要付 100 万美元的所得税相差就有 67 万美元之多。[20] 所以实施"快速折旧法"后，有人估计，美国的垄断组织因此减少的纳税负担约为每年 15.5 亿美元，但这个数字，实际上是偏低的，如据美国《劳工经济评论》社的估计，则每年垄断组织因此减免的纳税负担当为 18 亿美元。[21] 在这样的一种折旧法与税法之下，美国的垄断组织当然要尽量不断地把它们的"折旧提成"连同未分配利润用来投资于固定资本了。因为如果不这样的话，一旦当这些"快速折旧"全部或者大部分结束之后，在公司的收入中可以扣去免缴所得税的部分没有了或是减少了，它们所要缴付的所得税当然就要增加与扩大了。我是根据了这一新的实际情况，所以才在我过去所写的文章中断言目前美国许多大公司为了避免在快速折旧满期以后缴纳更多重税，"唯一的办法当然就只有重新更换设备，即使当这些设备还没有受到有形损耗或无形损耗的情况下也更换设备"[22]的。这是我根据美国的折旧法与税法研究所得到的结论。我在同一篇文章中还曾经指出："从这一情况看，我们可以说，1950年后，美国固定资本的加速增长是由于美国实施国民经济军事化，垄断资本集团利用国家的财政机构，加紧掠夺劳动人民，用人为的力量刺激所促成的。这种在军事生产条件下，用人为的力量缩短了固定资本更新的过程，与马克思在《资本论》中所描述的那种要十年，或十年以上才使固定资本周转一次的情况比较起来就很有所不同了。"我至今还认为，这一不同所在恰好正是战后美国的经济周期为什么会缩短成为三四年的具体原因。

因为，根据我们在前面的分析，马克思认为在整个社会总资本的再生产过程与流通过程中，是有"固定资本更新极其大"的年份，也有固定资本更新"依比例较小"的年份的。拿战后美国的具体情况来说，1954年、1958年及1961年都是固定资本投资"依比例较小"的年份（数字见前），这些年份也就恰好都是经济危机发生的年份。我认为这就绝不是偶然的巧合，而是客观的固定资本周转在这里发生规律性作用的结果。在这里，我们要特别加以说明的，就是美国各垄断组织的固定资本投资计划都是在前一年度决定的，所以1954年、1958年、1961年度的固定资本投资减少，正是1953年、1957年及1960年度各分散的垄断组织对下年度固定资本投资计划都在无形中一致减少的自然结果。由于垄断组织的固定资本投资计划，实际上是极相异的，极分散的[23]，在生产无政府状态下的今日美国是完全无法事先预见与控制的，所以，美国所有的固定资本投资究竟在哪一年"极其大",在哪一年又特别"依比例较小",还是只能由资本主义社会中的自发经济规律所决定。因此,尽管战后美国的垄断组织由于进一步加强了对国家机构的操纵,可以用一切人为的方法来刺激固定资本更新,使固定资本更新周期大为缩短,借此企图避免发生经济危机,但是在客观上,经济危机还是不断的发生了。它与战前不同的,只是它的发生的周期也已随之缩短。由于目前美国的固定资本(这里指的当然是马克思所说的垫支的固定资本)更新期限已经基本上变成五年左右,因此战后美国的经济周期也已缩短为三四年,或甚至三四年也不到的期限了。这个道理,基本上与过去的经济周期为什么总是十年八年一次的道理,实际上是一样的。为此,我觉得马克思在《资本论》第2卷中对社会资本再生产所作的深刻的天才分析,至今还是值得我们加以认真仔细的、全面的学习的。因为,如果我们不懂得为马克思所天才发现的那些理论,我们就很难对战后美国经济周期会缩短为三四年的具体问题作出解释。

四、为什么我们认为战后美国经济危机周期的缩短,标志着世界资本主义制度越来越接近于它的不可避免的灭亡

前面说过,研究战后美国的固定资本更新过程,实际上也就等于研究整个战后美国社会资本的再生产过程与流通过程。表现在战后美国固定资本更新过程中的矛盾,因此,实际上也就是整个战后美国社会资本再生产过程中的矛盾。战后的美国社会资本再生产过程,已经基本上是一种由垄断资本集团利用

国家机构来进行军事生产的再生产过程。[24]战后美国的垄断资本集团不得不利用国家机构从事扩军备战，用人为的力量刺激生产、增加固定资本的投资等，正是资本主义社会发展成国家垄断资本主义时所必然会有的腐朽现象。在国家垄断资本主义的再生产条件下，美国社会的固定资本更新过程缩短了，美国的经济周期也随之缩短了，这就标志着美国社会的内部矛盾、生产力与生产关系的矛盾已经发展到了最尖锐化的阶段，接近于资本主义制度灭亡的阶段。因为，第一，随着美国固定资本的不断增长，美国的资本有机构成不断提高，开工率的越来越低，美国的相对过剩人口也就愈来愈多。现在美国的失业人口问题，已经不仅是发生经济危机时的严重问题，同时也是所谓生产上升时期的严重问题。而当前这一次的美国经济危机就是一个很好的例子。最近美国的工业生产指数已在逐步上升，可是失业人数却仍未见减少。3月份失业人数为549.5万人，这是第二次世界大战结束以来的失业最高数字，因此，经过季节性调整的失业人数占劳动力的比率，已从2月份的6.8％上升到3月份的6.9％。而且这里所说的，还只是全失业工人。据估计，目前美国的有部分时间工作的工人约等于124.4万名全失业工人。如把这个数字加进官方报告的全失业工人数字中间去，实际的全失业工人数，合计为673.9万人，占整个劳动力的9.5％。在这些失业工人中，长期的失业者（失业在15个星期以上的人）人数也已从2月份的162.4万人增加为3月份的186.2万人，成为战后的最高峰。[25]这一情况的出现，当然绝不是偶然的，而是资本主义社会发展到了最腐朽的阶段后，才会出现的现象。今后美国的经济危机还会不断发生，失业人数还会不断增大，广大劳动人民的痛苦还会增加，终将形成马克思所说的"生产资料的集中和劳动的社会化，达到了与它们的资本主义外壳不能相容之点。这个外壳会被破裂。资本主义私有制的丧钟响起来了。剥夺者被剥夺。"[26]

其次，随着美国固定资本的不断增长，它的资本的平均利润率也已不断下降，从而使它的固定资本的增长率也已逐步降低。尽管美国近年来某些垄断工业部门（特别是与军火工业有关的垄断工业部门）可以取得很高的利润率，但近年来各制造业大公司纳税后的纯利润率是下降的（美国近年来各主要制造业大公司纳税后的纯利润率，1956 年为 13.8％，1957 年为 12.8％，1958 年为 9.8％，1959 年为 11.6％），因此，近年来，美国固定资本的增长率也已下降。这是我们只要一看前述的美国历年的企业资本支出数字就可以明白的。美国在经过 1953—1954 年的经济危机后，企业的资本支出数字曾自 268 亿逐年增加到 1957 年的 369 亿最高峰，可是经过 1957—1958 年的经济危机后，企业的资本支出数字就没有能够再回升到原有的 1957 年的高度。我个人认为这也绝不是偶然的，它标志着战后美国用人为的力量刺激起来的固定资本投资，已经发展到了一个限度。今后要再往上发展，就十分困难了。现在美国的各大公司，实际上还是资本过剩的，即还有用不了的未分配利润及折旧基金没有能够完全投入到企业中间去。如以通用汽车公司为例，它在 1947—1959 年内共增加了固定资本资产 50 亿美元，但在同一时期内它所拥有的未分配利润与折旧基金共为 64 亿美元，所以它实际上还剩余 14 亿美元的资金。通用电气公司的情况也同样，它在 1950—1959 年内，共投资固定资本 13 亿美元，但它在同一时期内所拥有的未分配利润与折旧基金则为 16 亿美元，也有 3 亿美元的资金过剩。[27]美国的垄断组织，在国内有了更多的过剩资本，它们当然就要尽量地向外输出，因为"只要资本主义还是资本主义，过剩的资本就不会用来提高本国民众的生活水平，因为这样会降低资本家的利润；他们只会把资本输到国外去，输到落后的国家去，以提高利润。"[28]战后美国的垄断组织也确实是这样做的，这就是战后，特别是近年来美国大大地加多了它的资本输出，加强了它的对外掠夺成为全世界人民敌人的原因。但美国的资本输出，不但加深了它与其他资本主义国家间的矛盾，而且也促使它本国的社会内部经济矛盾大大加剧。最显著的例子，就是它的社会经济发展速度与其他资本主义国家比较起来，已经显著的落后。这也因此成为目前肯尼迪政府所最关心，同时也最无法解决的经济困难问题之一。但所有这一切，我已在另外一篇文章[29]中加以论述，所以在这里就不再多说了。我所要在此强调的，就只有一点，那就是战后的美国的垄断资本集团，每经过一次经济危机就要加强一次对外经济侵略，特别是资本输出的原因。美国要加强它的对外经济侵略，特别是资本输出，就不能不在全世界到处扶植各国反人民的反动派，并到处制造紧张局势，以期达到它侵略和奴役各国人民的目的，现在美国的经济周期越来越短，美国在亚洲、非洲、拉丁美洲的侵略行动，也就越来越横行霸道。毛主席指示我们说："美国垄断资本集团如果坚持推行它的侵略政策和战争政策，势必有一天要被全世界人民处以绞刑。其他美国帮凶也将是这样。"[30]我们看到美国经济周期的缩短，也就不能不确实联想到帝国主义者的寿命不会很长了。

（原载《光明日报》，1961-06-26）

【注释】

[1] 例如孙执中同志的文章就是这样的。孙执中同志的文章，发表在

《光明日报》的"经济学"专刊，1961-06-12。

[2] 马克思：《资本论》，第 2 卷，209～210 页

[3] 马克思曾在《资本论》第 2 卷第 3 篇第 20 章的第 Ⅺ 节"固定资本的替换"这一节中详细地论述了这个问题，这里因限于篇幅不多加引证。

[4] 马克思：《资本论》，第 2 卷，586 页。

[5] 同上书，213 页。

[6] 同上书，212 页。

[7]《马克思恩格斯通信集》，第 2 卷，348 页，北京，三联书店，1957。

[8] 同上书，351 页。

[9] 马克思：《资本论》，第 2 卷，670 页。

[10] 参见上书，670～675 页。

[11] 同上书，430～431 页。

[12] 参见《马克思恩格斯文选》两卷集，第 2 卷，141～143 页，北京，人民出版社，1958。

[13] 马克思：《资本论》，第 2 卷，657～658 页。

[14] 同上书，507 页。

[15]《列宁全集》，中文 1 版，第 2 卷，132～133 页。

[16] 孙执中同志语，见《光明日报》的"经济学"专刊，1961-06-12。

[17] 数字见美国《基本经济统计手册》，1960（5）；《商业概览》杂志，1961（2）。

[18] 数字可查看历年美国商务部出版的《商业概览》。

[19] 例如陈北航所叙述的美国税法就是与美国的实际情况不符的，见《关于战后美国经济危机周期缩短的几点看法》，载《光明日报》，1961-05-08。

[20] 以上所讲"折旧法"，参看亚当斯等：《美国政府是垄断势力的扶植者》，中译本，87～95 页，北京，三联书店，1958；美国《哈佛商业评论》，Vol. 35 No. 4，116～117 页。

[21] 参见美国《劳工经济评论》，1961（1）。

[22] 吴大琨：《论当前美国的经济危机与财政金融危机》，载《新建设》，1961（1）。

[23] 这里，还有马克思在《资本论》第 3 卷中所指出的利润率倾向下降的法则在发生作用，因限于篇幅，同时也不是本文的讨论范围，所以就不再论述。

[24] 这里因限于篇幅，无法对战后美国的整个再生产过程所发生的变化加以论述，请参看拙作《关于美国经济危机的几个问题》，载《经济研究》，1959（3）。

[25] 参见《美国经济评论》，1961（5）。

[26] 马克思：《资本论》，第 1 卷，964 页。

[27] 参见美国《劳工经济评论》，1960（12）。

[28]《列宁全集》，第 22 卷，233 页。

[29] 参见吴大琨：《论战后美国资本输出对当前经济危机的影响》，载《经济研究》，1961（4）。

[30] 1958 年 9 月 8 日，毛主席在最高国务会议上讲话。

论战后美国资本输出对
当前经济危机的影响

列宁告诉我们："垄断占统治地位的现代资本主义的特征是资本输出。"[1]

第二次世界大战后，美帝国主义大大地加强了它的资本输出。美国的资本输出，一方面是它的对外经济扩张的表现之一，另一方面，实际上也是使它自己更加走向衰亡的一个重大因素。因为美帝国主义资本输出的结果，不但加强了它与其他资本主义国家间的矛盾，而且促使它本国社会内部的经济矛盾大大加剧。资本输出对美国社会经济发展的不利影响，在1957—1958年的美国经济危机发展过程中即已表现了出来，到1960年，在美国爆发了战后第四次经济危机后，就表现得更加明显和突出。由于这次美国经济危机是在美国财政连年出现巨额赤字，国际支付逆差日益增长的情况下爆发的，所以危机在一开始就把美国的国内经济矛盾与国外经济矛盾完全纠缠在一起。但在此情况下，作为美帝国主义新上台的统治者肯尼迪在他的《国情咨文》里，除宣告还要进一步增加政府的开支、扩军备战外，仍把加强美国的对外资本输出与商品输出，作为它的主要"反衰退措施"。肯尼迪政府为什么必须这样做？

这样做了，能不能挽救目前美国的经济危机？现在我把个人对这些问题的一些简单分析写在下面，请同志们指正。

首先，让我们看一下第二次世界大战后美国资本输出的一些实际情况。在战后年代中，美国的资本输出额增加得极为迅速。其增长情况如表1。

表1　　　　　　　　　　　　　　　　　　　　　　　　　　单位：亿美元

年　　份	1939	1946	1957	1958	1959
总　　额	114	188	542	593	647
其中：					
私人投资	114	136	368	410	447
长期投资	108	123	336	375	411
直接投资	70	72	253	272	297
证券投资	38	51	83	103	114
短期投资	6	13	32	35	36
政府投资	0	52	174	183	200
长期投资	0	50	155	162	176
短期投资	0	2	19	21	24

资料来源：本表根据历年美国商务部出版之 *Survey of Current Business* 中所公布之数字整理制作。

表1中的数字都是官方数字，而且是按资本额的"账面价值"计算的，目前市价要比"账面价值"高出一倍多，因此这些数字，是被大大缩小了的。但是，即使根据这个表中的数字，我们也可以看出，从1946年底到1959年底，美国的国外投资额已增加了将近三倍。最近两年来，美国的海外投资尤其增加得迅速，几乎每年都增加50亿美元以上。在这些投资中，政府投资虽然也增加得很多，但占主要地位的，还是私人投资，它的总数在1959年底即已达447亿美元。在这447亿美元中，除36亿美元是短期投资外，其余411亿美元都是私人的长期投资；而在这411亿美元的私人长期投资中，直接投资又占297亿美元。这说明1946年以后，美国的私人海外投资是大大增加了，而且增加最多的乃是侵略性最大、可以由美国

的垄断资本家直接掌握企业的投资，而不是证券投资，这是第二次世界大战后美国海外投资的新现象。

如果我们再把 1959 年的美国私人海外直接投资从地区以及从经济部门的角度上来与 1950 年作一比较的话，那么其情况有如表 2。

表 2 　　　　　　1959 年美国在海外的私人直接投资数
　　　　　　　　与 1950 年相比较的情况表　　　　单位：百万美元

地区及国家	1950 年投资数	1959 年投资数	1959 年行业分布数					
			采矿冶炼	石油	制造业	公用事业	商业	其他
各地区总数	11 657	28 964	2 701	10 074	9 670	2 364	1 993	2 163
加拿大总数	3 579	10 171	1 090	2 465	4 558	636	564	858
拉丁美洲各国总数	4 445	8 218	1 258	2 963	1 405	1 101	641	850
欧洲各国总数	1 733	5 300	50	1 453	2 927	44	581	246
其中：								
"共同市场"各国总数	637	2 194	9	732	1 135	28	209	81
欧洲其他国家总数	1 096	3 106	41	721	1 792	16	372	165
非洲各国总数	287	843	255	338	120	5	45	80
亚洲各国总数	1 001	2 236	20	1 662	248	95	114	96
其中：								
中东	692	1 208	0	1 170	23	3	7	5
远东	309	1 028	20	492	225	92	107	91
大洋洲总数	256	876	28	355	412	1	48	33
国际机构	356	1 320	0	838	0	482	0	0

资料来源：本表根据美国商务部出版之 *Survey of Current Business* 1960 年 9 月号中的数字制成。

从表 2 我们可以看出，美国最重要的投资地区是加拿大与拉丁美洲，这两个地区的投资额加起来，占美国对外投资总数的一半以上。但欧洲地区对于美国的投资来说也是极为重要的，尤其是对联邦德国等参加"共同市场"的六国，美国在这一地区的投资数额，近年来增加得特别多，特别快。这说明战后美国的垄断资本势力已经迅速地渗入到西欧各资本主义发达的国家中去，把这些资本主义发达的国家也作为它的重要剥削对象了。此外，在亚洲、非洲这些经济比较不发达的地区，美国近十年来的投资额也增加得很快。美国已成为最大的国际剥削者。如从投资的部门来看，那么，我们从表2中可以看出，美国在海外最重要的投资就是石油方面的投资，不仅投资地区遍及全资本主义世界，而且投资数额也已超过整个美国在海外投资总数的三分之一以上。这就是战后美国的外交大权为什么总要被操纵在石油垄断资本财团——洛克菲勒财团——手中的原因的最好说明。另外，我们从这一表中还可以看出，美国的制造业投资，大部分是集中在西欧与加拿大等资本主义发达的国家中的。美国在亚洲、非洲、拉丁美洲的投资，则主要集中在石油与采矿、冶炼这两个方面。由此也可明白，美国对于经济不发达国家的投资，尽管在表面上高喊是要帮助发展它们的制造工业，实际上发展的却还是对美国有利益的、能够供给美帝国主义以重要原料的石油业与采矿业。美国的资本输出对于资本主义发达的国家与资本主义不发达的国家所起的剥削作用与侵略作用，是并不相同的。但关于这一方面的问题，今后将另写论文来加以论述，现在我们所要讨论的，乃是这一美国资本输出对于美国的本身经济发展，特别是对它的经济危机所起的影响。

在战后年代中，美国资本输出额激增的主要原因，在于它国内已经形成了大量的"过剩资本"。尽管某些垄断工业部门（如与军火工业有关的垄断工业部门）可以取得很高的利润率，但近年来各制造业大公司纳税后的纯利润率是下降的。美国近年来各主要制造业大公司纳税后的纯利润率，可见表3。

表3

年份	利润率	年份	利润率
1956	13.8%	1957	12.8%
1958	9.8%	1959	11.6%

资料来源：*Monthly Letter*，First National City Bank of New York，April，1960，1959，1958。

这一利润率的降低，一方面固然说明了美国的资本有机构成是在提高，另一方面也说明了美国的资本是在"过剩"。马克思曾经说过："所谓资本过多……本质上，总是指那种对于利润率的下降未曾由它的量的增大得到补偿的资本——并且这总是指新形成的资本嫩芽——的过多，或是指这种过多，这种过多，把那些不能自己独立活动的资本，在信用形态上，交给大产业部门的指挥人去支配。"[2] 美国既然形成了大量的"过剩资本"，当然就尽量想法向外输出，这是资本主义社会发展的必然规律，因为"只要资本主义还是资本主义，过剩的资本就不会用来提高本国民众的生活水平，因为这样会降低资本家的利润；他们只会把资本输到国外去，输到落后的国家去，以提高利润。"[3] 战后美国的资本输出，也确实证明是这样。据纽约第一花旗银行的报告，美国近年在海外的投资，平均利润率接近于13%，在英国的直接投资可以取得16%的厚利。在中东地区，美国对外投资的利润率就更高。1959年美国在那里的12亿美元的投资，竟赚到了5.91亿美元的利润，利润率高达49%。所以，战后美国的资本输出，确实是为美国垄断资本财团带来了巨额利润。这一情况，我们可以从表4中看出来。

表4　　　　　　　　美国对外直接投资中的收入　　　　单位：百万美元

工业部门	1940 年	1955 年	1940—1955 年增加的倍数
总　　数	412	1 978	3.8
石油工业	94	1 039	10.1
制造业	113	398	2.5
其他工业	205	541	1.6
石油工业在总数中的百分比（%）	22.8	52.5	

资料来源：佩洛：《美国金融帝国》，331 页，北京，世界知识出版社，1958。

从表 4 中我们可以看出，在十五年中，石油公司的国外利润增加了十倍，而其余所有公司的国外利润也增加了三倍多。美国的大垄断组织，特别是石油垄断组织，在战后拼命地向国外发展投资，正是为了追求这种垄断高额利润。

但是，战后美国的资本输出，在为垄断组织带来大量利润的同时，也不可避免地为美国的经济发展带来了很大的不利因素。这点我们可以简单地从三个方面来加以说明。

首先，我们可以从美国的经济发展速度上来看。大家知道，资本主义各国的经济发展原是不平衡的，这是一条客观规律。但战后美国的大量资本输出，更加促进了这种不平衡的发展。列宁曾经指出："资本输出总要影响到输入资本的国家的资本主义的发展，大大促进那里的资本主义发展。虽然资本输出会在某种程度上引起输出国发展上的一些停滞，但是这种停滞只会换来扩大和加深资本主义在全世界的进一步的发展。"[4] 当然，在资本主义总危机已经发展到了一个新阶段的今天，列宁在这里所说的扩大和加深资本主义的发展，首先是意味着资本主义世界内部矛盾的进一步发展。战后美国资本输出的后果就正是这样。战后西欧各国，连同日本，在美国大量直接投资影响下，近年来在生产上有了较快的发展（虽然，那是一种畸形的、在国民经济军事化条件下的发展），而美国本身的发展速度，则相对地停滞下来了。这种情况可见表 5。

吴大琨自选集

表 5　　　　　　美国、西欧各国及日本的工业生产指数*

年份	美国	"欧洲经济合作组织"各国	"共同市场"各国	日本
1950	84	86	80	—
1951	90	94	92	77
1952	93	94	94	83
1953	100	100	100	100

续前表

年份	美国	"欧洲经济合作组织"各国	"共同市场"各国	日本
1954	93	109	110	108
1955	104	119	122	116
1956	107	125	132	144
1957	107	131	140	167
1958	100	133	144	168
1959	112	141	153	208

* 以 1953 年的指数为 100。

资料来源：《联合国统计月报》，1960（6）；《共同市场统计公报》，1960（3）。

根据表 5 我们可以看出，近十年来，日本的工业生产在资本主义世界中是发展最快的，它几乎增加了两倍。有联邦德国参加在内的"共同市场"各国的工业生产也较之"欧洲经济合作组织"各国为快。发展最慢的，乃是美国。它的工业生产在1954 年、1958 年两年还由于发生了经济危机而倒退。与其他的主要资本主义国家比较起来，美国的工业生产可以说是停滞的。

美国经济发展速度上的停滞，近年来已经引起了美国反动资产阶级经济"学者们"的注意，甚至也引起了美帝国主义反动统治者们的惊呼。例如，肯尼迪就在他的《国情咨文》里公开承认，"目前的经济情况是令人不安的。我们是在经过七个月的衰退，三年半的停滞，七年的经济增长速度降低，九年的农业收入下降之后就任的。"可见烦恼着与困惑着肯尼迪的已经不仅是美国当前的经济危机，而且还有美国的经济发展上的"停滞"与"经济增长速度降低"的问题了。

美帝国主义的统治者为美国的经济发展停滞的情况忧虑是很自然的。这不但因为目前社会主义阵营各国都正在以跃进的速度发展着国民经济，使作为帝国主义阵营头子的美国相形见绌，而且也因为美国的经济发展速度在帝国主义阵营内部也是最落后的，这就不能不威胁到它在帝国主义阵营内的地位。同时，一个资本主义国家的经济发展速度如果停滞了，它就必然会加深国内日益深刻、日益尖锐的矛盾。美帝国主义的统治者虽然不可能从理论上理解到马克思在《资本论》第 3 卷中所说到的"人口过剩"与"资本过剩"之间的相互关系[5]，但由于社会的经济发展速度降低而使得社会上日益增加的劳动力不可能全部吸收来就业这一事实，却还是引起了他们的注意的。据美国的资产阶级报刊估计，美国在 1960—1965 年内，必须增加就业机会 720 万个，即每年必须增加就业人口约 140 万人才能解决日益增长的劳动人口的就业问题，但目前美国即使不发生经济危机（这是不可想象的），每年也只能吸收约 70 万人就业，就是说，在目前的经济发展速度下，每年要有 70 万应该就业的劳动力不能得到就业[6]；遇到发生经济危机（这是必然会遇到的），就业问题当然就更要严重了。所以从我们马克思主义者的角度来看，这一因资本输出而引起的经济发展的停滞，对于加重美国当前经济危机中的相对过剩人口问题这一点是很明显的。

其次，美国的资本输出，也更加削弱了美国自己在资本主义世界中所占据的地位，特别是恶化了它的国际收支。这是因为近年来，由于西欧几个主要资本主义国家，其中特别是联邦德国、日本在生产上的发展，它们在资本主义世界国际市场上的竞争能力，已经不但恢复，而且超过了第二次世界大战前的水平。这样就使本来已经成为十分狭窄的资本主义世界市场，更加充满了互相竞争、相互排挤的力量。英、法、联邦德国、日本等主要资本主义国家在国际贸易额中所占的份额增加了，美国所占的份额就相对地说来，有时甚至是绝对地说来，是减少了。1957 年以后，美国的贸易出超额的突然地、急剧地下降，主要就是这个原因。美国在战后贸易出超的变动情况如表 6。

表6　　　　　　　　　　　　　　　　　　　　　　　　　　　　单位：亿美元

年　份	出口额	进口额	出超额
1939	31.7	23.1	8.6
1946	97.3	49.4	47.9
1947	144.3	57.5	86.8
1955	153.9	113.3	40.6
1956	173.7	128.0	45.7
1957	193.9	132.9	61.0
1958	162.6	129.5	33.1
1959	162.2	153.1	9.1
1960	196.0	147.0	49.0

资料来源：根据美国商务部公布之修订后数字整理制作。

根据表6我们可以看出，在战后美国的对外贸易额中，一直到1957年为止，增加得最迅速的乃是出口。由于出口额增加得多，所以美国在1958年前的出超额也大。美国目前所有的大量黄金储备也就是主要依靠战后初期出超额特别巨大时积累起来的（1948年时美国的黄金储备曾高达243.99亿美元）。但近几年来，英、法、联邦德国、日本（特别是联邦德国），由于增加了它们的贸易出超额，就使它们有可能增加了黄金储备额。而美国则与此不同，近几年来既减少了它的贸易出超额，又增加了它的国际支出（如国外军费开支、对外资本输出及"美援费用"等），结果就使它的国际收支大大恶化，再加美元的信用发生动摇，就不能不让它的黄金直接流出去，抵补它的国际支付逆差。所以三年来资本主义世界中的有形黄金储备发生了一个很大的变动。其变动情况，简单地说来，如表7。

表7　　　　　　　　　　　　　　　　　　　　　　　　　　　　单位：亿美元

	1957年（12月）	1959年（12月）	1960年（11月）
美国所有黄金储备	22.9	19.5	18.1
其他资本主义国家所有黄金储备	14.9	18.8	19.5

资料来源：转引自瓦尔加：《论美元危机》，载苏联《新时代》杂志，1960（48）。

从表7中我们可以看出，在1957年底，美国所拥有的黄金比整个资本主义世界其他国家的总和还多1/3，而到1960年11月，就已反而比这些国家少14亿美元了（目前当然更少了）。这就十分清楚地表明，当前美帝国主义在资本主义世界经济中地位的削弱；而这一削弱，与战后美帝国主义的加强资本输出是有很密切的关系的。我们常说，美帝国主义是在"搬起石头砸自己的脚"，这就是一个很好的例证。

美国近几年来国际支付逆差之所以日益严重，主要是由于美国的海外军费开支愈来愈增多，这点我们可以从表8中的数字看出来。

表8　　　　　　　　**美国海外军费开支增长情况表**　　　　单位：百万美元

年份	军费开支	年份	军费开支
1950	579	1955	2 804
1951	1 270	1956	2 910
1952	1 957	1957	3 114
1953	2 512	1958	3 416
1954	2 595	1959	3 134

资料来源：根据美国官方发表的数字制作。

除了海外军费开支外，近年来美国对外投资的增加，也使当前美国的国际支付逆差更加严重。本来增加对外投资，并不是一定会使一个国家的国际收支恶化的。因为对外投资的结果，会带回利润与利息。但问题在于，第二次世界大战后，美国的税法是有意识地鼓励各投资海外的公司把收入留在国外重新投资的。美国税法规定，美国公司在外国的分公司所获得的利润，可以推迟到汇回美国之时才纳税（一汇回美国就要缴纳52％的公司利得税），在这种情况下，美国的公司当然就宁愿把资金留在国外而不汇回国内来了。目前美国每年要在海外增加投资近50亿美元，其中大部分就是利用在国外所赚来的利润以及在国外公司的固定资本"折旧"等费用再投资的。直接由美国汇出的资本额，据美国商务部的

吴大琨自选集

估计，大概每年为 25 亿美元左右。美国每年汇出的资本多，收回的资本少，这就当然要形成国际收支逆差。同时，战后美国海外投资中的大部分都是直接的企业投资，这些美国在海外的企业公司与美国本国有着贸易关系。据美国商务部的估计，这些美国的海外企业公司向美国购买货物和设备，每年约为 26 亿美元，同时，这些企业公司每年自海外向美国输出自己的产品约为 37 亿美元（约占美国商品进口总值 1/4 以上，某些商品所占的比例则还要高），二者相抵，这些在海外的企业公司就使美国每年要流出资金净数达 10 亿多美元[7]，大大地恶化了美国的国际收支。所以美国海外投资的增加，直接地和间接地都加深了它的国际收支危机。

战后美帝国主义加强对外资本输出所引起的第三个对美国经济发展不利的因素，就是增加了美国财政上的开支，从而也就加重了美国居民的纳税负担，削弱了美国的社会购买力，为加深经济危机创造了条件。为什么美国增加对外资本输出就会加重本国居民的纳税负担呢？这是因为在战后美国的对外资本输出已经不仅是私人的资本，同时还有大量的国家资本。在一定意义上说来，私人资本甚至还是依赖着国家的资本输出而输出的。这一依赖关系表现得最明显的就是战后的美国，每年都在国家预算中拨出大量的款项，在外国（有时通过联合国）发放贷款和给予所谓无偿的补助金。美国的官方文件和统计把这笔费用统称为"援外费用"。这笔费用的数字是很不小的。根据官方公开发表的数字，截至1960 年度，即已高达 763 亿美元（其中约 273 亿美元，即约占"援助"总额的 1/3 以上为"直接的军事援助"费用），其各年的"援助"数字见表 9。

表 9　　　　　　　　　　　　　　　　　　　　　　　　　　　单位：亿美元

年份	援外费用	直接军事援助费用
1945 年 7 月—1950 年 12 月	283	18
1951	46	15
1952	50	27
1953	63	43
1954	49	32
1955	45	24
1956	49	27
1957	51	25
1958	48	24
1959	39	20
1960	40	20

资料来源：根据美国政府各年公布的数字制作。

　　以上数字虽不小，但它们实际上还是被低估的。如果我们把那些尚未动用的拨款和美国在"国际复兴开发银行"的股份等都算在内，那么这个数字就早已超出 1 000 亿美元了。

　　为什么战后美国政府每年都要用大量款项"援助"其他资本主义国家呢？这显然绝不是因为美国反动统治者的慷慨，而是出于一种必要。第二次世界大战后，由于资本主义总危机的加深，在美国以外的其他资本主义国家中的反动统治者已不能不经常依赖美帝国主义给予它们的各种军事、政治、经济上的"援助"，来使它们的统治苟延残喘下去。毛主席曾经指示我们说："这种对于美国帝国主义的依赖，是第二次世界大战结束以后全世界各国反动势力的共同特点。这件事，反映了第二次世界大战给予世界资本主义的打击的严重性，反映了各国反动派力量的薄弱及其心理的恐慌和丧失信心，反映了全世界革命力量的强大，使得各国反动派除了依靠美国帝国主义的援助，就感到毫无出路。"[8] 各国反动派既然都要依靠美帝国主义的"援助"，于是美国的垄断资本集团也就利用国家的力量，通过"美援"乘机把自己的势力渗入到各"受援"国中去。所以，

"美援"绝不是美国真正用来"援助"外国的费用，而是美国的垄断资本财团用来作为侵略外国的一种手段的费用。关于这一点，各国共产党和工人党代表会议声明已经揭露得很清楚。声明指出："美国帝国主义利用军事集团的和经济'援助'的政策作为主要手段，力图使许多国家屈服于它的统治。它也破坏着发达的资本主义国家的主权。高度发达的资本主义国家中占统治地位的垄断资产阶级，同美国帝国主义结成联盟，牺牲本国的主权，指望依靠美国帝国主义者的支持，镇压革命的解放力量，剥夺劳动人民的民主自由，阻挠人民群众争取社会进步的斗争。美国帝国主义把这些国家拖入军备竞赛，拖着他们执行准备新的侵略战争和对社会主义国家以及中立国家进行颠覆活动的政策。"[9]声明的这个论断是完全正确的，因为事实就是这样。"美援"首先就是为了使"受援"国在反对"共产主义威胁"的幌子下追随美帝国主义扩军备战，以便于美帝国主义剥削、奴役这些国家。所以战后凡是接受"美援"愈多的国家，一定也就是美国垄断资本势力渗入得愈多、同时国民经济愈益走向军事化的国家。这对西欧资本主义发达的国家说来是如此，对亚非各经济不发达的国家说来也是如此。

前面已经说过，战后美国的所谓"美援"数字是很大的。在美国官方正式公布的 760 多亿美元的"美援"数字中，除了 120 多亿美元是美国的各种对外贷款，它本身是一种直接的国家资本输出外，其余绝大部分就都是所谓"无偿的补助金"。这些"补助金"除为美帝国主义的对外扩张创造了各种有利的条件外，从纯粹经济的意义上说来，就实际上完全是美国垄断资本集团通过国家预算向其他资本主义国家输出它的剩余资本与剩余商品的一种开支。例如，据两年多以前的不完全统计，美国近年来利用"美援"中的所谓"直接军事补助"经费就已经输出了约 40 000 辆坦克和各种战车、1 300 艘舰只、57 000 门大炮、10 000 架飞机和 2 200 000 支各种枪支。这么大的一笔买卖,当然大大地刺激了美国的军火工业和与之相连的工业部门的发展,并使一小撮的军火大王们从中获得了很大的利润。但这笔买卖的经费,实际上却是由美国的财政开支,也就是主要是由美国的劳动人民负担的。近年来,关于美国大量储存的剩余农产品的输出的情况,也是如此。[10] 所以我们可以这样说,如果没有"美援",那么战后美国的那许多"剩余商品"、"剩余资本"的输出就会困难得多。但正因为与美国的私人资本同时输出的国家资本以及各种的"美援",都是要由国家的预算中拨款的,因此这也就归根结底增加了美国财政上的开支,加重了美国纳税人的负担,从而削弱了美国本国的社会购买力,为加深美国的经济危机创造了条件。"美援"的数字越大,美国纳税人的负担越重,对于加深美国的经济危机影响的力量也就越强!

以上所说的三点,就是我认为由于战后美国的资本输出所直接或间接引起的对美国社会经济本身发展不利的因素。这些不利的因素又恰好都是足以促进或是加深美国当前经济危机与财政金融危机的因素。[11] 所以我认为,战后美国的资本输出对于形成当前美国经济危机的特点,即经济危机与财政金融危机同时并发的特点来说是有着很大的影响的。我们要研究当前的美国经济危机已不能不同时注意研究它的对外资本输出。而且正因为如此,战后美国的大量资本输出乃是必然的,所以就当前的美国来说,这样的一种因资本输出而形成的各种对美国经济发展不利的因素,目前还正在加强而不是在减弱,因为目前美国的资本输出正在加多,而不是在减少。去年美国的经济危机发生后,各大公司的董事会负责人都一面大大削减它们的国内经营计划，另外一面却又打算增加用于国外的款项。据美国《新闻周刊》调查 149 家大制造商的结果发现，这些大制造商在 1960 年第一季度拨用于外国开支的款项比一年前多出 8%，在第二季度，这个总额增加了 32%，而到第三季度，则猛增了 106%。这是有其深刻的原因的。因为美国的经济危机愈发展，国内的利润率就愈要下降，而国内的利润率愈下降，过剩资本就愈要输出。至于美国公司对外直接投资的主要地区，目前也还是集中在西欧。据估计，目前美国在西欧的私人直接投资总额已达 60 亿美元（比 1959 年的 53 亿美元又增多 7 亿），而且今后还要增多。因为通用汽车公司已经宣告在今后两年中将在欧洲投资 5 亿美元。福特汽车公司也打算在 1961 年在欧洲除收买英国福特公司的 3 亿美元股票之外，另外再投资 2.2 亿美元。[12]为什么美国垄断资本财团要如此热心投资于西欧？这除了投资西欧在安全上较有保障，利润较高之外，还因为西欧自成立"共同市场"及"自由贸易区"后，在今后几年内，集团内各国相互之间即将取消关税，而对其他国家则提高关税，美国如不在这时渗入到欧洲各国的内部去，将来就无法再从本国运美国货进去，与欧洲货竞争了。

美国垄断资本财团既然决心加强对外的资本输出，作为美国的新统治者肯尼迪政府自不会采取任何措施来妨碍这一资本输出，而只会采取措施来帮助和促进这一资本输出。从肯尼迪上台后所发表的一系列的咨文的内容，特别是他宣告要坚决维持每盎司黄金值 35 美元的官价不变这一决定看来，肯尼迪政府今后将进一步加强美国的对外资本输出、商品输出，借此"克服"当前美国经济危机的企图已经十分明显。美帝国主义之所以要坚持目前的美元对黄金的官价，是因为这样有利于美国的对外投资，可以用较少的美元换取较多的外币。如果美国目前把黄金提价，客观上，就等于使美元在国际上正式贬值，这对于目前美国在海外的庞大美元资产是十分不利的。当然，目前的美元汇价如果不变，美国货折合成其他外币的价格是较高的，但由于目前美国一方面已在海外直接掌握工厂制造美货，另一方面，美国又正在加强利用"美援"的手段推销它的商品，凡接受"美援"的国家都不得不购买美货（即使价格较高也要买），这就有利于维持高价，可以多赚利润。不但如此，从肯尼迪目前所提出的各种应付国际收支危机的措施来看，肯尼迪政府是认为美国大有借增加商品输出来遏止当前的国际收支逆差的可能的（在这一点上，肯尼迪政府是过高估计了它的增加商品输出的可能性，过低估计了它的造成国际支付逆差的那些根本原因的）。所以目前的肯尼迪政府虽然也在采取一切措施减少美国的黄金外流，但它的政策重点却在设法使它的西欧盟国对它更进一步地开放市场，取消一切排挤美货的限制等等。肯尼迪政府目前更在忙着要求国会批准美国的参加"经济合作和发展组织"，来代替目前的"欧洲经济合作局"。为什么？因为肯尼迪政府估计美国参加这个组织后，可以在欧洲并且通过欧洲，在整个资本主义世界进行更进一步的经济扩张，增加它的资本输出，也增加它的商品输出。美国政府目前提倡的是更多的"贸易自由化"与"资本移动自由化"，企图在此口号下把美国的垄断资本势力更多地渗入到其他资本主义国家中去。肯尼迪政府既然认为从美国的长远利益来看（实际是从垄断资本集团的目前利益来看），维持目前美元和黄金的比价是有利的，当然也就不采取提高黄金官价或管制外汇的办法了。所以肯尼迪政府的决心不提高黄金官价，是有着它的想加强资本输出的深意在内的。[13]

现在的问题是，肯尼迪政府的这一办法的后果又将如何呢？我的回答是：根据本文前面的分析，战后美国加强资本输出的结果已经促使了美国社会本身的经济发展发生停滞和它与其他资本主义国家间的经济矛盾的尖锐化，再加上由于战后美国的对外资本输出，本来就有一部分力量是依靠国家财政的力量来支持的，如果今后再在这个方面继续发展，那就不但会使得它的国际收支关系更加恶化，同时也使它的财政赤字更加扩大，通货膨胀的危机更加严重。所以尽管肯尼迪政府上台后，由于采取了一系列政治性与技术性的措施，如压迫它的"盟国"降低利率（英国、联邦德国的利率都已降低），并实行通货增值（如最近的西德马克与荷兰盾都已增值）等措施，使它的黄金外流暂时表面上有所缓和，但这并不等于说美国已经解决了它的财政金融危机，更不等于说它已经解决了它的经济危机。而是正相反，由于美帝的侵略野心（这是帝国主义的本质决定的）还在变本加厉，它的扩军备战计划与对外资本输出与商品输出的计划也在加强，它正在使美国的国内外经济矛盾都进一步加强，为今后发生更严重的经济危机与财政金融危机准备条件。战后美国的对外经济扩张，特别是资本输出，已经在客观上对美帝国主义的经济发展愈来愈发生不利的影响。这些不利的影响，在1957—1958年的美国经济危机发生过程中即已表现了出来，因为一切在当前美国经济危机中发展了的财政金融危机、国际支付危机（如黄金外流）等都是早在1957—1958年的危机中就已开始了的，现在这些危机当然就要更进一步地发展下去，同时也使美帝国主义更进一步地衰亡下去了。这是资本主义世界经济规律发展的必然结果，并非目前任何美国的统治者所能改变了的。所以肯尼迪政府上台后，美国的情况还是像毛主席在1947年就指示过我们的那样："国内国外的各种不可调和的矛盾，就像一座火山，每天都在威胁美国帝国主义，美国帝国主义就是坐在这座火山上。这种情况，迫使美国帝国主义分子建立了奴役世界的计划，像野兽一样，向欧亚两洲和其他地方乱窜，集合各国的反动势力，那些被人民唾弃的渣滓，组成帝国主义和反民主的阵营，反对以苏联为首的一切民主势力，准备战争，企图在将来，在遥远的时间内，有一天发动第三次世界大战打败民主力量。这是一个狂妄的计划。全世界民主势力必须打败这个计划，也完全能够打败它。"[14]毛主席的这个指示是完全正确的。我们完全可以肯定地说，肯尼迪政府今后所提出的任何想加强资本输出，挽救美国经济危机的"计划"，都将进一步地在全世界进步人民的反对声中，遭受到惨败。

（原载《经济研究》，1961（4））

【注释】

[1]《列宁全集》，中文 1 版，第 22 卷，233 页。

[2] 马克思：《资本论》，第 3 卷，299 页。

[3]《列宁全集》，中文 1 版，第 22 卷，233 页。

[4] 同上书，235 页。

[5] 参见马克思：《资本论》，第 3 卷，299 页。

[6] 数字见《美国新闻与世界报道》，1960-11-14。

[7] 数字见《美国新闻与世界报道》，1960-12-26。

[8]《毛泽东选集》，第 4 卷，1258 页。

[9]《各国共产党和工人党代表会议声明告世界人民书》，7 页，北京，人民出版社，1960。

[10] 关于"美援"在这方面的详细论述，可参见苏联格列切夫同志所著《第二次世界大战后的美国殖民政策》，204～279 页，北京，世界知识出版社，1960。

〔11〕关于美国当前的经济危机与财政金融危机之间的密切关系作者已另写《论当前美国的经济危机与财政金融危机》一文，载《新建设》，1961（1）。

〔12〕参见美国《国民前卫报》，1961-01-02。

〔13〕肯尼迪政府的不愿提高黄金官价，当然也还有其他原因，如怕美元贬值后，其他资本主义国家的货币也跟着贬值，造成货币贬值竞争，就是原因之一。另外，苏联的卢布折合黄金的价格提高后，美国也更不愿将美元立即贬值，显示它自己的经济上的弱点了。

〔14〕《毛泽东选集》，第4卷，1258～1259页。

论当前美国的经济危机与
财政金融危机

记得 1960 年年初的时候，美国的总统艾森豪威尔曾经在他的《国情咨文》里预言过 1960 年"有希望成为美国历史上最繁荣的年代"，可是历史的事实却十分无情，就在艾森豪威尔发表这一咨文的第二个月，从 2 月份起美国的工业生产指数（以 1957 年为 100）就开始从 111 下降为 110，以后更不断逐步下降，到 1960 年 11 月已下降为 106。作为美国工业生产"三大支柱"的钢铁、汽车、建筑业，情况比工业生产指数所显示的还要恶劣。钢铁工业生产，1960 年 9 月比 1 月下降了 46.5%，汽车工业下降了 56.4%，私人房屋建筑年率下降了 21.2%。钢铁工业的开工率，在 1960 年的第三季度已下降到设备能力的 50% 以下。由于美国的工业生产不断下降，美国的失业人数也就逐步增多。据美国劳工部的统计，11 月份美国的全国失业人数已增加到 420 万人。估计到 1961 年的 1 月底或 2 月间，美国的全失业人口将会到达 500 万左右的数字，半失业者的数字自然还要多。生产下降与失业增加，这是资本主义国家里经济危机开始时的两大标志。我们根据这两大标志，完全有理由认为美国又已开始了一次新的经济危机，即战

后的第四次经济危机。这次经济危机距离上次的经济危机
（1957—1958 年的经济危机）在时间上说是特别短促的。这也
证明本年《红旗》杂志编辑部所发表的《列宁主义万岁》一文
中的论断完全正确："资本主义经济危机的周期的缩短是一种
新的现象，它进一步地标志着世界资本主义制度越来越接近于
它的不可避免的灭亡。"

这次美国经济危机比上次的美国经济危机，来势更加险
恶。由于这次危机是在美国财政连年出现巨额赤字，国际支付
逆差日益增长的情况下爆发的，所以危机在一开始就带有生产
过剩和财政金融危机同时并发的险恶情况。表现得最明显的就
是目前美国的黄金正在不断地滚滚外流，已使美国的黄金库存
急速下降。截至 11 月底，美国的黄金储备量已下降到所谓
"危险点"的 180 亿美元以下，只有 179.1 亿美元的黄金了。
这对美国的整个财政、金融局势来说，确是一个十分严重的局
势。但目前美国的黄金外流，实际上只是美国财政金融危机的
表现形态之一，并非病的根源；病的根源还在于美国的经济危
机，在于美国资本主义生产能力的巨大增长和千百万劳动人民
的有支付能力的需求相对缩小之间的矛盾，也就是说在于资本
主义经济制度的本身。

本文作者一直认为，战后美国的经济危机与战前的经济
危机有所不同，即在战后的美国经济危机发展过程中会同时出
现或者加深以通货膨胀为主要内容的财政金融危机。[1]战后美
国经济危机周期的所以会缩短，实际上也与此有关。现在乘美
国战后第四次经济危机开始爆发，经济危机与财政金融危机并
发的现象已经更加明显的今天，特再来就战后美国经济危机与
财政金融危机的内在联系性作进一步地探讨，请同志们指正。

当前的美国的经济危机与财政金融危机同时并发，绝不是

一件偶然的事情，而是一件必然的事情。这首先是因为战后美国的再生产过程，特别是 1950 年以后的美国再生产过程已经基本上是一种由垄断资本集团利用国家机构来进行军事生产的再生产过程，它与战前的美国再生产过程有着很大的区别。区别的主要之点就是固定资本的更新过程已经大大缩短。我们知道，在第二次世界大战前，美国的企业资本支出数字是不大的。例如，1939 年的美国企业资本支出就只有 55 亿美元。大战结束的一年（1945 年），即增加到 87 亿美元。1950 年以后更有大量的增长，其具体数字见表 1。

表 1   单位：亿美元

年份	资本支出	年份	资本支出
1950	206	1956	351
1951	256	1957	370
1952	265	1958	305
1953	283	1959	325
1954	268	1960	370（估计）
1955	287		

资料来源：美国《基本经济统计手册》，152 页，1960（5）。

1950 年后美国之所以会有这样大量的固定资本的增长，其原因是不难理解的。这一方面与由于国民经济军事化的刺激而发展起来的新工业部门、新产品等有关，例如，自有火箭武器以来，尤其是苏联成功地试验了洲际导弹火箭以后，美国的大量军用飞机很快就已过时，美国目前要加紧制造导弹和电子仪器，这就又非每年重作新的投资不可。另一方面也与垄断组织在战后的竞争更加尖锐化了的情况有关。竞争要求降低生产费用，也就是说要求运用新的、具有高度生产率的技术设备，要求企业在最新的技术基础上重新装备，这就当然要不断地进行固定资本的更新。问题的关键是在这些固定资本增长或更新时所需的资本来源。战后美国增加固定资本的资本来源，主要是两个：一是来自国家，一是来自垄断组织所获得的大量利润，特别是未分配的利润和折旧基金。如表 2 所示。

表 2 美国公司资本供给情况 单位：10 亿美元

	12 月 31 日为年末计			6 月 30 日为年末计				
	1948	1949	1950	1953	1954	1955	1957	1958
资本来源总数	29.1	15.5	44.2	34.6	19.1	37.1	46.5	29.4
来自企业内部	18.8	14.9	20.8	19.3	18.8	23.3	28.6	26.2
未分配所得	12.6	7.8	13.0	8.3	6.2	8.7	9.9	5.6
折旧提成	6.2	7.1	7.8	11.0	12.6	14.6	18.7	20.6
来自企业外部	10.3	0.6	23.4	15.3	0.3	13.8	17.9	3.2
股本	1.2	1.6	1.7	2.8	2.4	1.8	4.0	3.1
债务	9.1	−1.0	21.7	12.5	−2.1	12.0	13.9	0.1
长期的	6.0	2.7	2.5	6.0	4.1	5.2	8.4	8.4
短期的	3.1	−3.7	19.2	6.5	−6.2	6.8	5.5	−8.3

资料来源：美国《商业概览》杂志，11 页，1958（10）。

我们知道，来自国家的资本与政府的财政有关是很明显的，来自垄断组织的未分配利润和折旧基金，实际上也与政府的财政有关。因为美国在 1950 年所实施的鼓励军火生产的"加速度摊提费"以及自 1954 年起所实施的"快速折旧法"，都是以减免垄断组织的税额来作为对垄断组织加速固定资本更新的奖励办法的。（美国在 1950 年 9 月 23 日施行的《国内税收入法案》第 124 节 A 款中规定，凡证明为国防必需的私营设备成本，可以在五年期间自净所得中扣除，这种特权追溯自 1950 年 1 月 1 日起生效。）在当前美国的扩大再生产过程中，折旧提成的重要性，也可以从表 2 中看出。

从表 2 中我们还可以看出，在战后美国的公司资本来源中，来自企业内部的数字较之来自企业外部的数字已经大大增加。而来自企业内部的两个来源中，折旧的数字，自 1950 年后又已大大超过了未分配利润的数字。企业的规模愈大，固定资本的比重愈高，折旧提成就愈能被用来扩大再生产。

利用折旧提成来作为扩大再生产的源泉，这原是马克思在《资本论》第 2 卷中所早已提到过的，但今天美国的这些大公司在"快速折旧"的情况下来利用折旧提成，意义却不相同。因为这种"快速折旧"可以使这些大公司所得的大部分利润用不着缴税（这在客观上，等于是政府对垄断资本的一种赠与，也等于是垄断资本对于国家税收的一种掠夺）。所以这些大公司当然就乐于把这些折旧提成用来投资于固定资本。但一旦这些折旧全部或者大部分结束之后，公司应纳税的部分就会日益扩大起来。为了避免在这时候缴纳更多重税，唯一的办法当然就只有重新更换设备，即使当这些设备还没有受到有形损耗或无形损耗的情况下也更换设备。所以目前美国许多大公司的固定资本更新的周期，实际上已不到五年，而是三年或四年。从这一情况看，我们可以说，1950 年后，美国固定资本的加速增长是由于美国实施国民经济军事化，垄断资本集团利用国家的财政机构，加紧掠夺劳动人民，用人为的力量刺激所促成的。这种在军事生产条件下，用人为的力量缩短了固定资本更新的过程，与马克思在《资本论》中所描述的那种要十年，或十年以上才使固定资本周转一次的情况比较起来就很有所不同了。这种固定资本周转过程缩短之所以可能，是因为当前美国的垄断资本集团已经可以利用国家的财政力量来推进这种"更新"，而在马克思的时代就还不存在这样的情况。当时恩格斯曾经指出："在大工业的通常系统中，英国确没有一种行业是于五年之内更换它的机器的。谁要是这样蠢，谁在第一次更换中就必定破产；即使旧机器差得多，也有超过新机器的优点，能够远为低廉地生产，因为市场不是按照每磅纱要加上百分之十五的损耗成立的，而是按照仅加百分之六（约为每年损耗百分之七点五的五分之四）成立的，所以当更廉价地出卖。"[2]

但是恩格斯所说的这种不可能在五年之内更换新机器的情况，现在在美国却成为是可能的事实了。因为为垄断资本集团所操纵的政府已经用"免税"的办法，来解决了资本家提早更换新机器时所遇到的提高成本这一困难问题了。

我们知道，固定资本的更新乃是周期性经济危机的"物质基础"[3]。现在美国的固定资本更新的周期既然已经发生变化了，缩短为四年、三年，甚至三年都不到的时间了，因此也就同时缩短了资本主义经济危机的周期，成为每隔三四年，甚至三年都不到就要发生一次经济危机的情况了。

这种在军事生产的条件下用人为的力量缩短了的固定资本更新的过程，容易使整个社会的再生产过程经常发生经济危机的道理是很明显的。因为在目前美国的再生产过程中，由于投资的增长所扩大了的生产能力早已大大地超过了社会再生产的实际需要，超过了人民的有支付能力的需求。所以美国在战后，即使是在生产的上升期，它的制造业中的开工率也是不足的。美国制造业中的平均实际开工率，在 1955 年为 92%，在 1956 年为 86%，在 1957 年为 78%。上升阶段尚且如此，如果美国的国外市场或国内市场再有任何的缩小，开工率当然就会直线下降，立刻形成生产下降与失业增加的经济危机。毛主席在 1947 年发表的《目前形势和我们的任务》一文中曾指出："美国帝国主义在第二次世界大战期间所增强起来的经济力量，遇着了不稳定的日趋缩小的国内市场和国际市场。这种市场的进一步缩小，就要引起经济危机的爆发。"[4]说的也就是这个道理。至于危机已经爆发后，为什么经过一定时期，生产又会上升，那就要用上面说的固定资本更新的周期已经缩短的道理去说明它了。

那么为什么在战后的美国经济危机过程中，又会同时加深以通货膨胀为主要内容的财政金融危机呢？这是因为，在战后美国的扩大再生产过程中，依赖于美国政府用财政的力量来加以支持的比重已经愈来愈大。这种情况，我们从美国的国民生产总值中，由政府购买的物资与劳务所占的比重已经不断增高这一客观事实中可以清楚地看出来。

1950 年后美国政府购买物资与劳务的费用（其中主要是与扩军备战有关的费用）及美国国民生产总值的数字，见表 3。

表 3   单位：亿美元

年　　份	国民生产总值	政府（包括联邦、州及地方政府）购买物资与劳务支出
1950	2 846	390
1951	3 290	605
1952	3 470	760
1953	3 654	828
1954	3 631	753
1955	3 975	756
1956	4 192	790
1957	4 425	862
1958	4 417	926
1959	4 795	976

资料来源：美国《基本经济统计手册》，224～225 页，1960（5）。

我们如果根据表 3 数字来计算美国政府用来购买物资与劳务的费用在美国国民生产总值中所占的比重的话，那么，1950 年仅占 13.7％，到 1959 年时已高达 20.3％，较之战前 1929 年时，美国的国民生产总值仅有 1 044 亿，美国政府用来购买物资、劳务的费用也仅 85 亿，占国民生产总值中的 8.1％时的情况，那真是不可以同日而语了。

美国的扩大再生产过程愈来愈依靠政府用扩军备战的财政力量来加以支持，这就不能不使美国政府的财政支出愈来愈庞大，终于使美国的财政走上了"赤字财政"的道路。战后美国的财政纪录表明：自 1946—1947 年度至 1959—1960 年度这 14 个财政年度中，共有 9 个财政年度是出现赤字的。其中，1958—1959 年度的财政赤字竟高达 125 亿美元之多，创战后美国财政赤字的最高纪录。这与当时的美国正处在 1957—1958 年的经济危机之中美国政府不能不用最大限度的力量来扩大政府的开支、刺激生产与消费，当然是密切相关的。美国政府战后的历年财政赤字纪录，有如表 4。

表 4   单位：亿美元

年份	财政纪录	金额
1946（至 6 月 30 日止）	赤字	207
1947	盈余	8
1948	盈余	84
1949	赤字	18
1950	赤字	31
1951	盈余	35
1952	赤字	40
1953	赤字	94
1954	赤字	31
1955	赤字	42
1956	盈余	16
1957	盈余	15
1958	赤字	28
1959	赤字	125
1960	赤字	40

资料来源：美国商会出版《经济情报》，1960（3）。

美国政府面对着这样庞大的赤字，除了增税外，就只能不断地增发公债与通货。结果就不可避免地造成了通货膨胀与信用膨胀的局面，使美国的物价（不论是消费者物价指数或是批发物价指数）不断的上升。

1950 年后美国的消费者物价指数（以 1947—1949 年为 100）增长情况有如表 5。

表 5

年份	指数	年份	指数
1950	102.8	1956	116.2
1951	111.0	1957	120.2
1952	113.5	1958	123.5
1953	114.4	1959	124.6
1954	114.8	1960（10月份）	127.3
1955	114.5		

资料来源：美国《基本经济统计手册》，101 页，1960（5）。

批发物价指数的增长情况（以 1947—1949 年为 l00）则有如表 6。

表 6

年份	指数	年份	指数
1950	103.1	1956	114.3
1951	114.8	1957	117.6
1952	111.6	1958	119.2
1953	110.1	1959	119.5
1954	110.3	1960（4月份）	120.0
1955	110.7		

资料来源：美国《基本经济统计手册》，122 页，1960（5）。

在这里特别值得我们注意的就是，在 1953—1954 年，1957—1958 年这两次周期性的经济危机过程中，物价都没有下降，而是上升的。这是与战前发生周期性经济危机时很大的一个不同点。为什么会如此？我认为，这与战后美国发生经济危机时银行信用不是收缩而是膨胀的情况有关。这是我们可以从表 7 的数字中看出来的。

表 7

年　　份	整个信用膨胀数（10 亿美元）	银行信用增加数（10 亿美元）	银行信用对整个信用的比重（%）
1949	18.0	6.0	33.3
1950	29.4	6.6	22.4
1951	25.9	6.1	23.6

吴大琨自选集

年　　份	整个信用膨胀数 （10亿美元）	银行信用增加数 （10亿美元）	银行信用对整个 信用的比重（％）
1952	34.1	9.0	26.4
1953	31.7	4.2	13.2
1954	28.4	10.2	35.9
1955	43.8	5.0	11.4
1956	30.6	4.5	14.7
1957	36.7	5.1	13.9
1958	45.4	14.9	32.8
1959	59.5	3.4	5.7

资料来源：美国商会出版《经济情报》，1960（4）。

在战后美国发生周期性经济危机的时候，银行的信用不但没有收缩反而大大膨胀，使银行信用的增加数在整个信用的膨胀数中占到高达33.3％、35.9％及32.8％的比重，这就当然会加深通货膨胀的程度，同时不会使得美国的物价在经济危机的过程中发生下降的情况了。而银行信用的膨胀，在整个战后的美国再生产过程中，与政府愈来愈用财政力量来加以人为的支持这一点当然是不可分开的。由此可见，在现状下，美国的经济危机只会愈来愈加深以通货膨胀、信用膨胀为主要内容的财政金融危机。这在过去的1953—1954年、1957—1958年周期性经济危机过程中证明是如此，在当前的美国经济危机开始后证明也是如此。当1957—1958年的经济危机时，美国也曾因为国际收支的逆差出现过黄金外流的现象（1958年一年，美国曾外流黄金23亿美元），后来是因为在1959年，美国提高了利率（利率高于其他西欧国家），黄金的外流才逐步减少下来的。但提高了利率，也就等于收缩了信贷，这对于当前美国的再生产过程是无法适应的。所以今年上半年美国出现经济危机的现象后，美国联邦储备银行就只能开始降低利率，经过了两次的降低已降到了3％的低利率（低于西欧国家的利率），于是美国的黄金就又开始向外滔滔的流出，造成了当前震撼整个"金元帝国"的美元危机。所以我们当然可以说促成目前的美元危机的根本原因，依然在于美国的经济危机，它是美国经济危机开始深刻化的一个信号。也正因此，所以目前艾森豪威尔政府所提出的那些想挽救美元危机的"紧急措施"实际上是完全无济于事的。不但艾森豪威尔政府无办法，我们可以预言，即使明年美国民主党的肯尼迪政府上台后也是毫无办法的。因为当前的美国经济危机实际上已与财政金融危机在客观上密切地结合了起来，起到了相互促进、相互影响的作用。美国政府目前如果要着重挽救它的以通货膨胀为主要内容的财政金融危机，采取提高利率、紧缩通货的政策，那么生产过剩的经济危机就会立刻加重。反过来，如果美国政府目前要着重挽救它的经济危机，进一步实施扩军备战，扩大政府开支，扩大社会信用的政策，那么它的以通货膨胀为主要内容的财政金融危机就更要弄得不可收拾。从现状看，肯尼迪政府今后会进一步实施通货膨胀的政策来刺激生产的倾向是十分明显的。但实施通货膨胀的结果，势将更进一步地削弱美国广大劳动人民的购买力，从而引起更大的生产过剩的经济危机。因此，只要美帝国主义的侵略政策与战争政策不变（这是帝国主义的本性），今后美国的经济危机与财政金融危机就会交替着同时加深，直到美国的人民起来结束美国的垄断资本集团的统治为止。

由此也可证明，在垄断资本集团利用了国家机构进行军事生产的垄断资本主义社会里，并不可能避免产生周期性的经济危机或者把周期性的经济危机推迟的；而是恰巧相反，它促使了经济危机的周期缩短，并且在经济危机的压力下加深了以通货膨胀为主要内容的财政金融危机，从而使经济危机的内容更加深刻，这是战后资本主义社会中生产力和生产关系的矛盾比过去更加尖锐化的必然后果。所以事情还是正像毛主席所指示我们的那样，美帝国主义"这个敌人的基础是虚弱的，它的内部分崩离析，它脱离人民，它有无法解脱的经济危机，因此，它是能够被战胜的。对于敌人力量的过高估计和对于革命力量的估计不足，将是一个极大的错误。"[5]这是一个我们在研究当前美国经济危机与财政金融危机的时候所必须记住的结论。

(原载《新建设》，1961（1））

【注释】

[1] 参见《新建设》，1958（5）、1959（1）、1959（3）；《经济研究》，1958（9）、1959（3）；《教学与研究》，1959（6）；拙作有关美国经济危机与通货膨胀的各篇论文。

[2]《马克思恩格斯通信集》，第 2 卷，350 页。

[3] 参见马克思：《资本论》，第 2 卷，212～213 页。

[4]《毛泽东选集》，第 4 卷，1258 页。

[5] 同上书，1361 页。

中国人民大学名家文丛

论战后美国的经济周期

关于战后的美国经济周期，在目前国内外的经济学家之间，是存在着许多争论问题的。其中，有些争论问题，如战后美国的几次经济危机究竟是不是周期性的经济危机，战后美国的经济周期究竟已否缩短，缩短的原因与意义是什么，以及战后美国的经济危机是否已经变得"轻微"等问题，则实际上还牵涉对于马克思主义危机理论本身的认识问题，我们是应该加以重视的。本文是作者个人对这些问题的一些不成熟的看法，请求同志们指正。

一

我们首先要讨论的是战后美国几次经济危机的性质问题。

第二次世界大战后，美国已经发生过 4 次经济危机，即 1948—1949 年危机、1953—1954 年危机、1957—1958 年危机和 1960—1961 年危机，这 4 次危机，我们都把它们看做是周期性的经济危机的，因此，战后美国的经济周期，即从一次经济危机到另一次经济危机的时间距离也已缩短。但对此有不同意见的人则认为，美国自 1943—1946 年发生了周期性的经济危机后，在战后美国的几次经济危机中，只有 1957—1958 年的一次危机才是周期性的经济危机，其余的几次则都是"中间性危机"。既然其余的几次都不是周期性的经济危机，那么战后美国的经济周期当然也就没有缩短，即依旧是十年左右一次的周期。在这里，我们就接触到了一个带根本性的理论问题，即在资本主义社会里，究竟在怎样的条件下形成的经济危机才算是真正的周期性的经济危机，也就是如何区别周期性的经济危机与非周期性的经济危机的标志问题。这是一个很重要的理论问题。

大家知道，在周期性的生产过剩危机发生时，商品滞销、生产缩减、失业增长、工资降低等现象是一定会发生的，因此这些现象也就成为周期性经济危机发生时的一般标志。但我认为，要区别资本主义社会中的经济危机是否是周期性的经济危机，还得要看以上这些现象的发生是否和当时社会的固定资本投资减退现象相一致。因为在资本主义社会中，经济危机之所以会周期的出现是与资本主义社会中的固定资本更新密切相关的，马克思曾在《资本论》中认为固定资本的周转，以及这种"若干互相联系的周转在若干年内形成的循环（资本因有固定成分，才被拘束在这个循环内），曾为周期的危机，给予一个物质基础"[1]。固定资本的周转既是周期的危机的"物质基础"，所以在周期的经济危机爆发的初期，固定资本的投资是一定表现为大量下降的。在资本主义社会中，固定资本投资的大量下降，就是标志着资本积累的减少，资本扩大周转的缩小，社会扩大再生产的缩小，所以是周期性经济危机发生时的一个十分重要的标志。

当然，在资本主义社会中，非周期性的经济危机更是经常出现的。马克思曾在他的著作中，多次提到过"部分危机"或"局部危机"的名词。马克思所说的"部分危机"或"局部危机"，就我的体会，也就是由于资本主义社会的基本矛盾即生产的社会性和私人资本主义占有之间的矛盾而发生的一种生产过剩危机的形式，但它是发生在生产过程或流通过程中的一个部分中的危机，它可以是工业生产中的一个或几个部门中的危机，也可以是单纯的商业危机；在发生这些危机的时候，某些有关部分的生产也会下降，但就整个社会来说，周期性经济危机发生时所必然会有的那些现象就不可能都同时出现，特别是固定资本的投资数更不可能有大量的下降。

在马克思的著作中，我们没有看到过他使用"中间性危机"这个名词，"中间性危机"这个名词，是恩格斯所首创的。恩格斯在他所著的《英国工人阶级状况》德文本第二版序言中曾经指出说："在本书中我把工业大危机的周期算成了五年。这个关于周期延续时间的结论似乎是从 1825 到 1842 年间事变的进程中得出来的，但是 1842 到 1868 年的工业历史表明，这种周期实际上是十年，中间的危机只具有次要的性质"[2]。从这里我们可以看出，"中间性危机"是恩格斯用来指发生在十年周期中间的一些非周期性经济危机的名称，它的内容应当是和马克思所说的"部分危机"的内容相同的。

马克思在《资本论》中告诉我们，十年的周期既然与固定资本的更新有关，因此，我们也可以说周期性的经济危机就是与周期性的固定资本更新与扩大有关的经济危机。如果我们根据这一标准来衡量战后美国的各次经济危机的话，那么，战后美国的 4 次经济危机就都是周期性的经济危机，而不是什么"中间性危机"。这不但因为在战后美国的 4 次经济危机发生过程中，整个社会的商品滞销、生产缩减、失业增长、工资降低等现象都同时出现，而且因为在这 4 次经济危机的年份中，可以作为美国社会固定资本更新与扩大的标志之一的企业资本支出，也都是大量减退了的。当然，美国的企业资本支出数字，并不能包括美国社会整个固定资本更新与扩大的数字，但表 1 的数字，是现在我们所能够引用的比较有代表性的数字。

表 1 单位：亿美元

年份	总额	比上年增减数	年份	总额	比上年增减数
1945	86		1954	268	−15
1946	148	+62	1955	287	+19
1947	206	+58	1956	350	+63
1948	220	+14	1957	369	+19
1949	192	−28	1958	305	−64
1950	206	+14	1959	325	+20
1951	256	+50	1960	356	+31
1952	264	+8	1961	343	−13
1953	283	+19	1962	371	+28

资料来源：美国商务部出版的《现代商业概览》的有关各期。

从这些数字中我们可以看到，在战后美国发生经济危机的 4 个年份，即 1948—1949 年、1953—1954 年、1957—1958 年、1960—1961 年，美国的企业资本支出都有大量的下降，其数字分别减少 28 亿美元、15 亿美元、64 亿美元及 13 亿美元。这些固定资本数字的大量下降，标志着美国社会总资本中有一部分在这一时期内它的扩大周转缩小了，美国社会的扩大再生产也缩小了，与此同时，美国的工业生产指数，当然是全面下降了。由于这一工业生产指数的下降是和社会固定资本的减少相结合的，所以它也就成为了周期性的生产过剩危机发生的一个重要标志。

在此应当指出，在资本主义社会里，并不是任何时期内的工业生产数字的下降，都是标志着周期性的生产过剩危机的出现的。例如，拿战后美国的情况来说，1946 年的美国工业生产指数比 1945 年就是下降的，而且下降得很多（以 1957 年的生产指数为 100，1945 年为 70，1946 年为 59），但 1946 年的美国企业资本支出，并未比 1945 年减少，反而是增加的（增加了 61 亿美元之多），这就说明在当时的美国社会中，固定资本正在大量增加，社会总资本的周转也正在扩大，真正的社会扩大再生产并未缩小；工业生产指数的下降，只是从 1943 年开始的大量军事生产停止生产的结果，所以 1946 年的生产下降就不能算是周期性的生产过剩危机。

1943—1946 年的工业生产下降，既然不能认为是一次周期性的生产过剩危机，我们当然也就不能同意把从 1943—1946 年到 1957—1958 年这十多年之间认为是一次周期。在战后美国的 4 次经济危机中，其表现的特点可以说基本上一致（这些特点，我们将在下文说到）。我们如果一定要把 1948—1949 年、1953—1954 年，乃至 1960—1961 年的经济危机都看做是"中间性危机"的话，那么我们也就没有理由把 1957—1958 年的经济危机单独地作为例外。如果说，只要是单独一个国家发生的经济危机就是"中间性危机"，而与其他国家同时发生的经济危机才算是周期性经济危机，那么，马克思就没有把 1825 年单独发生在英国的经济危机认为是"部分危机"或"中间性危机"，而是肯定它是英国的第一次周期性经济危机的。可见这种以是否与其他国家同时发生经济危机来作为周期性经济危机的标准是不能成立的。第二次世界大战期间，在资本主义世界内，美国是唯一没有受到战争直接破坏的国家，它所包含的资本主义社会内部的固有矛盾也最尖锐，因此，战后的美国比其他资本主义国家更早出现较多的周期性经济危机，特别是以目前这样形式出现的战后 4 次周期性经济危机，是完全合乎规律的。我认为，它们正是战后资本主义世界内最有代表性的 4 次周期性经济危机，它们所由此形成的缩短了的周期，也是战后最有代表性的资本主义世界的经济周期。如果我们把战后美国的 4 次经济危机大部分看成是"部分危机"或"中间性危机"，那就等于在实质上否认了在战后资本主义世界中的周期性经济危机的频繁出现和战后资本主义世界中的经济周期的缩短。而这是会大大地阻碍我们正确认识战后资本主义世界经济周期中所发生的一切重要变化的实质的。

二

现在我们要进一步讨论的是，战后的美国经济周期与战前的比较究竟缩短了没有，如果是缩短了，它是为什么会缩短的，缩短的含义是什么等等问题。现在我们且先来说第一个问题，即战后的美国经济周期与战前的比较有无缩短的问题。

我们知道，马克思是把固定资本更新看做是经济周期的物质基础的，所以在资本主义社会，只有当大机器工业的生产已经成为最主要的生产，固定资本的更新已经影响到整个社会总资本的周转的时候，马克思才认为开始了资本主义世界中的经济周期的。马克思把英国的 1825 年的经济危机算做是资本主义世界第一次真正的生产过剩经济危机，就绝不是随意挑选的，而是有着充分的理论根据的。资产阶级经济"学者"则与我们不一样，由于他们是把一切在资本主义工商业中所出现的有关生产、就业，与物价的大、小波动（fluctuations）都看做是"商业循环"或"商业周期"（business cycle）的表现[3]，所以他们不但把经济周期开始的年代算得比我们早，而且也把历史上出现的经济周期的次数算得比我们多。以美国为例，汉森（A. H. Hansen）就认为在1837—1937这百年期间出现过10次"大周期"（major cycle）与23次"小周期"（minor cycle）。资产阶级经济"学者"所说的"小周期"，实际上，大部分都是由于各种供求关系而引起的商业上或经济上的波动，特别是商品库存方面的波动，所以至多也只是马克思所说的"部分危机"，它与周期的固定资本更新无关，所以并不带有真正周期的性质。只有他们所说的"大周期"，由于他们是根据与我们所说的第一部类的商品基本上相类似的所谓"耐用品"（durable goods）生产的波动而计算出来的，所以汉森所说的战前美国7次"大周期"开始的年份，1872—1873、1882、1892、1907、1920、1929、1937，与我们所主张的发生周期性经济危机的年份大体上相同。[4]实际上，这是资产阶级经济"学者"在客观事实面前被迫不得不这样承认罢了。至于他们所说的"小周期"，则我们既然认为与真正的周期性的生产过剩危机无关，我们当然也就不能根据它来计算战前美国的经济周期，如果依据我们在前面所说的周期性的生产过剩经济危机的标准来计算，则战前的美国在历史上应该说是一共发生过13次周期性的生产过剩危机，其年份为1837、1848、1857、1865、1873、1882、1893、1903、1907、1920、1924、1929、1937。在这里特别值得说的就是发生在1923—1924年那次周期性生产过剩危机，过去我们通常把它当做发生在1920年与1929年两次周期性经济危机之间的"中间性危机"看待的。其实在1924年的危机中，工业生产指数的下降额幅度是很大的（下降了17%）。与此同时，固定资本的投资额也是下降的。所以我们按周期性经济危机的指标来看，实在很难不承认它为周期性的经济危机。但尽管我们把 1924 年作为周期性的经济危机看待，战前美国经济危机发生的相隔的年限平均仍为 8.33 年，较之战后的平均为三四年一次要长得多。所以，说战后美国的经济周期已比战前缩短了的论断，我认为是有事实和理论的根据的。

三

为什么战后美国的经济周期会比战前短？这当然和战后整个资本主义世界的总危机加深有关，也和战后美国社会内部的生产力的社会性和私人资本主义占有的矛盾更加尖锐化所引起的生产过程中发生的重大变化有关。战后的美国由于资本主义总危机的加深，国内外市场问题的日趋尖锐，它的垄断资本集团已经不得不加紧利用国家机构来进行扩军备战的军事生产，以企图避免经济危机。所以战后美国的再生产过程，特别是1950 年以后的再生产过程，实际上已经是一种国民经济军事化以后的再生产过程，它与战前美国的再生产过程，是有着很大区别的。国民经济军事化以后的再生产过程是一种最畸形发展的再生产过程。在这种再生产过程中，垄断组织为了互相竞争而不断采用新技术以掠取超额垄断利润和避免危机，是可以利用国家的力量来加强刺激固定资本的更新与扩大，从而使固定资本更新的周期缩短的。[5] 例如 1939 年的美国企业资本支出就只有 55 亿美元，大战结束的一年（1945 年）也只增加到 86亿美元，但到 1950 年，美国的企业资本支出数字就一跃而为

206亿美元了（1950年后的数字可见表1）。但战后美国大量企业资本支出的增加的结果，并没有使美国社会中的固有矛盾因此得到解决、危机得以避免，相反，矛盾更加尖锐化、危机也更加频繁化了。这是因为随着固定资本的增大，美国社会的生产力是较前更加发展了，但社会的消费力却在相对缩小。这是早为马克思在《资本论》第3卷中所阐明了的矛盾，马克思说："直接剥削的条件和它的实现的条件，不是相同的。它们不仅在时间和空间上分开；在概念上，它们也是分开的。一个仅受限制于社会的生产力，别一个却受限制于不同各生产部门的比例性与社会的消费力。但后者既非由绝对的生产力，也非由绝对的消费力决定，而是由那种在对抗性的分配关系的基础上建立起来的消费力决定。这种对抗性的分配关系，会使社会大多数人的消费，缩减到一个只能在比较狭隘限界内变动的最小限度。并且，消费力还会由积累冲动——追求资本增加并依扩大规模进行剩余价值生产的冲动——受到限制。……这个内部的矛盾，企图由生产的外部范围的扩大，得到均衡。但生产力越是发展，它就越是与消费关系所借以建立的狭隘基础陷于矛盾。"[6]

所以战后美国的垄断资本集团，虽然可以在一个时期内利用国家的力量把固定资本的投资额大大增多，但这种固定资本的投资额必须在不断扩大的规模上永远继续维持下去，才能使美国的扩大再生产不断进行下去。而这在一个资本主义社会实际上是不可能的。所以在战后的美国只要当固定资本的扩大已经部分地结束了的时候，或是当新机器、新工厂开始向市场抛出商品超过了社会的消费力，使商品形成过剩从而阻碍到商品资本转化为货币资本和生产资本，使生产资本中的固定资本不能再在有利的条件下继续扩大投资下去的时候，周期性的生产过剩危机就立刻成为不可避免。所以战后美国的固定资本更新周期虽然是缩短了，它同时也就使发生经济危机的周期缩短了。这是出乎垄断资本集团的主观愿望之外的，而这也正好是资本主义社会中的经济规律发生作用的结果。

但在此必须指出，发生在战后美国的经济危机，由于它的产生条件已和过去不同，这是一种发生在资本主义总危机进一步加深、国家垄断资本主义和国民经济已经军事化条件下的经济危机，所以它的出现形式是会和过去有所不同的。但战后的美国经济危机，虽然在危机出现的形式上来说和过去有所不同，从危机的实质上来说，则只有比过去变得更加严重，并没有变得更加"轻微"。说战后的美国经济危机变得"轻微"了的根据是什么呢？无非是因为，在战后美国的几次经济危机出现时，工业生产下降的幅度都不大，生产下降最大的一次（1957 年的一次）也只有 14.8%，另外，持续的时间也不久（一般都只在一年左右），而尤其重要的是，除 1948—1949 年一次物价有轻微下降外，此外几次经济危机时的物价就都不是下降而是上升的。在危机的过程中都没有爆发如银行大批倒闭、交易所关门等等。根据这些情况，我认为，说危机的形式已经有所改变是可以的，但若说危机的性质已经变得"轻微"则是不对的。这是因为第一，战后美国的经济危机是发生在资本主义总危机进一步加深条件下的经济危机，这时候的整个资本主义世界，由于社会主义阵营的壮大，民族民主革命运动的蓬勃发展，资本主义社会内部各种矛盾的不断尖锐化，已经变得比战前更加腐朽和虚弱。在这种条件下的美国，扩大再生产过程已经变成是一种愈来愈要依靠国家用扩军备战的财政力量以及预支社会未来的购买力的力量（如消费者信贷）来支持的扩大再生产过程。在这种扩大再生产过程中，它所要依靠的扩军备战的财政力量以及预支社会未来的购买力愈大，就愈证明它的腐朽和虚弱。战后美国的再生产过程依赖国家财政力量作支持的比重，是在不断增加的，这从美国官方所公布的国民生产总值中，政府（包括联邦政府、州政府和地方政府）购买物资与劳务支出的比重已经愈来愈大的趋势中可以看出的，见表2。

表2　　　　　　　　　　　　　　　　　　　　　　　　单位：亿美元

年份	国民生产总值	政府购买物资与 劳务支出总数	所占比重（％）
1950	2 846	390	13.7
1951	3 290	605	18.4
1952	3 470	760	21.9
1953	3 654	828	22.7
1954	3 631	753	20.7
1955	3 975	756	19.0
1956	4 192	790	18.9
1957	4 428	865	19.5
1958	4 445	935	21.0
1959	4 827	971	20.1
1960	5 034	997	19.8
1961	5 187	1 074	20.7

资料来源：美国《现代商业概览》，1962（7）。

从表2中我们可以看出，1952年以后，美国政府购买物资与劳务的比重已接近或超过国民生产总值的20％，这与1929年美国政府收购物资与劳务的比重仅为8.1％比较，国家用财政的力量来支持再生产过程的比重已增加为二倍半左右。在战后美国的扩大再生产过程中，除了依靠国家财政力量的支持外，也还依靠预支社会未来购买力的支持。这是我们可以从战后美国的消费信贷债务的激增这一点上看出来的。美国在1929年，消费信贷仅为64亿美元，经过了1929—1933年的经济危机后，消费信贷更减少为34亿美元。战后的美国则正相反，消费信贷额不但年年增加，而且在经济危机发生的时候也仍然增加。增加情况见表3中数字。

表3

单位：亿美元

年份	消费信贷额	年份	消费信贷额
1945	56	1954	324
1946	83	1955	388
1947	115	1956	425
1948	144	1957	452
1949	173	1958	455
1950	214	1959	520
1951	227	1960	557
1952	275	1961	571
1953	313		

资料来源：《美国基本经济统计手册》，1962年各期。

上述消费信贷额如果再加上其他的私人债务（如房屋抵押借款数等），数字当然还要大。这些数字说明在战后的经济发展过程中，美国实际上只是以不断增加负债的办法在那里维持生产，这当然是无法持久的。战后美国的扩大再生产过程既然是依靠国家财政的力量以及依靠预支社会未来的购买力来支持的，我们就不能把在这样的再生产过程中发生经济危机时的生产下降数字与失业人数，跟战前发生经济危机时所发生的生产下降数字与失业数字同等看待。战后美国发生经济危机时如果生产下降10％，在实际的意义上来说就意味着如果没有政府的财政支持以及预支社会未来购买力的支持，它就可能至少要再多下降30％的数字[7]，因此，如果我们只简单地看到战后美国经济危机发生时的下降数字比战前小就认为战后美国的经济危机比战前"轻微"了，那是不符合事实的。而且，我们还必须看到，当垄断组织运用国家的财政力量来支持生产时，它就不能不同时引起财政上的赤字危机。战后美国每逢周期性的经济危机发生时，一定同时爆发财政上的赤字危机，这几乎已经成为一个规律，这也是我们只要一看战后美国政府的历年财政赤字纪录就可以明白的，见表 4。

表 4
单位：亿美元

年份	盈余（＋） 赤字（－）	年份	盈余（＋） 赤字（－）
1947 （6 月 30 日止）	（＋）8	1956	（＋）16
1948	（＋）84	1957	（＋）15
1949	（－）18	1958	（－）28
1950	（－）31	1959	（－）125
1951	（＋）35	1960	（－）40
1952	（－）40	1961	（－）39
1953	（－）94	1962	（－）63
1954	（－）31	1963	（－）88
1955	（－）43		（估计数）

资料来源：美国官方历年公布数字。

从表 4 的赤字纪录中，我们还可以看出一个趋势，那就是在 1957—1958 年的经济危机以前，美国政府还只是在经济危机发生时，同时发生财政的赤字危机，而自 1957—1958 年以后的六年以来，则即使在没有经济危机时，美国政府也已经不得不用赤字财政的办法来"防止"经济危机的发生了。这说明了在 1957—1958 年以后，随着资本主义总危机的进一步发展，美国政府想用财政的力量来支持生产、防止下降的办法，已经到了山穷水尽的地步。

美国政府面对着这样庞大的赤字，除了在实际上不断增税（说实际上不断增税，是因为有时候，美国政府在表面上也会主张"减税"）外，就只能不断增发公债与通货，结果不可避免地使通货膨胀危机（包括信用膨胀危机）在经济危机的发展过程中也不断加深，从而使美国的物价即使在经济危机发生的年份也没有下降，相反是上升的。[8]见表 5 和表 6。

表 5　　　　　　1950 年后美国的消费者物价指数表*

年　份	指　数	年　份	指　数
1950	102.8	1956	116.2
1951	111.0	1957	120.2
1952	113.5	1958	123.5
1953	114.4	1959	124.6
1954	114.8	1960	126.5
1955	114.5	1961	127.8

* 以 1947—1949 年为 100。

表 6　　　　　　1950 年后美国的批发物价指数表*

年　份	指　数	年　份	指　数
1950	103.1	1956	114.3
1951	114.8	1957	117.6
1952	111.6	1958	119.2
1953	110.1	1959	119.5
1954	110.3	1960	119.6
1955	110.7	1961	119.1

* 以 1947—1949 年为 100。

　　由于在 1950 年后的美国经济危机发展过程中，物价没有下跌，因此在危机中也就没有产生那种由于物价下跌而引起的货币紧迫、信贷资本极端缺乏、有价证券行市猛跌、利息率急剧上升、存户纷纷提存，甚至大批银行倒闭等现象，而是相反出现了物价上升与通货膨胀危机加深的现象。通货膨胀的现象本来不是与周期性经济危机有关的现象，它是在资本主义总危机加深时，资本主义社会中实施国民经济军事化以后，所必然要产生的现象。但在战后的美国，每经过一次经济危机，就要同时促使通货膨胀的危机加深一步，这一点却成为了战后美国经济危机发展的一个特点。战后美国的通货膨胀现象，发展到 1957—1958 年的经济危机时，由于进一步动摇了美元的对外信用，所以当美国的国际收支发生逆差，形成了所谓国际支付危机的同时，还加速出现了大量黄金外流的现象，这在

1957—1958 年与 1960—1961 年的美国经济危机期间是表现得很明显、很突出的。所有这些与战后美国的经济危机并发的财政赤字危机、通货膨胀危机，乃至国际支付危机等，能不能证明战后美国的经济危机在性质上说反而比战前的经济危机"轻微"了呢？显然是不能的。这些危机的并发，不但对于工人阶级来说，打击是极大的，对于整个资本主义社会发展的后果来说，影响也是极其严重、极其深远的，而且它还充分地证明了想用政府财政的力量来支持社会的扩大再生产过程是有着它的限度的，而这样的限度，就现在的美国来说已将近到达。所以在战后美国的 4 次经济危机中，虽然还没有像战前 1929—1933 年危机那样出现工业生产指数的大幅度下降，但这只是暂时的现象。随着垄断组织用财政手段和预支社会购买力的办法来支持生产下降的力量的愈来愈弱，在今后的美国经济危机过程中再度出现像 1929—1933 年那样的生产大幅度下降，全失业人数上千万人的增加的可能性是完全存在的。我们可以这样说：美国政府目前用财政手段来把原来可以通过物价下跌等经济危机正常现象来使得资本主义社会中的矛盾取得"暂时的暴力的解决"的"泄气口"（马克思语）堵塞的时间越久，它今后所将遭受到的惩罚，堵塞的"泄气口"一旦溃决的灾祸，就将愈加无法收拾。所以认为战后的美国经济危机已经在性质上变得"轻微"或将长此"轻微"下去的看法，从理论上说来显然是缺乏根据的。

而且我认为战后的美国经济危机较之战前的美国的经济危机在性质上来说还要来得更加严重的主要根据，还不在上面所说的那一点，而是在战后美国的经济危机过程中已经出现了十分严重的像马克思在《资本论》第 3 卷中所详细描绘过的那种人口过剩时的资本过剩的现象。

原来，随着战后美国的大量固定资本投资的增加，美国的资本有机构成不断提高，可变资本相对减少，美国的相对过剩人口也就愈来愈多。全失业的人数不但一次危机比一次危机增加，而且即使在经济危机以后的复苏与高涨阶段也仍然存在严重的失业问题，而与此同时，则又形成了资本过剩的现象。这是因为随着资本有机构成的提高，战后美国的平均利润率近年来也在不断下降，尽管近年来，美国的某些工业垄断部门（特别是与军火工业有关的工业部门）可以取得很高的利润率，但一般制造业公司纳税后的纯利润率是下降的。1957 年后，美国制造业公司的利润对它们的资本总值来说平均还不到 8％的利润率。[9]在这种情况下，美国固定资本的增长率当然也就会降低，从前述美国历年的企业资本支出数字中可以看到，美国在 1957 年达到了 369 亿美元的企业资本支出的高峰后，就一直没有能够再超过这个数字。1962 年的数字虽已超出 1957 年的数字近两亿美元，但如果把这几年中的美元贬值因素考虑进去，实际数字就还是小于 1957 年的。这就说明了美国战后的固定资本投资也已经发展到了一个限度。现在肯尼迪政府又在设法用进一步对垄断资本集团的投资实施"减税"的办法来刺激美国的投资，但看来能够刺激上去的投资数不会太大，而即使刺激了上去，美国的资本有机构成也只会更加提高，从而使利润率更为下降，形成更多的资本过剩。现在，美国在各种形态上出现的资本，可说都是过剩的，各大公司都有未分配利润及折旧基金没有能够完全投入到企业中间去。如以通用汽车公司为例，它在 1947—1959 年内共增加了固定资本资产 50 亿美元。但在同一时期内它所拥有的未分配利润与折旧基金共为 64 亿美元，所以它实际上还剩余 14 亿美元的资本。[10]这些没有能够投到生产中去的资本就形成了目前美国庞大的过剩的借贷资本。但目前的美国，除借贷资本过剩外，美国社会中的以生产资本与商品资本形态出现的资本也都是过剩的，生产资本过剩的最好的说明就是企业的经常开工不足，而商品资本过剩的最好的证明则为滞销商品库存的大量增加，这样，就完全形成了马克思在《资本论》第 3 卷第 3 篇第 15 章中所指出的现象，即"一方面是不被使用的资本，另一方面是不被使用的劳动人口"[11]。

美国的资本过剩了，当然，它就会大量地输出到利润率较高的国家和地区去，这也正是战后美国大量输出资本、剥削侵略其他国家的根源，但对美国本土来说，过剩资本的大量输出是会引起生产发展上的停滞的。在资本过剩的情况下，现在仍然能在美国本土投资的资本家，已经只是那些最有竞争力量的、能够由利润量的增加来补偿利润率的下降的大资本家，或是其他可以利用他的垄断地位来取得垄断高额利润率的资本家。马克思说："只要资本形成已经只在少数成熟的能由利润量来补救利润率的大资本手中发生，生产之澎湃的火焰一般地说就会熄灭。生产会被麻木。"[12]这正是美国在生产方面目前情况的写照。在美国整个历史的经济周期发展过程中，战后美国的经济周期已经变成工业生产增长速度较之战前特别缓慢的一种周期发展。据统计，如按人口平均计算，美国的加工工业生产每年的平均增长速度已从 1900—1919 年的 2.75％下降为 1929—1960 年的 2.10％，而在 1956—1960 年期间则只有 0.44％。[13]这说明最近几年的美国经济，在经过了 1957—1958 年的经济危机之后，基本上可说已经是处在一种停滞增长的状态中。这是一种十分严重的状态，因为在整个资本主义世界中，美国本身的停滞发展就意味着它将在与西欧的资本主义国家竞争中，居于十分劣势的地位，使美帝称霸资本主义世界的基础发生动摇。尤其严重的是，在经济停滞发展而人口不能停止发展的情况下，美国的相对过剩人口今后将因此更进一步增加，在战后美国的经济周期发展过程中，每经过一次危机，资本过剩与人口过剩的情况就同时向前加深一步，马克思说："生产资料的集中和劳动的社会化，达到了与它们的资本主义外壳不能相容之点。这个外壳会被破裂。资本主义私有制的丧钟响起来了。剥夺者被剥夺。"[14]看来，战后的美国经济危机，就正是促使美国社会向它的"外壳"破裂过程不断发展的一个力量。这个力量与资本主义总危机过程中所发生的一切力量结合起来，例如包含在总危机中的政治方面的力量、美国国内的阶级斗争的力量、全世界民族民主革命的力量结合起来，就终将促使美帝国主义早日走上灭亡的过程。目前美国帝国主义所采取的一切"反危机措施"与反革命措施可以在一定范围内推迟或延缓经济危机与政治危机的到来，但却无法改变它的灭亡的命运。

因此，我认为战后美国的经济危机，实质上，要比战前的经济危机更加严重。危机的更加频繁与经济周期的更加缩短都标志着资本主义末日的更加接近。

《列宁主义万岁》中曾经指出说："资本主义经济危机的周期的缩短，是一种新的现象，它进一步地标志着世界资本主义制度越来越接近于它的不可避免的灭亡。"[15]我们认为，这个论断是完全正确的，科学的。

（原载《新建设》，1963（7））

【注释】

[1]马克思：《资本论》，第2卷，212页。

［2］恩格斯：《英国工人阶级状况》，23页，北京，人民出版社，1956。

［3］关于资产阶级的"商业周期理论"，参考埃斯坦：《商业周期》一书。

［4］详细叙述见汉森：《商业周期与国民收入》，24～38页。

［5］垄断组织用人为的力量缩短固定资本更新的办法，请参看拙作《论关于固定资本更新和战后美国经济周期缩短的原因》，载《光明日报》，1961-06-26。

［6］马克思：《资本论》，第3卷，290～291页。

［7］这是根据战后美国用国家财政来支持再生产过程的力量已比战前增加三倍这一比例数字估计的，估计数还未把预支社会购买的力量计算在内。

［8］参见《美国联邦储备银行公报》历次发布的数字。

［9］参见美国《花旗银行每月经济通讯》，1963（1）。

［10］参见美国《劳工经济评论》，1960（12）。

［11］马克思：《资本论》，第3卷，299页。

［12］同上书，309页。

［13］参见《资本主义经济周期和经济危机论文集》，77页，北京，世界知识出版社，1962。

［14］马克思：《资本论》，第1卷，964页。

［15］《列宁主义万岁》，6页，北京，人民出版社，1960。

新金融资本论的几个主要问题

一、研究新金融资本的意义

人类社会是不断演进的。马克思在《政治经济学批判》中讲，人类社会是不断演进的，经过几个阶段，亚细亚的、古代的、封建的、资本主义的，他用的是"演进"两个字。作为人类社会中间的一个阶段——资本主义社会，也是不断演进的。这种演进，按照我的研究，是通过资本形态的变化来实现的，所以不同的资本主义发展阶段，有不同的资本代表形态。这里首先要解决从前资本主义社会是怎样演进为资本主义社会的问题。我认为，也是通过资本形态的演进来实现的。这种资本形态的变化，就是从前资本主义社会的商业资本与高利贷资本演变为现代的产业资本的过程。就是说，从前资本主义社会变为资本主义社会必须要经过把前资本主义社会的商业资本、高利贷资本演变为产业资本中的一部分。那么产业资本起来以后，还有商业资本，也有生息资本，这就是现代的银行资本（那是另外一回事），与前资本主义社会的性质根本不一样了。所以自由竞争阶段的资本代表形态，就是产业资本的形态。关于这个方面的研究，产业资本的构成，从货币资本怎么变成产业资本，怎么变为商业资本；作为产业资本整体，又怎么跟商业资本家、银行家瓜分它的剩余价值；产业资本家取得利润，商业资本家取得商业利润，银行家取得利息，资本主义地主取得地租。这些形态，马克思在两大著作里作了最充分的说明。从我个人来说，没有感到在理论上有什么不清楚的地方。这两部书，一部是《政治经济学批判》，一部是《资本论》，包括《剩余价值学说史》。但从我们国家来说，现在有一个问题，《政治经济学批判》，即《马克思恩格斯全集》46卷（上、下册）出版以后没有引起应有的重视。其影响是，我们对前资本主义阶段的研究是停留在一个非常幼稚的阶段，没有能够搞清楚。为什么有的国家，比如西欧的一些国家，能够发展为资本主义；某些国家，比如印度、中国等一些东方国家，没有能够发展为资本主义。这是个问题。这个问题，如果按马克思《政治经济学批判》，乃至《资本论》中讲到的前资本主义里的资本形态，就是研究什么样的条件下可以转变为产业资本，在什么条件下它不能转变为产业资本，这两部书中实际都解决了。但是，我们的同志未重视这个问题，一直到现在为止，应该说我们对前资本主义的研究水平实际上是很低的，远远落后在西方一些研究前资本主义的马克思主义者的水平下。但这也不是我今天要讲的主要问题。

我今天讲的是另外一个问题，是有关自由竞争到后来发展为垄断的一些问题。列宁写了《帝国主义论》，他认为帝国主义是资本主义的垂死阶段，是资本主义的垂死期。但第二次世界大战后，资本主义在全世界得到了很大的发展，而且这个发展，虽然现在速度慢下来了，但它还是在发展，现在是属于低速发展阶段。这就要求马克思主义者应用马克思主义的立场、观点、方法，来研究这个新情况，解决这个新问题。我在大学里培养博士生、硕士生，我培养的目的就是要培养一批新的马克思主义战士、新的理论家，解决一些问题。硕士生要解决一些小问题，博士生要解决一些大问题。那么现在前面两位博士生都写了论文，通过了，解决了两个大问题：一个是经济长波论，一个是发达与不发达世界的关系问题。但是现在还有一个很大的问题留了下来，还要作继续的研究。这就是，为什么第二次世界大战后，资本主义能有那么大的发展的阶段？这是与列宁、斯大林，特别是与斯大林的许多论断不符的。那么到底应该怎么解释？这是一个很大的问题，关系到整个马克思主义的发展。我们现在要坚持马克思主义，就必须要发展马克思列宁主义。如果用一些过时的理论来解释当代情况，那么对于马克思主义的威望，只能有害，不会有利，因为人家觉得你不能解决问题嘛，说的情况与事实不符。所以，简而言之，第二次世界大战后，以美国为首的资本主义社会实际上已经是一种新型的资本主义社会，也就是我要讲的新金融资本主义的社会。

因为资本的代表形态已经发生了重大变化。刚才讲的，不同的资本主义发展阶段有不同的代表形态。那么，如果说自由竞争时代的资本代表是产业资本，那么垄断阶段呢？就是列宁讲的金融资本。但是列宁讲的垄断实际上是一般垄断，一般垄断时期的代表资本是列宁讲的金融资本。

可是到了第二次世界大战后，资本主义就进入国家垄断资本主义阶段。而国家垄断资本主义阶段代表形态是什么？我认为是新金融资本。所以，研究这个问题，就是要回答第二次世界大战后资本主义为什么有那么大的发展。这对发展马克思主义，对解决资本主义现在到底处于什么阶段等，意义是很重大的。这是第一个问题。研究新金融资本主义，在理论上有重要的意义。资本主义本身在不断的演进，而这种演进是由资本形态变化来推进的。从前资本主义的商业资本、高利贷资本，演进成为自由竞争阶段的产业资本，再从产业资本演化为一般垄断阶段的金融资本，然后再演变为国家垄断时期的新金融资本。这就是我认为的资本形态变化的几个阶段。

现在要具体说明，旧金融资本，即列宁所说的金融资本，跟现在我所要讲的新金融资本，究竟在哪些方面不一样。

二、新金融资本的特点

新金融资本的特点是很多的，与旧金融资本对照，我认为有这样一些变化：

1. 第二次世界大战后的金融业有了很大的发展。这里讲的金融业是指银行在内的，但不仅仅是银行。第二次世界大战后任何资本主义国家的银行都有很大发展，但不仅仅是银行，因为还有其他一些保险公司、财务公司、储蓄机构等。发展到什么程度呢？在垄断阶段，如美国，已经产生了金融垄断财团。但在一般垄断阶段，这种垄断财团的力量还不足以控制整个国家、社会，支配每个人的生活。现在不是这样了。

第二次世界大战后美国能够控制社会的财团在数量上增加了，原来是所谓的八大财团，第二次世界大战后发展为十大财团。八个中有的被淘汰了，有的被抛弃了，有的落后下去了。但是新加入的两个财团，一个是第一花旗银行财团，还有一个加利福尼亚财团，也就是美洲银行财团。几乎可以说，它们都是以银行资本为主要资本的财团。而且我们可以研究一下，几乎所有这些财团，没有一个是没有一家到两家主要银行来作为其财团发展的支柱的。所以，有些财团，比如库恩-罗比财团，为什么失败呢？因为它缺乏一个银行。福特是个财团，但它不能立身于八大财团之中，也因为它没有一个大的银行来支持它。所以，有没有一个银行或者大的金融机构来作为垄断财团的中心，这是一个财团能不能成功的一个关键。这是垄断财团本身的变化。现在讲的，第二次世界大战后这些垄断财团已经控制了整个国家、社会，支配了每个人的生活。现在，可以说每个美国公民都离不开银行。反正你到美国生活，特别是使用信用卡，这一切你天天离不开金融业。这个新的金融垄断财团控制了国家，也控制了整个社会，然后通过银行，银行的消费信贷、抵押等与每个公民发生了密切的关系。任何美国社会的公民现在离不开金融垄断财团。除了他自己工作的单位，还受到整个国家、社会的支配，而这个国家、社会的最后支配者是金融垄断财团，这样大的一个金融力量，远远超过了列宁在写帝国主义理论时所看到的金融垄断财团的力量。

2. 从整个国民经济产业比重来讲，金融业跟服务业的比重在任何发达的资本主义国家，以美国为首，都超过了工农业的比重。而且还有一个非常特殊的现象，就是这个社会的总利息的收入，利息的总收入，包括美国国家发行的许多公债、美国大企业发行的许多公司债等，公司债也好，其他的短期债券也好，主要是收利息。因此，第二次世界大战后在美国，从国民收入讲，利息额总收入加起来超过利润的总收入。这是新金融社会的一个很主要的标志。当然，美国社会不是一上来就这样的。我们可以用数字来说明，一年一年总利息收入的增加超过总利润收入，然后到某一年，总利息收入超过总利润收入，直到现在也是这样。这说明什么呢？支配这个社会的，已经是金融业，而不是原来的工业和产业资本家，原来的工业、产业资本家的地位相对削弱了。

3. 第二次世界大战后金融资本是跨国公司与跨国银行的结合。这就是我们通常说的金融资本国际化的问题。也就是说，列宁原来所讲的金融资本是在本国国民经济范围内的，它还是一国的。而第二次世界大战以后金融资本是全球跨国公司和跨国银行结合起来的金融资本。它的发展是全球性的，也就是说，金融资本的力量不仅支配美国，它还可以支配整个资本主义世界，乃至整个世界。像苏联、东欧社会主义国家也通过借款等与跨国公司和跨国银行发生关系。它就可以影响跨国公司和跨国银行结合起来的这种金融资本，它是全球性的。另外，大家都知道，跨国公司的一个重要特点是在海外直接投资。第二次世界大战前，资本输出是间接投资，也就是相关国家的资本。也有直接投资，但主要是间接投资，就是发行证券。这是第二次世界大战前资本输出的主要形态。第二次世界大战后，因为新金融资本出来了，跨国公司和跨国银行结合，因此在形态上以直接投资为主。它的生产整个国际化了。全世界哪个地方生产成本低、劳动力廉价、原料方便，美国跨国公司就在哪里发展。可这些跨国公司利用了资本。有材料证明，并不是母国直接投出去的，它主要是利用当地的国际资本，就是借款借贷，利用世界上的借贷资本，所以利用国际借贷资本在世界各地投资就促进了国际范围资本的大发展。从亚洲来讲，从 20 世纪六七十年代以后，"四小龙"和东盟国家等新兴国家和地区，如果我们用具体的材料分析一下的话，就可以看到，它们与跨国公司和跨国银行的发展是分不开的。新加坡主要就靠国际银行，也靠跨国公司在那里办炼油厂。此外还有韩国、中国台湾，几乎都是因为跨国银行和跨国公司在那里发展直接投资，促进了资本主义大发展。

4. 由于第二次世界大战后金融资本占据了垄断地位，产业资本的重要性反而相对下降了，因此在战前支配产业资本的周期性经济危机的重要性，也就是它的严重性，相对来说是减弱了。所以资产阶级不叫它危机，而叫它衰退。Recession 并不是偶然的而是必然的。因为金融业在整个国民经济中的比重已经超过了工农业的产值，那么原来支配产业资本循环的周期性危机，它的重要性就相对退后了。那么，这也告诉我们（当然，经济危机还是不可避免了）为什么第二次世界大战之后经济危机发生的时候，必然发生财政金融危机的道理。因为它已经是个金融资本统治的社会，所以当金融资本中的一部分工业资本循环周转中发生周期性危机的时候，财政金融方面就必然要发生危机。财政危机就是赤字，金融危机就是货币混乱、贬值等。总之，财政金融危机结合起来的危机产生了，这是一种新形态的周期性危机。而这种新形态的危机同新形态的金融资本主义是分不开的。

5. 第二次世界大战后的新金融资本已经控制了国家，所以它就通过国家的机构对整个社会的生产、交换、分配、消费来加以调节。这种调节，特别是消费方面的调节，通过国家再分配以后让一部分劳动人民取得一点福利。所谓福利国家的建立，这是一个新形态，因为第二次世界大战后的福利国家第二次世界大战前是没有的。这是通过调节分配以后，资产阶级相对地拿出一部分，增加（也可以说是收买）给劳动人民的，让劳动人民多得一点。这样一种福利国家的产生是第二次世界大战后的一个特点。它说明了国家不仅在操纵生产、交换，而且还操纵分配与消费。那么这样一种调节，已经不再是限于国家的范围了。由于刚才讲，现在跨国公司和跨国银行是全球性的，所以现在这种调节也已经初步扩展到国际调节。这种调节表现为 1975 年以后几乎每一年发达国家各位首脑一定要会面一次。而在商讨的诸多问题中，除了政治之外几乎常牵涉经济方面的问题。例如，调整利率、汇率都在这些会议上产生了。另外，第二次世界大战之后产生了一些新的国际机构，例如国际货币基金组织、世界银行等，原来操纵国家金融的垄断财团，现在就通过操纵国际货币基金组织、世界银行来对全世界的财富进行调节。

但是我要强调，在这样一种操纵下，我们所要求的新国际经济秩序有无建立的可能呢？我们认为，按照现在的迹象来看，由于货币危机跟新金融危机，如果再发展（财政货币危机应再加上债务危机），债务危机的许多事实告诉发达国家，如果债务不解决，资本主义发达国家的经济也不能发展。所以从 1985 年以来推出了"贝克计划"，就是企图通过国际调节来解决一些问题。所谓国际调节，也就是通过国际货币基金组织、世界银行增加一些贷款等来解决一些债务危机的问题。因此从这里说明，如果按现在的情况发展下去，建立新国际经济秩序不是不可能的，而是有希望的。但这个秩序的建立依赖于什么呢？依赖于发达国家内部的政治改革的相互配合。这就要过渡到下一个问题。

三、新金融资本主义的历史地位

帝国主义与以前有什么不一样呢？这方面还要做进一步的研究。如果新金融资本的上述五个特点能够成立的话，那么列宁讲的资本主义社会是不是已经到了最高阶段，是不是战争不可避免，这些论点，现在恐怕都要重新考虑。因为事实证明了第二次世界大战后资本主义社会并不是垂死的阶段，它还在发展。另外，资本主义国家中间，并不是剑拔弩张非要打仗不可，而是相反，通过相互渗透、相互协作来解决问题。关于战争的危险，我们党中央这么看，第三次世界大战是有可能不打的，而且不打的可能性很大。那么这个可能性的经济基础在哪里呢？就在于新金融资本主义。它与旧金融资本主义是不一样的。因此，原来帝国主义五大特点的看法都需要重新论证。但是这个题目是很大的，不是我今天要讲的。我今天只讲了一部分，就是原来帝国主义社会的金融资本，经过第二次世界大战有哪些发展。在上述五个新特点的基础上，要对帝国主义的特点重新加以考虑。那么这就在于我们的研究了。

原来列宁讲的帝国主义的历史地位，而我认为现在有必要讲一下新金融资本的历史地位。

在研究这个问题之前，我也认为列宁讲的话是不可动摇的。列宁讲的"垂死"到底是什么意思？我查了一下，至少有一条可以肯定，就是列宁讲的"垂死"，跟斯大林讲的"垂死"是两回事。斯大林讲的"垂死"，就是与人的垂死一样，跟着来的就是死亡阶段了。第二次世界大战后的情况就不是这个情况，如果查过列宁的书，是不一样的。腐朽，列宁讲的就是寄生性。现在资本主义还是寄生性的，如果不寄生，它就不能存在。腐朽性解释和寄生性是有说服力的。而列宁讲的"垂死"，是过渡性的意思，向前就是社会主义了。那么现在经过研究，列宁讲的帝国主义，他不认为这是个短期的，而是个长期的事情。垂死不是一下就死，而是长期，还有就是有曲折性，也可能死死活活，不一下就死，就像病一样，好好坏坏。列宁的说法合乎实际，但仍然有一个很大的毛病，就是列宁认为一定要发生无产阶级的革命不可。现在看来，人类社会的演进未必如此，马克思用"演进"二字是对的。资本形态到了帝国主义仍可以变化，再进一步就变成社会资本了，社会主义了。因此，这个历史地位，就是说，全世界向民主社会主义的发展。以前认为，苏联式的社会主义是每个社会必然要经历的阶段，都要经过"十月革命"，建立苏联式的社会主义，但是这种社会主义模式，经过事实检验，并不是唯一的社会主义方式。也就是说，并不一定所有的发达国家都要经过这么一个阶段，它们的资本主义程度远远超过俄国，这些发达国家很可能走民主社会主义的道路。

1. 原来苏联式社会主义的思潮衰落，在世界上凡是忠于苏联共产党的力量都在削弱。群众不是越来越多，而是越来越少。但是，不是整个社会主义思潮在衰落。我到了奥地利、联邦德国，民主社会主义的思潮在兴起，包括美国。它们传播的是民主社会主义思想。社会主义必须是民主的，跟我们党讲的一样，即社会主义一定要有民主，没有民主的社会主义不是真正的社会主义。包括苏联自己也感到，不改革不行。可以说在新金融资本主义的冲击下，它也不得不走开放、经济改革的路。它也欢迎国际上的资本主义国家到它那里投资，开发西伯利亚，因为否则的话，西伯利亚的资源永远躺在地下。要依靠它自己的积累，几乎永远不可能。这些都从经济上说明，苏联式社会主义模式在衰落，新的民主社会主义的思潮在兴起。

2. 现在资本主义社会中，拥护社会主义的力量在扩大。为什么？人数上也在扩大。原来讲拥护社会主义的，就是只限于无产阶级。我们强调无产阶级起来革命，无产阶级专政，但是事实证明，拥护社会主义的，不限于无产阶级——

蓝领工人。在资本主义社会，蓝领工人当然拥护社会主义，这是无疑的，但是这不够。要有以无产阶级为核心的、以广大劳动人民为队伍，还有，我要强调一下，要有中产阶级的力量。这个中产阶级，经济基础是什么？就是垄断资本主义社会必然存在的，作为补充的中小企业。等于我们社会主义中以全民所有制企业为主，也要有集体、个人所有制作为补充一样。垄断资本主义离不开中小企业。中小企业的数目在第二次世界大战后不是减少，而是增加了。如果不采取我的解释，则解释不通。并不是所有的中小企业都要变成大企业，然后无产阶级革命把它们拿过来。大企业固然重要，中小企业也不断兴起。中小企业主，即所谓的中产阶级，在数量上越来越大，现在处于举足轻重的地位。资本主义国家从收入分化和阶级分化来讲都是两头小、中间大。美国现在收入分为五档，二、三、四档为主要部分。中小企业都反对财阀垄断，要求民主，这个民主是资产阶级范围内的民主，它并不是社会主义民主。但要变资产阶级民主为社会主义民主，就是要使劳动人民做主。这就是社会主义民主。垄断资本当家，这就是资产阶级民主。不同就在于此。这样一个改革，在有些情况下要通过暴力，但有些情况下，可以用非暴力，即和平过渡来实现。说和平过渡就是修正主义，这种说法是不符合实际的，也没有号召力。如果你现在去奥地利，去宣传暴力革命，人家一定把你当疯子。人们认为在现在的社会中生活得蛮舒服，不足之处是某些政策不符合他们的利益。但是他们如果能够通过他们的议员来满足他们的要求，他们就满足了。奥地利、瑞典这些国家均如此。

美国连英国都不如，它还没有工党。它的两大党均代表垄断资本主义阶级，真正代表中产阶级、劳动人民的，可能要民主党来。这现在还没有，但我看是非走这条路不可的。从特点来讲，中产阶级、白领、知识分子、技术人员，他们对金融垄断十分不满，但又不想用暴力推翻现有制度来建立苏联式的社会主义。他们要求的是民主社会主义，劳动人民要有更大的发言权，控制社会的分配。也就是要有更多的福利。这是他们目前所要求的。

3. 综上所述，用马克思的话说，都是资本主义的范围内资本的自我扬弃，是自己一步一步变过来的。首先是股份公司，其次是托拉斯，这个股份公司到托拉斯，是自我演变过来的，没有什么人为的力量。托拉斯就像恩格斯所说的，国家变成了"总资本家"。像美国这样也是"自我扬弃"变过来的，就是对于社会生产力的社会性的承认。关于资本主义的基本矛盾，马克思主义说的还是对的，即生产社会性和生产资料私人占有之间的矛盾。但是，私人占有形式已经由于生产力的发展不断提高，现在社会对这种占有的容纳力量和第二次世界大战后并不完全一样。金融垄断资本曾试图用法西斯办法来解决它的问题，但此路不通。第二次世界大战失败，说明法西斯统治不能为人所接受。这是在原有的资产阶级民主的范围内来解决这个问题。所以，这些都说明，资本主义国家对生产、交换、分配、消费的调节是资本主义对社会大生产条件的适应和"自我扬弃"。所以福利社会产生的意义是很大的。福利国家产生的意义在于它有很多东西可以证明，劳动人民有可能不是绝对贫困的。"工人阶级的绝对贫困化"，是马克思在自由竞争时代得出来的结论。那个时候，工人阶级未组织起来，没有抵抗；垄断资产阶级还没有发展到新金融资本主义阶段。未发现拿利息比拿利润对他来说更稳固，而且对大家都有好处。用直接剩余价值剥削，老百姓造反；而要用相对剩余价值办法，你活，

吴大琨自选集

467

他也活，但他活得更好。这一切说明，在资本主义范围内，改良是可能的，不是不可能的。所以列宁的话是对的，资产阶级最后"不是用自由主义来反对社会主义，而是用改良主义来反对社会主义革命"[1]。这里讲的反对社会主义是反对苏式社会主义。假定我们把社会主义含义扩大，包括我国的社会主义，等等，那么他们不一定反对。

劳动人民要组织起来，改变垄断资产阶级的民主为社会主义民主，这是政治上的一个大飞跃。这个转变的物质基础现在一天天在成熟，而不是减少，因为垄断资本主义越发展，就越为社会主义准备物质基础。我们的一些认识落后于实际，我们有时宣扬的还是一些过时的口号，对资本主义国家的劳动人民没有吸引力。按我们讲的来重新宣传，我想对劳动人民、中产阶级是有吸引力的。而这对建立新的国际经济秩序也有促进作用。这两个过程可以一起完成。建立民主社会主义和新的国际经济秩序都是新金融资本主义的过渡期。

这个过渡同列宁讲的过渡意义不完全一样。它包括两种可能：其一，通过暴力，如苏联、中国，但并不是全都必须如此；其二，如西方一些国家，斗争是有的，如罢工等，但不一定是采用暴力，可以用选举的方式。

新金融资本主义的历史作用就是向全世界，不是哪一个国家，向民主社会主义过渡的阶段。为什么用新金融资本主义而不用国家垄断资本主义？因为国家垄断资本主义只强调了国家，而未把金融资本主义的世界性意义表达出来。有很大缺陷。现在有人说，除了国家垄断，还有一个国际垄断。现在想不到别的名字，只好叫它新金融资本主义，若能想出更好的说法，则更好。

马克思主义用《资本论》的材料说明了前一半，即如何从前资本主义过渡到资本主义。

（《探寻中国资本市场发展之路》代序，

北京，中国金融出版社，2006）

【注释】

[1]《列宁全集》，第 20 卷，307 页，北京，人民出版社，1971。

我的经济观

我的经济观是什么？总的来说，就是我学习、运用马克思列宁主义的辩证唯物主义和历史唯物主义观点观察和分析当前世界经济与中国经济所得出来的看法。这里着重谈谈我对当前资本主义世界经济的看法。我认为，当前的资本主义世界经济是国家垄断资本主义阶段的资本主义世界经济。国家垄断资本主义是资本主义发展中的一个新阶段，它具有许多和过去的阶段很不相同的特点。

研究当前资本主义世界经济，有必要回顾一下第二次世界大战以前的世界经济的形成和发展。

世界经济是一个历史范畴，它是人类社会发展到一定阶段以后的必然产物。在资本主义生产方式产生以前，不存在真正的、统一的世界市场，因此，也不存在如同我们今天所说的世界经济。世界经济是资本主义机器大工业的产物。从18世纪60年代到19世纪60年代，资本主义生产从工场手工业过渡到机器大工业。在这一百年中间，由于以蒸汽机为代表的科学技术的惊人进步，英国和其他欧洲先进国家以及美国都相继完成了工业革命，建立了机器大工业，使工农业和交通运输得到了很大的发展。工业革命发生以后，由于广泛采用机器技术，社会分工发展到一个新的阶段，不仅工业从农业中完全分离出来，工业内部也有了进一步的分工。而且，社会分工向国际领域扩展，把各种经济发展水平不同的国家逐步地卷进了以国际分工为基础而形成的世界市场。

马克思说，由于有了机器，现在纺纱工人可以住在英国，而织布工人却住在东印度。在机器发明以前，一个国家的工业主要是用本地原料来加工。……由于机器和蒸汽机的应用，分工的规模已使大工业脱离了本国基地，完全依赖于世界市场、国际交换和国际分工。于是，一种同机器大生产中心相适应的新的国际分工形成了。在这个新的国际分工中间，英国成了当时的世界工厂，而亚洲、非洲、拉丁美洲广大地区的落后国家变成了它的原料和食品供应基地。后来，继英国之后完成工业革命的，还有西欧和北美的一些国家。总之，随着工业革命的完成，终于形成了世界市场；而随着国际分工、世界市场的形成和发展，世界各国的生产、交换和消费日趋国际化，世界经济也就开始产生。

但是，那时世界经济的主要特征，是工业发达国家对落后国家的商品输出，它是和资本主义的自由竞争阶段相适应的。

从 19 世纪 70 年代到第一次世界大战以前，发生了以电气工业为代表的第二次科技革命。这次革命的结果是自由竞争的资本主义转变为垄断的资本主义，形成了资本帝国主义国家对全世界殖民地、半殖民地和附属国的统治，也就是我们所讲的金融资本的统治。这种统治的物质基础是资本输出，也就是资本的国际化、资本主义生产关系的国际化。这样，世界各国就不仅通过交换，而且通过资本的国际化结成一个互相渗透、互相依存的统一的资本主义的世界经济体系。20 世纪初，资本

471

主义世界经济进入了私人垄断为主的帝国主义阶段。这个阶段的特点，列宁在《帝国主义是资本主义的最高阶段》中已为我们作出了具体的、精辟的论述。

第三次科技革命即现代科技革命，开始于50年代，到60年代进入高潮，一直到现在还在发展中。其主要标志是电子计算机和原子能的发明和使用。这是资本主义生产力发展中的第三次变革，人们称之为"原子能时代"或"电子时代"。

综合第二次世界大战以后的世界经济情况，我们可以看到西方资本主义国家经济发展的以下特点：

第一，在军事科学新技术推动下，发生了以原子能为代表的科技革命，科学技术有了很大的进步。但所有科学技术都受到军国主义的限制，在军事上的发展最大，原子能来到人间首先是以原子弹的形式出现的，这是值得注意的国家垄断资本主义时代的特征。

第二，各国垄断组织与国际垄断同盟都有了新的发展。科学技术革命的结果，使军事科学可以转化为民用，可利用到工业上去。因此，出现了许多新的工业部门，如电子工业、石油化学工业、原子能工业、航空航天工业等等。这些新工业部门都掌握在国际垄断同盟和国际垄断组织手中，它们在第二次世界大战后发展为新的形式——跨国公司、跨国银行。跨国公司的总部多数设在美国，分公司可以遍布世界各地。现在是世界性范围的积累、世界性范围的生产、世界性范围的分配和世界性范围的消费。这种跨国公司、跨国银行在经营管理上有很大的进步，管理科学方面的进步非常突出。这是必然的，因为总公司可在纽约，分公司可在伦敦、巴黎或任何国家，它必然要有一套可以管理的方法。跨国公司在其美国本土也有很多分公司。

第三，各国都发展了国家垄断资本主义，但各国发展的重点不一样。简略地说，国家垄断资本主义有三个组成部分：(1) 国家所有制，即国营工业；(2) 国家消费，由国家拨出大量财政费用来购买商品和劳务，这就可以控制市场；(3) 利用财政、金融政策来调节整个国民经济。战后各国发展国家垄断资本主义重点不一样，以英国说，国家所有制比较发展，意大利、法国也较多，美国则国家消费多。所有西方资本主义国家都很重视这第三点，即利用财政、金融政策来调节国民经济。各国都实施了凯恩斯主义，这是国家垄断资本主义的理论根据。国家要全面干预经济生活，并有一套干预的方法。西方国家实施了凯恩斯主义，并取得了一定的效果，但是，现在已走向反面。

凯恩斯主义见效之处有二。一是凯恩斯主义实行的是改良资本主义。凯恩斯主义承认资本主义有缺点，如经济危机、失业和贫困等等，因而要采用反危机措施，在危机发生时减轻危机的严重性，减少失业人数，使工业生产下降的幅度小些。另一是采用各种福利政策，搞所谓"福利国家"，以缓和阶级矛盾。西方资本主义对工人实行四高：高工资、高福利、高效率、高消费。四高的中心是高效率，高工资和高福利则是诱饵。提高劳动生产率便可以增加工资，资本家照样赚钱。据统计，1950—1970 年，美国劳动生产率的提高是工人实际工资增长的 1.5 倍，因而美国制造工业的剩余价值率从 1947 年的 146％增加到 1971 年的 237％。日本从 1961 年到 1970 年，制造业工人实际工资年平均增长率为 6.4％，工业劳动生产率平均增长 14.3％，剩余价值率从 1955 年的 314％提高到 1970 年的 443％。

战后西方国家的工人阶级实际工资提高，生活水平也有所提高，但是，相对来说，垄断财团的财富增长更令人吃惊。总之，资本家发展科学技术、科学经营管理，提高劳动强度，就能缩短必要劳动时间，相对剩余价值就增加了。所以，资产阶级为了利润，对提高科学技术、加强科学管理非常感兴趣。

随着所有这些特点的变化，资本主义的固有矛盾也同时在加深和发展。这些变化很重要，用马克思的话来说，这是在资本主义生产方式的范围内发生的一种扬弃，扬弃就是局部质变。第二次世界大战以后，资本主义社会的生产力大大发展，生产关系也跟着变化，跨国公司、跨国银行是一种新的垄断组织形式，也是一种新的垄断生产关系。国家垄断资本主义，包括国家所有制等等，都是生产关系的一种局部的质变。战后由于资产阶级采用了国家垄断资本主义这套方式，这种质变适合于生产力，所以，它的生产在一定范围内发展得很快。

我们知道，国家垄断是由国家垄断资本和私人垄断资本在不同范围和不同层次采取多种形式相互结合的经济结构。国家垄断资本通过它所建立的国家所有制企业的各种经营活动，在社会资本的再生产过程中同私人垄断资本的各种经营活动相结合；国家垄断资本通过参与制同私人垄断资本在企业内直接结合，共同多层次地控制一系列国家参与制企业；特别值得注意的是，上面讲到的国家垄断资本还通过国家采购、国家信贷、国家补贴、国家科研拨款等等方式对资本主义经济进行控制、干预和调节。国家垄断资本代表了各垄断资本的总利益，它的重要任务之一就是对垄断竞争进行调节，而这种调节的主要目的是保证垄断资本的扩大再生产和利润的增长。这里，由于篇幅的限制，不可能详细阐述这一作为资本社会化的最高形式的国家垄断资本主义。90 年代初，我和中国人民大学的两位同志（陈耀庭同志和黄苏同志）合作，主编了一本《当代资本主义：结构·特征·走向》的专著，已于 1991 年 2 月由上海人民出版社出版，全书共四十余万字，可供参考。本文想以最能说明国家垄断资本主义阶级的特点的两个经济问题，即经济危机的问题和工人阶级贫困化的问题为例，说明一下我对于当代国家垄断资本主义在资本主义发展阶段上所具有的特点的看法。

一

先说经济危机问题。

战后，西方资本帝国主义国家的经济有一段时间发展很快，其内部矛盾也随之而加深，这就不可避免地产生了一种又一种的危机：除了原来固有的周期性经济危机外，又增加了国际通货方面的危机；进入 70 年代以后，还增加了能源危机以及各种社会、政治危机。这些危机互相影响，形成恶性循环。正如列宁所说的："帝国主义时代不可避免地会成为各种危机的时代。"[1]今天的西方资本主义世界就是处在这样一个充满各种危机的时代。现在，着重从理论上说明一下有关周期性生产过剩危机以及国际通货危机的问题。

（一）战后的周期性生产过剩危机

战后西方资本帝国主义国家的经济危机，跟战前很不相同。从经济危机史看，已经有过三次变化：一次是自由竞争阶段的经济危机，也就是马克思、恩格斯所处年代的经济危机，这种危机在《资本论》中阐述较多，我们也较熟悉；后两次变化，都是垄断阶段的经济危机，它们分别属于两个不同的时期。

从 19 世纪中期资本主义工业革命，即机器大工业兴起以来，资本主义经济运行过程中，一直表现出有规律的周期波动状态。这是因为机器大工业的建立使资本主义的经济运行机制发生了重大变化：一方面，它变革了资本主义生产的物质技术基础；另一方面，它大大地增进了资本主义积累，使积累率和积累构成不断提高。这样，机器大生产的发展，从一开始，就碰到了资本主义生产方式的根本矛盾，即生产的社会性和产品的私人占有之间的矛盾，出现了生产的无限扩大趋势和劳动者消费日益相对缩小的矛盾。这一矛盾的爆发，就是所谓生产过剩危机。在资本主义社会，因固定资本的更新与扩大是周期性的，所以，生产过剩的危机也是周期地爆发的。

这样的生产过剩危机，最初只能在资本主义最发达的国家发生。英国是世界上资本主义发展最早的国家，所以，周期性的生产过剩危机也最早在英国发生。1825 年英国发生第一次周期性的生产过剩危机时，当时的生产过剩危机还并不具有世界性。世界性经济危机是 1857 年，当英、法、美、德等国都同时发生生产过剩的危机时才开始的。从资本主义国家的历史看，自 1857 年发生第一次世界性经济危机以后，到第二次世界大战爆发前为止，共计发生了 11 次世界性经济危机。这 11 次世界性经济危机发生的时间是：1857 年、1866 年、1873 年、1882 年、1890 年、1900 年、1907 年、1913 年、1920 年、1929—1933 年、1937 年。在这 11 次周期性的世界经济危机中，发生在 19 世纪的有 5 次，发生在 20 世纪的是 6 次。发生在 19 世纪的世界经济危机是属于资本主义自由竞争阶段的世界经济危机，发生在 20 世纪的世界经济危机则是属于垄断资本主义的世界经济危机。这两者在性质上是有区别的。当资本主义社会还处于垄断前的时期，也就是自由竞争时期的资本主义时期，危机大概平均每隔十年左右才发生一次。那时，危机和萧条所经历的时期比较短，复苏和高涨的时期则比较长，后一个周期的生产发展水平超过前一周期的生产发展水平。可是，资本主义社会进入了帝国主义，即垄断的资本主义阶段以后，资本主义经济危机的情况就与前大不相同了。

不同之处，首先，由于社会矛盾的加深，经济周期的时间较前缩短了，由过去的平均十年左右发生一次的危机，变成平均不到十年就发生一次。其次，在周期中的危机与萧条阶段比较延长，经济危机已变得愈来愈不易克服。第三，危机的深度和广度、危机的严重性和破坏性，也较前大大增加。世界经济危机确实已愈来愈变成了一种经济上的大风暴，这种大风暴以1929—1933年爆发的世界经济危机表现得最为突出。这次危机导致了全世界法西斯主义的猖獗，并最终导致了第二次世界大战的爆发。在这种情况下，已经进入了垄断资本主义社会的资产阶级就感到，国家已经不能再相信"自由放任"的学说而对所有的经济活动不加干预了。它们开始相信应运而生的凯恩斯主义，并提倡凯恩斯主义，主张对国家的经济活动作出全面的"干预"。这种全面"干预"，以美国来说，开始于1933年美国罗斯福总统的新政时期，但真正全面展开则在第二次世界大战后的1946年美国国会通过《充分就业法案》以后。

按凯恩斯主义的理论，资本主义社会所以会发生经济失衡和经济危机，是由于社会没有足够的"有效需求"去购买所有生产出来的商品，而"有效需求"之所以不足，又是因为资本家对生产资料的"投资需要"不足以及个人对消费品的"消费需求"不足所致。凯恩斯认为，在一般的情况下，"有效需求"总是不足的，市场机制本身无力使总供给与总需求达到均衡，必须依靠国家干预来实现平衡。因此，设法扩大投资和设法刺激消费便成为国家干预经济以促进商品生产的两个方面。这些政策也就是所谓"反危机措施"。国家垄断资本主义社会实施反危机措施以后，应该说是对危机的破坏性起到了缓和的作用。所以，第二次世界大战后，资本主义社会就再没有发生过像 1929—1933 年那样的"大危机"。西方经济学界把这种缓和了的危机称做"衰退"。资本主义世界在战后就已经发生过 1948—1949、1957—1958、1970—1971、1974—1975、1980—1982 等 5 次周期性的衰退。美国目前自 1990 年 7 月起则正在发生战后的第九次衰退。由于国家垄断资本主义的发展，国家干预经济，终于使危机的发生变形为衰退，这应该说是国家垄断资本主义社会的一大特点。近年来，由于衰退的屡次发生，有些反危机措施逐渐失败，而在财政金融领域中所带来的"后遗症"主要是通货膨胀渐趋严重，而且已经逐步发展成在危机时产生停滞但通货膨胀却继续加剧的新现象。西方经济学界把这一新现象称为"滞胀"。这是国家垄断资本主义时期发展起来的新现象之一。

由于实行了国家的全面干预，第二次世界大战后所发生的世界经济危机和经济周期，与战前比较，发生了一定的变形，形成了一些特点。这里，我把这些特点概括为以下四个方面。

第一，各主要帝国主义国家的经济危机都已频繁发生，但是，发生的时间、情况各有不同，参差不齐。世界经济危机的同期性在战后初期曾一度消失，50 年代后期有所恢复，到 70 年代时才基本恢复。所以会发生这样的一个特点，主要是由于大战的结果，各帝国主义国家之间的经济发展不平衡进一步加剧。战时，美国不仅在战争中没有受到破坏，反而成了暴发户，而日本、西欧各国则都受到了战争的破坏。所以，当美国的国内矛盾加剧，发生 1948—1949 年的战后第一次生产过剩经济危机时，日本和西欧各国还没有从第二次世界大战的破坏中恢复过来，不具备发生周期性生产过剩危机的条件。危机的周期性规律在战后初期一度消失是完全可以理解的。战后，美国又是第一个进入新技术革命时代的国家，是新科技革命的发源地。西欧各国和日本都是通过美国的渠道，才进入新技术革命的时代的。美国在 50 年代用新科技革命中的新发明、新技术创建了一系列的新工业部门，形成了固定资本更新与扩大的高潮，而这种高潮在西欧各国和日本是在 60 年代才出现的。这一科技革命成果的应用在主要帝国主义国家间产生的不平衡，也同样使危机的同期性规律受到了干扰。但后来，随着西欧各国、日本的经济恢复以及科技革命成果在主要帝国主义国家之间的普及，世界经济危机的同期性就又逐步恢复了。

第二，经济周期的四个阶段，较之战前已经变得不十分明显。一个典型的经济周期一般包括四个阶段，即危机、萧条、复苏与高涨。战后萧条与复苏的阶段已很难区别，因而常常把它只看成一个阶段，即回升与复苏的阶段。这样，从高涨到危机到回升或复苏阶段，实际上就变成一个只有三个明显阶段的经济周期了。这一特点形成的原因，是和垄断资本主义在战后统治力量的加强分不开的。战后的工业垄断组织即使在危机期间，破产倒闭的也还是比较少，一般都只采取停工、减产的方法来应付危机，垄断组织的生产能力在物质形态上并未遭到破坏。因此，只要危机时期一过去，所有的工业垄断组织就可以立刻恢复生产，达到危机前的水平。这是萧条和复苏阶段在战后为什么能合二为一的一个重要原因。

第三，战后世界经济危机和经济周期的深度不如战前的垄断阶段严重。所以，资产阶级的经济学家们称之为"衰退"。

但到了 70 年代后期，危机又呈现出逐步趋于深化的趋势。形成这一特点的主要原因是：各国政府都发展了国家垄断资本主义，采取了"反危机"的政策措施，运用各种金融政策，既刺激消费，也刺激投资，刺激固定资本的更新与扩大，即使在危机期间，也尽量不使固定资本下降太大，从而在一定程度上缓和了危机的严重性，但这一缓和只是形式上的缓和。反危机政策并不能消除资本主义社会的基本矛盾，使经济危机根本不再发生，而只能改变经济危机出现的形式。所以，发展到了一定阶段，70 年代以后，有些经济危机就又逐渐趋向严重化了。

第四，战前发生生产过剩的经济危机时，常常发生以通货紧缩为主要特征的货币信用危机；战后，迄今为止，这样的货币信用危机还没有发生过，相反，倒出现了以通货膨胀为主要内容的财政金融危机。造成这一特点的主要原因是：战后各帝国主义国家所实行的反危机措施，在实际上都是预支社会购买力的膨胀性财政、金融政策，即在实质上都是信用膨胀政策和通货膨胀政策。这样，虽然避免了发生马克思时代的货币信用危机，同时也缓和了危机时期的严重性，但却创造了一种会在危机时期加速发展的财政危机（主要是赤字财政的不断扩大）和金融危机（主要是通货膨胀危机或债务危机）。当然，也就只会使物价在危机时期继续上涨而不会下跌了。

根据以上四项特点，战后世界经济危机确实是在世界经济的危机史上自成一个阶段的具有不少特点的世界经济危机。这些新的经济危机的发生，会对整个资本主义世界经济的发展产生影响。资本主义经济的发展，原是一种不断发生周期性生产过剩危机的曲折的发展。第二次世界大战以后，由于进入了新的技术革命的时代，各主要帝国主义国家创建了不少新的产业部门，大量地增加了固定资本的投资，再加上国家垄断资本主义的发展，在生产关系上为了适应生产力的发展，也有了一定程度的调整，如发展了跨国公司、跨国银行等。所以，无论在美国或是在西欧、日本，都曾一度在 50 和 60 年代先后出现一个经济发展比较迅速的时期。在这一个时期里，由于资本主义社会的基本矛盾仍然在加深。经济危机也还是不可避免地要周期性爆发。但由于上述经济危机的四个特点，危机已不可能再像战前那样使资本主义社会中积累起来的矛盾得到一次暂时性的"暴力的解决"[2]，而只能是矛盾的解决在更加深入的情况下不断地推迟下去，并不断地转化为经常性的财政赤字危机、通货膨胀危机和债务危机。这样，就不但使资本主义社会中各方面的矛盾越积越深，同时也使本想用来解决矛盾的一切反危机的措施本身逐步发生了危机，即解决矛盾的能力越来越趋于缩小。

由于前面讲过，一切反危机措施的实质不过是利用信用膨胀和通货膨胀，所以，战后各主要帝国主义国家采取反危机措施的具体情况虽各有不同，但都不同程度地走上了信用膨胀和通货膨胀的道路。到了 70 年代，由于战后科技革命促进生产上升的力量已经减弱，尽管通货膨胀危机已经发展到成为各国的一种威胁，但社会的生产力却还是刺激不上去，出现了停滞的现象。这种一方面社会的生产发展出现停滞，一方面又同时出现通货膨胀危机的现象，在资本主义各国的历史上是空前的。资产阶级的学者为此给这种新现象起了一个新名词，叫做"滞胀"（stagflation），即既有经济发展停滞（stagnation），又有通货膨胀（inflation）的意思。这种滞胀情况的出现，并非偶然，它是战后各资本主义国家实施反危机措施的必然结果，是资本主义基本矛盾加深后的必然产物。这一滞胀情况的出现，说明各国资产阶级政府原来所实施的一系列的反危机措施已经失败。现在美国政府正在用实施减税和提高利率的办法，来刺激生产和减缓通货膨胀的危机，而不知这样一来，暂时虽然可以见效，但客观上更加深了美国的赤字财政危机和美国国内外的债务危机，最后仍将不可避免地使美国以及整个资本主义世界再一次发生经济危机和通货膨胀危机。滞胀情况的出现，说明资本主义经济危机的痼疾已经发展到很难医治的地步了。尽管各发达国家的政府，今后在一段时间里还可能用较高的失业率来换取一段时间的通货膨胀率的下降，或者将来再用较高的通货膨胀率来推动一下经济发展，缓和一下失业的严重性，但要使经济停滞和通货膨胀问题同时得到解决，在现在的情况下已无此可能。

战后的经济危机与战前比，虽然有那么多不同，危机成了衰退，但我们对此的认识却不是一下子就可以改变过来的。所以当战后的 1957—1958 年世界经济危机发生时，有不少同志当时就写文章认为要发生 1929—1933 年式的大危机了。我则因为战后在美国工作过一段时期，所以对国家垄断资本主义统治下所发生的一些新情况有所认识，就写文章认为不会再发生像 1929—1933 年那样的大危机。这一下子，不得了，立刻遭到了所谓"批判"，认为我竟然否认出现像 1929—1933 年那样的大危机，因此是"反革命修正主义者"。在政治上，我当时受到了很大压力。幸亏我平时还没有什么修正主义的言行，仅仅在这个问题上看法和大家有所不同，所以领导最后没有真正给我扣上帽子。但当时认为我的看法不对，几乎是一致的。后来，事实证明，1957—1958 年的经济危机并非是 1929—1933 年式的大危机。

（二）战后西方资本帝国主义国家的通货危机

战后西方资本帝国主义国家的通货危机有两种：一种是随

着生产过剩危机而发生的货币信用危机；一种是战后进一步发展起来的西方资本主义国家的货币信用制度的危机。

第一种货币信用危机在马克思的《资本论》中早已阐述过。当时货币实行金本位制，这种危机的表现方式是：危机到来时，企业倒闭，物价下跌，利率上升，银行因遭遇挤兑而倒闭，黄金涨价的自动调节引起黄金内流。这种随着生产过剩危机而发生的货币信用危机，在战后发生过吗？目前有两种不同的说法：一种认为战后没有发生过这种危机；另一种说法认为，这种危机在战后是有的，但其表现形式与战前不同。我也认为应该是有的，因为不可能在生产过程中发生危机而在流通过程中不受影响。主要问题是目前的条件与马克思当时的自由竞争时代不同，现在是垄断资本时代，金本位也没有了，这就使得货币信用危机的表现形式跟战前完全相反，物价不是下跌而是上升，债务不是减少而是增加，黄金外流而不是内流，货币信用危机是以通货膨胀的形式表现的。正如战后美国每发生一次生产过剩危机，美元也同时发生危机一样。

第二种通货危机是货币信用制度危机。

第二次世界大战后，资本主义国家有段时间发展很快，其主要原因之一就是国际货币制度相对稳定。战后的一段长时期内，各国都以美元为世界基准通货。本来，在1929—1933年危机之后，各国都已放弃金本位制，货币制度开始发生危机。1944年7月，美、英、法等44个国家在布雷顿森林会议上，决定成立国际货币基金组织以及世界银行，确定维持美元为国际通用货币，并确定35美元等于1盎司黄金，各国货币都规定了与美元的固定汇率。这就使当时的国际货币制度基本稳定下来。战后初期，美国经济实力相当雄厚。当时，美国工业生产占全世界比重的55.8%，出口占全世界比重的32.4%。黄金储备在 1946 年为 207.06 亿美元，占全世界黄金总额的 60.9%；1949 年 8 月 31 日黄金储备为 204.71 亿美元，占全世界黄金总额的 70%。所以，美元作为世界基准通货是比较稳定的。

但是，后来美国利用这个特权（美元作为基准通货的特权），每发生国际收支逆差时就用美元来偿债，以致美国的债务越大，美元也就在国际上流通得越多。到 1971 年，美国的短期债务已超过美元的黄金储备很多，国际货币基金成员国就纷纷向美国要求兑换黄金，美国黄金大量外流。于是发生 1971 年尼克松赖账，宣布停止兑换黄金。各成员国也就将同美元的固定比率改为浮动汇率，使世界市场上黄金价格飞涨。于是整个资本主义世界的货币信用制度也从战后的相对稳定走向反面，重新又混乱起来，现在还处于混乱之中。

按照上述的情况，可见通货危机有两种：一种是同生产过剩危机结合在一起而发生的通货膨胀危机，另一种是从整个货币信用制度中发生的通货膨胀危机。总的来说，现在整个资本主义世界的货币信用制度是动摇的。各资本帝国主义国家每经过一次经济危机，通货膨胀就加深一次。换句话说，经济危机与通货膨胀危机是相互促进、螺旋式上升的。事实证明就是如此。

目前西方世界的通货混乱是否会再稳定下来呢？由于通货混乱是对各资本帝国主义国家不利的，因此，它们有稳定通货的意图。目前西欧各国正在建立欧洲货币体系，就反映了这种意图。但从整个西方世界来看，不会有通货稳定的可能了，只会越来越膨胀，越来越混乱。这是因为，第二次世界大战后，资本帝国主义国家出现了大批的跨国公司和跨国银行，它们并不接受本国政府的管理，相反，政府反要受它们的控制。例如，美国曾决定不让其国内资金外流，但结果是美国外流的资金更多。到 1980 年，估计欧洲美元与亚洲美元的总额已高达一万亿。这个庞大的数字，已超过了各国中央银行的黄金和外汇储备的总和。资本帝国主义国家里现在就有一股力量，即跨国公司和跨国银行的力量，在进行各种货币投机，搅乱国际金融市场，使国际通货难以稳定下来。政府对它也毫无办法。国际通货危机看来要一直发展下去。从长期看，美元也会越来越不值钱。

上面在谈到西方资本帝国主义国家在对付经济危机中先后都采用了对付危机的凯恩斯的一些政策和主张，使危机得到了一定程度的缓和。在这里，我认为有必要阐述一下关于凯恩斯的经济学说的主要观点。

凯恩斯是资本主义总危机时期庸俗经济学中最重要的代表。1936 年他出版了《就业、利息和货币通论》这本著作。他站在垄断资产阶级的立场上，看出了资本主义存在的两大毛病：一是经常不断爆发的经济危机，另一是贫富之间的差别越来越大。凯恩斯是一个改良主义者。如何医治资本主义存在的两大毛病呢？凯恩斯提出了一套反危机措施。

首先，凯恩斯用"有效需求不足"的理论来解释 1929—1933 年的经济危机。他认为由于边际消费倾向递减、资本边际效率递减以及人们心理上的"流动偏好"等基本心理因素的作用，在通常情况下，有效需求是不足的。有效需求不足就会引起整个社会的总供给大于总需求，于是市场上便出现了过剩的商品、闲置的资本和失业人员。凯恩斯因此得出结论：市场机制本身没有力量使总需求和总供给相等，萧条和失业就不可避免，只有依靠国家干预才能使资本主义经济恢复稳定。

凯恩斯关于国家干预的政策主要有两方面：

一是稳定经济的政策。凯恩斯根据不同时期的经济背景，提出不同的政策主张。例如，面对1929—1933年的危机，凯恩斯主张依靠国家干预来刺激有效需求，以保证整个社会充分就业。战后，1945年英国政府发表的《就业白皮书》和1946年美国通过的《充分就业法案》，都反映了凯恩斯的这一思想。另外，第二次世界大战爆发时，主要资本主义国家的经济转入了战时经济的轨道。这时，它们面对的国内经济问题，不是供给过度，而是供给不足；不是萧条，而是通货膨胀；不是失业，而是缺乏劳动力。在这种情况下，当政府还来不及运用刺激总需求的手段来减少失业人数时，其经济政策的重点又变为如何抑制总需求以防止通货膨胀的到来。为了防止通货膨胀，战争爆发后不久，凯恩斯提出了应当抑制战时的消费需求，增加储蓄。

二是强调财政政策在稳定经济中的作用。凯恩斯认为，要使财政政策起到稳定经济的作用，必须打破财政预算年度平衡的原则。他看到这种年度平衡的预算财政会加剧经济波动的严重性，因为当衰退发生时，税收必然随收入的减少而减少，为了减少赤字，只能减少政府的开支或提高税率，结果又会加深衰退；当通货膨胀时，税收必然随收入的增加而增加，为了减少盈余，只有增加政府开支或降低税率，结果又会加剧了通货膨胀。所以，在打破平衡预算财政原则的同时，凯恩斯又主张财政政策的责任在于保证经济社会处于持续增长的、没有通货膨胀的充分就业状态。

凯恩斯的理论认为，资本主义经济危机的发生是由于市场机制存在缺陷而造成的。因此，战后西方资本主义国家为了弥补市场机制的缺陷，对国民经济进行了国家干预。各国采取的国家干预的形式和侧重点不尽相同。例如，法国采取了"经济计划化"。这是一种对市场经济进行适当补充的经济体制。这种体制仍以私人经济作为主体部分，政府必须运用财政和货币政策对私人经济进行调节，以使那些与国家计划相配合的私人企业获得好处，而使那些与国家计划相悖的私人企业在经济上受到种种抑制。由于这种"经济计划化"的经济基础仍然是生产资料私有制，所以，国家计划在实施中必然受垄断企业追求垄断利润的限制，它不可能消除社会生产的盲目状态并克服经济危机。1974—1975 年法国同其他发达资本主义国家一样，也产生了战后最严重的经济危机。又如英国，战后工党执政以后，通过了一系列国有化的法令，把煤炭、电子、铁路、煤气、航空、电信等等一批企业收为国有，后来又把一部分钢铁工业收为国有。总之，英国国有化的部门分为三类：一是把为私营经济部门提供动力、运输和通信部门国有化，这样就可以降低私营企业的生产费用，有利于企业的发展；二是像煤炭工业和钢铁工业这样长期亏损而难以进行技术改造的企业国有化以后，使它们有较大的发展机会，从而提供比较廉价的燃料和原材料，这就有利于降低企业的生产费用；三是与全国金融事业发展有关系的中央银行国有化，使之有利于政府部门更方便地利用货币政策来调节经济、提供信贷，从而能促进私营企业的发展。再看美国的国家干预，它既不像英国那样掀起"国有化"浪潮，也不像法国、日本那样形成"计划化"的方式，美国的国家干预主要是依靠政府制定各项政策来进行的。它实施过的政策便有财政政策，如改变政府的购买水平，在总支出不足、失业增多时，政府要扩大对商品和劳务的需求，提高购买水平；当总支出过多，价格水平不断上升时，为了同通货膨胀进行斗争，政府就缩减对商品、劳务的需求，降低购买水平。另外，改变政府转移支付水平，即通过增加或减少社会福利费用来提高或降低转移支付水平。还有就是改变税率，也就是政府采取增税或减税的措施，这主要是改变所得税的税率。政府还可以采用国内公债的手段来弥补财政赤字。除了改变政府的购买水平以外，政府还实施货币政策、收入政策等等对国民经济进行国家干预。

从西方发达国家实施国家干预的过程看，对资本主义经济摆脱危机虽一度显过"灵验"，起到过有效的作用，但是，资本主义的国家干预与市场经济是有矛盾的，在资本主义经济运行的过程中，很难兼顾到充分就业和价格稳定两个宏观政策目标的实现。因为，根据凯恩斯的理论制定出来的"全部就业"的方案虽然多种多样，但有一点是共同的，那就是作为生产过程中的私有财产制度仍必须保持。"全部就业"的政策也只是使需求社会化，却并非生产社会化，因此，"全部就业"便是根本不可能的。

其次，凯恩斯为了医治资本主义社会贫富差别越来越大这一弊病，采取各种福利政策，搞所谓"福利国家"，以缓和阶级矛盾。关于这个问题，我想留待下面谈工人阶级贫困的问题中着重加以论述，这里就不加以分析了。

二

国家垄断资本主义社会的另外一个特点表现在工人阶级贫困化的问题上。

马克思在《资本论》里曾经为我们论述了工人阶级贫困化的规律。这是马克思深入地分析了资本主义的生产过程和资本主义的经济运动规律所取得的科学理论。它揭示了无产阶级与资产阶级在经济利益上的根本对立，也深刻地阐述了无产阶级贫困化的根源在于资本主义制度本身。所以，只要资本主义制度存在，就一定存在无产阶级的贫困化问题。

随着社会生产力和科学技术的发展，在现代资本主义条件下，工人阶级的实际工资和实际生活水平都在不断变化，其贫困化的表现与资本主义早期相比较也已很不一样。当资本主义周期性经济危机发生时，失业工人的生活不仅常常处于相对贫困状态，有时甚至处于绝对贫困状态。但在一般情况下，各资本主义发达国家工人阶级的实际工资普遍有所提高，生活水平也有改善，其贫困化问题比较明显地表现在相对贫困化方面。特别是第二次世界大战后国家垄断资本主义进一步发展，资本发达国家都实施了凯恩斯主义所提倡的第二项内容，即所谓"社会福利制度"（或称为"社会保障制度"）。在这种制度下，工人的收入不仅包括他们实际所得的工资，而且包括他们享有的各种社会福利，如工人可获得的养老金、残废金、失业津贴、贫困救济等等。目前，在发达资本主义国家，由各级政府实施的社会福利，名目繁多，各国实施的具体项目和具体规定不尽相同，在不同的时期又有所发展和变化。总的来说，可分为社会保险、福利补贴和公共教育三大类。由于这种社会福利制度在战后广泛地发展起来，这就造成了一种用以掩盖资本主义剥削的本质的假象，让人们误认为工人不仅在领取工资时已获得了其全部劳动的报酬，而且各种社会福利还给予了一种"额外"收入，以致这种收入竟成了垄断资产阶级及其国家的一种"恩赐"。因此，劳动力的价值便被一层更厚的假象所包裹，必然更加迷惑了人们的视线，模糊了人们的认识。战后随着社会福利制度的形成和发展，许多发达资本主义国家先后宣称本国已经成为所谓"福利国家"，或甚至称"超福利国家"，似乎资本主义剥削制度已经变成一种为全体人民谋福利的制度。这就是建立在上述福利假象基础上的一个具有很大欺骗性的概念。

我们知道，工资和政府实施的社会福利，虽然都属工人的收入，但二者在形式上是有区别的。工资是每个企业支付给本企业工人的劳动力价格的形式，社会福利则是国家在全社会范围内对国民收入进行再分配的形式。我们只要把相互联系的各个工人作为一个总体——整个工人阶级来考察其再生产的过程，同时又把每个工人一生中各个时期（未成年、就业、失业、退休等时期）互相联系起来考察，也就是考察其一生的劳动力再生产过程，就可以透过表面的假象，看到社会福利费用的真正来源。经过考察和分析，我们不难看出，所谓社会福利就是社会劳动力总价值的一部分的转化形式。在资本主义工资制度和社会福利制度并存的情况下，劳动力价值有两种支付方式，一是工资，另一是社会福利。每一个工人通过纳税后工资所取得的劳动力价格，一般都低于他的劳动力价值，两者间差额的很大部分，通过税收等各种方式都集中到国家手里，由国家以社会福利形式进行再分配，统一使用于社会劳动力再生产的需要。所以，对于整个工人阶级来说，这种社会福利绝对不是什么无偿收入，或者额外收入，而是必要劳动所创造的劳动力价值的一部分。我们可以说，战后发达资本主义国家实施的社会福利是生产社会化所要求的分配社会化形式，同时也是资本主义工资的一种形式，它并没有改变资本对雇佣劳动的剥削关系。

值得注意的是，社会福利制度已是资本主义在国家垄断资本主义阶段的一种特点。垄断组织在操纵了整个资本主义国家的国家机构以后，是可以利用国家对整个社会的所得进行有利于垄断资产阶级的再分配的。在这一再分配过程中，它们取出一部分所得，把它作为福利经费而用以收买整个工人阶级，使整个工人阶级都热衷于获得这些福利而在政治上、经济上甘心服从垄断资产阶级的统治。所以，在实施福利制度的资本发达国家，资产阶级与工人阶级之间的阶级矛盾都趋于缓和。

所以，在国家垄断资本主义阶段，不仅在危机问题上得到了缓和，在工人阶级的贫困化问题上也得到了缓和。有此两大缓和，资本发达国家就可暂时比较稳定地巩固它的统治了。因此，资本主义社会的生命力，目前还相当强，而且还在发展。但是，矛盾并未真正解决，只要当前的资本发达国家在对外发展上，也就是对外的经济扩张上，发生较大的困难时，或对内的经济运行上（主要是对工人阶级的关系上），发生较大麻烦时，资本主义制度所固有的一切矛盾是一定都会爆发出来的。

上面是国家垄断资本主义社会的工人阶级贫困化问题的一个方面。

从另一个方面看，当前资本主义世界已发生了重大变化，支配资本主义社会的是金融资本，就是说金融资产阶级已居支配地位。真正的大资本家已经不是那些工业资本家，而是金融资本家，这是很大的不一样。在马克思的时代，资本输出很少，主要是商品输出。但今天，金融资本的剥削主要不是靠商品买卖，而是资本投资。就美国来讲，跨国公司和跨国银行占主要地位。因而，资本主义积累规律不是在一个国家范围内起作用，而是在整个资本主义世界中起作用。《资本论》告诉我们，资本积累规律的历史趋势，一端是贫困的积累，一端是财富的积累。现在我讲的这个规律在全球的范围内起作用，就是说从全世界的角度来看，最贫穷的一端不一定在发达资本主义国家的内部，而是在发展中国家，发展中国家的劳动人民是最贫穷的。今天统治世界的是金融资产阶级，它剥削的是全世界。许多发展中国家政治上独立了，但经济上还在受新殖民主义的剥削和压迫，它们在经济上是受超级大国操纵的。所以，从全世界范围看，贫困化表现在这些国家的劳动人民身上更为严重，更加贫困和痛苦。在发达国家，除少数人贫困以外，绝大多数工人是列宁讲的工人贵族。因为帝国主义在全球剥削得来的超额利润可以拿出一部分来收买他们，这部分工人阶级的生活水平高于发展中国家工人的生活水平。发达国家的资产阶级就是靠这个来为它们的统治辩护的。

这是今天讲资本主义世界工人阶级贫困化问题必须理解的新情况。

（摘自《我的经济观：当代中国百名经济学家自述》，南京，江苏人民出版社，1991）

【注释】

［1］《列宁全集》，中文 1 版，第 21 卷，90 页，北京，人民出版社，1959。

［2］《马克思恩格斯全集》，中文 1 版，第 25 卷，278 页。

图书在版编目（CIP）数据

吴大琨自选集/吴大琨著.
北京：中国人民大学出版社，2007
（中国人民大学名家文丛）
ISBN 978-7-300-08369-8

Ⅰ. 吴…
Ⅱ. 吴…
Ⅲ. 经济史-中国-文集
Ⅳ. F129-53

中国版本图书馆 CIP 数据核字（2007）第 119699 号

中国人民大学名家文丛
吴大琨自选集

出版发行	中国人民大学出版社				
社　　址	北京中关村大街 31 号		邮政编码	100080	
电　　话	010－62511242（总编室）		010－62511398（质管部）		
	010－82501766（邮购部）		010－62514148（门市部）		
	010－62515195（发行公司）		010－62515275（盗版举报）		
网　　址	http://www.crup.com.cn				
	http://www.ttrnet.com（人大教研网）				
经　　销	新华书店				
印　　刷	北京华联印刷有限公司				
规　　格	155 mm×235 mm　16 开本		版　次	2007 年 8 月第 1 版	
印　　张	31.5 插页 4		印　次	2007 年 8 月第 1 次印刷	
字　　数	366 000		定　价	65.00 元